EXCEL 4.0
für den Mac

Ralf Albrecht
Peter Köhler
Natascha Nicol

EXCEL 4.0
für den Mac

 ADDISON-WESLEY PUBLISHING COMPANY

Bonn · Paris · Reading, Massachusetts · Menlo Park, California
New York · Don Mills, Ontario · Wokingham, England · Amsterdam · Milan · Sydney
Tokyo · Singapore · Madrid · San Juan · Seoul · Mexico City · Taipei, Taiwan

Die Deutsche Bibliothek – CIP-Einheitsaufnahme

Albrecht, Ralf:
Excel 4.0 für den Mac / Ralf Albrecht – ;
Bonn ; Paris ; [u.a.] : Addison-Wesley, 1993
    ISBN 3-89319-520-3
NE: Köhler, Peter; Nicol, Natascha

© 1993 Addison-Wesley (Deutschland) GmbH
1. Auflage 1993

Belichtung: Bercker Graphischer Betrieb GmbH, Kevelaer
Druck und Bindung: Bercker Graphischer Betrieb GmbH, Kevelaer
Produktion: Margrit Müller, Starnberg/Bonn
Umschlaggestaltung: ConSign, Bonn

Das verwendete Papier ist aus chlorfrei gebleichten Rohstoffen hergestellt und alterungsbeständig.
Die Produktion erfolgt mit Hilfe umweltschonender Technologien und unter strengsten Auflagen in
einem geschlossenen Wasserkreislauf unter Wiederverwendung unbedruckter, zurückgeführter
Papiere.

ISBN 3-89319-520-3

Inhaltsverzeichnis

Read me first

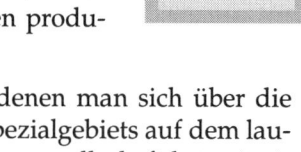

In unserer Gesellschaft werden in immer schnel-
lerer Folge neue Nachrichten, Gebrauchs-
anleitungen, Filme, Bücher, Broschüren, Zei-
tungen, Zeitschriften, Werbematerialien, Poster
und noch viele weitere Informationen produziert.

So sind die Zeiten lange vorbei, in denen man sich über die
Veröffentlichungen auch nur eines Spezialgebiets auf dem laufenden halten konnte. Die Informationsgesellschaft hat mit einem immensen Überfluß an Information zu kämpfen.

Für jeden von uns hat dieses Überangebot Folgen beim Erlernen
neuen Wissens. Einfach zu bedienende Produkte sind gefragt,
gute Wissensvermittlung hat Konjunktur. Wir konnten als Trai-
ner diesen »Mega-Trend« in vielen Computer-Seminaren erfahren.

Die erste Firma, die auf dem Computer-Sektor wirkliche Konse-
quenzen aus dieser Entwicklung zog, war die Firma Apple. Mit
dem Macintosh hat sie einen sehr bedienerfreundlichen Computer vorgestellt. Dessen Benutzer haben einen vergleichsweise
geringen Lernaufwand zu erbringen, um mit ihrem Computer
umgehen zu können. Insbesondere der zusätzliche Aufwand bei
der Aneignung neuer Programme auf dem Macintosh ist kleiner
als auf anderen Systemen.

Wir Autoren sind der Meinung, daß die grafische Benutzeroberfläche des Macintosh nicht nur eine neue Programmbedie-
nung ermöglicht hat, sondern auch Auswirkungen auf
Programmdokumentationen (wie z.B. dieses Buch) haben sollte.
So ermöglichen die vielen grafischen Elemente des Macintosh
z.B. eine optische Benutzerführung in Computerbüchern.

Zusätzlich haben es uns die guten Handbücher und Lernprogramme von Apple ermöglicht, ein Buch nur über Excel zu schreiben und nicht zusätzlich System 7 behandeln zu müssen.

Inhaltliche Ausrichtung dieses Buchs

Dieses Buch ist modular konzipiert. Grundlegende Techniken, wie der Umgang mit der Maus, Fenstern und Menüs werden vorausgesetzt. Darauf aufbauend haben wir versucht, alle wichtigen Möglichkeiten von Excel aufzuzeigen und die Schnittstellen zu anderen Programmen zu dokumentieren.

Da ein bloßes Aufzählen der Programmfeatures (wie leider über weite Strecken der Excel-Handbücher) nur ermüdet und wenig Lernerfolg bringt, haben wir in diesem Buch die wichtigen Techniken im Umgang mit Excel anhand von konkreten Aufgabenstellungen vorgestellt.

In unseren Bemühungen, ein kompaktes Buch zu schreiben, war es außerdem wichtig, riesige Bildschirmfotos nur dort aufzunehmen, wo es unbedingt erforderlich schien. So haben wir meistens nur Fenster statt des gesamten Bildschirms »fotografiert« oder, wo dies nicht möglich war, das Bildschirmfoto digital »verkürzt« (Photoshop sei Dank!), um Seitenschinderei zu vermeiden. Kleine grafische Informationen wie Schaltflächen oder Menüs haben wir nur am (linken) Rande erwähnt.

Der Vorteil dieser Schreibweise ist die Abdeckung aller wichtigen Möglichkeiten von Excel. So wird in unserem nur ca. 500 Seiten starken Buch die Excel-Makroprogrammierung bis zur Definition eigener Menüs und Dialogfelder behandelt!

Was dieses Buch nicht behandelt

Diese Kompaktheit haben wir auch erreicht, indem wir die Beschreibung der grundlegenden Techniken im Arbeiten mit dem Macintosh unseren Computerhandbuch schreibenden Kollegen der Firma Apple überlassen haben, deren Handbücher und Lernprogramme wir nur empfehlen können.

So werden Sie hier Ausführungen über grundlegende Funktionen im Umgang mit dem Macintosh genau so wenig finden wie die ausgefeilteren Möglichkeiten von System 7 sofern diese nicht zum Verständnis von Excel dienlich sind.

Welche Benutzer spricht dieses Buch an?

Macintosh Intro

Die Modularität dieses Buches erfordert, daß der Leser mit den Begriffen und Techniken im Umgang mit dem Macintosh vertraut ist. Sollten Sie Macintosh-Neuling sein, dann können Sie z.B. das Lernprogramm des Macintosh auf der »Intro«-Diskette durcharbeiten. Diese Diskette liegt jedem Macintosh bei.

Wir haben versucht praxisnahe Beispiele in die Beschreibung der Excel-Funktionen zu integrieren. Da die Anforderungen an Excel von einfachen Statistiken, komplexen Finanzkalkulationen, technischen Berechnungen bis hin zu wissenschaftlichen Anwendungen reichen, haben wir uns bemüht diese Beispiele nachvollziehbar zu halten.

Die behandelten Funktionen von Excel lassen dieses Buch sowohl für den Tabellenkalkulationsanfänger als auch für den Fortgeschrittenen Excel-Anwender geeignet erscheinen. Nur absolute Makrospezialisten werden ein weiterführendes Buch benötigen.

Da für die meisten Benutzer Excel nur ein Programm von vielen auf ihrem Macintosh ist, möchten wir in diesem Buch Excel als Teil eines Programmverbundes vorstellen. Dafür sind die Datenaustauschmechanismen zu anderen Programmen wie Textverarbeitung, Grafik und Multimedia von Interesse.

Interessant dürfte also dieses Buch für Excel-Interessierte sein, die alle wichtigen Informationen zu diesem Programm kompakt, übersichtlich und preisgünstig zusammengefaßt lesen möchten.

Wie sieht unsere »grafische Benutzerführung« aus?

Wir möchten Sie beim Erlernen von Excel durch Verwendung von möglichst bekannten Symbolen unterstützen. So haben wir das aus Dialogfeldern hinreichend bekannte Symbol für »Achtung« in unserem Buch zum Kennzeichnen von wichtigen Textpassagen benutzt.

Um Sie an das Arbeiten mit Excel heranzuführen, haben wir wo immer möglich versucht, die grafischen Symbole, die in Excel selbst verwendet werden an den linken Blattrand zu setzen. Wir möchten dies hier an dem Symbol für die automatische Summe demonstrieren.

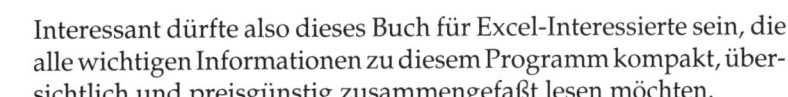

Menüs wurden auf dem Macintosh eingeführt, um dem Benutzer das öde Auswendiglernen vieler Befehlsketten zu ersparen. Wir haben an vielen Stellen die komplette Befehlsliste am linken Rand abgebildet, um Sie ganz nebenbei mit der Menüstruktur von Excel vertraut zu machen. Den jeweils anzuwählenden Menüpunkt haben wir invertiert dargestellt.

Im Text haben wir haben Menübefehle kursiv gesetzt. Zusätzlich ist die Menüaufschrift in Großbuchstaben gehalten. Der Befehl im links abgebildeten Menü lautet demnach *FORMAT Schriftart*.

Nacheinander oder eine andere Reihenfolge?

Nur wenige Leser dieses Buches werden es von vorne bis hinten durchlesen, während viele Anwender ein Buch erst dann aufschlagen, wenn sie mit dem Programm nicht weiterkommen. Für beide Zielgruppen gleichzeitig ein Buch zu schreiben ist schwierig, denn während die einen nachvollziehbare Abläufe und Beispiele suchen, ist für die anderen eine schnell auffindbare Lösung ihres Problems wichtig.

Aufgrund unserer Erfahrungen in Seminaren, in der Anwenderbetreuung und im Benutzerservice haben wir versucht, das Buch entsprechend aufzuteilen. Die Kapitel 2 bis 8 bauen aufeinander auf und führen den Excel-Unerfahrenen Schritt für Schritt in den Leistungsumfang von Excel ein, wobei wir mindestens das Durcharbeiten bis zu Kapitel 6 zum Erwerb solider Grundkenntnisse von Excel empfehlen. Die späteren Kapitel sollen Ihr Wissen erweitern und vertiefen. Sie können bei Bedarf nachgearbeitet werden. Im folgenden möchten wir die einzelnen Kapitel kurz beschreiben.

Im Kapitel »Erste Schritte mit Excel« möchten wir Sie mit den Grundlagen von Excel 4.0 vertraut machen. Ein einfaches Beispiel soll Ihnen Funktionalität und Bedienung erklären. Sie lernen in diesem Abschnitt bereits, wie Sie Fehler korrigieren können, wie Felder markiert werden, aber es werden auch erste Berechnungen angestellt und Formatierungen in einer Tabelle vorgenommen. Außerdem werden Dateioperationen, wie das Laden und Speichern von Dateien, vorgestellt, und auch die Frage, wie die Tabelle vom Bildschirm auf das Papier kommt, wird beantwortet.

Die mühelose Erstellung von Kalkulationen ist das Thema des Kapitels »Arbeitserleichterungen«. Nutzen Sie die in Excel vorhandenen Bedienungshilfen zur Erleichterung Ihrer Arbeit.

Die »Gestaltung von Arbeitsblättern« ist der Inhalt des gleichnamigen Kapitels. Lesen Sie hier über die Möglichkeiten von Excel, das Layout Ihrer Tabelle mit Hilfe von verschiedenen Schriftarten, Rahmen und Farben zu gestalten. Als Beispiel liegt diesem Kapitel die Erstellung eines Reisekostenformulars zugrunde.

Der Schwerpunkt einer Tabellenkalkulation liegt natürlich auf den rechnerischen Fähigkeiten. In »Rechnen mit Excel« möchten wir Ihnen zeigen, wie Sie mit diesem Programm auf den Pfennig genau kalkulieren können. Dabei werden anhand von Beispielen einige der zahlreichen Excel-Funktionen beschrieben.

Trockene Zahlenkolonnen in aussagefähige Diagramme zu verwandeln ist das Thema des Kapitels »Grafische Darstellung«.

Die »Professionelle Gestaltung« Ihrer Zahlen und Diagramme z.B. für Vorträge und Seminare ist das Thema des darauffolgenden Kapitels. Sie erfahren hier auch wissenswertes über die Einbindung von Grafiken, die mit anderen Programmen erstellt wurden und über die Zeichenfunktionen von Excel 4.0.

Das Kapitel »Arbeiten mit mehreren Arbeitsblättern« soll Sie beim Verknüpfen verschiedener Excel-Dateien unterstützen. Behandelt wird auch das neue Konzept der Arbeitsmappen.

Die Auswertung von Daten erleichtern Ihnen die Funktionen der »Datenbank« in Excel. Im entsprechenden Kapitel erfahren Sie mehr über die Anwendung dieser Möglichkeiten, wie z.B. das alphabetische Sortieren von Daten.

Im Kapitel »Excel für Fortgeschrittene« werden Tabellengliederungen und andere ausgeklügelte Techniken wie Szenarios oder der »Solver« vorgestellt.

Die Ausgabe Ihrer Kalkulationen und Grafiken auf Papier inklusive Layout, Druckereinrichtung und Seitenvorschau wird in »Drukken« behandelt.

Das Präsentieren von Tabellen und Grafiken als Diashow und im neuen von Apple definierten QuickTime-Format ist der Inhalt des Kapitels »Präsentationen«.

»Makros«, die Programmiersprache von Excel wird im gleichnamigen Kapitel behandelt. Aufbauend auf das Arbeiten mit dem Makrorekorder wird das Programmieren mit den Excel-Makrobefehlen bis zum Erstellen eigener Anwendungen beschrieben.

Die von Microsoft mitgelieferten und in Excel integrierbaren Makroabläufe für die verschiedensten Aufgaben beschreibt das Kapitel »Add-in-Makros«.

Im Kapitel »Programmkooperation« stellen wir Ihnen sowohl die etablierten Methoden des Zusammenwirkens von Programmen, wie z.B. Dateitransfer oder die Zwischenablage, detailliert vor als auch die Möglichkeiten, die sich Excel unter System 7 bieten.

Die Installation von Excel haben wir in den Anhang verbannt, da in aller Regel ein Programm nur einmal installiert und dieser Abschnitt danach nicht mehr gebraucht wird. Weiter finden Sie im Anhang eine Aufstellung aller Funktionen von Excel 4.0 getrennt nach Tabellen- und Makrofunktionen und weiter eine Tabelle mit den Daten für benutzerdefinierte Dialogfelder.

Dialog-Editor

Danke

Vielen Dank, Markus, für manche Hilfe, insbesondere zum Zappen des Parameter-Rams unter System 7 und die QuickTime-Goodies.

Kapitel 2
Erste Schritte mit Excel

Aller Anfang muß nicht schwer sein. Wir möchten Sie in diesem Kapitel mit den Grundlagen von Excel vertraut machen und Sie anhand eines einfachen Beispiels an das Arbeiten mit Excel heranführen.

Excel 4.0

Haben Sie Excel 4.0 installiert und möchten es starten, bewegen Sie Ihren Maus-Cursor auf den Ordner, in dem Sie Microsoft Excel installiert haben, und klicken Sie diesen zweimal an. Damit öffnen Sie den Ordner, in dem Sie für den Programmaufruf von Excel das entsprechende Symbol finden.

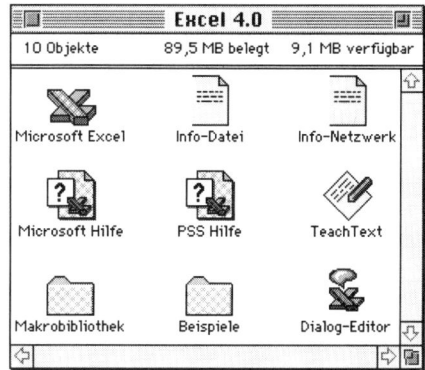

Bild 2.1: Inhalt des Excel Ordners

Außerdem sehen Sie dort Symbole für die verschiedenen zu Excel gehörenden Programme. Der Dialog Editor ist ein Programm das Ihnen bei fortgeschrittenen Anwendungen Hilfestellung bietet. Die Excel Hilfe enthält die von Excel zur Verfügung gestellte Hilfefunktion, die wir Ihnen am Ende dieses Kapitels vorstellen möchten. Die beiden Ordner enthalten Beispiele für andere Excel-Anwendungen die Sie für eigene Aufgabenstellungen nutzen können. Zusätzlich befinden sich noch zwei weitere Info-Dateien in Ihrem Excel-Ordner, die aktuelle Hinweise zu Ihrer Excel-Version enthalten, die beim Druck der Handbücher noch nicht verfügbar waren.

Microsoft Excel

Sie sollten nun Excel mit einem Doppelklick auf sein grafisches Symbol starten. Damit wird die Tabellenkalkulation geladen und auf Ihrem Bildschirm erscheint die Excel Menüleiste und ein Anwendungsfenster. Mit beidem werden wir uns im folgenden näher beschäftigen.

Der Excel-Bildschirm

Betrachten Sie das Bild 2.2 etwas genauer, so stellen Sie fest, daß sich unter der Excel-Menüzeile zwei weitere Zeilen befinden: die Symbolleiste und die Bearbeitungszeile. Das mit »Tabelle1« benannte Fenster beinhaltet Ihre eigentliche Arbeitsfläche, das Arbeitsblatt, das in einzelne Zellen unterteilt ist. Die Spalten sind hierbei mit Buchstaben überschrieben und die Reihen werden mit Zahlen bezeichnet. Klicken Sie mit Ihrer Maus eine beliebige Zelle auf Ihrem Arbeitsblatt an, so wird in der Bearbeitungszeile unter der Symbolleiste am linken Rand Ihre Position vermerkt, z.B. A1. Die Zelle selbst wird mit einem grauen Rand markiert.

Bild 2.2: Der Excel 4.0 Bildschirm

Am rechten Rand und unter dem Arbeitsblatt finden Sie Bildroll-balken. Klicken Sie mit Ihrer Maus einen der Pfeile an, die sich jeweils an den Enden befinden, so können Sie damit zeilen- bzw. spaltenweise den sichtbaren Ausschnitt Ihres Arbeitsblattes verschieben. Dies ist ebenso durch Verschieben des kleinen Quadrats im Bildrollbalken, der Rollbox, möglich. Sie verschieben damit den Ausschnitt schneller.

Für ein Arbeitsblatt stehen Ihnen 256 Spalten und 16384 Zeilen zur Verfügung, wie Sie im folgenden Bild erkennen können. Dort sind die Reihen bis 16384 durchnumeriert, die Spalten sind mit Buchstabenkombinationen bis IV benannt. Nach den 26 Buchstaben des Alphabets werden die Spalten mit Buchstabenkombinationen von AA, AB bis IV bezeichnet.

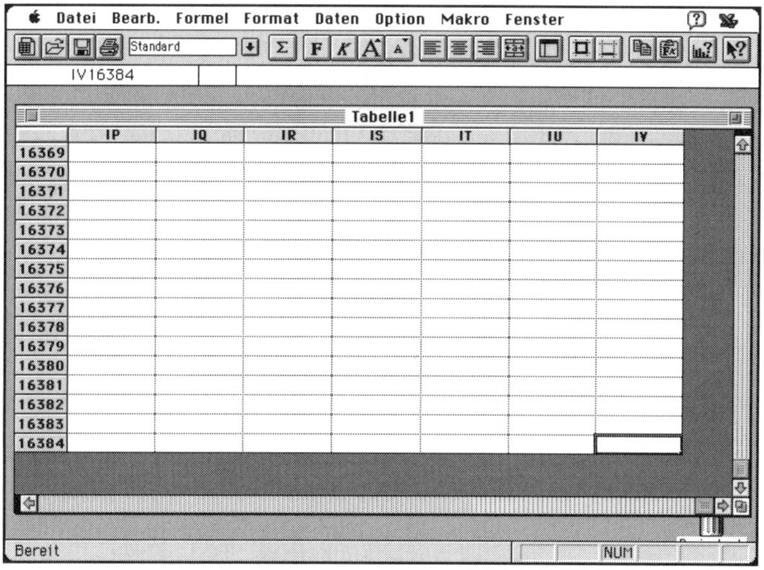

Bild 2.3: Rechte untere Ecke des Arbeitsblatts

Wie oben schon erwähnt befindet sich unter der Excel-Menüleiste eine Symbolleiste, die Ihnen einen schnelleren und komfortableren Aufruf vieler Excel-Funktionen mit der Maus ermöglicht, als dies über das Menü möglich wäre.

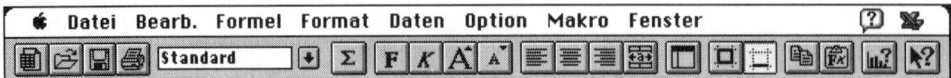

Bild 2.4: Menüleiste und Standard-Symbolleiste

Die Tasten auf der Symbolleiste ermöglichen Ihnen einen schnel-
leren und komfortableren Aufruf vieler Excel-Funktionen. Fast alle
Funktionen sind auch über eine Auswahl in den Menüs erreichbar.
Wir werden Sie an den Stellen explizit darauf hinweisen, an denen
Abkürzungen mit Hilfe einer Taste auf der Symbolleiste möglich
sind.

Sollte auf Ihrem Bildschirm die Symbolleiste nicht zu sehen sein,
können Sie sie einfach einschalten, indem Sie den Befehl *OPTION
Symbolleisten* anwählen. Damit wird das in Bild 2.5 gezeigte Dialogfenster geöffnet, in dessen Auswahlfenster neben der Standard-
Symbolleiste noch weitere Namen von Symbolleisten aufgeführt
sind.

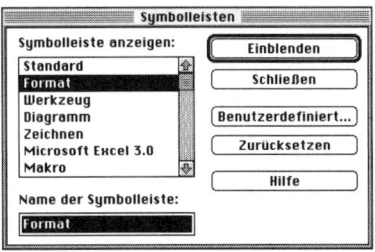

Bild 2.5: Dialogfeld zu OPTION Symbolleisten

Zur Auswahl markieren Sie die gewünschte Symbolleiste und
betätigen dann die Schaltfläche »Einblenden«. Die Symbolleiste
wird, wie das folgende Bild zeigt, in die Mitte des Arbeitsblattes
gelegt. Excel merkt sich die Position von Symbolleisten, d.h. wenn
eine Symbolleiste bereits geladen wurde, so plaziert Excel sie an die
zuletzt eingenommene Stelle. Klicken Sie das Symbolleistenfenster
an seiner Titelleiste an und halten Sie die Maustaste gedrückt, so
können Sie es verschieben und so beispielsweise direkt unter die
Standard-Symbolleiste legen. Dabei verschwindet die Titelleiste
und die verschobene Symbolleiste »rastet« ein.

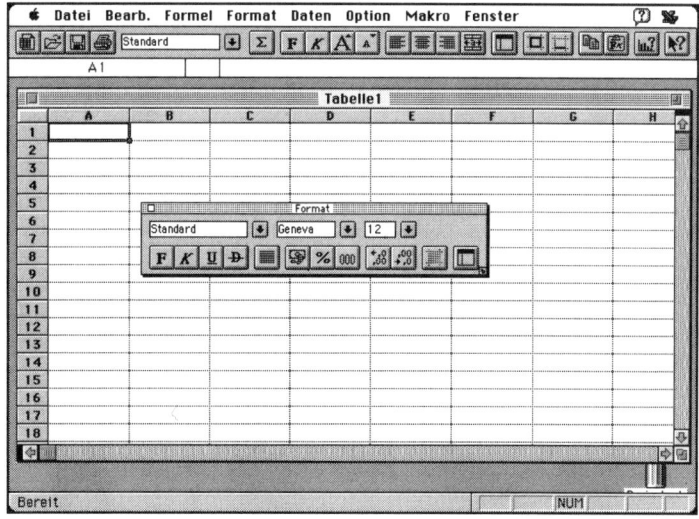

Bild 2.6: Aktivierte Format-Symbolleiste

Sollten Sie alle Symbolleisten sichtbar auf Ihrer Arbeitsfläche haben, so kann es je nach Bildschirmauflösung eng auf Ihrem Arbeitsblatt werden.

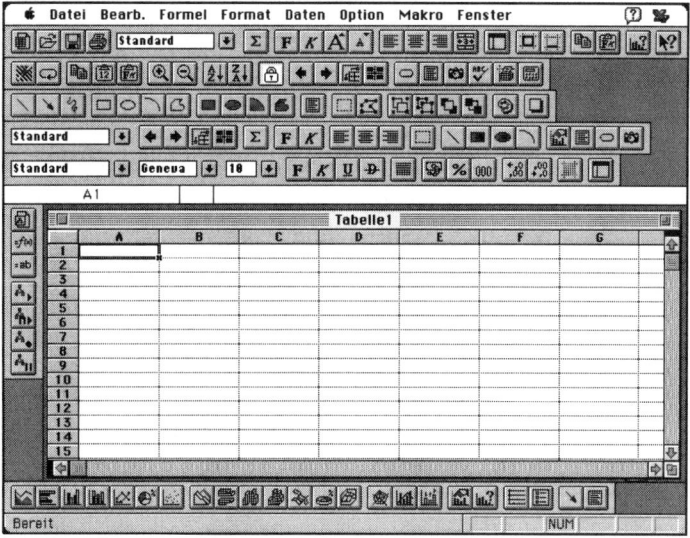

Bild 2.7: Alle Symbolleisten aktiviert

Sinnvoll ist dies sicher nicht. Im Kapitel »Arbeitserleichterungen« werden wir Ihnen zeigen, wie Sie Ihre individuellen Symbolleisten erstellen können, auf die Sie dann all die Tasten legen können, die Sie persönlich oft benötigen.

Sie können eine Symbolleiste wieder ausblenden, indem Sie das Dialogfeld *OPTION Symbolleisten* aufrufen, im Auswahlfeld den entsprechenden Namen markieren und die »Ausblenden«-Taste anklicken.

Ebenso können Sie eine Symbolleiste auf der Leiste zwischen den Tasten mit der Maustaste anklicken, die Maustaste betätigt halten und die Leiste auf die Arbeitsfläche ziehen, wie dies das folgende Bild demonstrieren soll. Lassen Sie die Maustaste über dem Arbeitsblatt los, erhält die Symbolleiste wieder eine Titelleiste. Darauf ist links ein Schließfeld zu sehen. Klicken Sie dieses Feld mit der Maus an, so verschwindet die Symbolleiste.

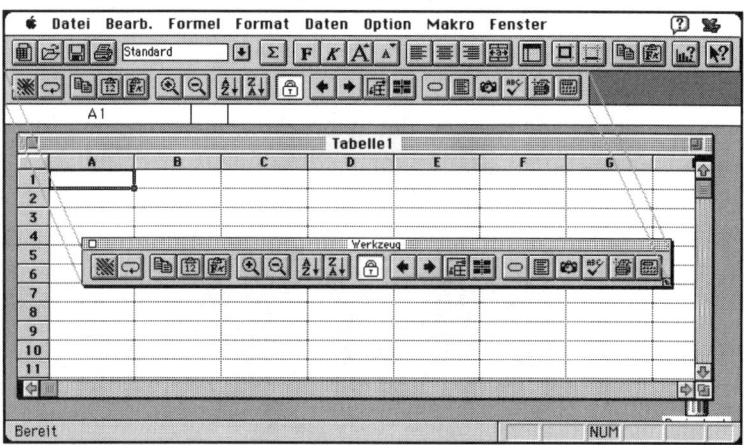

Bild 2.8: Ziehen einer Symbolleiste auf das Arbeitsblatt

Ein erstes einfaches Beispiel

An dieser Stelle möchten wir Ihnen eine erste einfache Anwendung mit Excel zeigen, bei der einige wichtige Funktionen vorgestellt werden.

Eingabe von Text

Als Beispiel soll uns die Einnahmenstatistik des Kanu-Verleihs des schwedischen Städtchens Särna dienen. Dazu werden wir eine entsprechende Tabelle erstellen, der zunächst eine Überschrift gegeben wird. Wir plazieren dazu den Maus-Cursor in die Zelle A1. Die Position des Cursors wird durch eine dunkle Umrandung der entsprechenden Zelle angezeigt. Zudem erscheint die Angabe »A1« links in der Bearbeitungszeile. Dann geben wir den Text

Einnahmen des Kanu-Verleihs

ein. In der Bearbeitungszeile wird der eingetippte Text dargestellt. Damit der Text in der markierten Zelle auf dem Arbeitsblatt eingetragen wird, muß er bestätigt werden. Dies kann folgendermaßen durchgeführt werden:

- mit Hilfe der Eingabetaste oder der Zeilenschaltung,

- durch Verlassen der aktuellen Zelle mit einer Pfeiltaste,

- durch Anklicken einer anderen Zelle mit der Maus oder

- durch Anklicken des Häkchens, mit dem die Taste vor dem Eingabefeld versehen ist (s. Bild 2.9),

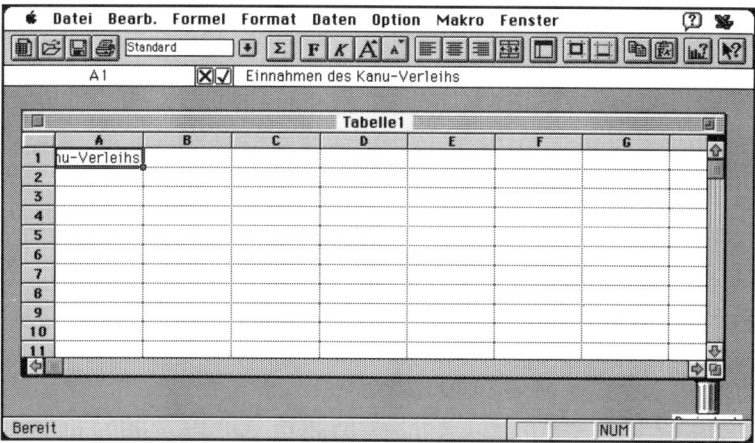

Bild 2.9: Eingegebener Text

Ist der Text länger als die Spalte breit, wird er unter Benutzung der folgenden Felder dargestellt, wenn diese leer sind. Ansonsten wird der Text durch das nächste Feld abgeschnitten

Auf dem Arbeitsblatt bewegen

Mit Hilfe der Maus und/oder der Pfeiltasten können Sie sich auf dem Arbeitsblatt bewegen. Klicken Sie mit der Maus die gewünschte Zelle an oder benutzen Sie die entsprechenden Pfeiltasten, um zu der gewünschten Zelle zu gelangen.

Damit läßt sich problemlos die im folgenden Bild gezeigte Tabelle eingeben.

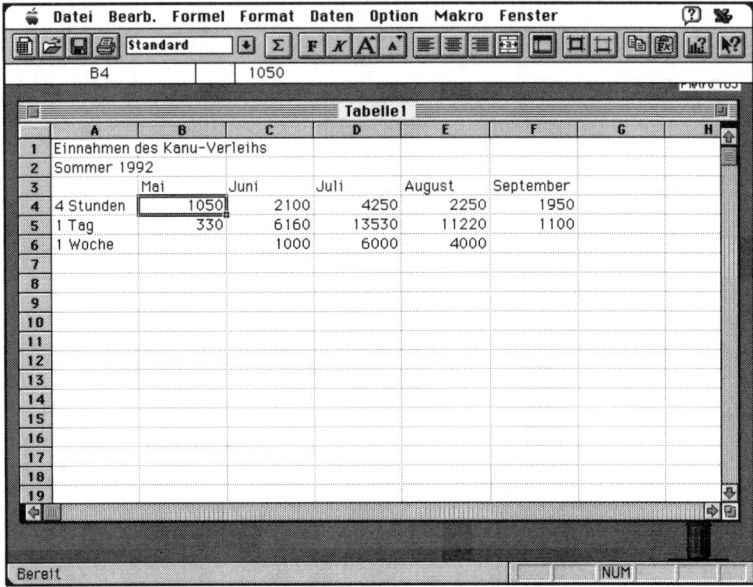

Bild 2.10: Eingegebener Tabellentext

Fehler korrigieren

Bearbeitungszeile

Um Tippfehler während des Beschreibens einer Zelle zu korrigieren, d.h. bevor die Eingabe bestätigt wird, steht Ihnen in der Bearbeitungszeile die Rückschrittaste zur Verfügung. Innerhalb eines Textes können Sie sich mit den Pfeiltasten bewegen oder die entsprechende Stelle mit der Maus anklicken.

Möchten Sie die gesamte Eingabe rückgängig machen, klicken Sie die Taste mit dem Kreuz an, die vor dem Eingabefeld der Bearbeitungszeile erscheint.

Möchten Sie eine schon bestätigte Zelle korrigieren, so bewegen Sie den Zellenzeiger dorthin und markieren die Zelle. Dadurch wird der Inhalt des Feldes in der Bearbeitungszeile dargestellt. Um diesen ändern zu können, setzen Sie die Einfügemarke per Mausklick an die gewünschte Stelle in der Bearbeitungszeile, wodurch die schon bekannten grafischen Symbole in der Bearbeitungszeile eingeblendet werden. Nun können Sie, wie oben beschrieben, Ihre Korrektur vornehmen.

Eingabe rückgängig machen

Auch nachdem Sie eine Zelle editiert und dies bestätigt haben können Sie den Inhalt der Zelle wieder in den vorigen Zustand versetzen. Dazu steht Ihnen im Menü *BEARBEITEN* der Befehl *Rückgängig* zur Verfügung. Wie in fast allen Programmen für den Macintosh kann er über die Tastenkombination ⌘+Z angewählt werden.

Zelleninhalt überschreiben

Markieren Sie eine bereits beschriebene Zelle und tippen Sie einfach neuen Text ein, so wird der ursprüngliche Inhalt dadurch überschrieben.

Zelleninhalt löschen

Soll der gesamte Inhalt einer bestätigten Zelle gelöscht werden, wählen Sie *BEARBEITEN Inhalte löschen* in der Menüleiste an. Dadurch erscheint folgendes Dialogfenster

Bild 2.11: Dialogfenster zu Inhalte löschen

Im Dialogfenster haben Sie die Möglichkeit, Eingabe und Formatierung unabhängig voneinander zu löschen. Oft soll nur die Eingabe selbst gelöscht werden. Daher wird automatisch das Optionsfeld vor »Formeln« markiert, womit hier allgemein jede Eingabe bezeichnet wird. Sie können nun mit »OK« bestätigen.

Markieren von Feldern

Um mit dem oben begonnenen Beispiel fortzufahren, ist es wichtig zu wissen, wie man Felder markieren kann. Wenn Sie z.B. mehrere Felder mit dem Attribut »fett« formatieren möchten, müssen Sie das nicht für jedes Feld einzeln tun. Sie können die entsprechenden Felder markieren und dann allen auf einmal das Attribut durch Anklicken der Taste in der Symbolleiste übertragen.

Markieren eines Blockes

Möchten Sie einen Block von Feldern markieren, stellen Sie Ihren Maus-Cursor z.B. in die linke obere Ecke dieses Blockes und ziehen Sie den Cursor diagonal zur rechten unteren Ecke. Wie Sie auch in Bild 2.12 sehen, ist die erste Zelle auch weiterhin aktiv, alle anderen markierten Felder werden invers angezeigt. In der Bearbeitungszeile ist während des Aufziehens des Blockes seine Größe angezeigt. Bei dem Block in folgendem Bild ist dort z.B. »3Zx5S« zu sehen, also drei Zeilen und fünf Spalten.

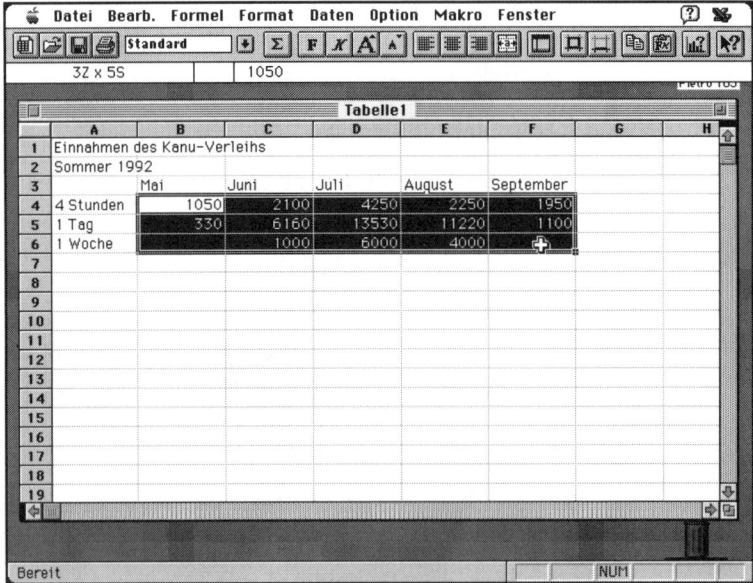

Bild 2.12: Markierter Block

Markieren einer Zeile oder Spalte

Soll eine gesamte Zeile markiert werden, klicken Sie den Zeilenkopf an. Das ist das Feld der zu markierenden Zeile, das sich links von der Spalte »A« befindet und die jeweilige Zeilennummer enthält. Sollen es mehrere Zeilen sein, überstreichen Sie die entsprechenden Zeilenköpfe mit gedrückter Maustaste. Ebenso können Sie eine oder mehrere Spalten markieren, indem Sie den bzw. die Spaltenköpfe anklicken. In Bild 2.13 wurde dazu z.B. der Spaltenkopf »B« selektiert.

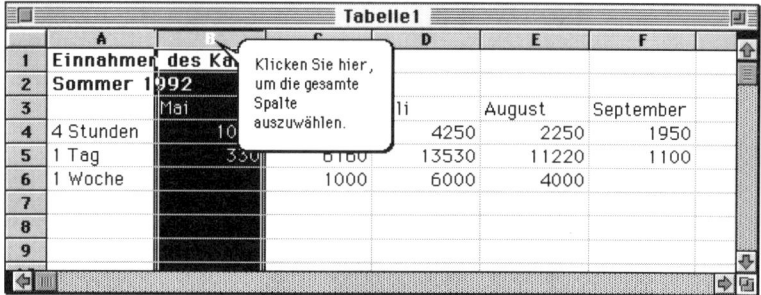

Bild 2.13: Markierte Spalte B

Markieren des gesamten Arbeitsblattes

Manchmal kommt es vor, daß man das gesamte Arbeitsblatt markieren möchte. Klicken Sie dazu die Taste an, die sich links von den Spalten- und über den Zeilenaufschriften befindet.

Berechnung von Feldinhalten

Nachdem Sie nun die Tabelle eingegeben haben, sind Sie vermutlich an der Auswertung des Zahlenmaterials interessiert. Wir möchten Ihnen hier einige einfache Berechnungen zeigen, um das Prinzip deutlich zu machen.

Summe

Es soll als erstes Rechenbeispiel die Summe der Einnahmen pro Monat berechnet werden. Beginnen Sie bei allen Berechnungen damit, daß Sie in die Zelle, die das Ergebnis anzeigen soll, ein Gleichheitszeichen tippen. Damit wird festgelegt, daß eine mathematische Operation folgt. Mit dem Gleichheitszeichen unterscheiden

Sie Text- von Formeleingaben. Nun möchten Sie in Zelle B7 die
Operation

    =Inhalt der Zelle B4 + Inhalt der Zelle B5

eingeben. Dazu haben Sie zwei Möglichkeiten. Entweder Sie tippen
hinter dem Gleichheitszeichen »B4+B5« direkt ein, so daß in der
Bearbeitungszeile die Formel

    =B4+B5

erscheint. Oder Sie klicken, nachdem Sie das »=«-Zeichen eingetragen haben, zunächst das Feld B4 mit der Maus an. Dadurch
erscheint in der Bearbeitungszeile die Bezeichnung dieser Zelle,
also »B4«. Tippen Sie nun weiter »+« und klicken Sie dann mit der
Maus B5 an. Bestätigen Sie diese Formel, so erscheint in der Zelle B7
das Ergebnis der Summe.

	Datei	Bearb.	Formel	Format	Daten	Option	Makro	Fenster		

B7   =B4+B5

Tabelle1

	A	B	C	D	E	F	G	H
1	Einnahmen des Kanu-Verleihs							
2	Sommer 1992							
3		Mai	Juni	Juli	August	September		
4	4 Stunden	1050	2100	4250	2250	1950		
5	1 Tag	330	6160	13530	11220	1100		
6	1 Woche		1000	6000	4000			
7		1380						
8								
9								

Bereit   NUM

Bild 2.14: Berechnete Summe

Vergessen Sie bei der Eingabe der Formel das führende Gleichheitszeichen, so denkt Excel, es handele sich bei der Eingabe um Text.
Auf dem Arbeitsblatt erscheint nicht das Ergebnis, sondern z.B. der
Text »B4+B5«. Ein häufig auftretender Fehler bei der Formeleingabe ist es auch, vor das Gleichheitszeichen noch ein Leerzeichen zu
setzen. Auch diese Eingabe wird von Excel als Text interpretiert
statt, wie gewünscht, als Formel.

Die Rechenvorschrift für die Summe könnten Sie in den folgenden
Spalten entsprechend abgewandelt ebenfalls einfügen. Im Feld C7
könnte beispielsweise »=C4+C5+C6« stehen.

Automatische Summe

Um bei solchen Additionen Schreibarbeit zu sparen, stellt Excel eine automatische Summenfunktion zur Verfügung. Stellen Sie dazu den Cursor in Zelle D7 und klicken Sie das Summenzeichen in der Symbolleiste an. Wie Sie nun sehen können, markiert Excel die Zellen D4 bis D6 selbsttätig mit einem gestrichelten Laufrand. In der Bearbeitungszeile erscheint der Befehl

=SUMME(D4:D6).

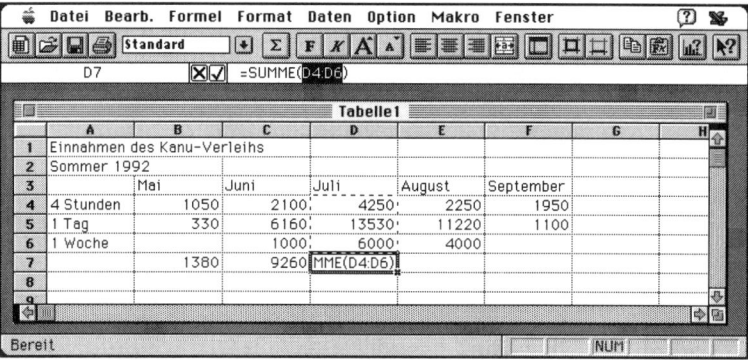

Bild 2.15: Automatische Summenfunktion

Was bedeutet dieser Befehl? »SUMME« ist eine der von Excel zur Verfügung gestellten mathematischen Funktionen. Summiert werden alle Felder, die zwischen D4 und D6 liegen. Der Doppelpunkt bedeutet also »bis«. Damit heißt der in der Bearbeitungszeile erscheinende Befehl: Summiere alle Felder, die zwischen D4 und D6 liegen. Bestätigen Sie diese Formel, so erhalten Sie das Ergebnis in Zelle D7.

Klicken Sie das Summenzeichen mit einem Doppelklick an, so addiert Excel automatisch die darüberstehenden Zellen, bis zur ersten Zelle, die leer ist oder Text enthält, ohne daß eine Bestätigung erforderlich ist. Sind die Zellen über der aktuellen leer, befinden sich jedoch links von der aktuellen Zelle Zahlen, so werden diese in die Summenformel aufgenommen.

Möchten Sie die Argumente der Summe verändern, klicken Sie das Summenzeichen an und markieren Sie dann auf Ihrem Arbeitsblatt den entsprechenden Bereich. Er wird automatisch als Argument der Summenfunktion eingesetzt. Natürlich können Sie die Zellverweise auch per Hand ändern.

Formatierung von Feldern

Um eine Tabelle übersichtlicher gestalten zu können, stellt Excel verschiedene Formatierungshilfen zur Verfügung. Einige sind schnell über die Symbolleiste anzuwählen.

Um z.B. Überschriften vom Rest der Tabelle abzuheben, formatiert man diese oft fett. Markieren Sie dazu die entsprechenden Zellen und klicken Sie mit der Maus die Taste mit dem »F« an. Das nächste Bild zeigt das Ergebnis dieses Vorgangs.

	A	B	C	D	E	F	G	H
1	Einnahmen des Kanu-Verleihs							
2	Sommer 1992							
3		Mai	Juni	Juli	August	September		
4	4 Stunden	1050	2100	4250	2250	1950		
5	1 Tag	330	6160	13530	11220	1100		
6	1 Woche		1000	6000	4000			
7		1380	9260	23780				
8								
9								

Bild 2.16: Fette Formatierungen

Um die Überschrift etwas größer zu gestalten, selektieren Sie die Taste mit dem großen »A«. Dies können Sie mehrmals wiederholen. Mit dem kleinen »A« vermindern Sie hingegen die Schriftgröße. In Bild 2.17 haben wir den Effekt anhand der Tabellenüberschrift demonstriert.

Über die Symbolleiste läßt sich außerdem die Zeilenausrichtung einzelner Zellen festlegen. Excel schreibt automatisch Texte links- und Zahlen rechtsbündig. Nicht immer ist das die gewünschte Ausrichtung. Markieren Sie z.B. die Spalten B, C, D und E und klicken Sie in der Symbolleiste die dritte der Ausrichtungstasten an. Sie erhalten dann die im nächsten Bild dargestellte Formatierung dieser Zellen.

	A	B	C	D	E	F	G
1	Einnahmen des Kanu-Verleihs						
2	Sommer 1992						
3		Mai	Juni	Juli	August	September	
4	4 Stunden	1050	2100	4250	2250	1950	
5	1 Tag	330	6160	13530	11220	1100	
6	1 Woche		1000	6000	4000		
7		1380	9260	23780			
8							

Bild 2.17: Rechtsbündig ausgerichtete Spaltenüberschriften

Mit Excel 4.0 wird eine neue Form der Ausrichtung mitgeliefert. Sie können jetzt nicht nur innerhalb einer Zelle, sondern auch innerhalb einer Markierung, die mehrere Zellen enthalten kann, zentrieren. Um die Überschriften über der gesamten Tabelle auszurichten, markieren Sie die Zellen A1 bis F2 und klicken Sie das links dargestellte Ausrichtungssymbol an. Die Resultat sehen Sie im nächsten Bild.

	A	B	C	D	E	F	G
1		Einnahmen des Kanu-Verleihs					
2		Sommer 1992					
3		Mai	Juni	Juli	August	September	
4	4 Stunden	1050	2100	4250	2250	1950	
5	1 Tag	330	6160	13530	11220	1100	
6	1 Woche		1000	6000	4000		
7		1380	9260	23780			
8							

Bild 2.18: Über sechs Spalten zentriert ausgerichtet

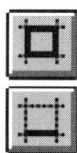

Zum Schluß können Sie nach Belieben Ihre Tabelle mit Rahmen versehen. Wieder muß zunächst der entsprechende Bereich markiert werden, dann kann mit den links dargestellten Tasten eine Umrahmung des Bereichs oder nur eine Unterstreichung erreicht werden.

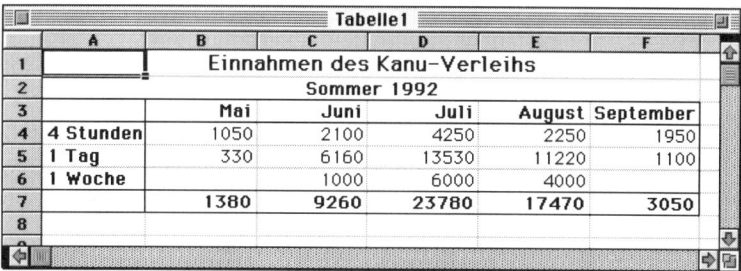

	A	B	C	D	E	F
1		Einnahmen des Kanu-Verleihs				
2		Sommer 1992				
3		Mai	Juni	Juli	August	September
4	4 Stunden	1050	2100	4250	2250	1950
5	1 Tag	330	6160	13530	11220	1100
6	1 Woche		1000	6000	4000	
7		1380	9260	23780	17470	3050
8						

Bild 2.19: Tabelle mit Umrahmung

Speichern und Öffnen von Dateien

Sicher haben Sie sich bereits gefragt, wie Sie Ihre erstellte Tabelle abspeichern können, um sie später gegebenenfalls zu ergänzen oder einzusehen.

Speichern von Dateien

Sie finden den Befehl *Speichern* im Menü von *DATEI*. Als Abkürzungstaste steht in der Symbolleiste hierzu die links abgebildete Taste zur Verfügung, auf der eine Diskette dargestellt ist.

Beim ersten Aufruf der Option *Speichern* wird das unten dargestellte Dialogfenster geöffnet.

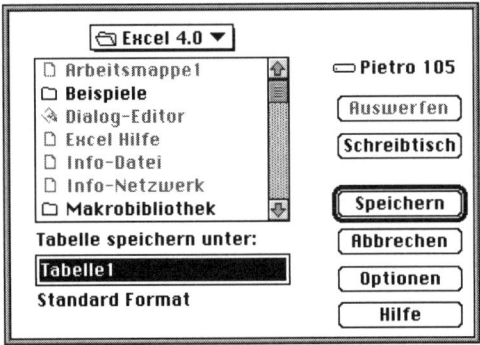

Bild 2.20: Dialogfenster zu Speichern

Im Eingabefeld »Tabelle speichern unter« wird der Name eingetragen, mit dem die Datei abgespeichert werden soll. Als Vorschlag ist hier »Tabelle1« notiert. Überschreiben Sie diesen einfach mit dem gewünschten Namen. Es können alle Buchstaben, Ziffern und Sonderzeichen benutzt werden, mit Ausnahme des Doppelpunkts. Der Dateiname wird nicht nach Groß- und Kleinschreibung unterschieden. Die Dateinamen »TABELLE1« und »Tabelle1« sind also gleichwertig.

Über dem Eingabefenster ist der aktuelle Ordner angegeben, »Excel 4.0«. Möchten Sie diesen wechseln und Ihre Tabelle in einem weiteren Unterverzeichnis unterhalb »Excel 4.0« abspeichern, so können Sie im Auswahlfeld der Verzeichnisse das gewünschte anklicken.

Über dem Auswahlfeld befindet sich das grafische Symbol des aktuellen Ordners. Benötigen Sie ein Unterverzeichnis, das nicht unterhalb »Excel 4.0« liegt sondern darüber oder parallel dazu, klicken Sie dieses Symbol an und ziehen mit gedrückter Maustaste bis zur gewünschten Ebene. Durch Doppelklicks auf die Ordner im Auswahlfenster können Sie nun tieferliegende Ordner anwählen.

In der rechten oberen Ecke des Dialogfeldes ist der Name und die Art des Speichermediums verzeichnet, hier die Festplatte »Pietro 105«. Um auf ein anderes Medium abzuspeichern klicken Sie zuerst die Schaltfläche »Schreibtisch« an. In dem Auswahlfeld erscheinen nun alle Ordner, Dateien und Speichermedien (Fest- und Wechselplatten, Disketten, CD-ROM´s, Netzwerkplatten usw.), die auf dem Schreibtisch Ihres Macintoshs liegen. Per Doppelklick auf das von Ihnen gewünschte Speichermedium wird dieses geöffnet und Sie können nach Angabe des Dateinamens und des korrekten Ordners den Befehl zum Abspeichern auf dieses Speichermedium geben.

In aller Regel können Sie nun, nachdem Sie den Namen und den Ordner richtig gewählt haben, mit »OK« bestätigen.

Sollten Sie jedoch Ihre Tabellen in einem anderen Format, z.B. im Format von Excel 2.2, abspeichern wollen, klicken Sie »Optionen« im Dialogfenster an.

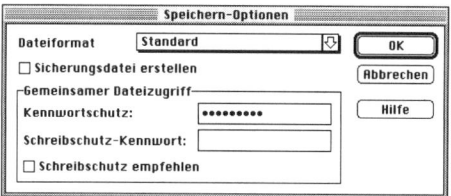

Bild 2.21: Dialogfenster zu Optionen in Speichern

In dem sich öffnenden neuen Dialogfenster finden Sie hinter »Dateiformat« ein Drop-Down Menü, das Sie mit der Maus aktivieren können. Darin wählen Sie nun das benötigte Format aus. Über die unterschiedlichen Dateiformate und ihre Verwendung finden Sie im Kapitel »Programmkooperation« ausführliche Anleitung.

Sollten außer Ihnen noch mehr Personen auf Ihre Dateien Zugriff haben, sei es weil Sie Ihren Computer nicht alleine nutzen oder weil Sie in einem Netz arbeiten, besteht die Möglichkeit, Ihre Dateien vor dem Zugriff anderer durch die Vergabe eines Kennworts zu schützen.

Möchten Sie nur verhindern, daß Ihre Datei geändert wird, können Sie hier ein Schreibschutz-Kennwort vergeben. Bevor Excel dieses Kennwort akzeptiert, fordert es Sie zu einer nochmaligen Eingabe auf, um Schreibfehler mit unangenehmen Folgen zu vermeiden.

In diesem Dialogfenster können Sie auch bestimmen, ob eine Sicherungsdatei angelegt werden soll. Das heißt, ob die letzte Version Ihrer Datei jeweils mit dem Vorspann »Sicherungskopie von« im Namen zusätzlich aufgehoben wird.

Speichern unter

Haben Sie Änderungen an einer Tabelle vorgenommen, so können Sie sie unter einem anderen Namen speichern, um Änderungen des auf Diskette oder Platte liegenden Originals zu vermeiden. Wählen Sie dazu *DATEI Speichern unter*.

Öffnen von Dateien

Um ein abgespeichertes Arbeitsblatt wieder auf den Bildschirm zu holen, wählen Sie *Öffnen* in *DATEI* an. Damit erscheint das folgende Dialogfenster am Bildschirm. Als Abkürzungstaste finden Sie in der Standard-Symbolleiste die Taste mit dem Ordner-Symbol.

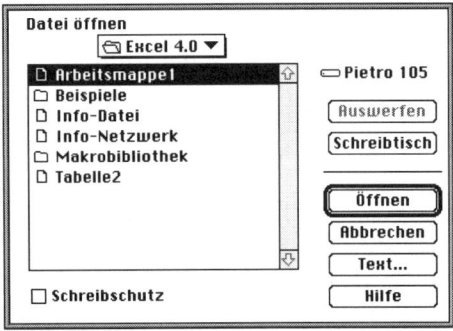

Bild 2.22: Dialogfenster zu DATEI Öffnen

In dem Auswahlfeld werden alle von Excel erzeugten Dokumente angezeigt. Sie können die gewünschte Datei einfach durch einen Doppelklick anwählen und so öffnen.

Ist die Datei, die Sie laden möchten, in einem anderen Ordner abgespeichert, wählen Sie mit der unter *DATEI Speichern* beschriebenen Methode den korrekten Ordner aus.

Ist das Optionsfeld »Schreibschutz« angekreuzt, können Sie das geladene Dokument nach Änderungen nicht wieder unter demselben Namen abspeichern. Sie können so unerwünschte Änderungen verhindern.

Gehört die zu ladende Datei zu den letzten vier Dateien, die mit Excel bearbeitet wurden, so finden Sie sie im Menü *DATEI* verzeichnet und können sie so über einen Menübefehl laden.

Besteht für die von Ihnen geladene Datei ein Kennwortschutz, so fragt Excel Sie erst nach dem geforderten Kennwort bevor Sie diese Datei lesen bzw. verändern können.

Neu

Sie finden *Neu* ebenfalls im Menü *DATEI*. Damit können Sie ein Fenster mit einem neuen, unbeschriebenen Arbeitsblatt öffnen. Zuvor zeigt Ihr Bildschirm ein Dialogfenster an, in dem Sie angeben können, ob eine neue Tabelle, ein neues Diagramm etc. geöffnet werden soll. Sie können diesen Befehl schneller mit der Tastenkombination ⌘-N anwählen.

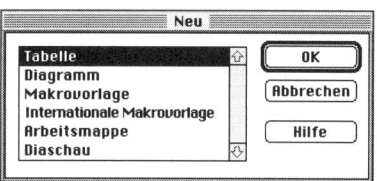

Bild 2.23: Dialogfenster zu Neu

Selektieren Sie, wenn Sie ein neues Arbeitsblatt beschreiben möchten, den Eintrag »Tabelle«. Haben Sie das vorherige Fenster mit dem Arbeitsblatt nicht geschlossen, wird Ihnen über Ihrem alten eine weitere, neue Tabelle geöffnet, wie dies das nächste Bild illustrieren soll.

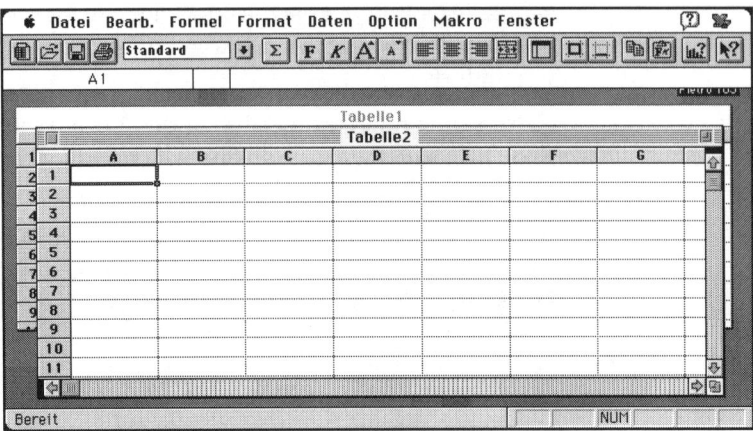

Bild 2.24: Zwei übereinanderliegende Tabellen

Durch ein Klicken der nebenstehenden Taste der Symbolleiste verkürzt den Vorgang, da hier sofort eine neue Tabelle angelegt wird. Der Umweg über das Dialogfeld wird also vermieden.

Mit Hilfe der Maus können Sie das neu geöffnete Arbeitsblatt an der Titelleiste »anfassen und verschieben«. Wie Sie diese und weitere Möglichkeiten nutzen können, wird im Kapitel »Arbeiten mit mehreren Arbeitsblättern« beschrieben.

Schließen

Werden Ihnen mehrere geöffnete Arbeitsblätter zu unübersichtlich, schließen Sie ein oder mehrere Blätter, bevor Sie ein neues öffnen. Klicken Sie in das Schließfeld des Fensters oder wählen Sie *Schließen* im Menü von *DATEI*.

Sollten Sie die jeweilige Tabelle bislang noch nicht abgespeichert haben, erscheint das folgende kleine Fenster auf dem Bildschirm.

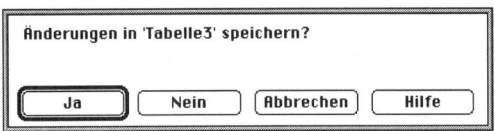

Bild 2.25: Dialogfenster »Änderungen speichern?«

Klicken Sie nun die Taste mit »Ja« an, erscheint auf Ihrem Bildschirm das in »Speichern« beschriebene Dialogfenster. Möchten Sie Ihre Änderungen des Arbeitsblattes nicht abspeichern, selektieren Sie »Nein«. Mit »Abbrechen« gelangen Sie zurück zu Ihrem vorher bearbeiteten Arbeitsblatt.

Haben Sie alle Arbeitsblätter geschlossen, dann ist nur noch die Menüleiste und die Symbolleiste von Excel sichtbar.

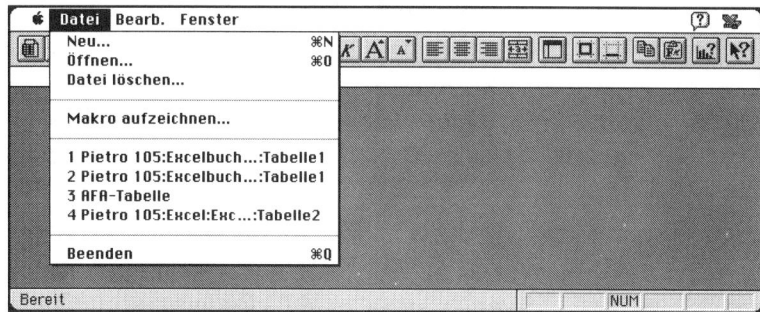

Bild 2.26: Verkürzte Menüleiste

Wie Sie sehen können, wird dadurch die Menüzeile stark verkürzt. Es stehen Ihnen nur noch die Menüpunkte *DATEI, BEARBEITEN* und *FENSTER* zur Verfügung. Wenn Sie nun ein Pull-Down-Menü öffnen wie im obigen Bild, so finden Sie auch dieses reduziert.

Drucken

Da Sie Ihre Tabelle sicher gerne »zum Anfassen« hätten, werden wir uns nun mit der Frage beschäftigen, wie Sie diese auf Papier bringen können. An dieser Stelle möchten wir Ihnen nur kurz beschreiben, wie Sie zu einem Ausdruck kommen. Sie finden ausführliche Informationen zu den Themen Seite einrichten, Drucken und Seitenansicht im Kapitel »Drucken«.

Seite einrichten

Spätestens vor dem Drucken sollten Sie sich die Layout-Einstellungen für Ihre Tabelle ansehen. Wählen Sie dazu in *DATEI Seite einrichten* an.

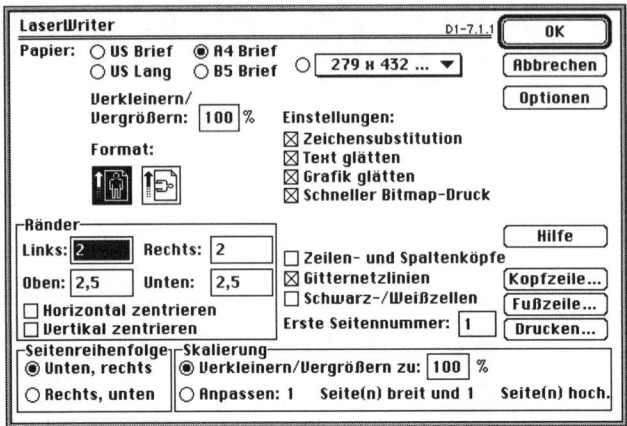

Bild 2.27: Dialogfenster zu DATEI Seite einrichten

Sie werden zunächst aufgefordert, das auf Ihrem Drucker verwendete Papierformat auszuwählen. Durch Anwahl der grafischen Symbole unter »Format« können Sie Ihr Excel-Dokument im Hoch- oder Querformat ausdrucken.

Weitere Gestaltungsmöglichkeiten haben Sie durch Eingabe von Kopf- bzw. Fußzeilen. Die Voreinstellung sieht Platzhalter in der Kopfzeile für den Namen der Tabelle bzw. für die aktuelle Seitenzahl in der Fußzeile vor.

Darunter können Sie die Ränder festlegen. Diese Einstellung ist allerdings von Ihrem Drucker abhängig, da man z.B. bei Laserdruckern keinen beliebig kleinen Rand einstellen kann.

Alle weiteren Einstellungen werden im Kapitel »Drucken« besprochen.

Seitenansicht

Einen ersten Eindruck können Sie mit der Seitenansicht gewinnen. Sie finden auch diese Funktion in *DATEI*.

Die Seitenansicht zeigt Ihre Tabelle so, wie sie später auf Papier gedruckt werden wird. Wir haben dazu in dem Dialogfeld zur Seiteneinrichtung »Querformat« angewählt.

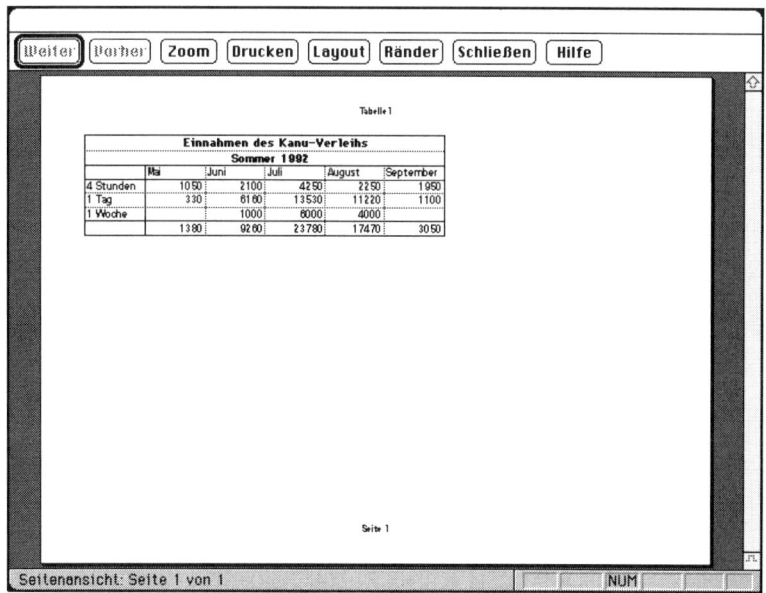

	Mai	Juni	Juli	August	September
4 Stunden	10 50	21 00	42 50	22 50	1 950
1 Tag	3 30	61 60	135 30	112 20	1 100
1 Woche		10 00	60 00	40 00	
	13 80	92 60	237 80	174 70	30 50

Bild 2.28: Seitenansicht

Mit der Schaltfäche »Schließen« verlassen Sie die Seitenansicht.

Drucken

Nun soll die Tabelle endlich gedruckt werden. Die Funktion *Drukken* finden Sie ebenfalls im Menü von *DATEI*. Als Abkürzungsteste für diesen Vorgang finden Sie in der ersten Gruppe auf der Standard-Symbolleiste als Symbol einen stilisierten Drucker. Sie erhalten bei der Auswahl wiederum ein Dialogfenster. In diesem können Sie Umfang und Kopienanzahl festlegen. Klicken Sie dazu das entsprechende Optionsfeld an und tippen Sie gegebenenfalls die gewünschten Seitenzahlen ein. Weiter können Sie ein Optionsfeld ankreuzen, falls Sie vorab eine Seitenansicht möchten. Bestätigen Sie durch Anklicken der »OK«-Taste.

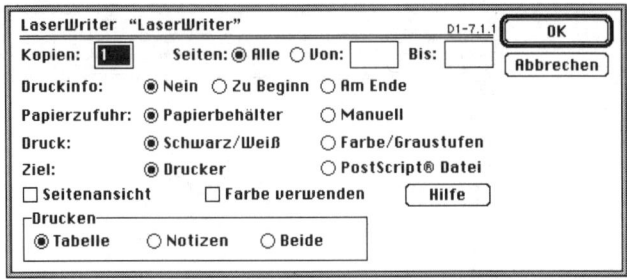

Bild 2.29: Dialogfenster zu DATEI Drucken

Hilfe in Excel

Die Hilfefunktion in Excel gliedert sich in zwei Teile auf. Einmal gibt es die nur unter System 7 verfügbare aktive Hilfe und außerdem die ausführlichere Hilfefunktion die Excel auch unter älteren Betriebssystemversionen anbietet, die aber, wenn sie aktiviert ist, kein paralleles Weiterarbeiten ermöglicht.

Die Aktive Hilfe

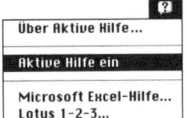

Mit der Einführung von System 7 auf dem Macintosh hat Apple auch eine einheitliche Hilfefunktion entwickelt. Diese Hilfe wird über ein spezielles Menü aktiviert. Da allerdings bei Excel die Menüleiste auf den 9 Zoll-Schirmen vollständig benutzt wird muß bei diesen Macs die aktive Hilfe über den Finder aufgerufen werden. Sollten Sie also Besitzer eines Macintosh mit 9-Zoll Monitor sein, dann wählen sie zuerst den Finder an und schalten dann die Sprechblasenhilfe ein.

Bei einem erneuten Wechsel zu Excel bleibt diese Hilfefunktion aktiv, und blendet zu jedem Bildschirmbereich, den der Mauspfeil überstreicht, kurze Kommentare in der Form von Sprechblasen ein. Auch zu Befehlen in den Menüs und Dialogfenstern ist diese Hilfefunktion verfügbar. Das Schöne an dieser intuitiven Hilfefunktion ist, daß sie während des Arbeitens im Programm zur Verfügung steht und nicht eines gesonderten »Nur-Hilfe-Modus« bedarf.

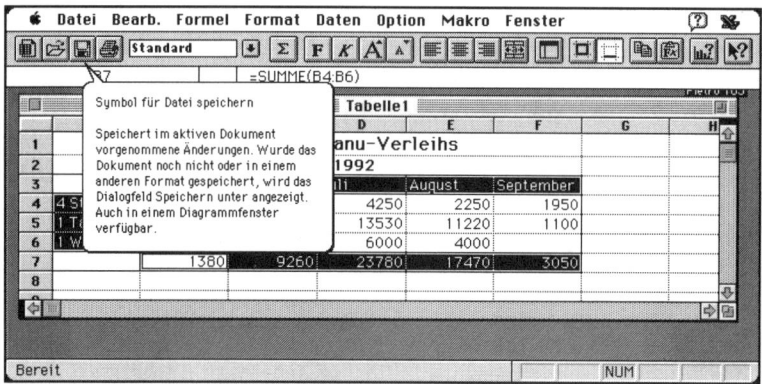

Bild 2.30: Aktive Hilfe

Das Excel-Hilfefenster

Excel bietet aber, wie oben schon erwähnt, eine weitere Hilfefunktion, die sich bei Besitzern der Macs mit 9 Zoll Bildschirmen im Menü *FENSTER* verbirgt; bei größeren Monitoren finden Sie ihn unter dem Menü für die Sprechblasenhilfe.

Bild 2.31 Excel Hilfeindex

Sie können nun einen der unterstrichenen Punkte, bei denen der Mauszeiger die Form eines Zeigefingers annimmt, im Auswahlfenster anklicken und erhalten dazu weitere Informationen. »Inhalt« führt Sie jeweils zum Inhaltsverzeichnis der Excel-Hilfe zurück.

Mit Klicken auf »Bisher« plaziert Excel ein zusätzliches Hilfefenster mit den bisher von Ihnen angewählten Hilfethemen auf den Schirm. So können Sie Ihren Weg schrittweise zurückverfolgen und sich eines dieser Themen per Doppelklick im Excel-Hilfefenster anzeigen lassen.

Bild 2.32: Liste der bisherigen Hilfethemen

Diese Liste findet auch im Zusammenhang mit der Schaltfläche »Zurück« Verwendung, mit der Sie sich schrittweise durch die bisher behandelten Themen zurück zum Ausgangsfenster hangeln können.

Sehr hilfreich ist die Schaltfläche »Suchen«, mit der Sie das Dialogfeld in Bild 2.33 öffnen. Im Eingabefeld im oberen Teil können Sie Ihren Suchbegriff eingeben und Excel blendet im darunter liegenden Listenfeld eine alphabetisch geordnete Begriffsliste ein, zu denen Hilfetexte vorhanden sind. Markieren Sie den von Ihnen gewünschten Begriff und klicken die Taste »Themen auflisten« an, so sucht Excel alle Hilfetexte, die mit oben angegebener Auswahl, in diesem Fall »Diagrammassistent«, in Verbindung gebracht werden. Diese Themen werden im unteren Feld dargestellt. Ein Doppelklick auf eines der Themen öffnet das entsprechende Fenster der Excel-Hilfefunktion.

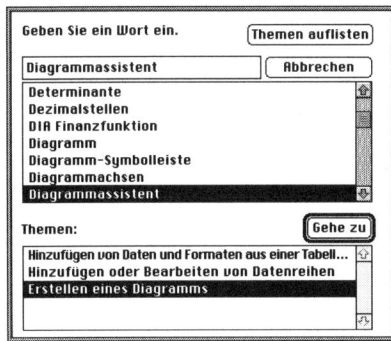

Bild 2.33: Dialogfeld Suchen in HILFE

Sie beenden die Hilfefunktion, indem Sie in das Schließfeld des Hilfefensters klicken oder wählen Sie *Schließen* im Menü von *DATEI*.

Zusätzlich können Sie sich auch Lesezeichen in Ihre Hilfefunktion einfügen, um sie besser auf Ihre Informationsbedürfnisse abzustimmen. Wählen Sie dazu im Menü *LESEZEICHEN* den Befehl *Definieren* an. Nicht mehr benötigte Lesezeichen können Sie im gleichen Menü mit *Löschen* wieder entfernen.

Bild 2.34: Menüleiste der Hilfefunktion

Kontextsensitive Hilfe

Finden Sie eine Option in einem Pull-Down-Menü oder eine Taste, die Sie nicht kennen, können Sie mit der Taste ganz rechts auf der Symbolleiste kontextsensitive Hilfe erhalten. Das bedeutet, Excel kann Ihnen zu diesem Menüpunkt oder dieser Taste einen Hilfeschirm anzeigen.

Klicken Sie auf diese Taste zur kontextsensitiven Hilfe so wird an den Mauszeiger ein Fragezeichen »angehängt«. Wählen Sie nun einen Befehl aus, so öffnet Ihnen Excel das Hilfefenster mit Erkärungen dazu

Der Befehl selbst wird in der Excel-Hilfe im Gegensatz zur aktiven Hilfe nicht ausgeführt.

Kapitel 3
Arbeitserleichterungen

Sie haben in dem letzten Kapitel bereits einige wichtige Funktionen von Excel kennengelernt. Wir möchten in diesem Kapitel besonders auf Möglichkeiten der Arbeitserleichterung und der Abkürzung von verschiedenen Vorgängen eingehen.

Oft sind für Vorgänge zwei oder mehr Varianten zur Ausführung möglich. Wir haben versucht, alle darzustellen, haben aber in Seminaren und bei der Betreuung von Anwendern die Beobachtung gemacht, daß man sich in der Regel die Methoden angewöhnt, die mit Hilfe der Maus zu bewerkstelligen sind. Lange Wege über das Menü vermeidet man mit der Zeit automatisch.

Kopieren, Ausschneiden und Einfügen

Soll ein Feld oder ein Block von Feldern an eine andere Stelle auf Ihrem Arbeitsblatt verschoben werden, so sind dabei zwei Methoden praktizierbar. Zum einen besteht die Möglichkeit, den Block zu kopieren, d.h. nach Abschluß des Vorgangs ist er verdoppelt. Er existiert weiter an seinem alten Ort, zusätzlich gibt es ihn ein zweites Mal an der Stelle, an die er kopiert wurde. Zum anderen können Sie den Block verschieben. Das bedeutet, er wird an seinem alten Platz »ausgeschnitten« und an einem anderen Ort eingefügt. Die Zellen gibt es nach diesem Vorgang nur einmal, sie befinden sich jetzt allerdings an einer anderen Stelle Ihres Arbeitsblattes. Die Befehle *Ausschneiden*, *Kopieren* und *Einfügen* finden sich alle im *BEARBEITEN*-Menü.

Zur Demonstration dieser Techniken beziehen wir uns auf die Markierung der in Bild 3.1 gezeigten Tabelle.

Tabelle1					
A	B	C	D	E	F
Einnahmen des Kanuverleihs					
Sommer 1992					
	Mai	Juni	Juli	August	September
4 Sunden	1050	2100	4250	2250	1950
1 Tag	330	6160	13530	11220	1100
1 Woche		1000	6000	4000	
	1380	9260	23780	17470	3050

Bild 3.1: Tabelle mit Markierung

Im ersten Schritt wird der markierte Bereich über *BEARBEITEN Ausschneiden* oder über *BEARBEITEN Kopieren* in die Zwischenablage transportiert. Alternativ dazu können die Tastenkombinationen ⌘+X bzw. ⌘+C benutzt werden. Die nebenstehende Taste aus der Symbolleiste ermöglicht ein noch schnelleres Kopieren in die Zwischenablage.

Excel zeigt durch eine Lauflinie an, daß sich der markierte Bereich in der Zwischenablage befindet.

Tabelle1					
A	B	C	D	E	F
Einnahmen des Kanuverleihs					
Sommer 1992					
	Mai	Juni	Juli	August	September
4 Sunden	1050	2100	4250	2250	1950
1 Tag	330	6160	13530	11220	1100
1 Woche		1000	6000	4000	
	1380	9260	23780	17470	3050

Bild 3.2: Zu kopierender Tabellenausschnitt mit Lauflinie

Im zweiten Schritt wird die linke obere Ecke des Zielbereichs selektiert und die Daten über *BEARBEITEN Einfügen* (oder ⌘+V) aus der Zwischenablage in diesen Bereich hineinkopiert. Da sich die Information immer noch in der Zwischenablage befindet, steht Ihnen die Möglichkeit offen, ihn durch *Einfügen* so oft Sie wollen an verschiedene Stellen zu plazieren.

Kontextmenü

Die neue Version von Excel besticht durch die Fähigkeit, zu vielen Markierungen und Bildschirmbereichen sogennante Kontextmenüs zur Verfügung zu stellen. Nur diejenigen Menübefehle werden eingeblendet, die zu dem jeweiligen Kontext passen. Zeigt der Mauszeiger also auf eine Markierung wie in Bild 3.3, so wird durch gleichzeitiges Drücken der Tastenkombination Option+⌘ und Klicken mit der Maus auf die Markierung das im folgenden Bild gezeigte Kontextmenü eingeblendet.

	A	B	C	D	E	F
			Tabelle1			
1		Einnahmen des Kanuverleihs				
2		Sommer 1992				
3		Mai	Juni	Juli	A **Ausschneiden** ⌘X	
4	4 Sunden	1050	2100	4250	**Kopieren** ⌘C	
5	1 Tag	330	6160	13530	Einfügen ⌘U	
6	1 Woche		1000	6000	**Inhalte löschen...** ⌘B	
7		1380	9260	23780	**Zellen löschen...** ⌘L	
8					**Zellen einfügen...** ⌘E	
9						
10					**Zahlenformat...**	
11					**Ausrichtung...**	
12					**Schriftart...**	
13					**Rahmen...**	
14					**Muster...**	

Bild 3.3: Kontextmenü zu einer Tabellenmarkierung

Auch hier werden die Befehle zum Verschieben/Kopieren zur Verfügung gestellt.

Mit der Maus

Zweifellos die eleganteste Möglichkeit, Daten in Excel 4.0 zu verschieben oder zu kopieren ist das sogenannte »Ziehen und Ablegen« oder auf englisch »Drag and Drop«. Dabei können Sie erstmalig mit der Maus ohne Hilfe von Menüoptionen verschieben und kopieren. Am einfachsten ist dabei das Verschieben: Markieren Sie zunächst einen Block von Zellen. Normalerweise hat Ihr Mauszeiger in einer Exceltabelle die Form eines schattierten Kreuzes. Bewegen Sie nun den Maus-Cursor an den Rand der Markierung, so können Sie sehen, wie er sich in einen Pfeil umwandelt. Drücken Sie jetzt die Maustaste, so können Sie die markierten Felder solange verschieben, bis die Maustaste losgelassen wird.

Sollen die markierten Zellen kopiert werden, so muß zusammen mit der Maustaste die Optionstaste betätigt werden. Halten Sie beim Verschieben die Optionstaste gedrückt, so erscheint ein kleines »+«-Zeichen neben dem Cursor-Pfeil, das den Kopiervorgang anzeigt.

Spezielles Einfügen

Das folgende Bild zeigt den Aufbau einer Zelle in Excel. Wir haben dazu ein Modell angefertigt, in dem zu sehen ist, daß zu einer am Bildschirm angezeigten Zelle eigentlich verschiedene Ebenen gehören.

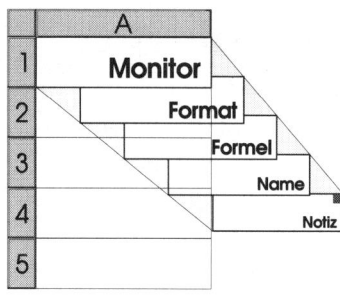

Die oberste Ebene ist die Anzeige am Bildschirm, die wir mit »Monitor«bezeichnet haben. Dort werden Werte mit Formatierung angezeigt, also gegebenenfalls das Rechenergebnis einer Formel. Eine vergebene Formatierung wird in einer zweiten Ebene zur Zelle gespeichert. Die dritte Ebene enthält die sogenannte Formel, die einfach nur aus Text oder aus einer Rechenanweisung besteht.

Bild 3.4: Modell einer Zelle in Excel

Auf die Ebenen vier und fünf unseres Zellenmodells, der Name und die Notiz einer Zelle, werden wir im Laufe dieses Kapitels noch eingehen.

Bisher wurde durch den Befehl *Einfügen* eine Zelle mit Formel, Formatierung sowie Notizen etc. eingefügt. Wir werden in diesem Abschnitt sehen, daß dies nicht unbedingt notwendig ist. Es besteht die Möglichkeit, von einer kopierten Zelle gezielt nur Formeln, nur Formatierungen oder nur Notizen einzufügen.

Ein entsprechendes Dialogfeld finden Sie nach Anwahl von *BEARBEITEN Inhalte einfügen*. Darin läßt sich auswählen, welche Bestandteile einer Zelle eingefügt werden sollen.

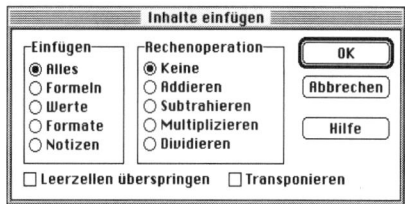

Bild 3.5: Dialogfeld zu BEARBEITEN Inhalte einfügen

Standardmäßig ist in der Gruppe »Einfügen« »Alles« selektiert. Durch Anklicken einer der anderen Optionen läßt sich aber festlegen, ob Formeln, Werte oder beispielsweise nur Formatierungen eingefügt werden sollen.

Nur Formeln einfügen

Mit dieser Option werden kopierte Texte, Zahlen oder Rechenanweisungen eingefügt, ohne die Formatierung, die der kopierten Zelle übertragen worden war.

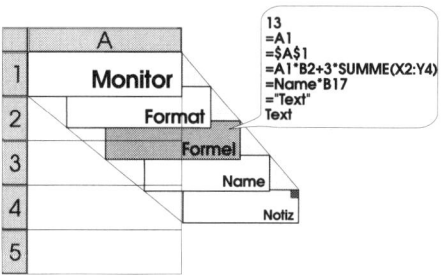

Bild 3.6: Beipiele für »Nur Formeln einfügen«

Nur Formate einfügen

Dies ist oft nützlich, wenn Sie bestimmte Formatierungen einer Zelle auf verschiedene andere Stellen im Arbeitsblatt übertragen möchten.

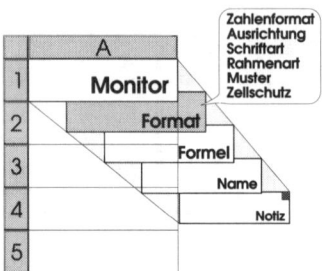

Bild 3.7: Beispiele für »Nur Formate einfügen«

Kürzer wird der Vorgang, wenn Sie nach dem Kopieren die links dargestellte Taste anklicken, die neben der Kopiertaste auf der Standard-Symbolleiste liegt. Damit wird nur die Formatierung aus der kopierten in die aktuelle Zelle übertragen.

Nur Werte einfügen

Sollen nur die angezeigten Zahlen einer Zelle übertragen werden, ist dies die richtige Option. Bei Rechenoperationen werden nur die berechneten Werte kopiert, nicht aber die dazugehörenden Formeln.

Als Abkürzung ist es möglich, nach dem Kopieren beim Einfügen die Umschalttaste zusammen mit dem oben beschriebenen Tastenfeld in der Symbolleiste zu betätigen. Durch die Umschalttaste wird beim Anklicken die »Format-Einfügen«-Taste zur links abgebildeten »Werte-Einfügen«-Taste.

Rückgängig und Wiederholen

Diese beiden nützlichen Funktionen finden Sie ebenfalls im Pull-Down-Menü *BEARBEITEN*. Mit *Rückgängig* können Sie Eingaben, Formatierungen, Kopierbefehle und anderes widerrufen. Im Menüfenster erscheint dann z.B. *Rückgängig: Eingabe* oder *Rückgängig: Schriftart*, je nachdem wie der letzte Vorgang lautete, der widerrufen werden soll.

Wichtig ist der Befehl *Rückgängig*, wenn Sie versehentlich etwas gelöscht haben und dann feststellen, daß Sie es besser behalten hätten. Sie finden die links dargestellte Abkürzungstaste auf der Werkzeug-Symbolleiste.

Mit *Wiederholen* können Sie z.B. Formatierungen, die Sie soeben einer Zelle gaben, auf beliebig viele andere anwenden, ohne über das Menü lange Auswahlvorgänge in Kauf nehmen zu müssen. Ähnlich wie bei dem *Rückgängig*-Befehl finden Sie dann im Menü beispielsweise *Wiederholen: Schriftart*. Die links dargestellte Abkürzungstaste ist ebenfalls auf der Werkzeug-Symbolleiste zu finden.

Zellen einfügen und löschen

Es ist sehr einfach, eine neue Zeile oder Spalte einzufügen. Dazu markieren Sie die Zeile, vor der die neue eingefügt werden soll, durch Klicken in den entsprechenden Zeilenkopf und selektieren in *BEARBEITEN* die Option *Zellen einfügen*. Möchten Sie eine Spalte einfügen, so markieren Sie die Spalte, vor der eine weitere leere eingefügt werden soll, und wählen Sie ebenso im Menü *BEARBEITEN Zellen einfügen* aus.

Beachten Sie dabei bitte, daß durch diese Operation den eingefügten Feldern dieselben Formatierungen übertragen werden, mit der die Felder (bei Spalten) links von den eingefügten Zellen versehen sind. Entsprechend wird bei Zeilen die Formatierung der darüberliegenden Felder übernommen. Da bei diesem Vorgang leere Zellen eingefügt werden sollen, werden Zahlen oder Formeln dadurch natürlich nicht übertragen.

Ebenso können Sie zwei oder mehr Zeilen/Spalten einfügen. Markieren Sie dazu so viele Zeilen/Spalten, wie Sie neue einfügen möchten. Mit *Zellen einfügen* werden vor dem markierten Bereich so viele eingefügt, wie selektiert waren.

Markieren Sie nur einige Felder einer Spalte und selektieren Sie dann *Zellen einfügen*, erscheint das im nächsten Bild dargestellte Dialogfenster auf Ihrem Bildschirm.

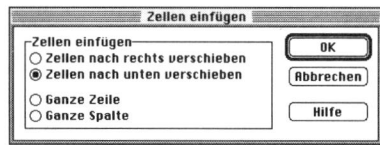

Bild 3.8 Dialogfenster zu BEARBEITEN Zellen einfügen

Darin können Sie durch Anklicken des entsprechenden Optionsfeldes angeben, ob die markierten Zellen nach rechts oder nach

unten verschoben werden sollen oder ob eine ganze Zeile oder
Spalte eingefügt werden soll.

Ebenso leicht lassen sich ganze Zeilen bzw. Spalten löschen. Dazu
finden Sie die entsprechende Funktion *Löschen* ebenfalls in *BEAR-
BEITEN*. Sind nur Blöcke oder einzelne Zellen zum Löschen markiert, so erscheint das folgende Dialogfenster nach dem Aufruf von
BEARBEITEN Zellen löschen auf dem Bildschirm.

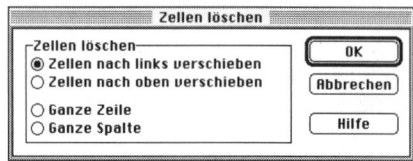

Bild 3.9: Dialogfenster zu Löschen

Hierin können Sie mit »Zellen nach links verschieben« angeben, ob
die Zellen, die rechts von der markierten Stelle liegen, beim Löschen
nachrücken sollen. Oder Sie können bestimmen, indem Sie »Zellen
nach oben verschieben« anklicken, daß die unter dem markierten
Bereich liegenden Felder an die Stelle der gelöschten treten sollen.
Möchten Sie eine ganze Zeile oder Spalte löschen, so können Sie
auch das in dem Dialogfeld selektieren.

Sollten Sie die falschen Felder gelöscht haben, denken Sie an die
Funktion *Widerrufen* in *BEARBEITEN*!

Vorsicht ist bei großen unübersichtlichen Tabellen angebracht. Da
sich die Funktion *Löschen* auf die gesamte Tabelle beziehen kann, ist
es leicht möglich, daß sie zur Fehlerquelle wird.

Formeln nach unten/rechts ausfüllen

Bei dem Beispiel des letzten Kapitels haben wir die Summe der
Einnahmen pro Monat berechnet. Diese Summe war in jede Zeile
für jeden Monat neu eingetragen worden. Excel kann Ihnen auch
diese Handarbeit abnehmen.

Automatisches Ausfüllen

Diese Funktion läßt sich in Excel 4.0 mit der neuen Funktion zum
automatischen Ausfüllen ausführen. Damit können problemlos
Texte, Zahlen oder Formeln mit der Maus auf danebenliegende

+ Zellen übertragen werden, egal, ob diese Zellen links oder rechts von der ursprünglichen liegen, ob darüber oder darunter. Markieren Sie dazu zunächst die Zelle, die Text oder Formeln enthält. Sie sehen unten rechts am Rahmen, der die Markierung anzeigt, ein kleines schwarzes Quadrat. Stellen Sie den Cursor darauf, so wandelt er sich in ein kleines fettes Kreuz um. Drücken Sie weiterhin die Maustaste und halten sie betätigt während Sie mit dem Kreuz in die gewünschte Richtung ziehen und lassen dann die Maustaste los.

Wir haben diese Schritte am Beispiel der Formel in der Zelle B8 demonstriert. Das folgende Bild zeigt die Arbeitsschritte des automatischen Ausfüllens nämlich: Plazierung des Mauszeigers auf die rechte untere Ecke der Markierung, ziehen bei gedrückter Maustaste und loslassen wenn die Markierung alle fünf gewünschten Zellen umfaßt. Nun füllt Excel automatisch die markierten Zellen mit dem markierten Text oder der entsprechenden Formel aus.

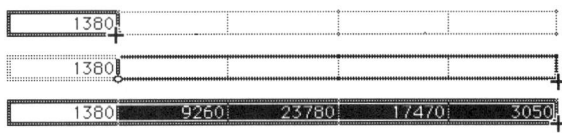

Bild 3.10: Arbeitsschritte beim Automatischen Ausfüllen

Über das Menü

Mit etwas mehr Aufwand können sie das obige Ergebnis auch über das Menü erreichen. Nachdem Sie die Formel in das Feld B8 eingetragen haben, markieren Sie mit der Maus die Zellen von B8 bis F8. Achten Sie dabei darauf, daß ganz links in der Zelle der Markierung die zu kopierende Formel steht.

Die in B8 eingetippte Formel möchten Sie auf die folgenden Felder übertragen, wobei die Einträge in jeder Spalte angepaßt werden sollen. Selektieren Sie dazu im Pull-Down-Menü von *BEARBEITEN* die Option *Rechts ausfüllen*. Sofort erhalten Sie die Ergebnisse der Summen in Zeile 8 auf Ihrem Bildschirm.

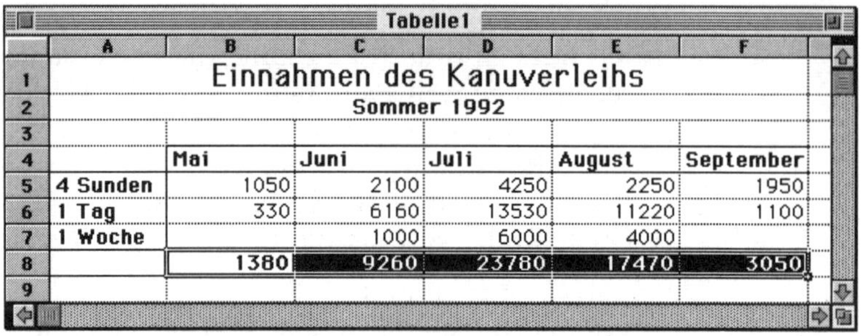

Tabelle1

	A	B	C	D	E	F
1	Einnahmen des Kanuverleihs					
2	Sommer 1992					
3						
4		Mai	Juni	Juli	August	September
5	4 Sunden	1050	2100	4250	2250	1950
6	1 Tag	330	6160	13530	11220	1100
7	1 Woche		1000	6000	4000	
8		1380	9260	23780	17470	3050
9						

Bild 3.11: Formel nach rechts ausgefüllt

Ebenso, wie eine Formel nach rechts ausgefüllt werden kann, ist das Kopieren nach unten möglich. Markieren Sie die entsprechenden Zellen, so daß die Formel in der oberen steht und wählen Sie dann in *BEARBEITEN Unten ausfüllen*.

Kopieren/Einfügen

Eine weitere Möglichkeit, eine Formel in andere Zellen zu kopieren und sie automatisch anpassen zu lassen, besteht mit den Optionen *Kopieren/Einfügen* im Menü *BEARBEITEN* oder mit der neuen »Ziehen und Ablegen«-Funktion. Auch dabei ändert Excel automatisch die entsprechenden Bezüge.

Excel hat dabei die Bezüge nach unseren Wünschen umgesetzt. Das heißt zum Beispiel, daß in der Zelle C8 die Formel

=SUMME(C5:C7)

steht. Warum Excel diese Anpassung vornimmt werden wir Ihnen im folgenden Abschnitt erläutern.

Relative und absolute Bezüge

Haben Sie sich im letzten Abschnitt gefragt, woher Excel eigentlich weiß, wie es seine Bezüge anpassen soll?

Des Rätsels Lösung ist, daß Excel sich unsere Formel im Feld B8

=SUMME(B5:B7)

intern merkt als: Summiere über den Zellbereich, der drei Zellen oberhalb der Zelle mit dem Formeleintrag (z.B. B8) beginnt und eine Zelle darüber endet. Diesen Bezug nennt man relativen Bezug, weil die Adressierung relativ zur bezugnehmenden Zelle erfolgt. Absolute Bezüge werden Sie im nächsten Beispiel kennenlernen.

Beispiel: Prozentualer Anteil am Gesamtumsatz

Wir möchten dazu den prozentualen Anteil einer Vermietungsart aus den Gesamteinnahmen berechnen. Also beispielsweise bestimmen, wieviel Prozent die Vermietung von einem Tag an den Gesamteinnahmen ausmachen. Dazu fügen wir zunächst in Spalte G die Einnahmen pro Vermietungsart mit Hilfe der Summenfunktion ein. Berechnen Sie dazu zunächst die Summe für Zeile fünf, wie das nächste Bild demonstriert.

	Mai	Juni	Juli	August	September	Gesamt
			Einnahmen des Kanuverleihs			
			Sommer 1992			
4 Sunden	1050	2100	4250	2250	1950	SUMME(B5:F5)
1 Tag	330	6160	13530	11220	1100	
1 Woche		1000	6000	4000		
	1380	9260	23780	17470	3050	

Bild 3.12: Berechnung der Gesamteinnahmen

Markieren Sie dann mit Hilfe des kleinen schwarzen Kästchens, wie in »Formel nach rechts/unten ausfüllen« beschrieben, die Zellen G5 bis G8, so erhalten Sie die Summen über die jeweiligen Einahmen einer Vermietungsart sowie die Gesamteinnahmen.

In Spalte H soll als nächstes der prozentuale Anteil der jeweiligen Vermietungsart berechnet werden. Dazu geben Sie in Feld H5

    =G5/G8

ein. Sie erhalten als Ergebnis eine Kommazahl (0,21), die kleiner als Eins ist. So sehen in Excel unformatierte Prozentzahlen aus. Klicken Sie nun den Pfeil auf der Symbolleiste an, der rechts neben dem Feld »Standard« steht, so wird Ihnen eine Liste mit verschiedenen  Formatvorlagen angezeigt. Eine davon enthält die Bezeichnung »Prozent«. Durch Anklicken wird der aktuellen Zelle diese Formatierung übertragen.

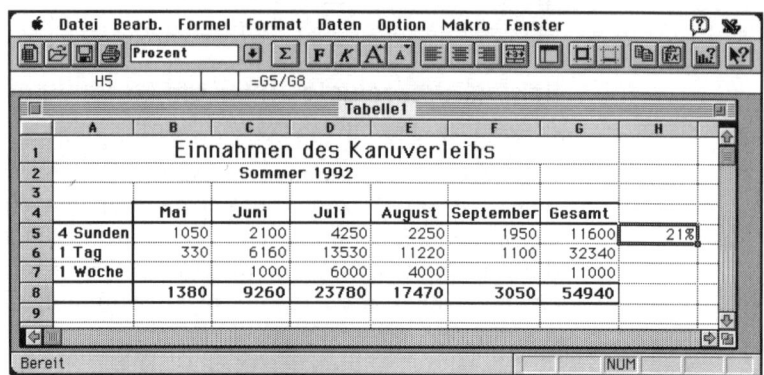

Bild 3.13: Prozentberechnung und -formatierung

Wie Sie oben sehen können, ist das Berechnen von Prozentzahlen kein Problem. Wichtig ist nur, daß die Zahl, der diese Formatierung übertragen werden soll, kleiner als Eins ist. Aus der Zahl »21« wird bei einer Formatierung mit »Prozent« nämlich »2100%«.

Absolute Bezüge

Sollten Sie jetzt versuchen, diese Formel nach unten auszufüllen, werden Sie in H6 und H7 als Ergebnis die Fehlermeldung »#DIV/0!« erhalten.

Warum? Sehen Sie sich die Formel an, die in H6 steht, so finden Sie dort

   =G6/G9.

Ebenso wie hier Excel für G5 die Zelle G6 einsetzt, hat es G8 zu G9 hochgezählt. Excel hat sich die Formel in H5 wiederum gemerkt als: »Dividiere den Wert des Feldes links von mir durch den Wert des Feldes, welches sich eine Spalte links und drei Zeilen unter mir befindet«, also einen relativen Bezug verwendet. Allerdings befinden sich die Gesamteinnahmen in G8 und nicht in G9. In diesem Fall möchten wir also Excel verbieten, eine andere Zelle als G8 zur Rechnung zu benutzen. Das ist sehr einfach möglich. Stellen Sie den Cursor in die Zelle H5, so daß Sie in der Bearbeitungszeile die Formel »=G5/G8« lesen können. Klicken Sie nun dort direkt vor oder nach »G8« und selektieren Sie im Menü *FORMEL Bezugsart ändern*. Dadurch ändert sich die Eingabe zu

   =G5/$G$8.

Füllen Sie nun nach unten aus, wird von Excel zur Division immer die Zelle G8 benutzt und Sie erhalten Ihre korrekten Ergebnisse.

Durch die »$«-Zeichen werden absolute Bezüge von relativen unterschieden. Haben Sie Felder mit den »$«-Zeichen versehen und damit ihre Adressen in absolute umgewandelt, so werden sie von Excel nicht mehr automatisch angepaßt. Im Gegensatz zu relativen Bezügen spielt die Adresse der bezugnehmenden Zelle beim Kopieren der Formel keine Rolle.

Sie können die Bezugsart schneller mit der Tastenkombination ⌘+T ändern oder direkt die »$«-Zeichen in die Formel eintippen.

Möchten Sie für eine Rechnung nur die Zeile variieren, die Spalte aber festhalten, so ist auch nur ein »$«-Zeichen in der Zellenangabe möglich, wie beispielsweise »$A3«. Dann bleibt die Spalte erhalten, nämlich A, die dritte Zeile wird jedoch angepaßt. Das »$«-Zeichen fixiert also den nachfolgenden Zeilen- oder Spaltenbezug.

Namen für absolute Bezüge festlegen

Die Formel in obigem Beispiel wäre später noch leichter lesbar, wenn sie

    =G5/Gesamt

lauten würde. Diese Benennung ist in Excel möglich.

Sie können absoluten Bezügen anstelle der »$«-Zeichen Namen zuweisen. Damit erspart man sich das mühsame Suchen nach der entsprechenden Zelle eines absoluten Bezugs, um nachzusehen, was eigentlich darinsteht.

Plazieren Sie zunächst den Cursor in G8, um dieser Zelle einen Namen zuzuweisen. Wählen Sie *FORMEL Namen festlegen* in der Menüleiste aus, so erscheint das folgende Dialogfeld.

Bild 3.14: Dialogfenster zu Name festlegen

Ist das Feld G8 bereits vor dem Aufrufen des Dialogfeldes markiert gewesen, so erscheint der Eintrag »$G$8« im Feld »Zugeordnet zu«. Darüber können Sie den Namen angeben, den Sie dem Feld geben möchten.

Existiert über dem Feld, das benannt werden soll, oder links daneben eine Texteingabe, so verwendet Excel automatisch diesen Text als Vorschlag. Bestätigen Sie die Eingabe nun mit »OK«, so schließt Excel das Dialogfenster. Möchten Sie mehrere Zellen mit verschiedenen Namen belegen, klicken Sie »Hinzufügen« an und benennen das nächste Feld.

Sie können Namen auch mehreren Zellen gemeinsam zuweisen. Markieren Sie zunächst alle Zellen und selektieren Sie dann *Namen festlegen*. Im Feld, dem der Namen zugeordnet wird, finden Sie dann z.B. »=$B$5:$B$7« also den Bereich der Zellen B5 bis B7.

Es gibt einige Namen, die Sie nicht vergeben sollten, da diese Namen in Excel eine besondere Bedeutung haben. Dazu gehören »Druckbereich«, »Drucktitel«, »Datenbank«, »Suchkriterien« und »Zielbereich«.

Namen anwenden

Damit in der Spalte F die absoluten Bezüge in »Gebühr_TN« umbenannt werden, wählen Sie bitte in *FORMEL Namen anwenden* aus. Im Dialogfenster (vgl. Bild 3.15) klicken Sie nun im Auswahlfenster »Gesamt« an und bestätigen die Eingabe.

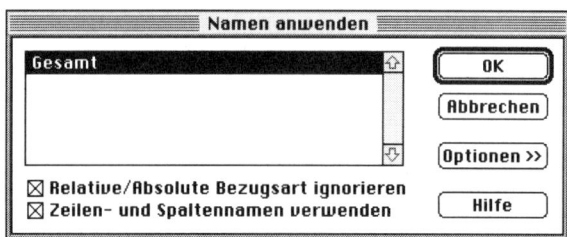

Bild 3.15: Dialogfenster zu Name anwenden

Dadurch wird überall in der Tabelle »$G$8« durch »Gesamt« ersetzt.

In Bild 3.16 können Sie in der Bearbeitungszeile den für die absolute Adresse eingesetzten Namen kontrollieren.

	Mai	Juni	Juli	August	September	Gesamt	
4 Sunden	1050	2100	4250	2250	1950	11600	21%
1 Tag	330	6160	13530	11220	1100	32340	59%
1 Woche		1000	6000	4000		11000	20%
	1380	9260	23780	17470	3050	54940	

Einnahmen des Kanuverleihs
Sommer 1992

H7   =G7/Gesamt

Bild 3.16: Formel mit angewendetem Namen

Gehe zu

Bei Selektion dieses Punktes in *FORMEL* wird Ihnen das folgende Dialogfenster geöffnet.

Bild 3.17: Dialogfenster zu Gehe zu

Im Auswahlfenster sind alle vergebenen Namen des Arbeitsblattes aufgelistet, Sie müssen den gewünschten nur anklicken und mit »OK« bestätigen oder wählen Sie den Namen direkt mit einem Doppelklick aus, um zu der benannten Zelle oder dem benannten Bereich zu springen.

Sie können diese Funktion auch benutzen, um zu einer von Ihnen angegebenen Adresse zu springen. Geben Sie dazu nach »Bezug« beispielsweise »D4« an und die Zelle D4 wird zur aktuellen Zelle.

Suchen und Ersetzen

Ähnlich wie in Textverarbeitungssystemen stehen Ihnen auch in Excel Funktionen zum Suchen und Ersetzen zur Verfügung.

Suchen

Um Begriffe in einer Tabelle schnell aufzufinden, steht Ihnen in Excel eine Suchfunktion zur Verfügung. Sie rufen ein entsprechendes Dialogfenster in *FORMEL* mit *Suchen* auf.

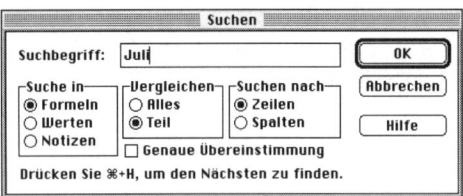

Bild 3.18: Dialogfenster zu Suchen

Geben Sie hier im Eingabefeld hinter »Suchbegriff« ein, nach was Sie suchen. Dies kann z.B. ein Name sein, wie »Juli«, oder Sie suchen nach einer bestimmten Zahl. In diesem Feld können Sie außerdem mit Platzhaltern, wie »*« oder »?«, suchen. Dabei steht »*« für beliebig viele Zeichen, »?« für genau ein beliebiges Zeichen. So können Sie beispielsweise »J*« eingeben und Excel wird den Cursor auf »Juni« setzen, da dies der erste Eintrag ist, der mit »J« beginnt.

Als nächstes wird Ihnen die Frage gestellt, ob nach dem Suchbegriff in Formeln, Werten oder Notizen gesucht werden soll.

Soll das, was Sie als Suchbegriff eingegeben haben, das gesamte Wort oder die ganze Formel sein, oder ist es nur ein Teil davon? Dies ist mit »Alles« bzw. »Teil« unter »Vergleichen« gemeint. Sie können etwa nach dem Minuszeichen der Differenz »-« suchen lassen. Natürlich suchen Sie danach in »Formeln« und da es auch nur ein Teil der Formel ist, muß »Teil« angegeben sein, sonst erhalten Sie die Nachricht, daß in Ihrer Tabelle kein »-« zu finden sei.

Mit »Zeilen« bzw. »Spalten« unter »Suchen nach« geben Sie die gewünschte Suchrichtung an. Bei »Spalten« wird spaltenweise vom Ausgangspunkt nach rechts gesucht, bei »Zeilen« zeilenweise nach unten.

Kreuzen Sie in diesem Dialogfenster »Genaue Übereinstimmung« an, so wird Groß- und Kleinschreibung unterschieden. Sie können dann »Juni« bei der Suche nach «j*« nicht auf Ihrem Arbeitsblatt finden, denn in Ihrem Suchbegriff muß der erste Buchstabe ein kleines »j« sein.

Ersetzen

Möchten Sie nicht nur nach einem Begriff suchen, sondern diesen gleich durch einen anderen ersetzen, benutzen Sie die Funktion *Ersetzen* in *FORMEL*.

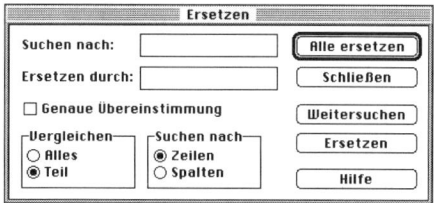

Bild 3.19: Dialogfenster zu FORMEL Ersetzen

Möchten Sie alle gefundenen Suchbegriffe ersetzt haben, bestätigen Sie mit »Alle ersetzen«, andernfalls mit »Weitersuchen«. Findet

Excel den Begriff, markiert es diesen und Sie können »Ersetzen«
oder »Weitersuchen« anklicken.

Fenster unterteilen

Bei der Eingabe von langen Tabellen ist es bisweilen sehr mühsam,
Werte eingeben zu müssen, wenn die Überschrift einzelner Spalten
oder Zeilen bereits aus dem Bildschirmbereich herausgeschoben
wurde, weil die Tabelle zu groß ist. Schnell hat man sich hier in Zeile
oder Spalte vertan.

In einem solchen Fall kann Ihnen Excel helfen, da die Möglichkeit
besteht, den Bildschirm in verschiedene Bereiche zu trennen. In
diesen können unabhängig voneinander die Spalten und Zeilen
verschoben werden. In diesem konkreten Fall heißt das, man
unterteilt den Bildschirm z.B. horizontal. Im oberen Bereich läßt
man die Spaltenüberschriften stehen und kann im unteren Teil in
der Tabelle weiter nach unten laufen, ohne den Überblick zu
verlieren.

In Bild 3.20 ist jeweils der Mauszeiger bei eingeschalteter aktiver
Hilfe auf eines der beiden Bildschirmteilfelder des Arbeitsblattes
gerichtet worden. Die einfachste Möglichkeiten das Bildschirm-
fenster horizontal zu unterteilen besteht darin, den Cursor so über
den oberen Pfeil auf der rechten Bildrolleiste zu plazieren, daß er
sich in einen Doppelstrich mit zwei Pfeilen verwandelt.

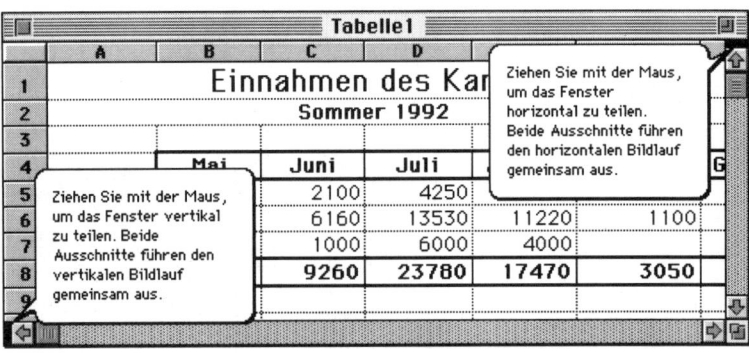

Bild 3.20: Bildschirmteiler

Drücken Sie die Maustaste, halten Sie sie fest und verschieben Sie
gleichzeitig den neuen Cursor nach unten. Sie stellen fest, daß Sie
dadurch eine breite Linie verschieben. Lassen Sie diese los, erhalten

Sie ein horizontal in zwei Hälften unterteiltes Arbeitsblatt, wie es auch in Bild 3.21 zu sehen ist.

	A	B	C	D	E	F	
1	Einnahmen des Kanuverleihs						
2	Sommer 1992						
3							
4		Mai	Juni	Juli	August	September	G
4		Mai	Juni	Juli	August	September	G
5	4 Sunden	1050	2100	4250	2250	1950	
6	1 Tag	330	6160	13530	11220	1100	
7	1 Woche		1000	6000	4000		
8		1380	9260	23780	17470	3050	

Bild 3.21: Tabelle horizontal unterteilt

Ebenso finden Sie ganz links auf der unteren Bildrolleiste einen solchen Unterteilungsbalken zum Unterteilen des Fensters in zwei vertikale Hälften.

Haben Sie Ihren Bildschirm unterteilt, können Sie sich in jedem Teilbereich frei bewegen.

	A	B	C	D	E	F	G	
1	Einnahmen des Kanuverleihs							
2	Sommer 1992							
3								
4		Mai	Juni	Juli	August	September	Gesamt	
7	1 Woche		1000	6000	4000		11000	
8		1380	9260	23780	17470	3050	54940	
9								
10								

Bild 3.22: Verschobener unterer Tabellenteil

Klicken Sie nun das Eingabefeld in Ihrer Tabelle an, können Sie alle Daten eingeben und dabei immer Ihre Spalten- bzw. Zeilenbeschriftung sehen.

Den Bereich in Ihrer Tabelle wechseln Sie durch Anklicken mit Ihrer Maus.

Fenster fixieren

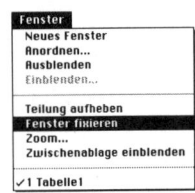

Manchmal ist es verwirrend, daß sich auch die Bereiche mit den Überschriften der Zeilen und Spalten verschieben lassen. In aller Regel ist dies aber nicht notwendig. Zum Fixieren der Überschriften selektieren Sie bitte *Fenster fixieren* in *FENSTER*. Die Fixierung läßt sich ebenfalls mit dem in *FENSTER Fensterfixierung aufheben* umbenannten Befehl wieder rückgängig machen.

Automatisches Unterteilen von Fenstern

Seit Excel 4.0 ist es möglich, ein Fenster automatisch zu unterteilen. Excel unterteilt dabei ein Tabellenfenster automatisch über und links von der aktuellen Zelle. Dazu selektieren Sie in *FENSTER* die Option *Teilen*.

Notizen erstellen

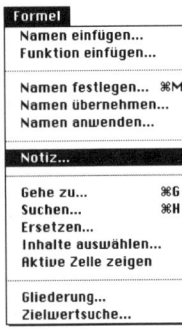

Es wurde bereits erwähnt, daß Sie in Excel die Möglichkeit haben, zu einzelnen Zellen Notizen anzufertigen. In *FORMEL* finden Sie dazu den Menüpunkt *Notiz* mit einem Dialogfenster zum Eingeben Ihrer Notiz.

Links oben ist ein Eingabefeld für die Zelle, zu der die Notiz erstellt werden soll. Dort finden Sie die Adresse der aktuell markierten Zelle vor. In dem großen mittleren Eingabefenster können Sie nun den Text Ihrer Notiz schreiben. Sie fügen die Notiz in die Tabelle ein, indem Sie mit »OK« bestätigen. Haben Sie mehr als eine zu Notiz schreiben, können Sie die Notiz auch mit »Einfügen« bestätigen, dann bleibt das Dialogfenster offen und Sie können sofort weiterschreiben. Unter der Überschrift »Notizen in der Tabelle« werden die Zellen aller vorhandenen Notizen der aktuellen Tabelle zusammen mit den ersten Wörtern der Notiz abgelegt. Um eine der Notizen zu eliminieren, finden Sie auch eine Taste mit »Löschen«.

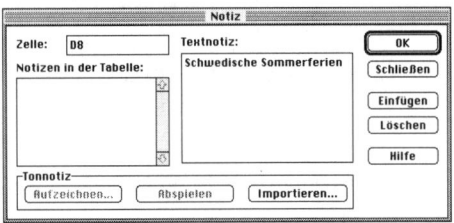

Bild 3.23 Dialogfenster zu Notiz

Es ist auch möglich, Zellen mit Tonnotizen zu versehen. Wählen Sie dazu die Schaltfläche »Importieren« an. Sie werden daraufhin aufgefordert, eine Datei zu öffnen, in der sich eine Tonressource befindet. Wir haben dazu die Datei »System«, in der sich einige Töne für Fehlermeldungen befinden, geöffnet. Nun können wir aus den dort vorhandenen Tonressourcen eine in unsere Excel-Tabelle importieren.

Bild 3.24: Importieren einer Tonnotiz

In der Tabelle wird jede Zelle mit einer Notiz durch einen Punkt im rechten oberen Eck gekennzeichnet, es sei denn, diese Funktion wurde in *OPTION Arbeitsbereich* ausgeschaltet.

Durch zweifaches Anklicken einer mit Notiz versehenen Zelle bekommen Sie das Dialogfenster mit der Notiz zu dem Feld angezeigt, oder es wird die importierte Tonnotiz abgespielt. Sie können ebenso über *FORMEL Notiz* Ihren Text lesen, der zu der aktuellen Zelle automatisch unter allen Notizen ausgewählt wird. Die Notizen können Sie übrigens auch ausdrucken.

Mehrfachauswahl

Das Markieren von Feldern und Blöcken ist Ihnen bereits bekannt. Bisweilen kommt es aber auch vor, daß man eine Mehrfachauswahl vornehmen möchte, bei der mehrere, nicht in einem Block zusammenhängende Felder ausgewählt werden sollen, wie dies Bild 3.25 zeigt.

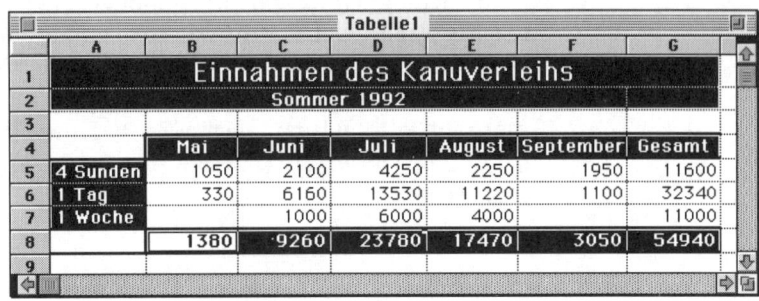

Bild 3.25: Mehrfachauswahl

Klicken Sie dazu die entsprechenden Zellen an, während Sie dabei
gleichzeitig die ⌘-Taste gedrückt halten.

Der oben gezeigte nicht zusammenhängenden Bereich wird von
Excel übrigens beschrieben als »A1:G2;B4:G4;A5:A7;B8:G8«. Es
werden hierbei also die einzelnen zusammenhängenden Bereiche
durch ein Semikolon von einander abgetrennt. Dies ist die gleiche
Schreibweise wie bei Funktionen, in denen die einzelnen Argumente durch Semikolons getrennt werden.

Autoformatieren

Mit Excel 4.0 wird eine Formatierungshilfe mitgeliefert, die beim
Formatieren von Tabellen viel Zeit sparen kann, das *Autoformatieren*.
Die Funktion befindet sich im Menü von *FORMAT*.

Sie erhalten damit eine Auswahl vorgefertigter Formate, die Sie auf
Ihre Tabelle anwenden können. Die Formate sind für Tabellen
festgelegt, deren Spalten in der darüberliegenden Zeile und deren
Zeilen in der linken Spalte benannt werden. Summen werden in der
untersten Zeile oder in der am weitesten rechts liegenden Spalte
berechnet. Um eine Tabelle mit *Autoformatieren* zu bearbeiten, muß
sie zunächst markiert werden. Wird danach *FORMAT Autoformatieren* angewählt, so wird das folgende Dialogfeld geöffnet.

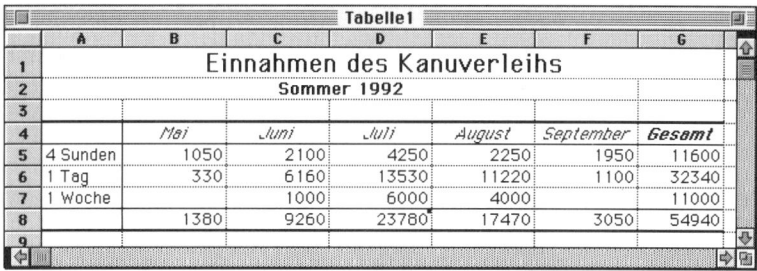

Bild 3.26: Dialogfeld zu FORMAT Autoformatieren

Links befinden sich in einem Auswahlfenster verschiedene Fertigformate. Im Fenster »Monitor« sehen Sie jeweils die Auswirkungen des aktuellen Formats. Das folgende Bild zeigt beispielsweise unsere Tabelle, die mit dem Format »Standard 1« versehen wurde.

	A	B	C	D	E	F	G
1	Einnahmen des Kanuverleihs						
2	Sommer 1992						
3							
4		Mai	Juni	Juli	August	September	Gesamt
5	4 Sunden	1050	2100	4250	2250	1950	11600
6	1 Tag	330	6160	13530	11220	1100	32340
7	1 Woche		1000	6000	4000		11000
8		1380	9260	23780	17470	3050	54940
9							

Bild 3.27: Mit »Standard 1« autoformatierte Tabelle

 Benutzen Sie eine Formatierung des Autoformats öfter, so finden Sie die links dargestellte Taste in der Symbolleiste, die Ihnen die Auswahl dieser Formatierung verkürzt. Mit dieser Taste können Sie einer markierten Tabelle das zuletzt ausgewählte Format in *Autoformatieren* übertragen.

Autoformatieren verändern

Die Autoformatierung soll eine Hilfe sein, das übertragene Format muß aber durchaus nicht in der Form akzeptiert werden, in der es vorliegt. Mit der Taste »Optionen« erhalten Sie ein erweitertes Dialogfeld.

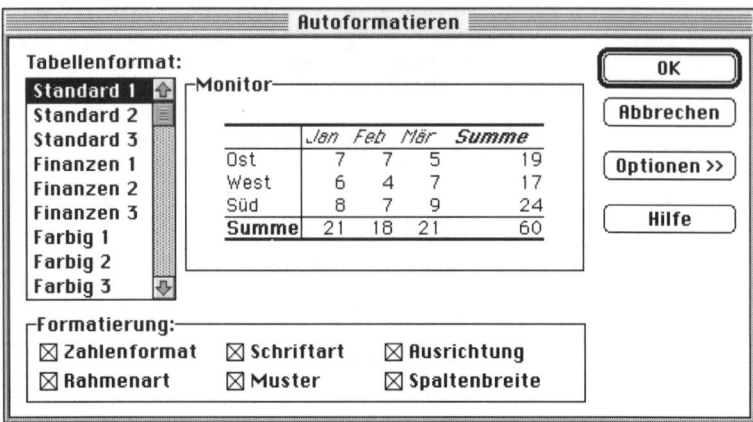

Bild 3.28: Erweitertes Dialogfeld zu FORMAT Autoformatieren

Durch Anklicken eines der Optionsfelder wird die entsprechende Formatierung verhindert. Möchten Sie beispielsweise Ihrer Tabelle eigene Farben geben, klicken Sie »Muster« an und die Tabelle wird ohne Farben formatiert. Nun haben Sie Gelegenheit, die Ihnen genehmen Farben zu vergeben.

Arbeiten Sie mit Autoformatieren, ist es sinnvoll, erst die Autoformatierung auf Ihre Tabelle zu übertragen. Danach können Sie nach eigenen Vorstellungen Änderungen vornehmen. Haben Sie die Formatierung per Hand geändert und wählen Sie dann Autoformatieren an, sind Ihre ursprünglichen Änderungen verschwunden.

Symbolleisten

Es wurde bereits im Kapitel »Erste Schritte mit Excel« darauf verwiesen, daß die Standard-Symbolleiste durchaus nicht die einzige Symbolleiste ist, die Excel 4.0 zur Verfügung stellt. Wir möchten Ihnen im folgenden die restlichen kurz vorstellen. Viele Tasten werden im Verlauf des Buchs noch verwendet, wir werden durch entsprechende Tastenabbildungen am linken Rand darauf verweisen.

Um eine Symbolleiste zu aktivieren, können Sie in OPTION Symbolleisten selektieren.

Damit wird ein Dialogfeld geöffnet, in dem alle Symbolleisten aufgeführt sind. Sie aktivieren diese entweder mit Doppelklick oder indem Sie die entsprechende Leiste markieren und »Einblenden« anklicken.

Bild 3.29: Dialogfeld zu OPTION Symbolleisten

Eine Symbolleiste läßt sich ebenso über ein Kontextmenü öffnen.

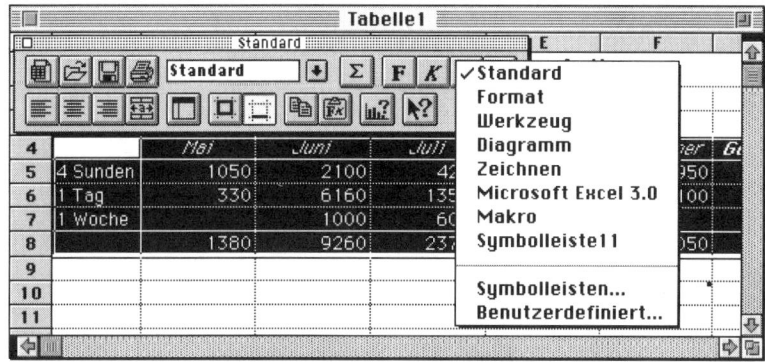

Bild 3.30: Kontextmenü durch Anklicken der Symbolleiste
mit gedrückten Option+⌘-Tasten

Sie öffnen eine Symbolleiste durch Anklicken. Alle aktivierten Symbolleisten werden mit einem Häkchen versehen. Wählen Sie den Namen einer Symbolleiste mit Häkchen erneut an, so verschwindet das Häkchen und damit auch die Symbolleiste vom Arbeitsblatt.

Im folgenden wollen wir Ihnen zur Übersicht die einzelnen Symbole der vorhandenen Symbolleisten vorstellen, auch wenn ihre Anwendungen teilweise erst in späteren Kapiteln behandelt werden.

Format-Symbolleiste

Auf dieser Symbolleiste finden Sie Optionen zur Schrift- und Zahlenformatierung.

 Das erste Auswahlfeld enthält fertige Zahlenformatierungen, wie die Prozentformatierung, Formatierungen mit Dezimalstellen und Währungsformatierungen.

 Im zweiten Auswahlfeld finden Sie alle Schriften, die Ihnen zur Verfügung stehen. Im dritten Feld können Sie die gewünschte Größe auswählen.

 Die darauffolgende Tastengruppe stellt die Optionen zur Verfügung, Text fett, kursiv, unterstrichen oder durchgestrichen darzustellen.

 Mit dem links dargestellten Symbol können Sie Text bündig anordnen. Dazu werden die Abstände eines Textes so vergrößert, daß die einzelnen Zeilen mit Text ausgefüllt werden.

 Mit der nächsten Tastengruppe lassen sich Zahlenformatierungen schnell auf Zahlen anwenden. In der abgebildeten Reihenfolge sind dies die Tasten zur Währungs- bzw. Prozentformatierung. Die dritte Taste fügt einen Punkt als Trennzeichen ein, um Tausenderstellen abzutrennen.

 Mit den beiden Tasten der folgenden Gruppe können Sie einer Zahl Dezimalstellen zufügen oder diese löschen.

Die vorletzte Taste bewirkt eine helle Schattierung der markierten Zelle(n), Grafikobjekte oder Diagrammelemente.

Mit der Autoformatierentaste weisen Sie der markierten Tabelle das zuletzt mit *FORMAT Autoformatieren* zugewiesene Tabellenformat zu.

Werkzeug-Symbolleiste

Auf dieser Symbolleiste finden Sie Hilfsmittel aus den verschiedensten Bereichen.

 Die ersten beiden Tasten symbolisieren die ersten beiden Befehle aus *BEARBEITEN*, sie stellen die Optionen *Rückgängig* und *Wiederholen* dar.

 Die drei folgenden Tasten sind zum Kopieren von markierten Zellen und zum Einfügen. Dabei fügt die mittlere Taste nur Werte, die letzte nur Formatierungen ein.

Die beiden Lupen sind zum Vergrößern bzw. Verkleinern des aktuellen Dokuments.

 Zum Sortieren in auf- bzw. absteigender Reihenfolge sind die folgenden Werkzeuge. Dabei wird eine gesamte markierte Zeile nach der Spalte sortiert, in der sich die aktuelle Zelle befindet.

 Das kleine Schloß sperrt markierte Zellen oder Grafikobjekte, so daß sie in einem geschützten Dokument nicht verändert werden können. Das Schützen von Zellen wird im Kapitel »Gestalten von Arbeitsblättern« behandelt.

 Eine Tabelle läßt sich mit den Tasten der links abgebildeten Vierergruppe gliedern. Lesen Sie die Funktionsweise der einzelnen Tasten im Kapitel »Excel für Fortgeschrittene« nach.

 Die letzte Gruppe von Schaltfeldern beinhaltet die verschiedensten Optionen. Mit der ersten lassen sich Schaltfelder erstellen. Einem solchen Schaltfeld kann ein Makro zugewiesen werden, der bei Betätigung dann ausgeführt wird. Dazu mehr im Kapitel »Makros«. Das nächste Symbol ist für die Erstellung von Feldern vorgesehen, die mit Text versehen werden können. Die kleine Kamera eignet sich zum fotografieren von Bereichen einer Tabelle. Die drittletzte Taste startet die Rechtschreibprüfung des aktiven Dokuments bzw. der Bearbeitungszeile.

 Möchten Sie explizit Bereiche vorgeben, die ausgedruckt werden sollen, dann tun Sie dies mit der vorletzten Taste. Das Taschenrechner-Symbol bewirkt ein Neuberechnen aller geöffneter Dokumente bzw. der Formel in der Bearbeitungszeile.

Diagramm-Symbolleiste

Diese Symbolleiste unterstützt Sie beim Erstellen und Bearbeiten von Diagrammen. Ausführlich wird dies im Kapitel »Grafische Darstellung« besprochen. Hier nur eine kurze Übersicht.

 Markieren Sie auf Ihrem Arbeitsblatt die Zahlen, die Sie grafisch aufbereiten möchten und wählen Sie eine Darstellung der ersten drei Gruppen aus. Mit den Symbolen der ersten Gruppe können Sie zweidimensionale Flächen-, Balken-, Säulen-, Linien-, Torten- oder XY-Diagramme auswählen.

 Mit den Tasten der zweiten Gruppe werden diese Diagramme in einer dreidimensionalen Darstellung angeboten.

 Die dritte Gruppe enthält Spezialdarstellungen, wie Netz-, Verbund- und Börsendiagramme.

 Die erste Taste der vierten Gruppe ermöglicht die Erstellung eines festlegbaren Vorzugsdiagramms. Haben Sie oft dieselbe Art von Diagramm, legen Sie einmal die Vorzugsform fest und erhalten mit dieser Taste automatisch die gewünschte Darstellung. Der Diagrammassistent unterstützt Sie beim Erstellen von Diagrammen.

 Mit den nächsten Tastenfeldern können Sie in einem Diagramm Gitternetzlinien und eine Legende einfügen. Benötigen Sie einen Pfeil für Ihre Darstellung, benutzen Sie das vorletzte Symbol. Das letzte ist zum Erstellen eines Textfeldes.

Zeichnen-Symbolleiste

Auf der Zeichnen-Symbolleiste finden Sie Linien, Pfeile, Rechtecke, Ellipsen und mehr zur Unterstützung von eigenen Zeichnungen. Auch hierzu Ausführlicheres im Kapitel »Professionelle Gestaltung«.

 Mit den ersten drei Symbolen können Sie Linien und Pfeile zeichnen.

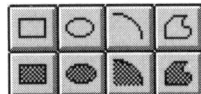 Mit den beiden folgenden Tastengruppen lassen sich nicht ausgefüllte bzw. ausgefüllte Rechtecke, Ellipsen, Bögen und Vielecke erstellen.

 Danach folgt eine einzelne Taste, mit der Textfelder eingefügt werden können.

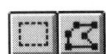 Die Taste mit dem gepunkteten Viereck wird zur Auswahl von Grafikobjekten benutzt. Alle Vielecke können durch Ziehen an ihren schwarzen Quadraten verändert werden, wenn die Taste mit dem Vieleck aktiviert ist.

 Die Symbole der folgenden Vierertastengruppe beziehen sich auf mehrere grafische Objekte und deren Beziehung zueinander. Mit den beiden ersten Tasten lassen sich Objekte gruppieren, bzw. kann ihre Gruppierung aufgehoben werden. Mit den nächsten beiden Tasten kann ein Objekt vor bzw. hinter alle anderen gelegt werden.

 Die vorletzte Taste der Zeichnen-Symbolleiste stellt eine Farbpalette dar. Damit kann die Farbgebung einer Zelle oder eines grafischen Objektes verändert werden. Benutzt wird durch

das Anklicken der Taste die jeweils nächste Farbe der Excel-Farbpalette. Wünschen Sie die vorangehende Farbe der Palette, so betätigen Sie die Umschalttaste, während des Anklickens der Taste. Die letzte Taste dient dazu, Zellen oder grafische Objekte mit Schatten zu versehen.

Individuelle Symbolleisten

Den nun folgenden Teil können Sie beim ersten Lesen ruhig überblättern, da sich dieser Abschnitt aber mit der Symbolleiste beschäftigt, möchten wir individuelle Symbolleisten der Vollständigkeit halber mit behandeln.

Wenn Sie Excel eine Weile benutzt haben, geht es Ihnen sicher wie uns. Anstelle des langwierigen Auswählens über Menüleiste und Dialogfeld, ist ein einmaliges Anklicken einer Taste auf einer Symbolleiste sehr viel bequemer. Leider befinden sich jedoch die Tasten, die man gerade benötigt, immer auf anderen Symbolleisten, als der, die gerade geladen ist. Einfachster Ausweg: eigene Symbolleisten zusammenstellen. Durch Selektion des Menüpunktes *OPTION* sowie dann *Symbolleisten* erhalten Sie das folgende Bild.

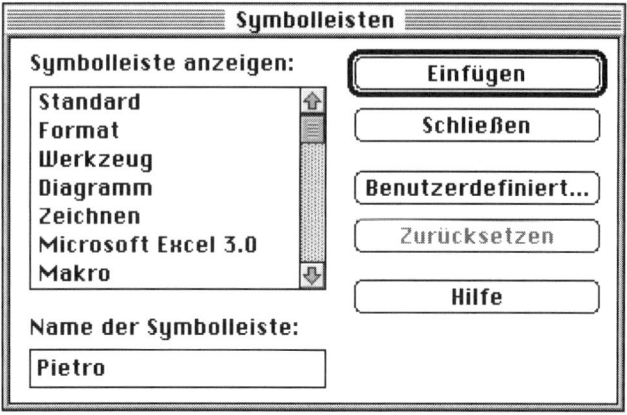

Bild 3.31: Dialogfeld zu OPTION Symbolleisten

Hier können Sie zum einen durch Doppelklick auf einen Namen Symbolleisten laden, zum anderen ist es möglich, durch Eintippen eines Namens eine eigene Symbolleiste anzulegen. Wird danach die Taste »Benutzerdefiniert« betätigt, erhält man das folgende Dialogfeld.

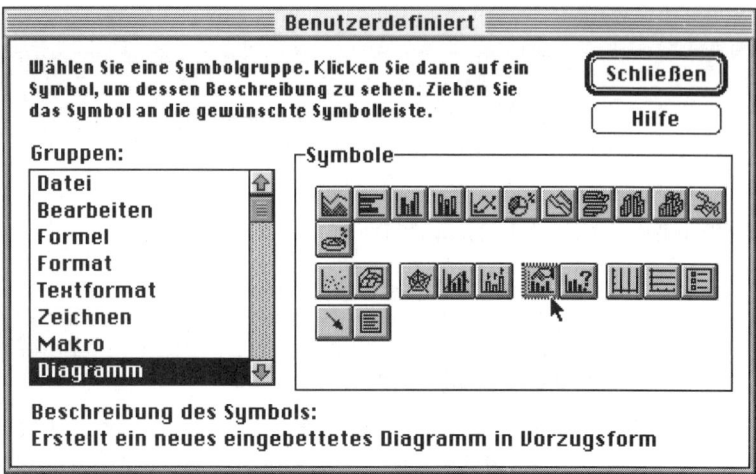

Bild 3.32: Neue Symbolleiste

Auf Ihrem Arbeitsblatt erscheint außerdem eine leere Symbolleiste, die wir hier am linken Rand abgebildet haben. Nun müssen lediglich die benötigten Tasten darauf verschoben werden. Klicken Sie dazu einen der Namen der Gruppe mit Symbolen im linken Auswahlfeld an, so werden alle dazugehörenden Tasten im rechten Feld angezeigt. Ziehen Sie nun die gewünschte Taste mit Ihrer Maus auf Ihre neue Symbolleiste. Im unteren Teil des Dialogfeldes wird eine kurze Erläuterung des gewählten Symbols angezeigt.

In Bild 3.32 sehen Sie Symbole, die zur Gruppe »Diagramm« gehören. Wir haben davon das Symbol zur Erstellung eines Diagramms in Vorzugsform auf unsere Symbolleiste gezogen. Aus der Gruppe »Datei « verwenden wir z.B. die Taste mit der leeren Seite und der Lupe, die für die Funktion *Seitenansicht* steht.

Die von uns zusammengestellte Symbolleiste ist im folgenden Bild unter der Menüleiste zu sehen.

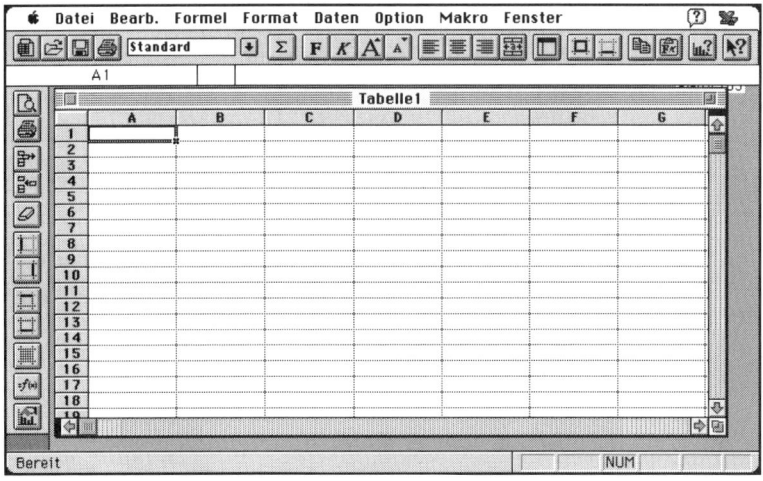

Bild 3.33: Individuelle Symbolleiste

Neben der Taste für die Seitenansicht enthält sie das Symbol zum Drucken in der Standardeinstellung. Einfügen und Löschen von Zeilen bzw. Spalten wird von uns genauso häufig benötigt wie das Dialogfenster zum Einfügen von Formeln. Vier Symbole dienen zum Rahmen von Zellen und eine Taste zur leichten Musterung. Zudem ist es für uns schneller, ein von uns definiertes Diagramm zu erstellen, als den Diagramm-Assistenten zu benutzen.

Tastenübersicht

Wir möchten Ihnen an dieser Stelle alle Tasten zusammenstellen, die wir bisher bereits benutzt haben oder die Ihnen sonst nützlich sein können.

Bewegen auf dem Arbeitsblatt

Tasten	Funktion
Pfeiltasten	In Richtung der Pfeiltaste bewegen
⌘+Pfeiltasten	Springt zum Ende eines beschriebenen bzw. leeren Blockes
Pos1	Springt an Anfang der Zeile
⌘+Pos1	Springt an Anfang der Daten
Ende	Springt in der aktuellen Zeile zum rechten, letzten Spalteneintrag
⌘+Ende	Springt in unterste Zeile und rechte, letzte Spalte des Eintrags
Bild ↑	Springt einen angezeigten Bildschirm nach oben
⌘+Bild ↑	Springt einen angezeigten Bildschirm nach links
Bild ↓	Springt einen angezeigten Bildschirm nach unten
⌘+Bild ↓	Springt einen angezeigten Bildschirm nach rechts

Felder markieren

Taste	Funktion
Umschalt+Pfeiltasten	Erweitert Markierung auf nächste Zelle in Pfeilrichtung
⌘+Umschalt+Pfeile	Erweitert Markierung auf nächsten Datenblock in Zeile oder Spalte
Umschalt+Pos1	Erweitert Markierung bis zum Zeilenanfang
⌘+Umschalt+Pos1	Erweitert Markierung bis zum Datenbeginn (A1)
Umschalt+Ende	Erweitert Markierung in Zeile bis Ende der Daten
⌘+Umschalt+Ende	Erweitert Markierung zur letzten Dateneingabe nach rechts unten
⌘+Leertaste	Markiert gesamte Spalte
Umschalt+Leertaste	Markiert gesamte Zeile
⌘+Umschalt+Leer	Markiert gesamtes Arbeitsblatt
Umschalt+Bild ↑	Erweitert Markierung eine Bildschirmseite nach oben
⌘+Umschalt+Bild ↑	Erweitert Markierung eine Bildschirmseite nach links
Umschalt+Bild ↓	Erweitert Markierung eine Bildschirmseite nach unten
⌘+Umschalt+Bild ↓	Erweitert Markierung eine Bildschirmseite nach rechts
F8	Erweiterungsmodus aktivieren
Umschalt+F8	Hinzufügenmodus aktivieren bzw. deaktivieren (Mehrfachauswahl)
Umschalt+Rücktaste	Hebt Markierung bis auf aktuelle Zelle auf

Abkürzungstasten

Tasten	Funktion
Esc	Abbrechen
⌘+ß	Hilfe aktivieren
⌘+?	Kontextsensitive Hilfe aktivieren
⌘+X	Schneidet den Inhalt einer Zelle aus
⌘+C	Kopiert den Inhalt einer Zelle in die Zwischenablage
Umschalt+⌘+C	Bild in Zwischenablage kopieren
⌘+V	Fügt Inhalt der Zwischenablage ein
⌘+R	Rechts ausfüllen
⌘+U	Unten ausfüllen
⌘+Z	Rückgängig
⌘+Y	Wiederholen
⌘+T	Bezug von relativ in absolut umwandeln
⌘+W	Arbeitsblatt schließen
⌘+Q	Anwendung beenden
⌘+O	Datei öffnen
⌘+P	Datei drucken

Kapitel 4
Gestaltung von Arbeitsblättern

In diesem Kapitel möchten wir Ihnen verschiedene Möglichkeiten vorstellen, die Excel zur Formatierung der Arbeitsblätter bietet. Wir haben festgestellt, daß der Vorgang der Formatierung zwar hervorragende Ergebnisse liefert, aber beliebig zeitaufwendig werden kann. Die Zeit bemißt sich nach Ihren Ansprüchen an ein Arbeitsblatt.

Weil wir der Meinung sind, daß man am besten an Beispielen lernen kann, haben wir uns eine Reisekostenabrechnung vorgenommen. Ein solches Formular wird sicher von Anwender zu Anwender andere Ansprüche erfüllen müssen, aber viele der Formatierungsvorgänge, die wir in diesem Kapitel benutzen, werden Sie auch in einer abgeänderten Version gebrauchen können.

Wenn die Aufteilung des Blattes geplant ist, kann mit der Eingabe des Textes begonnen werden. Bild 4.1 zeigt den unformatierten Text einer Reisekostenabrechnung.

Es ist hilfreich, während der Bearbeitung eines solchen Formulars, dieses in der *Seitenansicht* (*DATEI*) oder im Druck (*DATEI/Drukken*) zu kontrollieren. Dabei werden Sie feststellen, an welcher Seite Sie noch Platz benötigen bzw. wo noch freier Raum vorhanden ist. Oft will man auch auf Kopf- und Fußzeile verzichten. Wählen Sie *Seite einrichten* in *DATEI*. Selektieren Sie die Tasten »Kopfzeile« und »Fußzeile« und löschen Sie einfach die vorgegebenen Texte. Ebenso ist es für dieses Formular sinnvoll die Seitengröße in *Seite einrichten* zu vergrößern. Ausführlichere Beschreibungen der Optionen *Drukken* bzw. *Seite einrichten* finden Sie im Kapitel »Drucken«.

Reisekosten

	A	B	C	D	E	F	G
1	Reisekostenabrechnung						
2						Kostenstelle:	
3	Name:					Woche:	
4	Pers.Nr.:						
5			Montag	Dienstag	Mittwoch	Donnerstag	Freitag
6	Reiseziel						
7	Ort						
8	Firma						
9							
10	Datum						
11	Abwesenhe	von					
12		bis					
13		Stunden					
14							
15	Tagespauschale						
16		6-8h: 10DM					
17		8-10h: 17DM					
18		10-12h: 24DM					
19		12-24h: 24DM					
20	Mehrtägig	Anz. der Tage					
21		6-8h: 13DM					
22		8-10h: 23DM					
23		10-12h: 36DM					
24		12-24h: 46DM					
25	Gesamt in DM						
26	abzüglich Bewirtung in %						
27	Gesamt in DM						
28							
29	Fahrtkosten						
30	Auto km zu 52Pf						
31	Flug						
32	Bahn						
33	Taxi						
34	Öffentlicher Verkehr						
35	Gesamt in DM						
36							
37	Übernachtung						
38	DM						
39	Pauschal						
40							
41	Nebenkosten						
42	Beleg Nr.						
43	DM						
44							
45	GESAMT in DM						
46	%Reisekostenvorschuß						
47	Auszahlung						
48							
49							
50		Datum			Gesamtauszahlung		
51		Unterschrift					

Bild 4.1: Unformatierte Reisekostenabrechnung

Formatierungshilfen

Wir haben Ihnen bereits im Kapitel »Erste Schritte mit Excel« verschiedene Symbolleisten vorgestellt, die Excel 4.0 neben der

Standard-Symbolleiste zur Verfügung stellt. Jetzt ist es an der Zeit, eine davon zu benutzen. Aktivieren Sie die Format-Symbolleiste, indem Sie in der Menüliste von *FORMAT Symbolleisten* selektieren. Im Dialogfenster, das Sie so öffnen, aktivieren Sie im Auswahlfenster »Format« mit Doppelklick.

Bild 4.2: Aktivierte Format-Symbolleiste

Klicken Sie die Titelleiste an und verschieben Sie die Symbolleiste an eine Ihnen angenehme Stelle.

Schriftart

Wir beginnen bei der Formatierung eines solchen Formulars in der Regel damit, die Schriftart auszuwählen, mit der das Formular versehen werden soll. Sinnvoll ist dafür eine Schriftart, die gut lesbar und möglichst schmal ist, damit sie nicht zuviel Platz auf dem Formular einnimmt.

Um Schriftart, -größe und Auszeichnung eines Textes zu verändern, markieren Sie die entsprechenden Zellen und öffnen Sie das Dialogfeld zu *Schriftart* entweder

- mit Hilfe der entsprechenden Option in *FORMAT Schriftart* oder

- im Kontextmenü, das Sie mit Hilfe der Maustaste bei gedrückter ⌘-Taste aktivieren können.

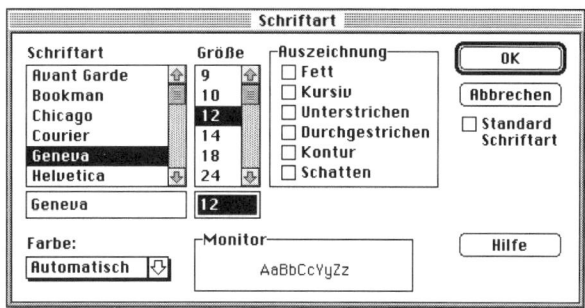

Bild 4.3: Dialogfeld zu FORMAT Schriftart

Im linken Auswahlfenster sind alle Schriftarten aufgeführt, zwischen denen Sie wählen können. Mit dem Rollbalken, der an der rechten Seite des Auswahlfensters angebracht ist, können Sie sich auch die verdeckten Schriften ins Fenster holen. Eine Schriftprobe finden Sie in dem mit »Monitor« überschriebenen Ausschnitt.

Im Auswahlfenster »Größe« sind verschiedene Schriftgrößen aufgeführt. Die Größe können Sie im Eingabefeld unter diesem Fenster auch per Hand eingeben.

Möchten Sie Ihrem Text eine bestimmte Auszeichnung geben, wie z.B. fett oder unterstrichen, klicken Sie das entsprechende Optionsfeld oder die Tasten auf der Format-Symbolleiste an.

Eine schnellere Auswahl der Schriften ist Ihnen zudem mit Hilfe der Format-Symbolleiste möglich. Welche der Möglichkeiten Sie zum Formatieren benutzen, bleibt Ihnen überlassen.

Für unser Formular haben wir für die meisten Texte die Schriftart »Geneva« benutzt. Das Wort «Reisekostenabrechnung« wurde in 18-Punkt Avant Garde gesetzt und fett formatiert. Alle anderen Überschriften sind ebenfalls fett, aber nur in einer 12-Punkte-Schrift. Die Größe des normalen Textes beträgt ebenfalls 12 Punkte.

	A	B	C	D	E	F	G
1	Reisekostenabrechnung						
2						Kostenstelle:	
3	Name:					Woche:	
4	Pers.Nr.:						
5			Montag	Dienstag	Mittwoch	Donnerstag	Freitag
6	Reiseziel						
7	Ort						
8	Firma						
9							
10	Datum						
11	Abwesenhe	von					
12		bis					

Fenstertitel: Reisekosten

Bild 4.4: Textformatierungen

Wir möchten Sie an dieser Stelle an zwei in diesem Zusammenhang sehr nützliche Tasten erinnern, um eine Formatierung auf andere Zellen zu übertragen. Klicken Sie die Ausgangszelle an und kopieren Sie sie mit Hilfe der viertletzten Taste in der Standard-Symbolleiste. Klicken Sie dann die Zelle oder den Block von Zellen an, auf die die Formatierung übertragen werden soll und betätigen Sie dann die drittletzte Taste. So können Sie es sich ersparen, jede Formatierung erneut über das Dialogfenster festzulegen.

Schriftenauswahl

Für eine geglückte Schriftenauswahl gibt es einiges zu beachten. Heute bieten viele Drucker eine große Auswahl von Schiften an. Vor allem bei PostScript-Druckern stehen Ihnen so viele Schriften zur Verfügung, daß man sich bei einer Auswahl schon zeitweilig überfordert vorkommt. Wir möchten deshalb einige Punkte aufzeigen, die Sie bei der Auswahl Ihrer Schriften bedenken sollten.

Zunächst sollten Sie sich Gedanken darüber machen, ob Ihre Schriftart zur Aussage des Textes paßt. Es ist in der Regel sicher unpassend, in einem wissenschaftlichen Text oder einem Geschäftsbericht eine sehr geschwungene Schrift zu verwenden.

Als erstes ist die Schriftgröße zu nennen. Leseschriftgrade sind die Größen 9 bis 12 Punkte. Für diese Punktgrößen wird oft auch die Bezeichnung »Brotschriftgrade« verwendet, denn im Zeitalter des Bleisatzes waren es diese Größen, deren massenhafter Satz im Akkord den Setzern das tägliche Brot einbrachte.

Kleinere Schriften können in Verzeichnissen und Telefonbüchern durchaus angebracht sein. Die 5-Punkte-Schrift im Beispiel rechts ist aber auch dafür zu klein.

Proportionalschriften sind leichter zu lesen als Schreibmaschinenschriften. Auf der rechten Seite ist ein Text in der Schriftart Courier zu sehen. Alle Buchstaben haben hier die gleiche Breite. Die Breite wird in der Fachsprache mit Dickte bezeichnet. Bei Proportionalschriften sind die Breiten der Buchstaben angepaßt. Ein »i« braucht weniger Raum als ein »W«.

Dies ist ein mit 9 Punkt Times Roman geschriebener Text.
Dies ist ein mit 10 Punkt Times Roman geschriebener Text.
Dies ist ein mit 11 Punkt Times Roman geschriebener Text.
Dies ist ein mit 12 Punkt Times Roman geschriebener Text.

Dieser Text ist mit einer 5 Punkte Schrift geschrieben.

Dieser Text ist schwer lesbar.

Courier ist keine Proportionalschrift. Alle Buchstaben haben die gleiche Breite. Courier ist keine Proportionalschrift. Alle Buchstaben haben die gleiche Breite. Courier ist keine Proportionalschrift. Alle Buchstaben haben die gleiche Breite.

Man unterscheidet Schriften mit Serifen wie z.B. Times Roman und serifenlose wie z.B. Helvetica. Als Serifen werden die Anstriche an den Buchstaben bezeichnet. Allgemein gelten Schriften mit Serifen als besser lesbar. Serifenlose Schriften werden oft, wie z.B. auch in diesem Buch, für Überschriften verwendet.

Diese Schrift hat Serifen. Diese Schrift hat Serifen. Diese Schrift hat Serifen.

Diese Schrift hat keine Serifen. Diese Schrift hat keine Serifen. Diese Schrift hat keine Serifen.

Lesbarkeit

Entscheidend für die Wirkung einer Schrift ist ihre Lesbarkeit. Diese hängt von einer Reihe von Faktoren ab.

Auszeichnung

Neben der Schriftart und -größe läßt sich in Excel auch die Auszeichnung für Texte oder Zahlen bestimmen. Sehr leicht läßt sich eine Schrift fett, kursiv oder unterstrichen darstellen. Als Grundsatz für die Gestaltung sollten Sie hier »Weniger ist mehr!« beherzigen. Ein fetter, kursiver und unterstrichener Text wirkt eher lächerlich als besonders professionell.

Gestaltungsrichtlinien

An dieser Stelle möchten wir drei Gestaltungsrichtlinien zusammenfassen, bei deren Beachtung Sie nichts falsch machen können.

- Benutzen Sie möglichst wenige Schriftarten auf einer Seite, zwei bis drei sind völlig ausreichend.

- Verwenden Sie möglichst nicht mehr als zwei bei verschiedenen Schiftgrößen.

- Seien Sie sparsam beim Gebrauch von Auszeichnungen.

Zellenausrichtung

In Excel werden standardmäßig Zahlen rechtsbündig und Texte linksbündig angeordnet. Wir haben bereits im Kapitel »Erste Schritte mit Excel« festgestellt, daß diese Ausrichtung über die Symbolleiste schnell zu ändern ist.

Zudem finden Sie in *FORMAT* den Menüpunkt *Ausrichtung* mit dem folgenden Dialogfenster, das Sie ebenso mit Hilfe des Kontextmenüs aktivieren können.

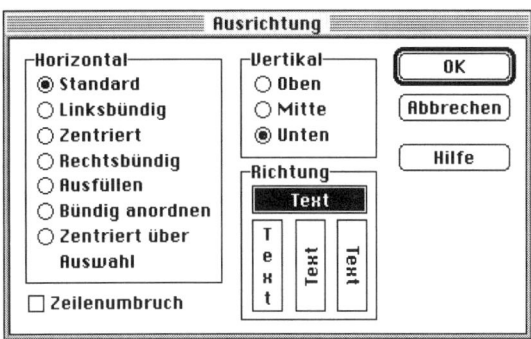

Bild 4.5: Dialogfeld zu FORMAT Ausrichtung

Im Bild ist »Standard« aktiviert. Sie finden dort aber auch »Linksbündig«, »Zentriert« und »Rechtsbündig«. Als fünfte Option bietet Excel Ihnen »Ausfüllen« an. Damit können Sie z.B. die Zeichenfolge einer Zelle in den gesamten markierten Bereich einer Zeile verlängern, um so z.B. Linien aus »****« zu kreieren. Weiter können Sie auch Text bündig anordnen, was dann interessant ist, wenn Ihr Text über mehrere Zeilen geht und im Blocksatz angeordnet werden soll. Die Option »Zentriert über Auswahl« kennen Sie bereits als Taste. Die Funktion dieser Option entspricht der vierten Taste in der Ausrichtungsgruppe.

Im Dialogfeld in Bild 4.5 sehen Sie eine weitere wichtige Funktion, die mit dem Optionsfeld »Zeilenumbruch« bezeichnet ist. Bisher überschreibt Excel die folgende Zelle mit Text, wenn dieser länger als das Feld ist. Ist die folgende Zelle jedoch auch beschrieben, so wird der Text abgeschnitten. Mit der Option »Zeilenumbruch« können wir innerhalb einer Zelle einen Umbruch erreichen. Mit dieser Funktion können Sie längere Texte einfach in schmalen Zellen mehrzeilig darstellen. Genauso wie die Optionen für »gerichteten« Text werden einige Formatierungsmöglichkeiten dieses Dialogfeldes durch das folgende Beispiel illustriert.

	A	B	C	D
1	Dieser Text ist ohne Zeilenumbruch			
2				
3	linksbündig	zentriert	rechtsbündig	zentriert
4	Dieser Text ist mit Zeilenumbruch	mitte		oben unten

Bild 4.6: Möglichkeiten von Ausrichtungen

Muster

Zum Hervorheben bestimmter Zellen oder Bereiche steht Ihnen in Excel das Hilfsmittel der Muster zur Verfügung. Muster sollten allerdings sehr sparsam benutzt werden, um Ihre Tabelle nicht unnötig zu überladen. Sie finden mit der Option *Muster* in *FORMAT* oder mit Hilfe des Kontextmenüs ein Dialogfeld mit drei Einstellungsmöglichkeiten.

Zunächst läßt sich darin im obersten Auswahlfeld ein bestimmtes Muster festlegen, beispielsweise Punkte, Linien oder ähnliches. Der Vordergrund des Musters, d.h. die Punkte oder Linien, können Sie im gleichnamigen Auswahlfeld mit einer Farbe versehen. Den Hintergrund des Musters bestimmt die nächste Option. Das Ergebnis Ihrer Wahl läßt sich jeweils in »Monitor« überprüfen.

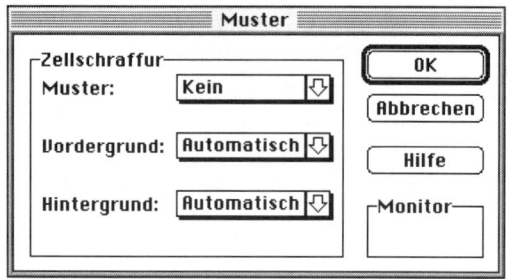

Bild 4.7: Dialogfeld zu FORMAT Muster

Wir möchten unsere Zellen nicht mit einem Muster, sondern nur mit einem unauffälligen Farbton versehen. Mit der vorletzten Taste auf der Format-Symbolleiste könnten wir einen markierten Bereich mit einem hellen Grauton gestalten. Allerdings war uns dieser Grauton im Ausdruck zu dunkel, so daß wir für die Zellen einen sehr hellen Farbton vorzogen. Diesen erzeugten wir mit Hilfe des Dialogfeldes *Muster*, indem wir nur eine helle Vordergrundfarbe wählten. In einem Schwarz-Weiß-Ausdruck wird diese Farbe natürlich in einen Grauton umgesetzt.

Auf unserem Reisekostenformular haben wir alle Überschriften mit einer hellen Farbe unterlegt. Um das Addieren der DM-Beträgen zu vereinfachen, wurden ebenso die entsprechenden Felder in den Zeilen 27, 35, 38, 39, 43 und 47 eingefärbt. Das folgende Bild zeigt einen entsprechend bearbeiteten Ausschnitt des Formulars.

	A	B	C	D	E	F	G	
26	abzüglich Bewirtung in %							
27	Gesamt in DM							
28								
29	Fahrtkosten							
30	Auto km zu 52Pf							
31	Flug							
32	Bahn							
33	Taxi							
34	Öffentlicher Verkehr							
35	Gesamt in DM							
36								
37	Übernachtung							
38	DM							
39	Pauschal							
40								
41	Nebenkosten							
42	Beleg Nr.							
43	DM							
44								
45	GESAMT in DM							
46	%Reisekostenvorschuß							
47	Auszahlung							

Bild 4.8: Mit Farbe formatiertes Formular

Gitternetzlinien

Die Gitternetzlinien Ihres Arbeitsblattes sollen Ihnen ein einfacheres Arbeiten ermöglichen. In einem Formular allerdings wirken sie oft eher störend. So steht Ihnen die Möglichkeit offen, die Gitterlinien sowohl im Druck wie auch auf dem Bildschirm abzustellen. Sie

können aber ebenso festlegen, daß die Gitternetzlinien nur im
Druck unterdrückt werden sollen. Lesen Sie diese Option bitte im
Kapitel »Drucken« nach.

Wählen Sie dazu in *OPTION* den Punkt *Bildschirmanzeige* aus. In
dem in Bild 4.9 dargestellten Dialogfenster befinden sich verschiedene Optionsfelder, die Sie anwählen können.

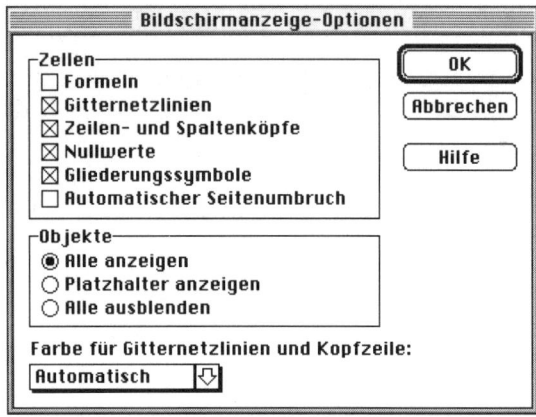

Bild 4.9: Dialogfenster zu OPTION Bildschirmanzeige

Das Gitter können Sie mit »Gitternetzlinien« ein- und ausblenden.
Klicken Sie dazu das Optionsfeld an, damit das Kreuz darin
verschwindet und Sie werden nach Bestätigung des Dialogfelds
feststellen, daß Sie nun ein Arbeitsblatt ohne Linien vorliegen
haben, wie Sie auch im folgenden Bild sehen können.

Bild 4.10: Arbeitsblatt ohne Gitternetzlinien

Nun noch kurz zu den weiteren Optionen dieses Dialogfensters:

- Standardmäßig ist die Option »Formeln« nicht angekreuzt, das bedeutet, in jeder Zelle, in die Sie eine Formel schreiben, wird das Ergebnis am Bildschirm angezeigt. Ist »Formeln« angewählt, steht in dem Feld die Formel selbst, nicht das Ergebnis. Für die Kontrolle Ihres Arbeitsblattes ist diese Funktion unerläßlich, denn damit können Sie die mathematischen Beziehungen zwischen Ihren Zellen überprüfen.

- Mit »Zeilen- und Spaltenköpfe« können Sie die erste Spalte bzw. Zeile ausblenden, die die Tasten mit Zahlen oder Buchstaben zur Bezeichnung enthält. Durch das Ausschalten der Spalten- und Zeilenköpfe gewinnen Sie mehr Platz auf dem Bildschirm.

- »Nullwerte« sorgt dafür, daß in Zellen deren Inhalt »0« ist, auch »0« steht. Manchmal ist es allerdings durchaus sinnvoll, die Nullen zu unterdrücken, z.B. wenn Sie Formeln in Ihr Arbeitsblatt eingetragen haben, für die noch keine Eingangswerte vorliegen. Diese Einstellung ist dann sinnvoll, wenn Sie z.B. ein Arbeitsblatt entworfen haben, das später nur noch ausgefüllt werden soll.

- Mit dem Punkt »Gliederungssymbole« besteht die Möglichkeit, die Symbole für eine in der Tabelle festgelegte Gliederung zu unterdrücken. Zu dem Thema Gliederungen lesen Sie bitte das Kapitel »Excel für Fortgeschrittene«.

- Ist »Automatischer Seitenumbruch« selektiert, werden auf Ihrem Arbeitsblatt die Seitenumbrüche während der Eingabe durch gestrichelte Linien gekennzeichnet. Ist diese Option ausgeschaltet, so werden Seitenumbrüche erst nach dem Aufruf von *Drucken* oder *Seitenansicht* angezeigt. Das Einschalten dieser Option kann auf leistungsschwächeren Computern zu Verzögerungen bei der Eingabe und beim Blättern führen, denn Excel muß die Position des Seitenumbruches neu berechnen.

- Darunter ist ein weiteres Fenster mit der Überschrift »Objekte« angelegt. Alle darin angeführten Optionen beziehen sich auf von Ihnen plazierte geometrische Figuren oder Schaltfelder, die angezeigt oder ausgeblendet werden können. Darüber finden Sie mehr im Kapitel »Grafische Darstellung«.

- Zu guter Letzt können Sie Ihren Gitternetzlinien und den Kopfzeilen noch verschiedene Farben vergeben. Auf einem Farbmonitor ist dies eine nützliche Option, denn so heben sich die Gitterlinien von Linien Ihrer Formatierung ab.

Rahmen

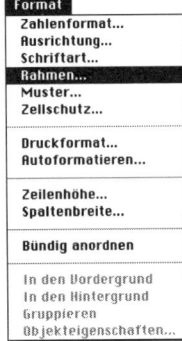

Um nun etwas Struktur in das Reisekostenformular zu bringen, sind Rahmen eine gute Hilfe. Sie finden in *FORMAT* den Punkt *Rahmen*, durch den ein Dialogfenster aufgerufen wird, in dem Sie für verschiedene Seiten einer Zelle verschiedene Linientypen auswählen können.

Markieren Sie vor Anwahl des Befehls *FORMAT Rahmen* zunächst die Zelle oder den Block von Zellen, der/dem Sie einen Rahmen geben möchten, und selektieren Sie die gewünschte Linie unter »Art« im Dialogfeld. Geben Sie dann an, ob der Rahmen um den gesamten markierten Block gezogen werden oder ob er z.B. ausschließlich alle linken Zellenränder der Auswahl zieren soll. Es besteht zudem die Möglichkeit, den Linien verschiedene Farben zu geben.

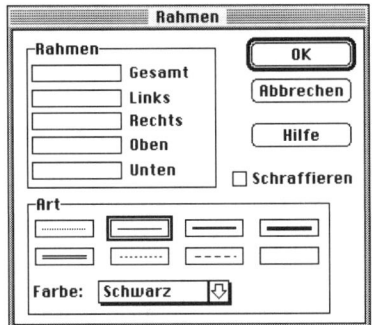

Bild 4.11: Dialogfeld zu FORMAT Rahmen

Wie Sie im folgenden Bild sehen können, haben wir alle Zeilen mit den Überschriften mit einem relativ dicken Strich darüber versehen, um so die einzelnen Teile der Reisekostenabrechnung besser voneinander abzusetzen. Waren weitere Abgrenzungen erforderlich, wurden dazu dünnere Linien verwendet. Die Felder, in die der Benutzer des Formulars die Eintragungen vornehmen soll, wurden mit einem dünnen Rahmen als Schreibhilfe versehen.

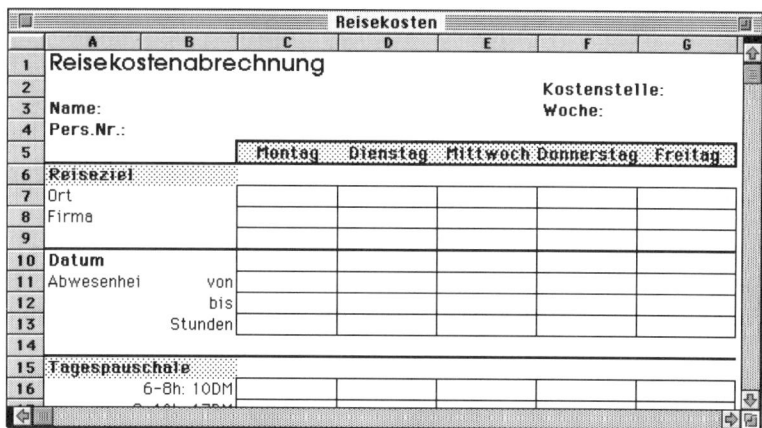

Bild 4.12: Mit Linien und Rahmen versehenes Formular

Möchten Sie Ihre Felder schraffieren, klicken Sie das Optionsfeld unterhalb von »Hilfe« an. Bessere Möglichkeiten für Schraffuren finden Sie im Abschnitt »Muster«. Nur aus Kompatibilitätsgründen zu Excel 2.2 ist dieser Punkt in dem obigen Dialogfenster verblieben.

Spaltenbreite und Zeilenhöhe variieren

Der größte Teil des Formulars ist jetzt fertig formatiert, allerdings haben wir bisher außer Acht gelassen, daß mancher Zellinhalt nicht vollständig dargestellt werden kann (z.B. Zelle A11), weil er eine größere Zellenbreite erfordert.

Die Spaltenbreite läßt sich mit Hilfe der Maus sehr einfach ändern. Wenn Sie den Mauszeiger zwischen zwei Spaltenköpfe bewegen erscheint ein Strich mit zwei in entgegengesetzte Richtungen zeigende Pfeile. Nun können Sie die Spaltenbegrenzung nach Belieben verschieben.

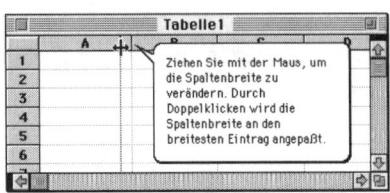

Bild 4.13: Hilfetext bei Veränderung der Spaltenbreite

In unserer Reisekostentabelle ist allerdings gar nicht auf einem
Schirm ersichtlich wie breit die Spalte B gewählt werden muß,
damit gerade alle Einträge hineinpassen. Aber durch einen Doppelklick auf die Spaltenbegrenzungen können wir Excel veranlassen,
die optimale Spaltenbreite einzustellen.

Die Einstellung der Höhe einer Zeile können Sie ähnlich vornehmen
wie bei der Breite einer Spalte. Stellen Sie den Mauszeiger auf eine
Grenze innerhalb der Zeilenköpfe und verschieben Sie die
Zeilenbegrenzung.

Die oben gezeigten Möglichkeiten zur Einstellung der Spaltenbreite
bzw. Zellenhöhe können Sie auch über das Menü anwählen. Diese
Methode ist zwar langsamer und weniger intuitiv aber Sie können
exakte Maße angeben und haben mehr Möglichkeiten. Markieren
Sie nun eine Spalte und wählen dann den Punkt *Spaltenbreite* im
Menü *FORMAT* an, so öffnen Sie damit ein Dialogfenster, in dem
Sie durch Eintippen von Zahlen die Spaltenbreite variieren können.

Die standardmäßig eingestellte Spaltenbreite, gekennzeichnet durch
das Kreuz im Optionsfeld vor »Standardbreite«, beträgt 10 Buchstaben der eingestellten Standardschriftart.

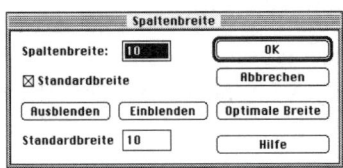

Bild 4.14: Dialogfeld zu FORMAT Spaltenbreite

In dem in Bild 4.14 dargestellten Dialogfeld finden Sie auch die
Möglichkeit, Spalten ganz auszublenden. Dies ist beispielsweise
nützlich, wenn in diesen Spalten Nebenrechnungen plaziert werden, die für einen Überblick eher stören würden. Markieren Sie

dazu die Spalten und wählen dann »Ausblenden« in dem oben gezeigten Dialogfenster aus und Sie sehen, daß die Spalten »verschwinden«. Sie sind selbstverständlich noch vorhanden und lassen sich leicht wieder einblenden. Markieren Sie dazu die beiden Spalten, zwischen denen sie wieder eingeblendet werden sollen und klicken Sie dann »Einblenden« an.

Die Schaltfläche »Optimale Breite« hat dieselbe Funktion wie der Doppelklick auf Spalten- bzw. Zeilenkopfbegrenzungen.

Zur Höhenveränderung einer Zeile finden Sie in *FORMAT* den Auswahlpunkt *Zeilenhöhe*.

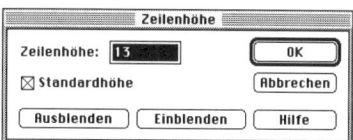

Bild 4.15 Dialogfeld zu Zeilenhöhe

Das Kreuz vor »Standardhöhe« sieht vor, daß die Zeilenhöhe entsprechend der gewählten Schriftgröße gewählt wird. Sie soll das 1,3-fache der Schriftgröße betragen. Die Schriftgröße, die zu obigem Bild eingestellt ist, beträgt 10 Punkte, somit ist eine Zeilenhöhe von 13 Punkten vorgegeben.

Das Reisekostenformular soll jeweils für eine Woche gelten. Deshalb ist es sinnvoll, entsprechend viele Spalten zum Eintragen vorzusehen. In unserem Formular haben wir uns auf fünf Spalten beschränkt. Brauchen Sie mehr, weil das Wochenende mit einbezogen werden muß, erstellen Sie sich ein Formular mit sieben Spalten. Haben Sie sich das Formular einmal in der Seitenansicht angesehen oder haben Sie es bereits gedruckt, so erscheint auf Ihrem Bildschirm eine gestrichelte Linie, die den Seitenumbruch festlegt. Daran können Sie nun die Spalten ausrichten. Markieren Sie die Anzahl von Spalten, die Sie benötigen und variieren Sie deren Breite solange, bis Sie innerhalb des Seitenumbruchs liegen.

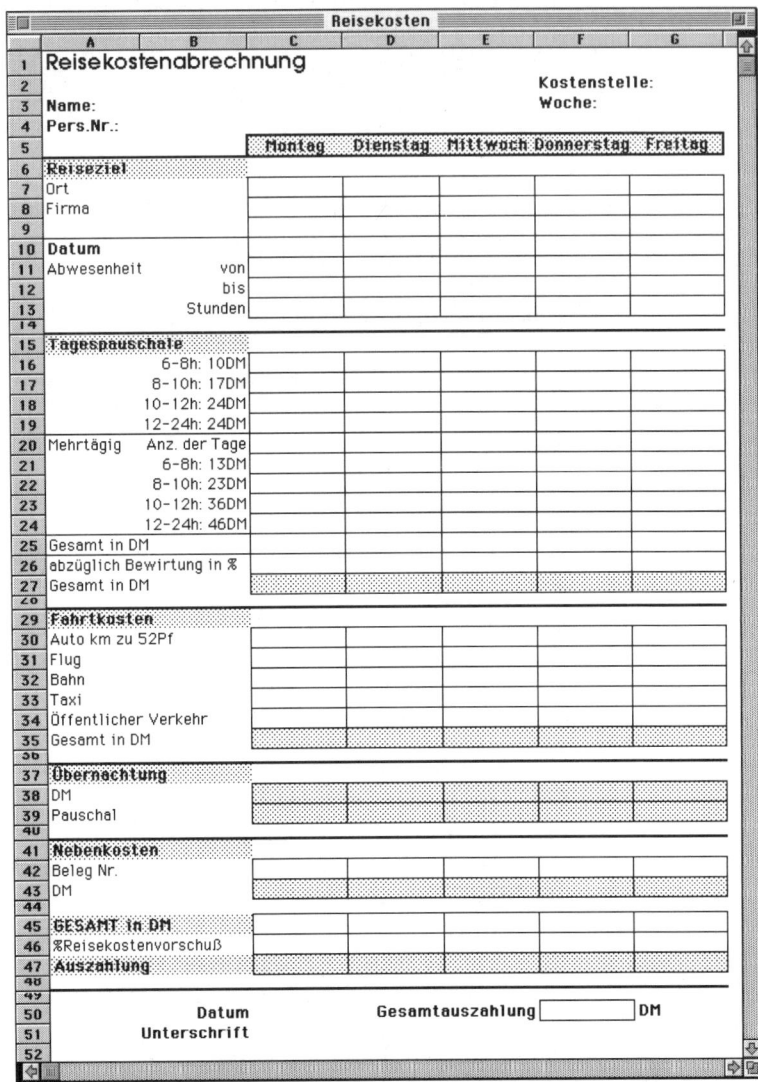

Bild 4.16: Fertig formatiertes Formular

Mustervorlage

Wie verfahren wir nun weiter mit unserem Formular? An dieser Stelle haben Sie die Möglichkeit, das Formular auszudrucken und handschriftlich ausfüllen zu lassen, oder Sie können es als

Mustervorlage abspeichern, damit es in Excel geladen und vom Anwender ausgefüllt werden kann.

Um die Option »Mustervorlage« zu finden, gehen Sie in das Dialogfenster zu *Speichern unter (DATEI)*. Klicken Sie dort »Optionen« an, wodurch sich ein weiteres Dialogfenster öffnet, in dem verschiedene Dateiformate angewählt werden können. In der Regel ist dort »Standard« gewählt. Eine andere Möglichkeit ist die Auswahl von »Mustervorlage«.

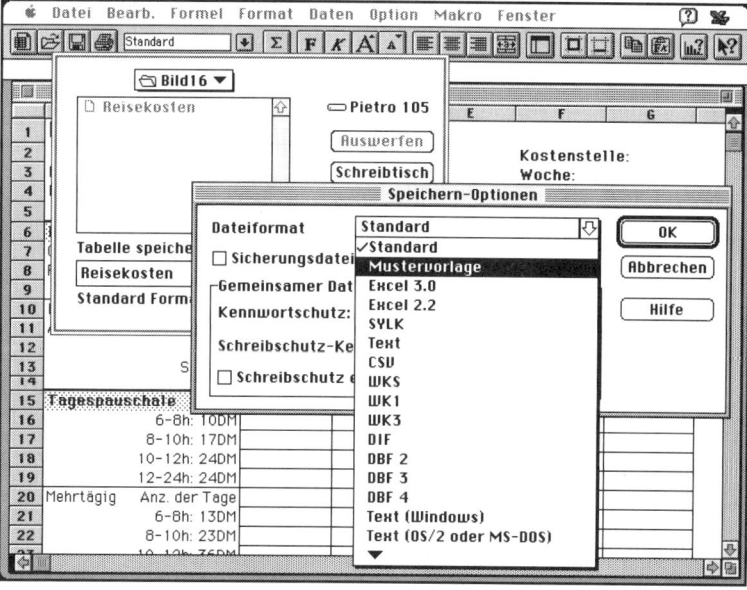

Bild 4.17: Unterschiedliche Dateiformate beim Abspeichern

Mit diesem Format besteht die Möglichkeit, ein Formular immer wieder zu laden, jedoch ist es nicht möglich, es unter demselben Namen wieder abzuspeichern. Das bedeutet, daß der Anwender das ausgefüllte Formular unter einem anderen Namen abspeichern muß, so daß das leere Formular als solches erhalten bleibt. Das nebenstehende Symbol zeigt die Finder-Darstellung Ihrer neuen Mustervorlage.

Reisekosten

Um eine Aufteilung in Formular und Eingabebereich vorzunehmen, kann es sinnvoll sein, die Schriftart für alle Eingabefelder zu ändern. Markieren Sie dazu alle entsprechenden Felder und weisen Sie ihnen eine andere Schriftart, eventuell auch eine kleinere Schriftgröße zu.

Das folgende Bild zeigt als Beispiel ein ausgefülltes Reisekosten-
formular. Eingetragen ist eine Eintagestour nach Frankfurt auf die
Networld-Messe am Montag sowie eine Dreitagesfahrt zur Firma
Müller nach München von Mittwoch bis Freitag.

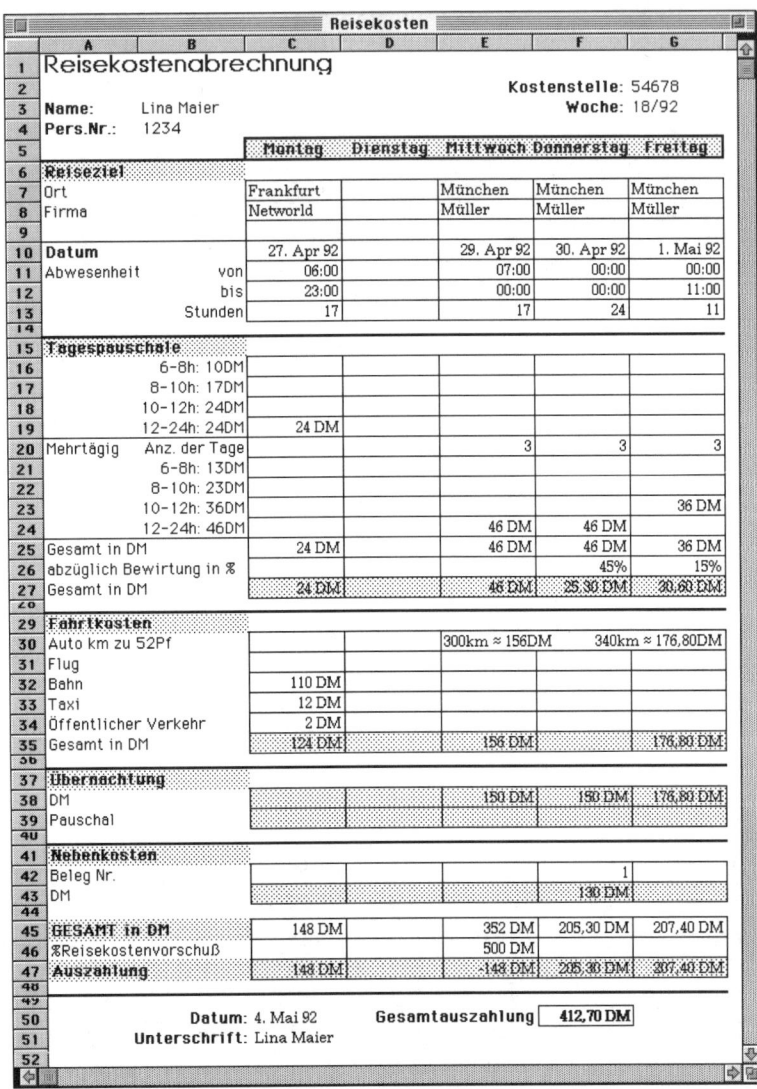

	A	B	C	D	E	F	G
1	Reisekostenabrechnung						
2					Kostenstelle: 54678		
3	Name:	Lina Maier			Woche: 18/92		
4	Pers.Nr.:	1234					
5			Montag	Dienstag	Mittwoch	Donnerstag	Freitag
6	Reiseziel						
7	Ort		Frankfurt		München	München	München
8	Firma		Networld		Müller	Müller	Müller
9							
10	Datum		27. Apr 92		29. Apr 92	30. Apr 92	1. Mai 92
11	Abwesenheit	von	06:00		07:00	00:00	00:00
12		bis	23:00		00:00	00:00	11:00
13		Stunden	17		17	24	11
14							
15	Tagespauschale						
16		6-8h: 10DM					
17		8-10h: 17DM					
18		10-12h: 24DM					
19		12-24h: 24DM	24 DM				
20	Mehrtägig	Anz. der Tage			3	3	3
21		6-8h: 13DM					
22		8-10h: 23DM					
23		10-12h: 36DM					36 DM
24		12-24h: 46DM			46 DM	46 DM	
25	Gesamt in DM		24 DM		46 DM	46 DM	36 DM
26	abzüglich Bewirtung in %					45%	15%
27	Gesamt in DM		24 DM		46 DM	25,30 DM	30,60 DM
28							
29	Fahrtkosten						
30	Auto km zu 52Pf				300km ≈ 156DM		340km ≈ 176,80DM
31	Flug						
32	Bahn		110 DM				
33	Taxi		12 DM				
34	Öffentlicher Verkehr		2 DM				
35	Gesamt in DM		124 DM		156 DM		176,80 DM
36							
37	Übernachtung						
38	DM				150 DM	150 DM	176,80 DM
39	Pauschal						
40							
41	Nebenkosten						
42	Beleg Nr.					1	
43	DM					130 DM	
44							
45	GESAMT in DM		148 DM		352 DM	205,30 DM	207,40 DM
46	%Reisekostenvorschuß				500 DM		
47	Auszahlung		148 DM		-148 DM	205,30 DM	207,40 DM
48							
49							
50		Datum: 4. Mai 92		Gesamtauszahlung	412,70 DM		
51		Unterschrift: Lina Maier					
52							

Bild 4.18: Ausgefülltes Reisekostenformular

Zellenschutz

Sie haben das Formular nun fertig formatiert und vielleicht als Mustervorlage abgespeichert. Wie können Sie jedoch z.B. Texte oder gegebenenfalls auch Formeln davor schützen, absichtlich oder unabsichtlich überschrieben zu werden? Es gibt in Excel die Möglichkeit, ganze Tabellen gegen Änderungen zu sichern. Doch dieser Schutz ist für unsere Anwendung viel zu grob. Wir sind bei unserem Reisekostenformular vielmehr daran interessiert, nur einzelne Zellen gegen Überschreiben zu sichern und andere für Veränderungen freizugeben.

Da in Excel alle Zellen standardmäßig geschützt sind, wenn die Datei geschützt wird, wählen Sie bitte in unserem Reisekostenformular all jene Zellen aus, die für Veränderungen freigegeben werden sollen. Sie können die Mehrfachauswahl in Bild 4.19 mit gedrückter ⌘-Taste durch Anklicken der Felder erzielen. Näheres dazu im Kapitel »Arbeitserleichterungen«.

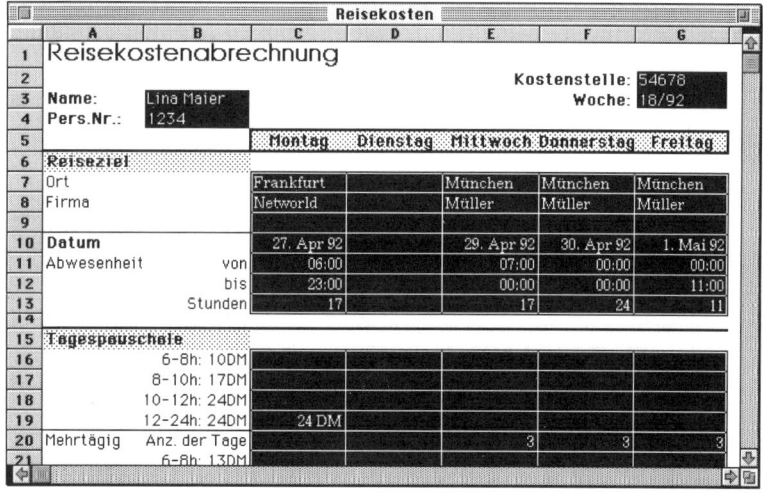

Bild 4.19: Zellen, für die der Schutz aufgehoben werden soll

Wählen Sie nun den Befehl *FORMAT Zellschutz*, so erscheint das Dialogfeld von Bild 4.20. Es zeigt an, daß der Zellschutz für alle Zellen unserer Auswahl aktiviert ist. Zum Deaktivieren klicken Sie nun das Optionsfeld vor »Gesperrt« an.

Zudem finden Sie auf der Werkzeug-Symbolleiste die nebenstehende Taste, um den Zellschutz aufzuheben.

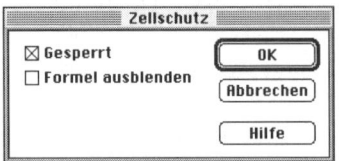

Bild 4.20: Dialogfenster zu FORMAT Zellschutz

 Sie können auch verhindern, daß Ihre eventuell mühsam erstellten Formeln von Unbefugten eingesehen werden können, wenn Sie »Formel ausblenden« anwählen und dann den Dateischutz aktivieren.

Aktivieren Sie nun den Zellschutz für die Zellen, deren Schutz nicht aufgehoben ist. Dazu wählen Sie den Befehl *OPTION Datei schützen* an. Sie erhalten das Dialogfenster von Bild 4.21, in dem nach einem Kennwort gefragt wird. Da das Kennwort verdeckt eingegeben wird, können Sie selbst - und vor allem auch niemand, der Ihnen zufällig über die Schulter sieht - können nicht lesen, was Sie gerade schreiben. Es wird Ihnen nur die Anzahl der verwendeten Buchstaben - in Bild 4.21 sind es sechs - durch Platzhalter mitgeteilt.

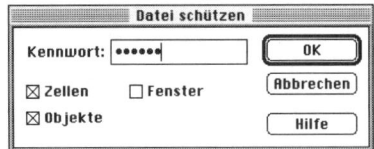

Bild 4.21: Kennwortabfrage zu OPTION Datei schützen

Um Tippfehler zu vermeiden, erscheint ein weiteres Fenster, in dem Sie das Kennwort zur Bestätigung wiederholen müssen.

Sollten Sie versuchen, ein gesperrtes Feld zu beschreiben, erscheint folgende Mitteilung.

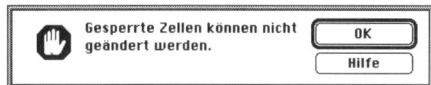

Bild 4.22: Fehlermeldung bei geschützter Zelle

Um den Dateischutz aufzuheben, selektieren Sie nun in *OPTION* den zu *Dateischutz aufheben* geänderten Menüpunkt und Sie werden im dann erscheinenden Dialogfeld nach Ihrem Kennwort gefragt.

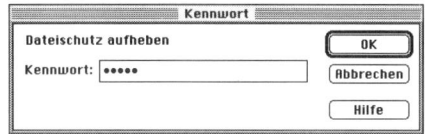

Bild 4.23: Kennwortabfrage bei OPTION Dateischutz aufheben

Bei Falscheingabe ist es Ihnen nicht mehr möglich, die geschützten Felder Ihrer Excel-Tabelle zu verändern. Deshalb ist es ratsam, sich Kennwörter an einem sicheren Ort in schriftlicher Form aufzubewahren.

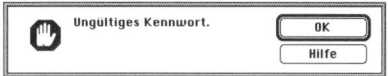

Bild 4.24: Fehlermeldung bei falscherKennworteingabe

Zahlenformatierung

Um Einträge am Bildschirm in ein Formular zu vereinfachen, können Sie die entsprechenden Zellen bereits im Vorfeld mit Zahlenformatierungen versehen.

Eine Formatierung von Zellen kann allerdings nicht nachträglich in einer geschützten Datei erfolgen, auch nicht für Zellen, deren Zellschutz aufgehoben wurde. Die Formatierung von Feldern muß erfolgen, bevor Sie die entsprechende Datei schützen.

Am einfachsten sind die Felder zu formatieren, in die DM-Beträge eingetragen werden sollen. Markieren Sie die entsprechenden leeren

Felder, wie die Zellen C16 bis G19, C21 bis G25, C27 bis G27 usw.
Selektieren Sie dann in *FORMAT* die Option *Zahlenformat*.

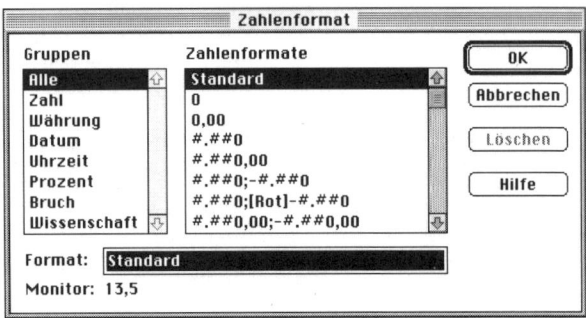

Bild 4.25: Dialogfeld FORMAT Zahlenformat

Wählen Sie im Dialogfeld links die Gruppe »Währung« an. Damit
werden rechts mehrere geeignete Zahlenformate angezeigt. Wie Sie
im rechten Auswahlfenster sehen können, werden Zahlenformate
unter anderem anhand von zwei verschiedenen Platzhaltern beschrieben:

- »#« Optionaler Platzhalter,

- »0« Mußplatzhalter.

Um ihre Funktion zu verdeutlichen, wurde in Tabelle 4.1 die Zahl
13,5 mit diesen Platzhaltern formatiert. In der ersten Spalte ist die
Zahlenformatierung dargestellt. Die mit dieser Formatierung gestaltete Zahl sehen Sie dann in der mit »Darstellung« überschriebenen zweiten Spalte.

Tabelle 4.1: Formatangaben mit entsprechender Darstellung

Format	Darstellung
#.###,##	13,5
0.000,00	0.013,50
#.###	14

An den in der Tabelle aufgeführten Beispielen wird die unte-
schiedliche Funktion der beiden Platzhalter deutlich. Ist im Format
eine »0« als Platzhalter benutzt, so bleibt die Null auf jeden Fall

stehen, wenn sie nicht durch eine andere Ziffer ersetzt wird; das »#«-Zeichen fällt dagegen weg. Anhand dieses Beispiels sehen Sie, daß Nullen als Platzhalter hinter dem Komma sinnvoll sein können, wenn Sie z.B. DM-Beträge benötigen und Ihre Zahlen rechtsbündig schreiben wollen. Vor dem Komma sollten Sie als Platzhalter besser das »#« benutzen. Excel rundet auf bzw. ab bei Zahlen, die mehr Nachkommastellen aufweisen, als Ihr Format zuläßt. D.h. 13,5 formatiert mit »#.###« wird als 14 dargestellt. Diese Rundung gilt aber nur für die Bildschirmdarstellung; intern wird weiterhin die ungerundete Zahl benutzt.

Währungsformate

DM-Formate haben dieselbe Zahlendarstellung. Sie haben dabei die Option, zwischen Negativbeträgen oder rot dargestellten Zahlen zu wählen.

Prozentformate

Prozent-Angaben werden in der Bearbeitungszeile als Dezimalzahlen dargestellt. Damit wird aus »30%« z.B. in der Bearbeitungszeile »0,3«.

Wissenschaftliche Formate

Mit »0,00E+00« stellen Sie die Exponentialschreibweise ein. Damit werden große Zahlen, wie z.B. 123456 zu 1,23E+05 abgekürzt.

Brüche

Die Formatierung »# ?/?« bzw. »# ??/??« wandelt Dezimalzahlen in Brüche um. So wird aus 0,25 z.B. 1/4, aus 3,5 wird 3 1/2. Die Anzahl der »?« gibt die Anzahl der möglichen Ziffern an. So kann 0,1 nur von der zweiten Formatanweisung richtig zu 1/10 aufgelöst werden, mit der ersten Formatanweisung erhalten Sie auf dem Monitor »0« als Zahlendarstellung.

Datumsformate

Intern stellt Excel Datumswerte durch natürliche Zahlen von Null bis 63.918 dar. Dabei wird die Zeitrechnung mit dem ersten Januar 1904 begonnen, der der Null entspricht, und endet mit dem 31. Dezember 2078, dieses Datum entspricht 63.918.

Um das Datum in Excel zu formatieren, finden Sie im Auswahlfenster zu »Zahlenformate« bereits verschiedene vorbereitete Formate, die die folgende Bedeutung haben.

Tabelle 4.2: Format, Bedeutung und Darstellung von Datumsformatierungen

Format	Bedeutung	Darstellung
T		1 - 31
TT		01 - 31
M	Monate	1 - 12
MM		01 - 12
MMM		Jan - Dez
MMMM		Januar - Dezember
JJ	Jahre	00 - 99
JJJJ		1904 - 2078

Sie können beispielsweise als geeignetes Format »TT.MMM JJJJ«
auswählen. Geben Sie nun in eine so formatierte Zelle »1.8.92« ein,
so setzt Excel diese Datumsangabe anhand der vorgegebenen
Formatierungsanweisung in »01. Aug 1992« um.

Uhrzeitformate

Das Berechnen der Uhrzeit ist dagegen schon komplizierter. Für die
Uhrzeit werden die Nachkommastellen benutzt. Ein Uhr berechnet
sich aus 1/24, zwölf Uhr aus 12/24, also 0,5. Um eine Minute zu
berechnen, wird 1/(12*60) angesetzt, für eine Sekunde 1/(12*3600).

Tabelle 4.3: Format, Bedeutung und Darstellung von Zeitformatierungen

Format	Bedeutung	Darstellung
h	Stunden	0 - 23
hh		00 - 23
m	Minuten	0 - 59
mm		00 - 59
s	Sekunden	0 - 59
ss		00 - 59

Eigene Zahlenformate erstellen

Bei allen vorgeschlagenen Formaten besteht für Sie immer die Möglichkeit, Ihre eigenen Formate zu erstellen. Benutzen Sie dazu das mit »Format« bezeichnete Eingabefeld in dem in Bild 4.25 abgebildeten Dialogfeld.

Benötigen Sie beispielsweise eine Fremdwährung, so müssen Sie selbst für Ihr Format sorgen. Selektieren Sie dazu ein Format aus einer der vorgegebenen Gruppen und ändern Sie es nach Belieben ab, wie dies das folgende Bild an einem Beispiel zeigt. Umgeben Sie dabei die gewünschte Währung mit »"«. Im Beispiel wurde die Fremdwährung »SKr«, Schwedische Kronen, eingefügt.

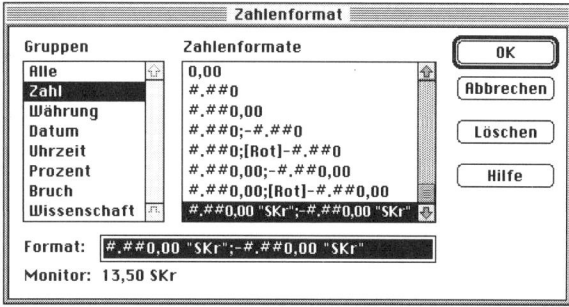

Bild 4.26: Neues Zahlenformat

Hinter »Monitor« können Sie dann anhand der Zahl in der markierten Zelle beobachten, wie Ihre Zahl am Bildschirm dargestellt wird. Das neue Format wird als letztes in der vorgegebenen Auflistung eingefügt. Ebenso wie Fremdwährungen können Sie hier beispielsweise »km« benutzen oder eine andere Bezeichnung, die Sie benötigen.

Ein selbsterstelltes Format finden Sie am Ende der Gruppe »Alle« wieder.

Erweist sich ein Format als unbrauchbar oder wird es nicht mehr benötigt, können Sie es mit »Löschen« wieder loswerden.

Bedingte Zahlenformatierung

Die einfachste Form der bedingten Zahlenformatierung ist im Dialogfeld von Bild 4.26 zu sehen. Excel unterscheidet automatisch Zahlen, die größer bzw. kleiner als Null sind. Für alle Zahlen, die größer als Null sind, wird das erste Format vergeben, für Zahlen, die kleiner sind, das durch Semikolon abgetrennte Format.

Möchten Sie verschiedene Formate für Zahlen vergeben, die größer, kleiner oder gleich Null sind, können Sie das auf dieselbe Weise machen; ein zweites Semikolon trennt dabei die Darstellung für Zahlen gleich Null ab.

Oft benötigt man für bedingte Formatierungen andere Bedingungen als die Unterscheidung größer oder kleiner Null. Wir haben beispielsweise schon oft eine Singular-Plural-Unterscheidung benötigt. In der Reisekostenabrechnung wäre es schön, bei der Formatierung der Anzahl der Tage der Abwesenheit zwischen einem Tag und mehreren Tagen unterscheiden zu können, denn es heißt »1 Tag«, aber »3 Tage«.

Eine Bedingung wird mit »[ ]« eingeschlossen. Es folgt die Formatierung, die erfolgen soll, wenn die Bedingung erfüllt ist, darauf ein Semikolon, dann die Formatierung, die bei Nichterfüllen vergeben wird. Damit könnte unsere Formatierung heißen: »[=1] #" Tag"; #" Tage"«. Im folgenden Bild wurde die Anzahl der Tage mit diesem Format versehen.

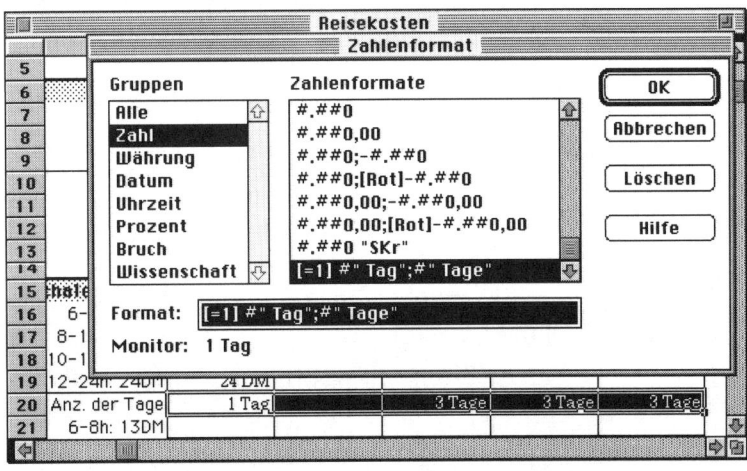

Bild 4.27: Zeile 20 mit bedingter Zahlenformatierung versehen

Im folgenden Bild wurden drei verschiedene Zahlen mit der Zahlenformatierung »[<400]" Sprint:" #.##0"m"; [>1500]"Langstrecke:" #.##0"m";"Mittelstrecke:" #.##0"m"« formatiert. Sie könnten so verschiedene Laufdisziplinen mit einer geeigneten Formatierung versehen.

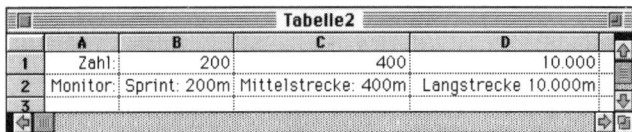

Bild 4.28: Bedingte Zahlenformatierung

Eigene Druckformatvorlagen erstellen

Auf der Symbolleiste links liegen bereits sechs vorgegebene Druckformatvorlagen vor. Sollten Sie oft andere Zahlenformate, Schriftarten oder Ausrichtungen benutzen, machen Sie sich Ihre eigenen Druckformatvorlagen, die dann auch in diesem Fenster erscheinen.

In *FORMAT* finden Sie den Menüpunkt *Druckformat*, zu dem das im folgenden Bild dargestellte Dialogfenster gehört.

Bild 4.29: Dialogfeld zu FORMAT Druckformat

Klicken Sie in diesem Dialogfeld den Pfeil hinter dem Eingabefeld von »Druckformatname« an, finden Sie Druckformatvorlagen, die sich im Formatfeld links auf der Symbolleiste befinden. In dem Fenster »Beschreibung« finden Sie dazugehörende Schriften, Zahlenformate usw.

Möchten Sie eine neue Druckformatvorlage hinzufügen, selektieren Sie zunächst »Festlegen«. Im dadurch erweiterten Dialogfeld schreiben Sie den Namen, den Sie der Vorlage geben möchten, in das Feld hinter »Druckformatname«. Ändern Sie irgend etwas im Namensfeld, so erhalten Sie ein Beschreibungsbeispiel in dem Feld darunter, wie dies in Bild 4.30 zu sehen ist.

Bild 4.30: Erweitertes Dialogfeld zu FORMAT Druckformat

In der Gruppe »Druckformat enthält« sind alle Formate angekreuzt, die die neue Formatvorlage enthält. Klicken Sie eines der
Optionsfelder an, so verschwindet das durch dieses Feld beschriebene Format im Beschreibungstext.

Möchten Sie Formate ändern, so klicken Sie die entsprechende
Taste unter »Ändern« an. Dabei können Sie nur die Formate ändern,
die die Druckformatvorlage enthält, d.h. die auch in der darüberliegenden Gruppe angekreuzt sind. Es werden die bereits beschriebenen Dialogfenster geöffnet und Sie haben nun die Möglichkeit,
für Ihre eigene Vorlage die Formate festzulegen.

Wir haben als Beispiel uns eine Druckformatvorlage erstellt, die die
schwedische Währung beinhaltet, damit wir nicht immer wieder
für unsere Beispiele das Zahlenformat ändern müssen. Da wir
häufig die Schriftart Avant Garde benutzen, ist im folgenden
Dialogfeld auch die Schriftart gleich angepaßt worden. Die
Druckformatvorlage enthält hingegen keine Anweisungen über
Rahmen und Zellschutz.

Bild 4.31: Neues Druckformat

Nach Bestätigen des Dialogfeldes ist es möglich, alle Formatierungen des Druckformats einem markiertem Bereich von Zellen mit Hilfe des nebenstehenden Auswahlfeldes der Standard-Symbolleiste mit einem Mal zuzuweisen.

Haben Sie bereits neue Vorlagen in einer anderen Tabelle erstellt, können Sie diese zur aktuellen hinzu laden, indem Sie die »Zusammenführen«-Taste anklicken. Sie öffnen so ein Dialogfenster, in dem alle geöffneten Dateien aufgeführt sind, in denen ein neues Druckformat erstellt oder ein bestehendes geändert wurde.

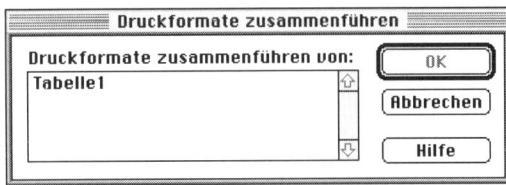

Bild 4.32: Dialogfeld Druckformate zusammenführen

Sie laden die Vorlage durch einen Doppelklick auf den richtigen Namen, oder indem Sie den Namen markieren und dann »OK« anklicken.

Beispiel: Rechnungsformular

Das folgende Beispiel soll die Formatierung und Benutzung eines
Rechnungsformulars umfassen. Sie sehen das Formular in Bild 4.34.
Die Formatierung an sich stellt für Sie sicher kein Problem mehr dar,
Preise lassen sich überall als DM-Formate festlegen. Das Logo
wurde in einem Grafikprogramm erstellt und über die Zwischen-
ablage in das Excel-Arbeitsblatt eingefügt.

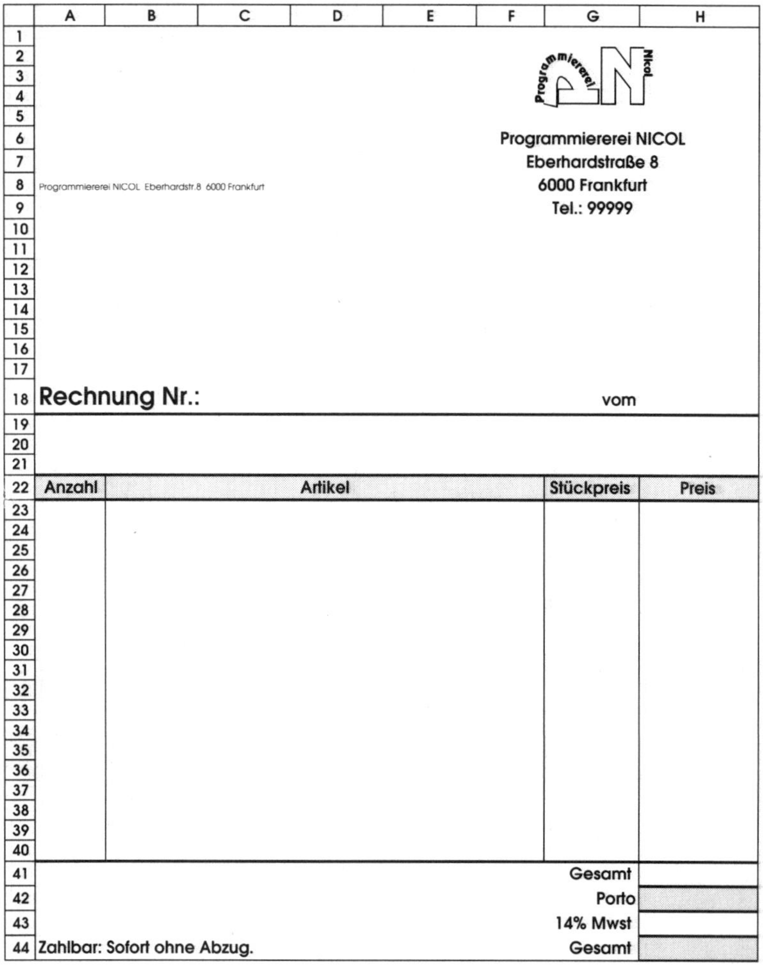

Bild 4.34: Rechnungsformular

Es ist sinnvoll, ein solches Formular wieder als Mustervorlage abzuspeichern. Zudem lassen sich neben der Formatierung der Zellen für die zukünftigen Einträge bereits einige Rechenschritte vorbereiten.

In Zelle H23 wurde »=A23*G23« eingetragen, also die Anzahl mit dem Stückpreis multipliziert. Diese Rechnung können Sie in alle weiteren Zellen eintragen, indem Sie Zelle H23 markieren und an dem kleinen Kreuz rechts unten an der Markierung nach unten ziehen. Excel paßt, wie Sie bereits wissen, die Zellbezeichnungen automatisch an. Jetzt haben Sie allerdings jede Menge Nullen auf Ihrem Formular, die Sie dort nicht möchten. Selektieren Sie *OPTION Bildschirmanzeige* und klicken Sie im Dialogfenster »Nullwerte« an, so daß das Kreuz im Optionsfeld verschwindet.

Weiter können Sie auch bereits die Gesamtsumme vorbereiten. Stellen Sie Ihren Cursor in H41, in das die Gesamtsumme eingetragen werden soll und klicken Sie das Summenzeichen auf der Symbolleiste an. Erweitern Sie den Bereich, über den addiert wird, entsprechend.

Für Sie ist das Feld »Porto« vielleicht überflüssig, lassen Sie es dann einfach weg. Die Mehrwertsteuer berechnet sich aus der vorläufigen Gesamtsumme durch

=H41*0,14.

In H44 werden die drei darüber stehenden Zellen einfach addiert.

Kapitel 5
Rechnen mit Excel

Unsere Rechnereien mit Excel haben sich bisher auf einfache Summen und Differenzen beschränkt. Dies kann für eine Tabellenkalkulation natürlich nicht alles sein. In diesem Kapitel wollen wir uns mit den mathematischen Möglichkeiten von Excel beschäftigen. In diesen Bereich fallen auch eine Reihe von Funktionen, die die Arbeit mit einer Tabellenkalkulation vereinfachen.

Operatoren in Excel

Sie kennen bereits einige Operatoren aus den vorangegangenen Kapiteln. Eine vollständige Auflistung der von Excel zur Verfügung gestellten Operatoren können Sie der folgenden Tabelle entnehmen. Links finden Sie den Operator, in der Mitte die entsprechende Bedeutung und auf der rechten Seite ein Beispiel.

Arithmetische Operatoren

+	Addition	= A1 + 1,
-	Subtraktion	= 4 - C4,
*	Multiplikation	= A3 * X123,
/	Division	= D3 / Q6,
%	Prozent	= 10%,
^	Potenzierung	= 2 ^ 4.

Vergleichsoperatoren

=	Gleichheitszeichen
<	kleiner
>	größer
<=	kleiner oder gleich
>=	größer oder gleich
<>	ungleich

Bezugsoperatoren

:	Bereich	=SUMME(A1:C10)
;	Vereinigung	=SUMME(A1;A2;A6)

Textoperator

&   Verkettet Texte miteinander.

Das folgende Beispiel soll die Wirkungsweise des Textoperators
verdeutlichen.

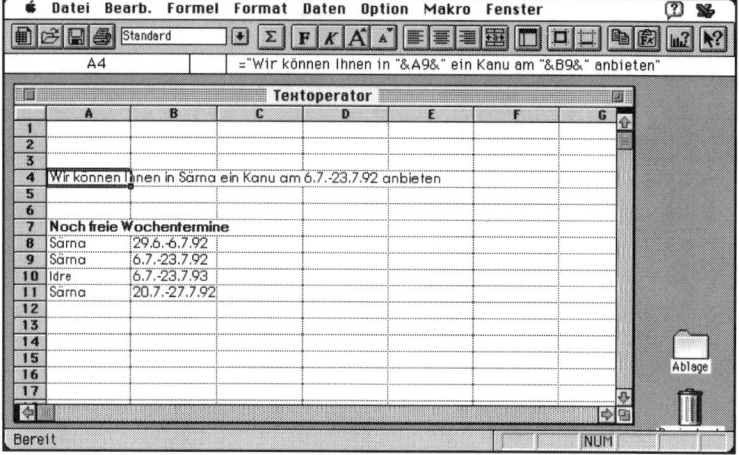

Bild 5.1: Verwendung des Textoperators

In Zelle A4 wurde der in der Bearbeitungszeile sichtbare Text als
Formel eingegeben. Nach einem Gleichheitszeichen muß eine Texteingabe durch »"« eingeschlossen werden, sonst erhält man die
Fehlermeldung »#NAME?«. Excel nimmt an, bei dem Text handele
es sich um einen vergebenen Namen, der so wahrscheinlich nicht
gefunden werden kann.

Durch das »&«-Zeichen wird der Text in Anführungsstrichen mit
dem Inhalt der Zelle A9 verbunden. Mit dem zweiten »&«-Zeichen
wird daran die zweite Textstelle gekettet. Ebenso verhält es sich mit
der Stelle, an der das Datum eingefügt wird.

Durch einfaches Verändern der Zellennummer kann so aus Särna
Idre werden. Entsprechendes gilt für den dazugehörenden Termin.
Als »Ergebnis« der Formel aus Zelle A4 wird der vollständige Text
mit eingefügtem Ort und Zeitpunkt ausgegeben.

Rangfolge von Operatoren

Werden mehrere Operatoren in einer Formel benutzt, so ist von Excel eine bestimmte Rangfolge festgelegt, in der die Operatoren abgearbeitet werden. Die Reihenfolge der Ausführung lautet:

: , ;	Bezugsoperatoren
-	Negation
%	Prozent
^	Potenzierung
* , /	Punktrechnung
+, -	Strichrechnung
&	Textoperator
<, >, <=, >=, <>	Vergleichsoperatoren

Damit ergeben z.B. die folgenden Formeln die dahinter aufgeführten Werte:

=-10*3+4^2	ergibt den Wert	-14,
=-(10*3+4^2)	ergibt den Wert	-46,
=-10*(3+4^2)	ergibt den Wert	-190,
=-10*(3+4)^2	ergibt den Wert	-490.

Sie können, wie Sie in obigen Beispielen sehen, die Reihenfolge durch geeignete Klammerung verändern.

Automatisches Berechnen

Standardmäßig berechnet Excel sofort nach dem Bestätigen einer Eingabe den Wert einer Formel, bzw. berechnet nach einer Änderung alle sich darauf beziehenden Werte. Dies kann z.B. bei langsamen Macs oder sehr großen Arbeitsblättern außerordentlich behindernd sein, da während des Aktualisierens kein weiterer Eingabebetrieb möglich ist. In *OPTION* finden Sie den Befehl *Berechnen* mit dem folgenden Dialogfeld.

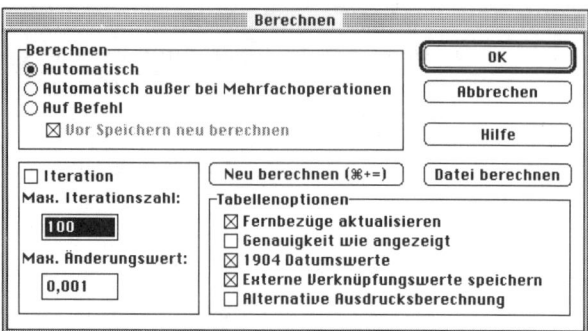

Bild 5.2: Dialogfeld zu OPTION Berechnen

Im oberen Teil dieses Fensters liegen die entsprechenden Auswahl-
möglichkeiten. Sie sehen, daß »Automatisch« als Standardeinstellung markiert ist. Eine weitere Wahlmöglichkeit ist mit »Auf
Befehl« beschrieben. Klicken Sie diese an, müssen Sie Excel explizit
mitteilen, wann aktualisiert werden soll. Dabei können Sie als
Ausnahme festlegen, daß auf jeden Fall »Vor Speichern neu berechnet« wird. Haben Sie »Auf Befehl« selektiert, können Sie mit der
nebenstehenden Taste auf der Werkzeug-Symbolleiste oder mit der
Tastenkombination ⌘+= eine Aktualisierung durchführen.

Funktionen in Excel

Die Funktionen sollen Ihnen die Arbeit mit Excel erleichtern. Ein
sehr einfaches Beispiel für eine solche Arbeitserleichterung haben
wir Ihnen bereits mit der Summenfunktion vorgestellt. Sie können
die Summe verschiedener Zelleninhalte »per Hand« berechnen,
d.h. Sie klicken alle zu addierenden Zellen an und vervollständigen
die Formel mit »+«-Zeichen dazwischen. Natürlich können Sie
genausogut die ganze Formel eintippen, ohne mit der Maus oder
dem Cursor die Formel zusammenzusuchen.

Damit erhalten Sie in der Bearbeitungszeile beispielsweise

=B1+B2+B3+C4+C5+D2.

Um diese Summe darzustellen, können Sie allerdings auch die
Summenfunktion benutzen, als deren Argumente die zu addierenden Bereiche dienen, so daß aus der Summe oben

=SUMME(B1:B3;C4:C5;D2)

wird. Wenn Sie diese beiden Zeilen miteinander vergleichen, wird klar, daß mit einem »:« ein Bereich angegeben wird, also B1 bis B3. Das »;« trennt verschiedene Eingaben voneinander.

Es ist sinnvoll, sich möglichst gleich an die Schreibweise, mit der Bereiche gekennzeichnet werden, zu gewöhnen. Zum einen ist sie übersichtlicher, zum anderen sehr viel änderungsfreundlicher. Dies möchten wir an einem Beispiel erläutern. Angenommen, Sie möchten die Summe der Zellen A1 bis A4 berechnen. Sie könnten

=SUMME(A1;A2;A3;A4)

schreiben oder einfacher

=SUMME(A1:A4).

Daß die zweite Schreibweise sinnvoller ist, zeigt sich, wenn Sie nun vor die dritte Zelle eine neue Zeile einfügen.

Dann wird die erste Schreibweise automatisch in

=SUMME(A1;A2;A4;A5)

umgeändert, die zweite jedoch in

=SUMME(A1:A5),

wie das folgende Bild demonstriert. Damit berechnen Sie automatisch die Summe auch über das neu eingefügte Feld!

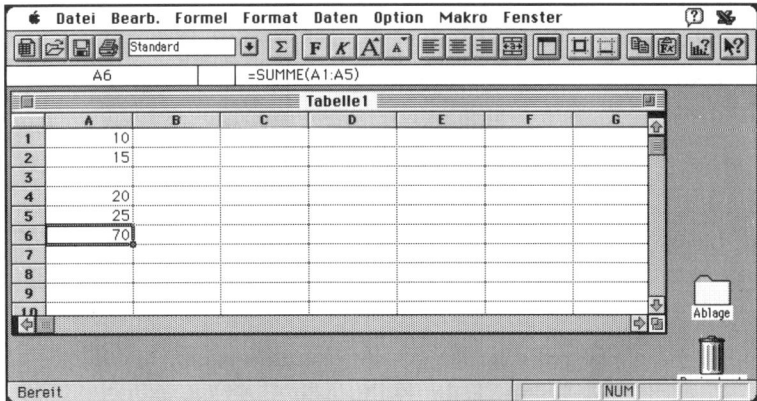

Bild 5.3: Eingefügte Zelle in zu summierendem Bereich

Funktionen einfügen

Für die Summenfunktion gibt es die Abkürzungstaste aus der Symbolleiste. Um eine andere Funktion in Ihrer Tabelle zu benutzen, können Sie entweder direkt den Funktionsnamen eintippen, oder Sie wählen im Menü von *FORMEL* die Option *Funktion einfügen* an. Damit erscheint das in Bild 5.4 dargestellte Dialogfeld auf Ihrem Bildschirm, über das Sie alle Excel-Funktionen auswählen können. Um eine bestimmte Funktion schneller finden zu können, wurden alle Funktionen in Kategorien unterteilt. Eine Kategorie können Sie im linken Auswahlfenster selektieren. Rechts im Fenster erscheinen dann die dazu gehörenden Funktionsnamen. Mit den Bildrollbalken rechts am Fenster können Sie sich den Ausschnitt anzeigen lassen, in dem die Funktion aufgelistet ist, die Sie brauchen. Schneller gelangen Sie zu diesem Ausschnitt, wenn Sie den Anfangsbuchstaben der Funktion eintippen, dann springt die Auswahlliste an die Stelle, an der die ersten Funktionen mit dem getippten Buchstaben angezeigt werden. Selektieren Sie die Funktion mit Doppelklick oder markieren Sie sie und bestätigen Sie durch »OK« oder mit der Eingabetaste.

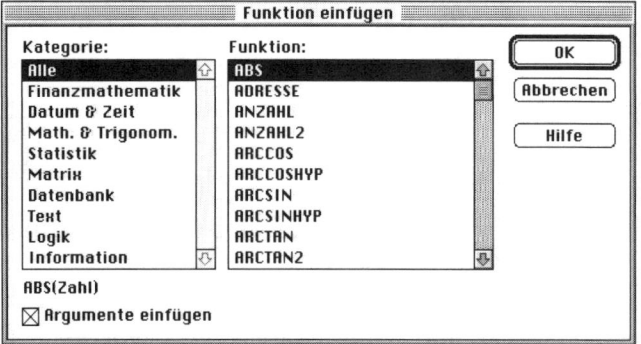

Bild 5.4: Dialogfeld zu FORMEL Funktion einfügen

Ist die Option »Argumente einfügen« aktiviert, gibt Excel in der Bearbeitungszeile die Art der möglichen Argumente an. Dabei wird das erste in der Bearbeitungszeile invers dargestellt. Klicken Sie nun ein Feld an, dessen Adresse in der Argumentliste übernommen werden soll, so wird der invers angezeigte Platzhalter dadurch überschrieben. Hat die Funktion mehrere Argumente und Sie möchten nun das nächste durch eine weitere Adresse ersetzen, klicken Sie das folgende Argument mit einem Doppelklick an.

Damit wird es invers angezeigt und Sie können einen weiteren Auswahlvorgang mit der Maus auf Ihrem Arbeitsblatt vornehmen.

Wenn irgend möglich, geben Sie auch hierbei immer Bereiche an, denn so können sich Ihre Formeln an die Änderungen Ihrer Tabelle anpassen. Sehr nützlich ist auch hierbei die Benennung von Bereichen mit eigenen Namen. Wie bereits im Kapitel »Arbeitserleichterungen« beschrieben, markieren Sie dazu den Bereich und benennen Sie ihn mit der Option *Namen festlegen* in *FORMEL.* Dann können Sie diesen Namen direkt in der Argumentliste der Funktion benutzen oder ihn mit *Namen anwenden* auf die Argumente übertragen.

In den folgenden Abschnitten werden wir Ihnen die wichtigsten Funktionen aus einzelnen Bereichen aufzeigen und an Beispielen erläutern. Ausgenommen wurden die Bereiche Datenbankfunktionen sowie Matrixfunktionen, die in den Kapiteln »Datenbank« bzw. »Excel für Fortgeschrittene« besprochen werden.

Wir möchten Sie bereits an dieser Stelle auf eine Fehlermeldung von Excel hinweisen. Sie wird auf Ihrem Bildschirm angezeigt, wenn Sie sich in der Argumentenliste vertippt haben sollten und fehlerhafte Argumente übergeben haben oder wenn Sie z.B. anstelle des trennenden Semikolons ein Komma benutzt haben.

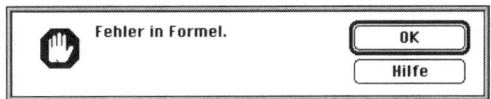

Bild 5.5: Fehlermeldung bei falscher Formeleingabe

Klicken Sie »OK« an, dadurch wird der Eingabecursor in der Bearbeitungszeile aktiviert, und überprüfen Sie die Argumente noch einmal. Der Cursor wird an die Stelle positioniert an der Excel den Fehler vermutet. Durch Betätigen der Hilfe-Taste erhalten Sie die kontextsensitive Hilfe von Excel zu dieser Fehlermeldung, die sich allerdings in einer allgemeinen Aufzählung möglicher Fehlerarten erschöpft.

Mathematische Funktionen

Eine mathematische Funktion kennen Sie bereits: die Summenfunktion. Rufen Sie sie mit eingefügten Argumenten auf, erscheint in der Bearbeitungszeile der folgende Ausdruck:

SUMME(Zahl1;Zahl2;...)

Die Argumente »Zahl1« und »Zahl2« stehen als Platzhalter für verschiedene Adressen oder Zahlen.

Nehmen wir einmal an, der mittelschwedische Touristenverband von Darlana erwägt, für drei seiner Gemeinden zusätzliche Touristenattraktionen zu bieten, und hat sich daher überlegt, neue Kanus zur Vermietung anzuschaffen. Dazu möchte er sich allerdings zunächst einen Überblick über die Einnahmen in der Vermietung der letzten Jahre verschaffen.

Zunächst berechnet er dazu die Summen der Einnahmen der Kanuvermietung pro Jahr über die drei Standorte.

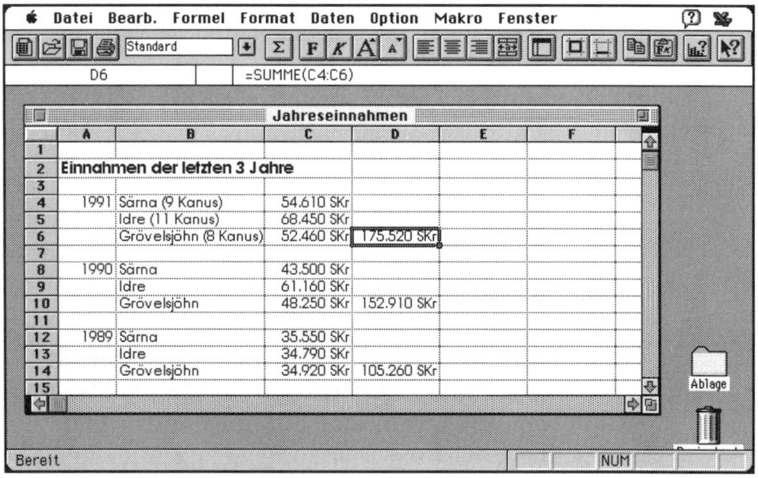

Bild 5.6: Jahreseinnahmen berechnet mit der Summen-Funktion

So kann eine Summe wie in Bild 5.6

    =SUMME(C4:C6)

lauten, d.h. mit dem Verweis auf den Bereich C4 bis C6. Möchten Sie die Summe über die gesamte Spalte C berechnen, geben Sie einfach

=SUMME(C:C)

an. Entsprechend können Sie natürlich auch eine Summe über eine Zeile mit »=SUMME(2:2)« ermitteln. Sollten Sie versehentlich den Aufruf der Summenfunktion genau in den zu summierenden Bereich, also beispielsweise in Zeile 2 eingefügt haben, erscheint die folgende Fehlermeldung.

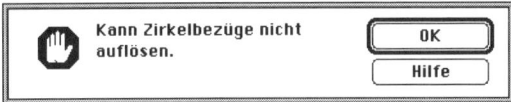

Bild 5.7: Fehlermeldung für Zirkelbezüge

Überprüfen Sie dann den Bereich noch einmal und ändern Sie ihn so ab, daß die Summenfunktion selbst nicht darin steht. Für die Summenfunktion lassen sich bis zu 14 Argumente durch Semikolon getrennt einfügen.

Die folgenden Funktionen sind ebenfalls einfach zu handhaben und in der Regel sagt ihr Name bereits genügend über die jeweilige Funktion und ihre Wirkungsweise aus.

PRODUKT(Zahl1;Zahl2;..)

Diese Funktion gibt das Produkt der in den Klammern aufgeführten Argumente an. Auch hierbei können bis zu 14 Argumente in der Funktion vorkommen, wobei Zahlen wie Adressen darin auftauchen dürfen. Steht beispielsweise in Zelle A1 »2«, in Zelle A2 »5« so ergibt die Funktion

=PRODUKT(A1:A2;10;3)

den Wert »300«, denn 2*5*10*3=300.

KÜRZEN(Zahl;Anzahl_Stellen) / RUNDEN(Zahl;Anzahl_Stellen)

Arbeitet man mit Währungsbeträgen, ist es oft nötig, daß mit gerundeten Zahlen weiterkalkuliert wird. Dafür gibt es in Excel zwei Funktionen: KÜRZEN() und RUNDEN(). Im folgenden Bild werden die Unterschiede beider Funktionen deutlich. Während in Spalte C die Funktion KÜRZEN() verwendet wurde, ist in Spalte D die Funktion RUNDEN() eingetragen worden. Wie man im Bild sehen kann, wurde in Spalte D gerundet, wie man es gewöhnt ist, in Spalte C wurde jedoch immer abgerundet.

	A	B Standard	C KÜRZEN()	D RUNDEN()
1		Standard	KÜRZEN()	RUNDEN()
2	1991	4,493	4,49	4,49
3	1990	2,505	2,50	2,51
4	1989	1,497	1,49	1,50
5	1988	3,505	3,50	3,51
6	Summe	12	11,98	12,01
7				

Bild 5.8 Unterschiede zwischen KÜRZEN() und RUNDEN()

WURZEL(Zahl)

Hiermit können Sie die Quadratwurzel von Zahlen berechnen. Die Wurzel aus der Zahl fünf wird in Excel als »WURZEL(5)« dargestellt. Sollten Sie versehentlich eine negative Zahl als Argument benutzen, so erhalten Sie als Fehlermeldung

    #ZAHL!.

FAKULTÄT(Zahl)

Die Fakultät einer Zahl bedeutet nichts anderes als das Produkt aller Zahlen von 1 bis zu dieser Zahl. Die Funktion FAKULTÄT(7) berechnet für Sie das Produkt aus 1*2*3*4*5*6*7 und gibt so die Zahl »5040« aus.

VORZEICHEN(Zahl)

Die Funktion liefert als Ergebnis die Zahl Eins, multipliziert mit dem Vorzeichen der untersuchten Funktion. So erhalten Sie für

    =VORZEICHEN(8)

»1« als Ergebnis, für

    =VORZEICHEN (-8)

wird »-1« ausgegeben. Ist das Argument der Funktion VORZEICHEN() gleich Null, so wird als Ergebnis auch Null ausgegeben.

ABS(Zahl)

Brauchen Sie für eine Rechnung nur den Absolutwert einer Zahl, nicht aber ihr Vorzeichen, benutzen Sie ABS(). Mit dieser Funktion werden negative Zahlen in positive umgewandelt, positive Zahlen bleiben positiv.

GANZZAHL(Zahl)

GANZZAHL() rundet eine Zahl immer ab. Damit wird zwar wie bei KÜRZEN() aus

    =GANZZAHL(2,5)

auch »2«, aber bei negativen Zahlen, wie

    =GANZZAHL(-8,6)

erhält man als Ergebnis »-9«.

REST(Zahl;Divisor)

Teilen Sie eine Zahl durch einen Divisor und die Zahl ist kein ganzzahliges Vielfaches des Divisors bleibt, bei dieser Rechnung ein Rest. So wird für

    =REST(12;5)

»2« berechnet.

Trigonometrische Funktionen

Zur Berechnung von trigonometrischen Funktionen wird oft die Zahl p benutzt. Diese Zahl finden Sie auch als Funktion in Excel.

PI()

Die Klammern hinter »PI« geben Excel an, daß es sich um eine Funktion handelt, nicht um einen Namen. Für diese Funktion erhalten Sie den Wert 3,14159...

SIN(Winkel)

Geben Sie den Winkel im Bogenmaß mit Hilfe der PI()-Funktion an, z.B.

    =SIN(PI()/2).

Sollten Sie nur Winkelangaben in Grad benötigen, multiplizieren
Sie diese mit »PI()/180«, wie Ihnen das folgende Beispiel mit einer
Winkelangabe von 90° demonstriert

   =SIN(90*PI()/180).

Sie erhalten hier ebenso wie oben für die entsprechende Rechnung
im Bogenmaß als Ergebnis die Zahl »1«.

COS(Winkel)

Berechnet entsprechend den Cosinus eines im Bogenmaß angegebenen Winkels.

TAN(Winkel)

Für den Tangens verfahren Sie ebenso wie es für den Sinus vorgeführt wurde.

Außerdem stellt Excel die Umkehrfunktionen der Sinus-, Cosinus-
und Tangensfunktionen, die Arcus-Funktionen, als ARCSIN(Zahl),
ARCCOS(Zahl) und ARCTAN(Zahl) zur Verfügung. Geben Sie
eine Zahl als Argument an und Sie erhalten einen Winkel im
Bogenmaß.

Daneben finden Sie ebenso Hyperbolikus-Funktionen SIN-
HYP(Zahl), COSHYP(Zahl) und TANHYP(Zahl) sowie deren
Umkehrfunktionen ARCSINHYP(Zahl), ARCCOSHYP(Zahl) und
ARCTANHYP(Zahl).

Logarithmus-Funktionen

Sie haben in Excel die Möglichkeit verschiedene Logarithmus-
Funktionen sowie ihre Umkehrfunktionen zu berechnen.

LN(Zahl)

Der sogenannte natürliche Logarithmus wird zur Basis e=2,71878...
berechnet. Das Argument des natürlichen Logarithmus muß eine
positive Zahl größer Null sein, da der Logarithmus für negative
Zahlen nicht definiert ist (außer für komplexe Zahlen mit denen
Excel aber nicht rechnen kann) und für Null »-∞« ist. Sollten Sie es
versuchen, erhalten Sie die Fehlermeldung »#ZAHL!«.

EXP(Zahl)

Die Exponentialfunktion ist die Umkehrfunktion des natürlichen Logarithmus. Damit ist auch klar, daß

=EXP(LN(5))

»5« ergibt, weil sich die beiden Funktionen EXP() und LN() ineinander verschachtelt aufheben.

LOG10(Zahl)

Der sogenannte Zehner-Logarithmus hat als Basis die Zahl 10. Um diese Funktion umzukehren, müssen Sie eine Potenz zur Zahl 10 berechnen.

LOG(Zahl;Basis)

Mit der LOG()-Funktion können Sie die Basis selbst bestimmen. Der oft benutzte Zweierlogarithmus wird dann mit

=LOG(8;2)

berechnet. Dadurch wird der Logarithmus der Zahl acht zur Basis zwei bestimmt was die Zahl »3« zum Ergebnis hat.

Statistische Funktionen

ANZAHL(Wert1;Wert2;..)

Mit der Funktion ANZAHL() werden Zahlen, Datumsangaben, Nullen oder Wahrheitswerte gezählt, die entweder in der Argumentliste stehen oder die sich in den aufgeführten Zellen befinden. Im Unterschied zur SUMME-Funktion sind hier auch Argumente erlaubt, wenn sie keine Zahlen sind, wie beispielsweise Texte. Z.B. ist hier

=ANZAHL(12;"hhh";3)

möglich und ergibt 2, da sich zwei Zahlen unter den Argumenten befinden.

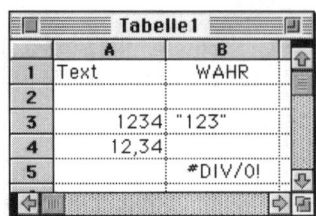

Bild 5.9: Tabelle mit Einträgen

Für die Tabelle in Bild 5.9 ergeben sich die folgenden Werte:

=ANZAHL(A3;A4) ergibt 2,

=ANZAHL(A1:B5) ergibt 2,

=ANZAHL(1;A1:B5) ergibt 3,

=ANZAHL(A1:B5;;1) ergibt 4, auch ein Leerargument zählt mit!

=ANZAHL(WAHR;;1) ergibt 3, als Argument ist »WAHR« hier ein Wahrheitswert und nicht wie in der Tabelle Text.

=ANZAHL(A1:B5;"1") ergibt 3, da auch Zahlen in Textform mitgezählt werden.

ANZAHL2(Wert1;Wert2;..)

In diesem Fall wird die Anzahl der nicht leeren Zellen im angegebenen Feld angezeigt, unabhängig davon, ob darin Zahlen, Text oder etwas anderes steht. Werden als Argumente Leerfelder übergeben, wie

   =ANZAHL2(;;),

so wird auch in diesem Fall mit drei Leerargumenten entsprechend »3« angezeigt. Für die oben dargestellte Tabelle ergeben sich die folgenden Werte:

=ANZAHL2(A1:B5) ergibt 6,

=ANZAHL2(A1:B5;"") ergibt 7,

=ANZAHL2(WAHR;1;"2") ergibt 3.

MITTELWERT(Zahl1;Zahl2;..)

Damit wird der Mittelwert der angegebenen Argumente angezeigt. Sie können als Argumente hier nur Zahlen oder Adressen, die auf Zellen oder Rechenergebnisse verweisen, benutzen. Allerdings besteht auch in diesem Fall die Möglichkeit, Adressen und Zahlen in der Argumentliste zu mischen, wie im folgenden Beispiel:

    =MITTELWERT(C1:C4;20)

Dabei werden die Zahlen in den Feldern C1 bis C4 summiert und dazu 20 addiert, bevor diese Summe dann durch fünf geteilt wird, um den gemeinsamen Mittelwert zu berechnen. Ist eines der Felder der Argumentliste leer, so wird es mit dem Wert Null in die Rechnung aufgenommen.

MAX(Zahl1;Zahl2;..)

Suchen Sie den größten Wert eines Bereiches, so benutzen Sie die Funktion MAX(). In der Argumentliste geben Sie bitte nur Adressen oder Zahlen an. Berechnen Sie das Maximum über Felder, unter denen sich eine Leerzelle oder ein Feld mit Text befindet, so wird es von der MAX()-Funktion ignoriert.

MIN(Zahl1;Zahl2;..)

Damit finden Sie die kleinste aller in den Argumenten enthaltene Zahl.

RANG(Zahl;Bezug;Reihenfolge)

Soll nicht nur die größte bzw. kleinste Einnahme gefunden werden, sondern die Rangfolge der Einnahmen festgestellt werden, können Sie die Funktion RANG() benutzen. In unserem Beispiel haben wir vier 100 Meter Sprinter gegeneinander antreten lassen und ermitteln die Reihenfolge anhand ihrer Zeiten und der Rangfunktion. In Zelle B4 steht die Funktion

    =RANG(B3;$B$3:$E$3;1) .

Das Argument »Zahl« wurde durch »B3« ersetzt, die Zelle, deren Rang im Bezug »$B$3:$E$3« bestimmt werden soll. Geben Sie für das Argument »Reihenfolge« eine Null oder gar nichts an, so bestimmt Excel den Rang in einer Liste, in der alle Einnahmen in absteigender Reihenfolge angeordnet sind. Geben Sie für Reihenfolge eine Zahl ungleich Null ein, so wird damit die Reihenfolge aufsteigend angegeben. Wir haben die aufsteigende Rangordnung gewählt, weil schnellere Zeiten schließlich eine bessere Plazierung bewirken sollen. Wenn Sie die obige Formel in den Bereich »C4:E4« übertragen, so erhalten Sie die folgende Tabelle auf dem Schirm.

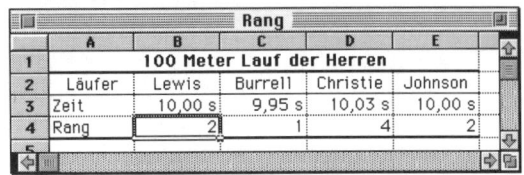

Bild 5.10: Vergebene Ränge

VARIANZ(Zahl1;Zahl2;..)

Hierbei wird die Varianz einer Stichprobe aus n Werten berechnet. Kann man davon ausgehen, daß diese n Werte nur ein Teil der Grundgesamtheit sind, so benutzt man die Funktion VARIANZ() und schätzt damit die Varianz der Gesamtheit.

VARIANZEN(Zahl1;Zahl2;..)

Sind die n Werte der Stichprobe bereits die Gesamtheit aller zur Verfügung stehenden Werte, so benutzt man VARIANZEN().

STABW(Zahl1;Zahl2;..)

Mit dieser Funktion wird die Standardabweichung einer Stichprobe vom Mittelwert berechnet. Die Standardabweichung berechnet sich als Wurzel der Varianz. Auch zur Berechnung der Standardabweichung wird unterschieden, ob nur eine Stichprobe oder die Grundgesamtheit vorliegt.

STABWN(Zahl1;Zahl2;..)

Liegen alle Daten für die Grundgesamtheit vor, so wird zur Berechnung der Standardabweichung die Funktion STABWN() benutzt.

ZUFALLSZAHL()

Mit dieser Funktion können Sie Zufallszahlen berechnen, die zwischen Null und Eins liegen.

Datums- und Zeitfunktionen

Bereits im vorangegangenen Kapitel haben wir uns mit der Zeitrechnung von Excel beschäftigt. Sie wissen daher schon, daß das Datum als Zahl dargestellt wird, die ab dem 1.1.1904 berechnet wird. Dazu wird für jeden Tag die »Zeitzahl« um den Wert Eins erhöht. Diese fortlaufenden Zahlen zur Zeitberechnung werden innerhalb von Excel als serielle Zahlen bezeichnet. Es gibt Funktionen, die ein Datum in eine serielle Zahl umrechnen und umgekehrt. Die Zeitrechnung funktioniert ebenso. Allerdings werden für die Berechnung der Zeit Werte kleiner als Eins benutzt.

JETZT()

Mit dieser Funktion erhalten Sie eine serielle Zahl, die das Datum und die Uhrzeit des Systems widerspiegelt. So erhalten Sie dabei z.B. »32201,0625«. Geben Sie der Zelle eine andere Zahlenformatierung z.B. »T.M.JJ h:mm«, so verstehen Sie das Datum und stellen fest, daß diese serielle Zahl »29.2.92 1:30« bedeutet.

DATUM(Jahr;Monat;Tag)

Sie können mit dieser Funktion aus einem Datum die entsprechende serielle Zahl berechnen. Geben Sie z.B.

    =DATUM(91;12;6),

ein, so erhalten Sie als serielle Zahl »32116«. Mit Hilfe dieser Funktion können Sie auch sehr einfach die Anzahl der Tage berechnen, die zwischen zwei Datumsangaben liegen. Setzen Sie dazu

    =DATUM(92;12;6)-DATUM(91;12;6)

an und Excel errechnet 366 Tage Abstand zwischen Nikolaus 1992 und Nikolaus 1991; Excel erkennt also Schaltjahre.

DATWERT(Datumstext)

Es ist auch möglich, aus Texten mit Datierungen serielle Zahlen zu generieren. So kann die serielle Zahl des Datums auch mit

    =DATWERT("1. Jan.1991")

oder

    =DATWERT("1-1-91")

errechnet werden. Neben dem ».« ist auch »-« bzw. »/« erlaubt, um den Tag vom Monat bzw. Jahr abzutrennen. Wenn in einer Zelle ein Datumstext enthalten ist, kann auch die Adresse einer solchen Zelle zum Berechnen der DATWERT()-Funktion verwendet werden.

HEUTE()

Mit dieser Funktion wird die serielle Zahl des aktuellen Datums angegeben. Der Rückgabewert ist identisch zu dem ganzzahligen Anteil der Funktion JETZT().

JAHR(Serielle_Zahl) / MONAT(Serielle_Zahl) / TAG(Serielle_Zahl)

Aus einer seriellen Zahl können Sie mit diesen Funktionen umgekehrt das Jahr, den Monat oder den Tag berechnen.

WOCHENTAG(Serielle_Zahl)

Möchten Sie wissen, welcher Wochentag ein bestimmtes Datum war oder sein wird, benutzen Sie die WOCHENTAG()-Funktion. Da die Wochentag-Funktion als Argument eine serielle Zahl erwartet, verschachteln Sie die beiden Funktionen WOCHENTAG() und DATUM(), wie das folgende Beispiel zeigt.

        =WOCHENTAG(DATUM(62;5;11)).

Als Ergebnis erhalten Sie »6«. Die Excel-Wochentagrechnung beginnt mit »1« für Sonntag. Damit bedeutet »6« Freitag. Aber auch hier können Sie sich helfen. Fügen Sie in FORMAT Zahlenformat ein neues Format mit »TTTT« ein. Damit sollte eigentlich in Ihrer Zelle »Freitag« ausgegeben werden, wenn sich da nicht eine kleine Inkompatibilität zwischen den verschiedenen Versionen von Excel eingeschlichen hätte. Diese Inkompatibilität rührt aus der unterschiedlichen Handhabung der Datumsformate für Macintosh- und Windows-Computer. Während der Macintosh seine Zeitrechnung mit dem 1.1.1904 (entspricht »0«) beginnt ist »1« für Windows gleichbedeutend mit dem 1.1.1900. Deshalb interpretiert der Mac »1« als 2.1.1904 (Samstag), während Windows daraus den 1.1.1900 macht (Sonntag). Die beiden Datumsformate differieren also um einen Wochentag. Jetzt ist auch klar, warum in dem obigen Beispiel nicht »Freitag« ausgegeben wird sondern »Donnerstag«.

Sie können sich aber Abhilfe schaffen wenn Sie in OPTION den Befehl Berechnen anwählen und dort das Kreuz vor dem Optionsfeld »1904 Datumswerte« ausklicken. Excel rechnet dann die Daten im Windows-Format weiter.

Bild 5.11: OPTION Berechnen - 1904 Datumswerte

ZEIT(Stunde;Minute;Sekunde)

Wandeln Sie eine vorgegebene Zeit mit ZEIT() in eine serielle Zahl um. Aus

    =ZEIT(12;00;00)

wird, wie wir schon im vorangegangenen Kapitel festgestellt haben, »0,5«.

ZEITWERT(Zeittext)

Hier können Sie aus einem Text, der die Zeit angibt, eine serielle Zahl berechnen.

STUNDE(Serielle_Zahl) / MINUTE(Serielle_Zahl) / SEKUNDE(Serielle_Zahl)

Aus einer seriellen Zahl können Sie mit der entsprechenden Funktion die Stunde, Minute bzw. Sekunde errechnen, die diese angibt.

Logische Funktionen

WENN(Wahrheitsprüfung;Dann_Wert;Sonst_Wert)

In dieser Funktion wird im Argument in dem Teil der mit »Wahrheitsprüfung« bezeichnet wird, eine Bedingung erstellt. Ist sie erfüllt, tritt der mittlere Teil, der »Dann_Wert«, in Kraft, ist sie nicht erfüllt, wird der »Sonst_Wert« ausgeführt. Die folgende Gleichung

    =WENN(A1=7;"Sieben";0).

liefert den Text »Sieben« zurück wenn die Zelle A1 den numerischen Wert »7« besitzt. Im anderen Falle wird der numerische Wert
»0« zurückgegeben.

Bis zu sieben WENN()-Funktionen lassen sich ineinanderschachteln.

UND(Wahrheitswert1;Wahrheitswert2;..)

Sind alle als Argument »Wahrheitswert« angegebenen Bedingungen erfüllt, so wird der Wert »WAHR« zurückgegeben. So liefert

    =UND(1<2;2<1)

den logischen Wert »FALSCH« zurück, denn eins kann nicht
zugleich größer und kleiner als zweisein.

ODER(Wahrheitswert1;Wahrheitswert2;..)

Ist mindestens ein Argument wahr, wird als Ergebnis der Wert
WAHR zurückgegeben, sonst liefert diese Funktion FALSCH. Der
Funktionsaufruf

    =ODER(1<2;2<1)

hat also »WAHR« als Resultat, weil der erste Wahrheitswert wahr
ist (1<2).

Finanzmathematische Funktionen

Mit Hilfe dieser Funktionen lassen sich für Investitions- oder
Kreditaufnahmeentscheidungen alle notwendigen Parameter problemlos variieren und berechnen.

Da bei allen Zinsfunktionen immer die selben Begriffe auftauchen,
möchten wir Ihnen diese einmal im Zusammenhang vorstellen.

Zins ist der Zinssatz pro Zeitspanne. Für einen Jahreszins von 10%
bedeutet das bei monatlicher Zahlung üblicherweise einen Zinssatz
von 10% / 12 pro Monat, wobei bei dieser Berechnung allerdings die
Zinseszinseffekte unterschlagen werden. Neuere Gerichtsurteile
zwingen deshalb die Banken, den effektiven Jahreszins in den
Kreditvertrag einzusetzen. In unserem Beispiel wäre die Berechnung der monatlichen Zinsen mit

$$\sqrt[12]{110\% - 100\%}$$

richtig angegeben. Die monatlichen Zinsen sind in diesem Beispiel
um 0,036% geringer als in der obigen, von den Banken favorisierten

Berechnungsmethode. Aufgrund der einfacheren Berechnung und der geringen Differenz der Verzinsung werden wir trotz der obigen Einwände die erste Bestimmung der Zinsrate anwenden.

Mit »Zzr« wird der Zahlungszeitraum festgelegt, d.h. die Anzahl der Zahlungen in Abhängigkeit von der gewählten Zeitspanne. Wird z.B. ein Kredit auf 4 Jahre zurückgezahlt und geschieht dies monatlich, so ist für »Zzr« der Wert 48 einzusetzen, bei halbjährlicher Rückzahlung 8, bei jährlicher Zahlung 4. Für diese Zeitspanne wird die zugehörige Zinsrate angegeben.

Die Höhe der Rate wird mit dem Argument »Rmz« (regelmäßige Zahlung) bestimmt.

Der Barwert (»Bw«) gibt an wieviel eine über einen bestimmten Zahlungszeitraum geleistete regelmäßige Zahlung aktuell wert ist.

»Zw« ist der zukünftige Wert, auch mit Ertragswert bezeichnet, den Sie nach der letzten Zahlung erreichen wollen. Ist für »Zw« nichts angegeben, so wird »0« angenommen.

Mit dem Parameter »F« können Sie wählen, ob die Zahlung am Anfang der Periode (vorschüssig) oder am Ende (nachschüssig) geleistet werden soll. Im ersten Fall ist »F« Eins, sonst Null. Wird hier kein Wert angegeben, wird automatisch Null eingesetzt.

Für alle Zahlungen gilt, daß alle Zahlungen, die von Ihnen geleistet werden mit einem negativen Vorzeichen versehen werden, während Zahlungseingänge ein positives Vorzeichen erhalten.

BW(Zins;Zzr;Rmz;Zw;F)

Mit dieser Funktion können Sie den Barwert einer Zahlungsreihe bestimmen. Der Barwert, der auch mit aktueller Wert bezeichnet wird, ist eine Möglichkeit zur Standardisierung von zukünftigen Einnahmen bzw. Ausgaben, wobei der Zeitwert des Geldes berücksichtigt wird.

Angenommen, Sie möchten einen Kredit aufnehmen den Sie über fünf Jahre mit einer jährlichen Rate von 1000 DM zurückzahlen möchten. Sie interessiert nun wieviel Kredit Sie bei einem Marktzins von 10% erhalten werden. Mit der BW()-Funktion können Sie mit

    =BW(10%;5;-1000;0;0)

die Kredithöhe berechnen; sie beträgt 3790,79 DM. Diese Zahl ist positiv, denn sie beschreibt den Wert, den Sie anfänglich als Kreditsumme erhalten. Das Vorzeichen von »Rmz« hingegen ist negativ, weil Sie regelmäßig 1000 DM an die Bank zu zahlen haben.

ZW(Zins;Zzr;Rmz;Bw;F)

Auf der Basis von »Zzr« regelmäßigen, konstanten Zahlungen der Rate »Rmz« mit dem Jahreszinssatz »Zins« erhalten Sie mit ZW() den Zukunftswert oder Endwert einer Investition.

Nehmen wir an, Sie möchten gerne wissen, wieviel Geld Sie in zwei Jahren hätten, wenn Sie am Anfang jeden Monats 200 DM zurücklegen würden und einmalig am Beginn der Zahlung 1000 DM auf Ihr Sparkonto einzahlen. Bei einem Jahreszins von 5% lautet die Formel

=ZW(5%/12;24;-200;-1000;1),

das ergibt 6163,11 DM

RMZ(Zins;Zzr;Bw;Zw;F)

Die Funktion RMZ() liefert als Ergebnis den Betrag der regelmäßigen Zahlung für eine Investition bzw. einen Kredit an Zinsen und Tilgung, die Annuität.

Mit »Zins« ist wiederum der jährliche Zinssatz, mit »Zzr« die Gesamtzahl der Zahlungen bezeichnet. »Bw«, der Barwert, steht z.B. für die angestrebte Kreditsumme. Bei »Zw« wird der zukünfige Wert eingegeben, der nach der letzten Zahlung erreicht sein soll. »F« steht wiederum für Beginn oder Ende der Zahlungsperiode.

Angenommen, Sie möchten einen Kredit über 100.000 DM aufnehmen bei einem Marktzins von 8% pro Jahr. Da Sie fallende Zinsen am Kapitalmarkt erwarten, schließen Sie den Kreditvertrag über fünf Jahre mit einer dann noch zu begleichenden Restschuld von 50.000 DM. Unter diesen Bedingungen können Sie mit

=RMZ(8%/12;60;100000;-50000;0)

eine monatliche Rate von -1347,15 DM ermitteln.

ZINS(Zzr;Rmz;Bw;Zw;F;Schätzwert)

Ermittelt die Verzinsung einer Zahlungsreihe pro Zahlungszeitraum. »Zzr« gibt wie immer die Anzahl der Zahlungszeiträume an, »Rmz« die Höhe der regelmäßigen Zahlungen, »Bw« ist der am Beginn der Zahlungsreihe eingezahlte Betrag und »Zw« der erzielte Wert am Ende der Zahlungsreihe. Da die Bestimmung des Zinses im allgemeinen nur auf iterativem Wege erfolgen kann benötigt die Zinsfunktion einen möglichst guten ersten Schätzwert. Wird dieser nicht angegeben so setzt Excel hierfür 10% an.

Sie schließen beispielsweise einen Sparvertrag zu den folgenden Konditionen ab: einmalige Zahlung von 5.000 DM und monatliche Zahlung von 100 DM über einen Zeitraum von 96 Monaten. Am Ende Ihrer Zahlungen erhalten Sie von Ihrer Bank 25.000 DM. Daraus ergibt sich eine Verzinsung von

=Zins(96;-100;-5000;25000;0;10%)

0,79% pro Monat oder 9,53% pro Jahr.

ZINSZ(Zins;Zr;Zzr;Bw;Zw;F)

Bei regelmäßigen, gleichbleibenden Zahlungen im festzulegenden Zahlungszeitraum »Zzr« und einem konstanten Zinssatz »Zins« können mit der Funktion ZINSZ() die anfallenden Zinszahlungen für jede beliebig zu wählende Zeitspanne »Zr« berechnet werden, die zwischen »1« und »Zzr« liegen muß. Vorgegeben werden muß der Barwert »Bw« oder der Ertragswert »Zw« sowie der Zeitpunkt der Zahlungen »F«.

Sie nehmen einen Kredit über 5000 DM auf, der in 5 Jahren zurückgezahlt wird, bei jährlicher nachschüssiger Ratenzahlung und einem jährlichen Nominalzins von 10%. Mit ZINSZ() können Sie berechnen, wie hoch die Zinsen zu verschiedenen Zeitpunkten der Rückzahlung sind. Nach einem Jahr betragen die Zinszahlungen

=ZINSZ(10%;1;5;5000),

also 500 DM, für den letzten Zahlungszeitrum müssen nur noch

=ZINSZ(10%;5;5;5000),

also 119,91 DM bezahlt werden.

ZZR(Zins;Rmz;Bw;Zw;F)

Mit der Funktion Zahlungszeitraum ZZR() können Sie die Anzahl der Zahlungen bestimmen, die Sie benötigen, um mit einer bestimmten Rate »RMZ« bei einem festen Zinssatz »Zins« den Barwert oder Endwert einer Investition bzw. eines Kredits zu erreichen.

Ist ein Ertragswert von 5000 DM vorgegeben, bei einem Jahreszins von 10% und einer Rate von 1000 DM pro Jahr, so benötigen Sie zur Abzahlung

=ZZR(10%;-1000;;5000),

d.h. 4,25 Zahlungen.

LIA(Kosten;Rest;Dauer)

Liefert als Ergebnis die Höhe des Abschreibungsbetrags bei linearer Abschreibung für ein Anlageobjekt.

Mit »Kosten« wird der Anschaffungspreis des Objektes angegeben. Bei »Rest« kann ein Restwert des Objektes nach Ende der Abschreibung eingetragen werden. »Dauer« bezieht sich auf die Anzahl der Zeiträume, über die das Objekt abgeschrieben wird.

Für einen Computer, den Sie über vier Jahre abschreiben, dessen Restwert dann 0 DM betragen soll und den Sie für 6000 DM gekauft haben, beträgt der jährliche Abschreibungsbetrag

   =LIA(6000;0;4),

also 1500 DM.

DIA(Kosten;Rest;Dauer;Zr)

DIA() berechnet den Betrag bei digitaler Abschreibung zum Zeitpunkt »Zr« für ein Anlagegut, für das »Kosten« bezahlt wurde. Bei der digitalen Bschreibung wird die Abschreibungsrate beschleunigt; das bedeutet, daß am Anfang ein hoher Abschreibungsaufwand entsteht, der immer kleiner wird.

Bei digitaler Abschreibung von 6000 DM Kosten über vier Jahre beträgt dier erste Rate

   =DIA(6000;0;4;1),

d.h. 2400 DM, die zweite beläuft sich auf

   =DIA(6000;0;4;2),

also 1800 DM, die dritte auf 1200 DM und die vierte auf 600 DM.

Beispiele

Wir möchten nun an einigen Beispielen die Funktionen des vorherigen Teils genauer betrachten und den Umgang damit üben.

Mietpreisberechnung

Zum Schreiben seiner Rechnungen plant der Touristenverbund, die Vermietdauer von Excel ausrechnen zu lassen. Dazu sind die Datums- und Zeitfunktionen eine große Hilfe. Zunächst ist es kein Problem, Excel das Datum der Rechnungsschreibung feststellen zu lassen. Dazu gibt es die weiter oben schon besprochenen Zeit- und Datumsfunktionen.

Das Rechnungsarbeitsblatt ist so aufgebaut, daß fertige Rechnungen an den Kunden weitergereicht werden, die Rechnung aber nicht gespeichert wird. Wird sie doch gesichert, so stimmen die errechneten Daten bei einem erneuten Aufruf nicht mehr, denn die Datumsfunktionen würden den aktuellen neuen Wert liefern.

Die einzigen Eintragungen sind in der Zeile 4 zu tätigen. In der sechsten Zeile wird der Rückgabetermin automatisch beim Laden der Tabelle eingetragen. Selbstverständlich werden wir Excel veranlassen, auch die Zeitdifferenz und den Rechnungsbetrag automatisch zu berechnen.

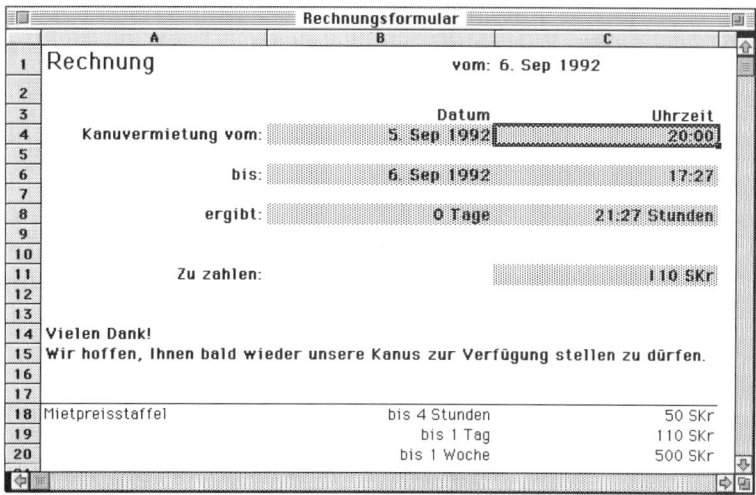

Bild 5.12 Rechnungsformular

Zeitrechnungen

Bereits im vorangegangenen Kapitel haben wir uns mit der Zeitrechnung von Excel beschäftigt. Sie wissen daher schon, daß das Datum als Zahl dargestellt wird, die ab dem 1.1.1904 berechnet wird. Dazu wird für jeden Tag die »Zeitzahl« um den Wert Eins erhöht. Diese fortlaufenden Zahlen zur Zeitberechnung werden innerhalb von Excel als serielle Zahlen bezeichnet. Man kann deshalb die Zeitspanne zwischen zwei Datumswerten einfach durch deren Differenz ausdrücken

Um den Rückgabetag ausrechnen zu lassen verwenden wir in B6 die HEUTE()-Funktion. Sie liefert uns das Datum als ganze Zahl, also als Zahl ohne Nachkommastellen, wie beispielsweise »33789«. Die Zelle wird wie B4 mit dem Datumsformat »T MMM JJJJ« versehen.

Etwas komplizierter wird die Sache beim automatisieren der Rückgabezeit in Zelle C6, da Excel keine UHRZEIT()-Funktion besitzt. Wir können uns aber behelfen indem wir aus der seriellen Zahl, die die Funktion JETZT() liefert, mit

```
=JETZT()-HEUTE()
```

den ganzzahligen Anteil entfernen. Wie die Zelle C4 wird auch diese Zelle mit dem Zahlenformat »hh:mm "Uhr"« versehen.

Nun möchten wir die Zeitdifferenz zwischen Ausleih- und Rückgabedatum bestimmen. Diese Differenz setzt sich aus den Einzeldifferenzen der Verleihtage und Verleihstunden zusammen, sodaß mit

```
=B6-B4+C6-C4
```

die Gesamtverleihdauer bestimmt ist.

Diese Zahl soll aber in unserer Tabelle getrennt nach dem ganzzahligen Anteil (ergibt die Tage) und den Nachkommastellen (ergibt die Stunden und Minuten) ausgegeben werden. Wir wandeln die obige Formel deshalb in der Zelle B8 in

```
=GANZZAHL(B6-B4+C6-C4)
```

um, damit dort die Anzahl der Tage ausgegeben wird. Hätten wir die Nachkommastellen nicht mit Hilfe der GANZZAHL()-Funktion abgeschnitten, so wäre etwa bei einer »0 "Tage"«-Zahlenformatierung z.B. ab 36 Stunden Ausleihdauer in der Anzeige schon auf »2 Tage« aufgerundet worden.

Damit im Formular nicht versehentlich »1 Tage« als Ergebnis erscheint, benutzen wir als Formatanweisung »[=1] 0" Tag";0" Tage"«. Eine solche bedingte Zahlenformatierung wurde ausführlich im vorangegangenen Kapitel besprochen.

In der Zelle C8 tragen wir die oben schon angegebene Formel

```
=B6-B4+C6-C4
```

ein und wählen die Zahlenformatierung »hh:mm "Stunden"«. Damit wird der ganzahlige Anteil der Zeitdifferenz automatisch ausgeblendet. Diese Methode hat den Vorteil, daß uns die

Ausleihdauer als eine Zahl in der Zelle C8 zur weiteren Mietpreis-
berechnung zur Verfügung steht.

Automatische Mietpreise

Wir haben bisher im Rechnungsformular die Mietdauer berechnet,
nun möchten wir gerne Excel anhand der berechneten Dauer
automatisch den Preis einsetzen lassen.

Die Staffelung der Mietpreise ist unten im Formular angegeben.
Danach gibt es drei Möglichkeiten der Vermietung: bis zu 4 Stunden, das kostet dann 50 SKr, bis zu einem Tag, also 24 Stunden mit
einer Miete von 110 Skr (s. Zelle C26). Übersteigt die Mietdauer
einen Tag, ist ein Wochenpreis von 500 SKr (s. Zelle C27) zu zahlen,
für jede angefangene Woche kommen weitere 500 SKr hinzu. Dies
ist sicher nicht die fairste Preisstaffelung, aber für unser Beispiel
kompliziert genug.

Diese Fragestellung erfordert verschachtelte WENN()-Funktionen:
wenn die Verleihdauer (C8) weniger als einen Tag beträgt, dann
muß geprüft werden, ob die Verleihdauer außerdem noch weniger
als vier Stunden beträgt. Wenn diese Frage mit ja zu beantworten
ist, dann muß 50 SKr (C18) angegeben werden, sonst 110 SKr (C19).
Ist die Verleihdauer hingegen größer als ein Tag, so muß die Anzahl
der angefangenen Wochen berechnet und diese mit 500 SKr (C20)
multipliziert werden. Damit ergibt sich für Zelle C11

```
=WENN(C8<1;WENN(C8<ZEIT(4;0;0);C18;C19);
C20*GANZZAHL(1+C8/7)).
```

Für diesen Ausdruck wurde noch die ZEIT()-Funktion verwendet,
um einen Vergleich der seriellen Zeitzahl mit vier Stunden zu
ermöglichen. Die Funktion »ZEIT(4;0;0)« gibt die serielle Zahl von
vier Stunden an.

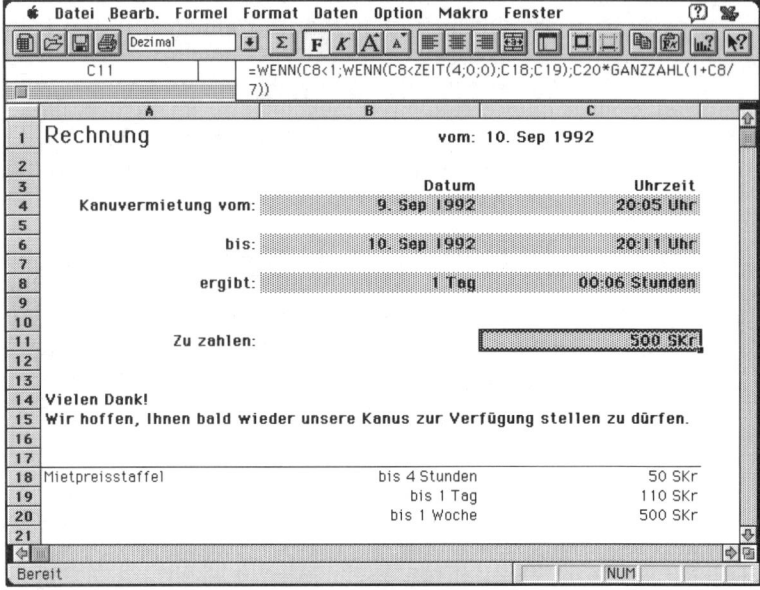

Bild 5.13: Fertiggestelltes Rechnungsformular

Automatisierung der Reisekostenabrechnung

Im folgenden soll die bereits bekannte Reisekostenabrechnung aus
Kapitel 4 überarbeitet werden. Bislang liegt sie als Formular zum
Ausdrucken vor. Vielleicht haben Sie sie auch als Mustervorlage
abgespeichert, so daß sie geladen, ausgefüllt und dann ausgedruckt
werden kann.

In diesem Abschnitt möchten wir die Abrechnung automatisieren.
Dazu gehört im wesentlichen das automatische Berechnen von
Summen. Dann sollen zusätzlich die Tagespauschalen nach
steuerlichen Sätzen kalkuliert werden.

Automatische Summenberechnung

Das Reisekostenformular, das in Bild 5.14 mit Spalten- und Zeilen-
köpfen zur besseren Orientierung zu sehen ist, wurde bereits in
Kapitel 4 vollständig formatiert. Wir möchten nun einige Rechnungen vorbereiten, so daß im Idealfall nur noch einige Angaben per
Hand gemacht werden müssen und der Rest von Excel eigenständig

erledigt wird. Zunächst ist es hierfür sinnvoll, in *OPTION Bild-schirmanzeige* »Nullwerte« zu unterdrücken, sonst schreibt Excel in jede Zelle, in der eine Rechenoperation ausgeführt werden soll, aber noch keine Zahlen eingetragen sind, eine Null.

Es ist ein einfaches, die Stunden der Abwesenheit zu berechnen, nachdem die Uhrzeiten der Abreise und Ankunft eingegeben sind. Formatieren Sie die Zeilen 11,12 und 13 vorab mit dem Format »h:mm«, wenn Sie das standardmäßige Stundenformat von Excel, nämlich »hh:mm«, vermeiden wollen. Alle Uhrzeiten sollen in diesem Format, d.h. mit dem Doppelpunkt, eingetippt werden. Tippen Sie anstelle von »8:00« beispielsweise »8.00« ein, so sieht Excel dies nicht als Uhrzeit an, sondern als Texteingabe und damit kann Excel keine Differenz berechnen. Geben Sie versehentlich nur »8« ein, macht Excel daraus »9.1.1904 0:00:00« und gibt in der Zelle »0:00« an. Auch diese Uhrzeit ist nicht von Ihnen beabsichtigt.

Weiter ist hier zu beachten, daß mit »24:00« und »0:00« dieselbe Uhrzeit beschrieben wird. Excel läßt allerdings nur »0:00« zu. Die Eingabe »24:00« sieht es als Text an. Benutzen Sie deshalb in der Reisekostenabrechnung immer »0:00«. Haben Sie, wie oben vor-geschlagen, die Anzeige der Nullwerte ausgeschaltet, so brauchen Sie ein eigenes Zahlenformat, um 0:00 Uhr anzeigen zu lassen. Benutzen Sie hierfür beispielsweise »[=0] ":00";h:mm«.

Geben Sie zur Berechnung der Zeitdifferenz in Zelle C13

    =C12-C11

ein. Diese Rechnung funktioniert aber nicht bei mehrtägiger Abwe-senheit, wenn in Zeile 12 »0:00« steht. Dann nämlich errechnet Excel eine negative Zeitdifferenz und gibt außer »######« nichts aus. Für eine immer gültige Rechenanweisung muß dieser Problemfall mit einer Wenn-Abfrage abgefangen werden: Wenn der Inhalt von Zelle C12 gleich Null ist, dann soll 24:00 Uhr minus C11 gerechnet werden, sonst bleibt die Formel »C12-C11« erhalten. An dieser Stelle ergibt sich dann auch gleich ein weiteres Problem, daß Excel mit 24:00 Uhr gar nicht rechnen kann. Da muß man sich etwas einfallen lassen, um das Programm auszutricksen. Beispielsweise kann man hier

    =WENN(C12=0;1-C11;C12-C11)

rechnen. Dabei wird die Differenz zu 24:00 Uhr berechnet, was Excel intern wie die Zahl »1«, als einen Tag, behandelt. Mit dieser Formel ergibt sich aber die Schwierigkeit, daß Excel auch die

Stunden der Abwesenheit in der Spalte D zu 24 Stunden berechnet, obwohl.

	A	B	C	D	E	F	G
1	Reisekostenabrechnung						
2					Kostenstelle:	54678	
3	Name:	Lina Maier			Woche:	18/92	
4	Pers.Nr.:	1234					
5			Montag	Dienstag	Mittwoch	Donnerstag	Freitag
6	Reiseziel						
7	Ort		Frankfurt		München	München	München
8	Firma		Networld		Müller	Müller	Müller
9							
10	Datum		27. Apr 92		29. Apr 92	30. Apr 92	1. Mai 92
11	Abwesenheit	von	06:00		07:00	00:00	00:00
12		bis	23:00		00:00	00:00	11:00
13		Stunden	17		17	24	11
14							
15	Tagespauschale						
16		6-8h: 10DM					
17		8-10h: 17DM					
18		10-12h: 24DM					
19		12-24h: 24DM	24 DM				
20	Mehrtägig	Anz. der Tage	1		3	3	3
21		6-8h: 13DM					
22		8-10h: 23DM					
23		10-12h: 36DM					36 DM
24		12-24h: 46DM			46 DM	46 DM	
25	Gesamt in DM		24 DM		46 DM	46 DM	36 DM
26	abzüglich Bewirtung in %					45%	15%
27	Gesamt in DM		24 DM		46 DM	25,30 DM	30,60 DM
28							
29	Fahrtkosten						
30	Auto km zu 52Pf				300km ≈ 156DM		340km ≈ 176,80DM
31	Flug						
32	Bahn		110 DM				
33	Taxi		12 DM				
34	Öffentlicher Verkehr		2 DM				
35	Gesamt in DM		124 DM		156 DM		176,80 DM
36							
37	Übernachtung						
38	DM				150 DM	150 DM	176,80 DM
39	Pauschal						
40							
41	Nebenkosten						
42	Beleg Nr.					1	
43	DM					130 DM	
44							
45	GESAMT in DM		148 DM		352 DM	205,30 DM	207,40 DM
46	%Reisekostenvorschuß				500 DM		
47	Auszahlung		148 DM		-148 DM	205,30 DM	207,40 DM
48							
49							
50		Datum: 4. Mai 92		Gesamtauszahlung	412,70 DM		
51		Unterschrift: Lina Maier					
52							

Bild 5.14: Ausgefülltes Reisekostenformular

Man kann dieses Problem lösen, wenn man eine zusätzliche UND()-Abfrage in die Formel einbaut, derart, daß nur dann die Differenz von 24 Stunden minus C11 berechnet wird, wenn auch die Anzahl der Tage größer als Null ist. Damit lautet die Formel in C13

=WENN(UND(C12=0;C16>0);1-C11;C12-C11).

Damit in der Zeile 13 auch »24:00« ausgegeben wird, wenn Excel einen vollen Tag (also 1) als Differenz berechnet hat verwenden wir die bedingte Zahlenformatierunng (wie im vorigen Kapitel besprochen) »[=0]"0:00";[=1]"24:00";h:mm«.

In Zeile 26 wird angegeben, wieviel Prozent von der Tagespauschale abgezogen werden sollen, weil Sie bereits verpflegt wurden. Entweder Sie formatieren die Zellen in Zeile 26 mit »Prozent«, dann müssen Sie allerdings darauf achten, immer Zahlen kleiner als Eins anzugeben. Oder Sie erstellen sich Ihre eigene Prozentformatierung mit »0 "%"«. Dann kann man 15 eintippen und Excel macht daraus »15%« und nicht »1500%«. Die Summe aus Zeile 25 soll nun um den in Zeile 26 angegebenen Prozentsatz verringert werden. Schreiben Sie in Zeile 27

=C25-C25*C26,

wenn Sie mit der Prozentformatierung von Excel arbeiten oder

=C25-C25*C26/100,

wenn Sie die oben beschriebene Prozentformatierung anwenden.

In der Rubrik »Fahrtkosten« werden Sie DM-Beträge eingeben, bis auf die Zeile 30, Fahrtkosten mit dem Auto. Da wäre es schön, nur die Kilometer anzugeben und Excel den Betrag ausrechnen zu lassen. Das allerdings sollte dann in Zeile 35 folgendermaßen berücksichtigt werden:

=C30*0,52+SUMME(C31:C34)

Die Übernachtungskosten bzw. die Pauschale sowie die Nebenkosten muß der Benutzer des Formulars wieder selbst ausfüllen, allerdings läßt sich die Gesamtsumme in C45 wieder automatisieren, indem alle relevanten Beträge addiert werden:

=C27+C35+C38+C39+C43.

Wurde ein Vorschuß ausgezahlt, kann dies in C47 mit

=C45-C46

berücksichtigt werden. Haben Sie alle Formeln mit »Rechts ausfüllen« auf die anderen Zellen der jeweiligen Zeile übertragen, lautet die Formel für die Gesamtauszahlung

=SUMME(C47:G47).

An dieser Stelle sollten Sie sich überlegen, ob Sie nicht die Zellen mit den Formeln schützen möchten, um versehentliches Überschreiben zu vermeiden. Wie man Zellen schützt, können Sie im Kapitel »Gestalten von Arbeitsblättern« nachlesen.

Automatisierung der Tagespauschale

Wir möchten Ihnen in diesem Abschnitt eine Möglichkeit zur Automatisierung der Tagespauschale vorstellen. Es wäre schön, die Auswertung der Stundendifferenz in Zeile 13 Excel selbst machen zu lassen. D.h. Excel soll die Zuordnung einer bestimmten Anzahl von Stunden zu entsprechenden DM-Beträgen finden.

Bild 5.15 zeigt den Ausschnitt des neuen Formulars, der die Tagespauschalen enthält.

	A	B	C	D	E	F	G
10	Datum		27. Apr 92		29. Apr 92	30. Apr 92	1. Mai 92
11	Abwesenheit	von	6:00		7:00	0:00	0:00
12		bis	23:00		0:00	0:00	11:00
13		Stunden	17:00		17:00	24:00	11:00
14							
15	Tagespauschale						
16		Anz. der Tage	1 Tag		3 Tage	3 Tage	3 Tage
17	Gesamt in DM		24 DM		46 DM	46 DM	36 DM
18	abzüglich Bewirtung in %					45%	15%
19	Gesamt in DM		24 DM		46 DM	25,30 DM	30,60 DM
20							
21	Fahrtkosten						

Bild 5.15: Teil der neuen Reisekostenabrechnung

Dazu wurde zunächst die folgende Tabelle rechts in einen Bereich eingefügt, der nicht ausgedruckt werden soll.

	K	L	M
9	Stunden	Eintägig	Mehrtägig
10	00:00	0 DM	0 DM
11	06:00	10 DM	13 DM
12	08:00	17 DM	23 DM
13	10:00	24 DM	36 DM
14	12:00	24 DM	46 DM

Bild 5.16: Tabelle zur Zuweisung der DM-Beträge

Die Stundeneinteilung ist für eintägige und mehrtägige Abwesenheit gleich; variiert wird nur der dazugehörende DM-Betrag. Weiß man also, ob eine Reise ein- oder mehrtägig war, muß zur errechneten

Stundenanzahl nur der entsprechende DM-Betrag eingesetzt werden. Da in Zeile 16 eingetragen wird, wieviele Tage eine Reise dauerte, erfolgt die Unterscheidung in Ein- oder Mehrtägigkeit prinzipiell mit der folgenden WENN()-Abfrage

    =WENN(C16>1; Mehrtägig; Eintägig).

Um herauszufinden, in welche Zeile die Aufenthaltsdauer einzuordnen ist, müßten weitere verschachtelte WENN()-Abfragen benutzt werden. Alternativ zu dieser sehr umständlichen Methode gibt es in Excel eine Funktione, die das »Nachsehen in Tabellen und Wert einsetzen« übernimmt: die Funktion VERWEIS(). Die allgemeine Form dieser Funktion lautet

VERWEIS(Suchkriterium; Suchvektor; Ergebnisvektor).

Mit »Suchkriterium« wird in unserem Fall die ausgerechnete Stundenanzahl bezeichnet.

Der »Suchvektor« sind die Zahlen, mit denen die Stundenanzahl verglichen wird, also der Vektor von Zahlen, der unter »Stunden bis« in der Tabelle steht. Voraussetzung für die Anwendung dieser Funktion ist, daß die Werte im Suchvektor in aufsteigender Reihenfolge angeordnet sind. Das bedeutet: erst negative Zahlen, Null, dann positive Zahlen, A bis Z und dann die Wahrheitswerte FALSCH und WAHR. Zwischen Groß- und Kleinschreibung wird dabei nicht unterschieden.

Schließlich ist der Vektor unter »Eintägig« bzw. »Mehrtägig« der »Ergebnisvektor«, je nachdem, ob die Zahl der Tage gleich oder größer eins ist.

VERWEIS() sucht im Suchvektor nach Übereinstimmung mit dem Suchkriterium. Kann das Suchkriterium nicht gefunden werden, so wird der größte Wert im Suchvektor verwendet, der kleiner oder gleich dem Suchkriterium ist.

Sie finden diese Funktion in FORMEL Funktion einfügen. Bei Selektion von VERWEIS() wird ein Dialogfeld geöffnet, in dem Sie zwischen verschiedenen Argumenten wählen können. Wählen Sie die im Bild markierten Argumente aus.

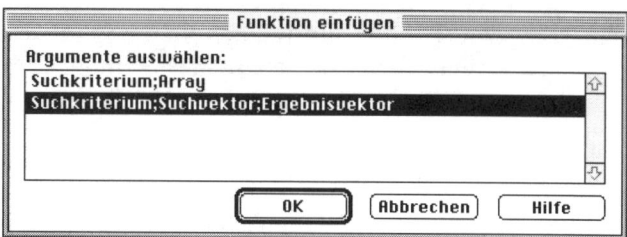

Bild 5.17: Auswahl der Argumente für die VERWEIS()-Funktion

Um die Funktion auch auf die neben Spalte C liegenden kopieren zu können, müssen die in der Funktion verwendeten Bereiche wieder zu absoluten gemacht werden. Legen Sie nun Namen für die jeweiligen Bereiche fest, indem Sie zunächst den Bereich K10 bis K14 mit der Maus markieren und dann *FORMEL Namen festlegen* selektieren. Mit der Schaltfläche »Hinzufügen« übernehmen Sie den vorgeschlagenen Namen »Stunden_bis« in die im linken Teil des Dialogfeldes dargestellte Namensliste der Tabelle. Benennen Sie ebenso die Bereiche »Eintägig« und »Mehrtägig« dann sieht Ihr Dialogfeld aus wie in Bild 5.18.

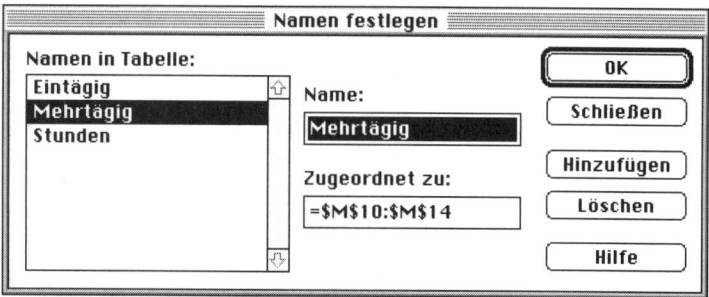

Bild 5.18: Namen für den Bereich »Stunden« festlegen

Damit lautet die Formel in C17:

```
=WENN(C16=1;VERWEIS(C13;Stunden;Eintägig);
VERWEIS(C13; Stunden; Mehrtägig)).
```

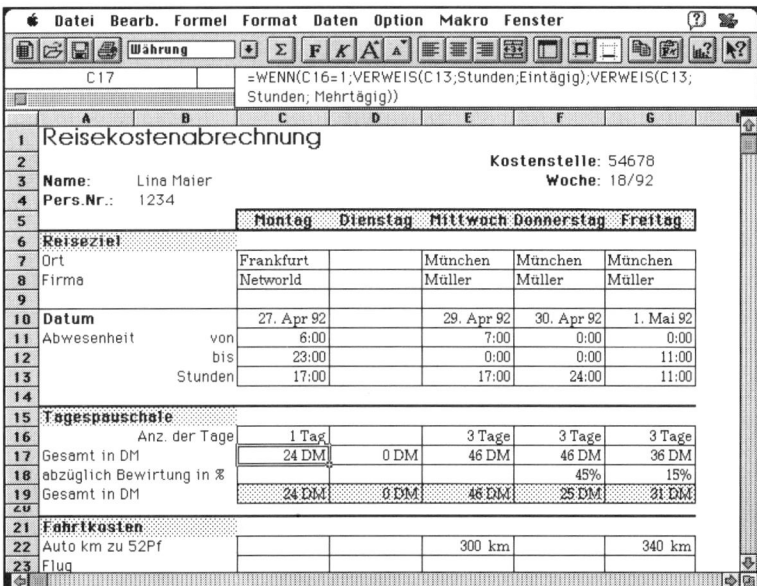

Bild 5:19: Formel zur Zuweisung der Tagespauschale

Kapitel 6
Grafische Darstellung

Die grafische Aufbereitung von Zahlenmaterial trägt wesentlich zu dessen Veranschaulichung bei. Vor allem die Aussage von großen und komplexen Tabellen ist mit Hilfe einer Grafik leichter zu erfassen. Zudem lockern Diagramme bzw. allgemein jede Art von Bildern trockene Texte und Zahlenkolonnen erheblich auf.

Wir möchten Ihnen die Möglichkeiten zur grafischen Aufbereitung, die Excel bietet, anhand eines Beispiels vorstellen. Dazu haben wir Bild 6.1 angefertigt.

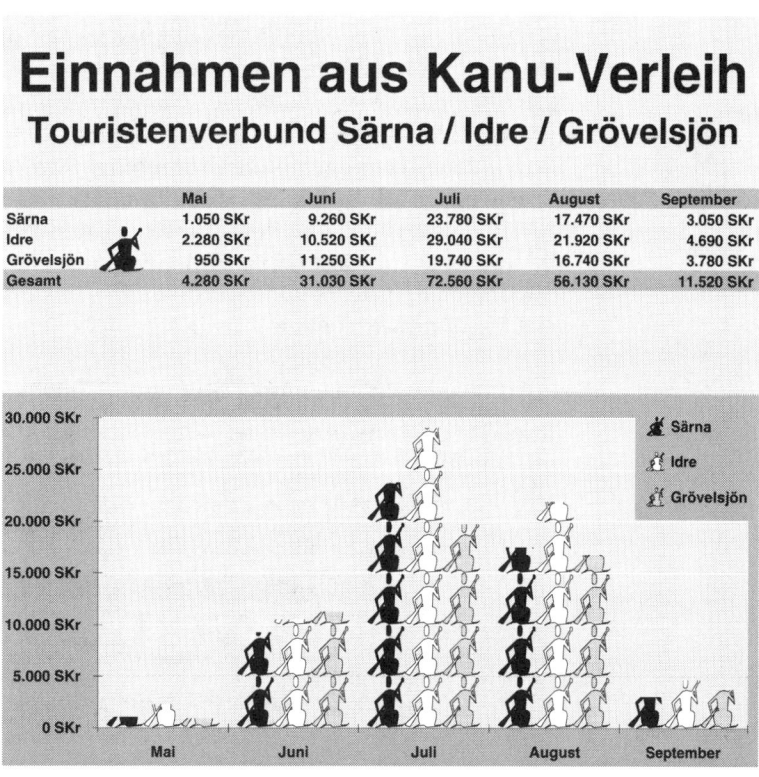

Bild 6.1: Tabelle mit Grafik

Darin sind die Einnahmen eines schwedischen Kanuverleihs für die
Sommermonate 1992 in einer Tabelle zusammengefaßt. Mit Hilfe
der Werte in der Tabelle wurde ein Säulendiagramm erstellt. Wir
wollen in diesem Kapitel in kleinen Schritten nachvollziehen, wie
man ein solches Diagramm definiert und formatiert.

Excel kennt zwei verschiedene Arten, wie die aus Ihren Zahlen
erstellten Diagramme gespeichert werden, »eingebettete« Diagramme und Diagrammblätter. »Eingebettete« Diagramme sind
Grafiken, die auf Ihrem Arbeitsblatt liegen, bei Diagrammblättern
werden neue Dateien für die Grafik erstellt.

Um eine eingebettete Grafik so einfach wie möglich erstellen zu
können, wurde der Diagrammassistent in Excel 4.0 aufgenommen.

Der Diagrammassistent

+

Wir möchten mit der in Bild 6.1 angegebenen Tabelle eine Grafik
erstellen. Dazu markieren wir zunächst die drei Städtenamen, die
Monate und die dazugehörenden Einnahmen. Klicken Sie dann auf
der Symbolleiste die linke Taste der letzten Tastengruppe an, auf
der Sie das links abgebildete Säulendiagramm mit einem Fragezeichen sehen können, so werden Ihre markierten Daten mit einer
Lauflinie umgeben. Aus dem Cursor wird ein kleines schwarzes
Kreuz. Ziehen Sie damit bei gehaltener Maustaste ein Rechteck auf.
Sowie Sie die Taste loslassen, öffnet Excel das erste Dialogfenster
des Diagrammassistenten.

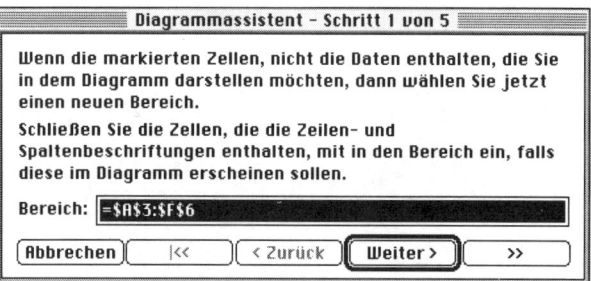

Bild 6.2: Erstes Fenster des Diagrammassistenten

Darin wird zur Kontrolle der markierte Bereich angegeben. Stellen
Sie nun fest, daß Sie nicht die richtigen Daten markiert haben, oder,
daß Ihre Markierung unvollständig ist, so können Sie an dieser

Stelle noch einmal eine Selektion vornehmen. Ist Ihnen dabei das Dialogfenster im Wege, klicken Sie seine Titelzeile an und verschieben Sie es daran.

Mit der Taste »Weiter« wird das nächste Fenster angezeigt. Wählen Sie darin die letzte Taste »>>« an, erhalten Sie ein Diagramm in der Vorzugsform von Excel mit den markierten Daten.

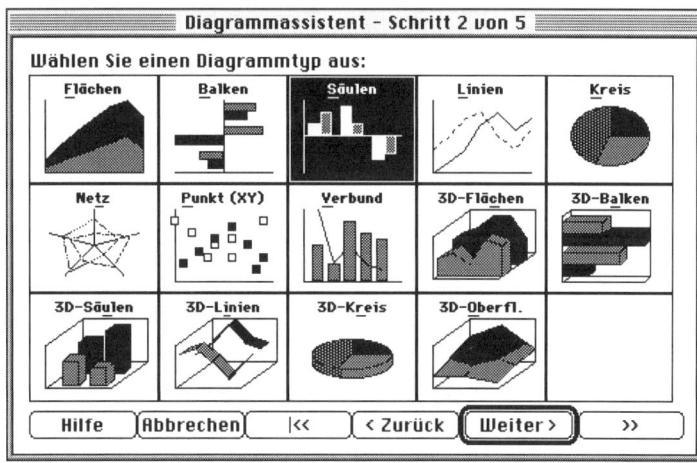

Bild 6.3: Auswahlfenster für Diagrammtyp

Der invers dargestellte Diagrammtyp ist der momentan selektierte. Möchten Sie ein anderes Diagramm zeichnen, so klicken Sie die gewünschte Abbildung im Dialogfenster einfach an. Mit Hilfe der »Weiter«-Taste gelangen Sie zu einer weiteren Auswahl für den selektierten Diagrammtyp.

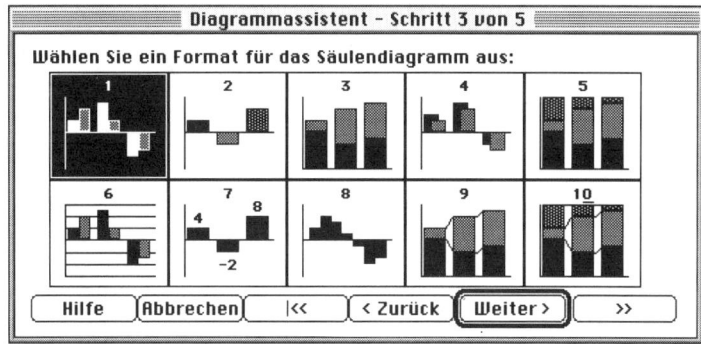

Bild 6.4: Auswahlfenster des Diagrammtyps »Säulen«

Klicken Sie darin das von Ihnen gewünschte Säulendiagramm an und selektieren Sie erneut »Weiter«, so zeigt Ihnen Excel, wie Ihr Diagramm bisher aussieht. Rechts daneben lassen sich einige Optionen verändern.

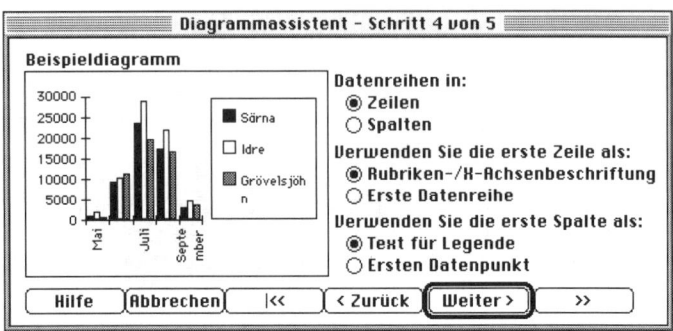

Bild 6.5: Darstellung der Datenreihen als Zeilen der Tabelle

In dem in Bild 6.5 dargestellten Dialogfeld gibt es beispielsweise die Möglichkeit, in der Abbildung die Zeilen mit den Spalten zu vertauschen.

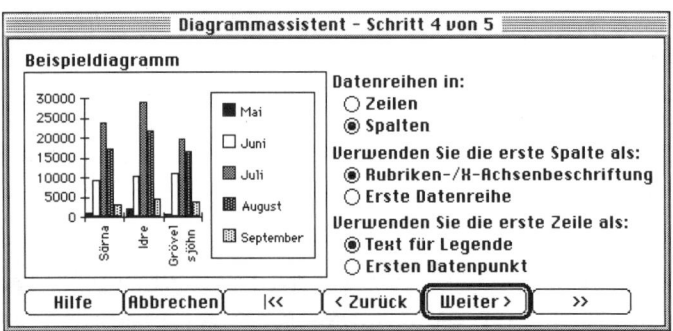

Bild 6.6: Darstellung der Datenreihen als Spalten der Tabelle

Vergleichen Sie die Diagramme in Bild 6.5 und 6.6, so sehen Sie, daß anstelle der zu den Monaten gehörenden Einnahmen die Werte für jeden Ort angezeigt werden.

Weiter läßt sich in diesem Dialogfenster festlegen, wie die erste markierte Zeile zu verwenden ist. Excel hat in unserem Beispiel die oberste markierte Zeile richtigerweise zur Beschriftung der x-Achse benutzt. Sind aber beispielsweise nur Zeilen mit Werten markiert, so kann Excel nicht selbst entscheiden, ob es sich bei der ersten Zeile um Daten oder um Beschriftungen handelt. In der Regel benutzt Excel dann die erste Zeile auch als Datenreihe. Sollte das von Ihnen nicht beabsichtigt sein, ändern Sie die entsprechende Option. Ebenso besteht die Möglichkeit festzulegen, ob die erste Spalte, wenn sie nur Zahlen enthält, als Legendentext dienen soll oder ob es sich um Daten handelt. Liegt in der ersten Spalte Text vor, wird dieser automatisch als Legende verwendet.

Stellen Sie jetzt fest, daß das Diagramm doch nicht so aussieht, wie Sie es sich vorgestellt haben, weil Ihnen der Diagrammtyp nicht zusagt, wechseln Sie mit der »Zurück«-Taste ins vorangegangene Dialogfenster. Stellen Sie fest, daß Datenreihen zuviel sind oder fehlen, können Sie mit der » | <<«-Taste direkt ins erste Dialogfenster des Diagrammassistenten springen und den markierten Bereich verändern. Sind Sie mit Ihrer bisherigen Grafik zufrieden, fahren Sie mit der »Weiter«-Taste fort.

Im letzten Dialogfenster des Diagrammassistenten können Sie entscheiden, ob Ihre Grafik überhaupt mit einer Legende versehen werden soll, oder Sie können das Diagramm mit einer Überschrift sowie Achsenbeschriftungen ausstatten. Wir haben schon einen Diagrammtitel und eine Beschriftung der y-Achse eingetragen.

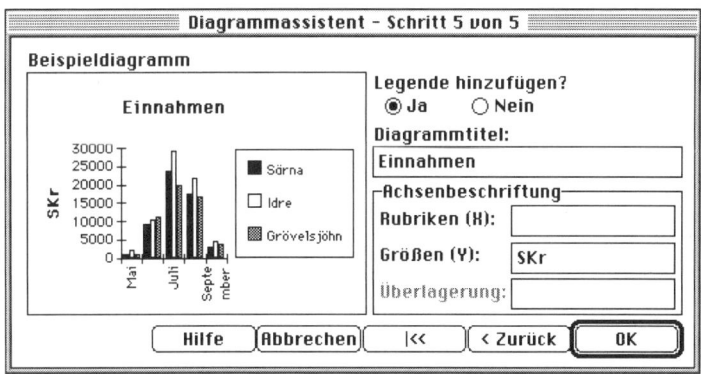

Bild 6.7: Grafik mit eingefügtem Titel im Diagrammassistenten

Mit »OK« bestätigen Sie das soweit gestaltete Diagramm. Es wird auf Ihrem Arbeitsblatt angezeigt.

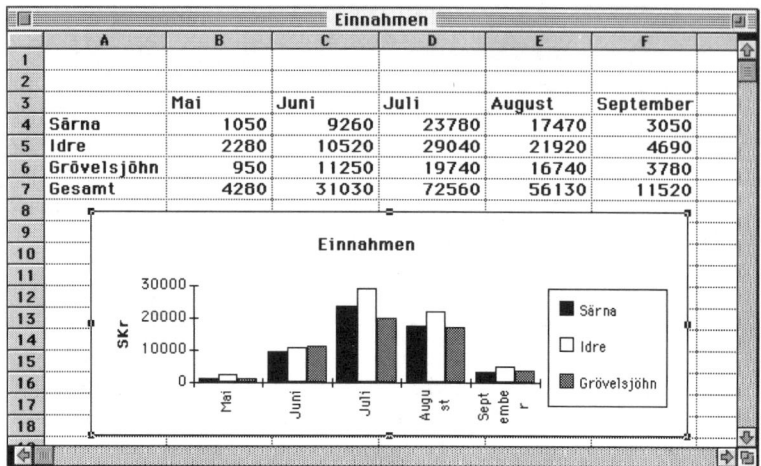

Bild 6.8: Eingebettetes Diagramm

Der Weg über den Diagrammassistenten ist nicht der einzige zu
einer Grafik. Wir möchten Ihnen jetzt noch zwei weitere Möglichkeiten vorstellen, ein Diagramm zu erzeugen.

Diagrammerstellung mit der Diagramm-Symbolleiste

Möchten Sie sich den Diagrammassistenten sparen, können Sie sehr
schnell ein Diagramm erstellen, wenn Sie die Diagramm-Symbolleiste aktiviert haben.

Markieren Sie wie gewohnt die Daten, und selektieren Sie dann eine
der Darstellungstasten auf der Symbolleiste. Für das folgende Bild
wurde die nebenstehende Taste angeklickt. Ziehen Sie mit dem
kleinen Cursor-Kreuz ein Rechteck auf, so gibt Ihnen Excel Ihr
Diagramm darin in der ausgewählten Darstellungsart aus.

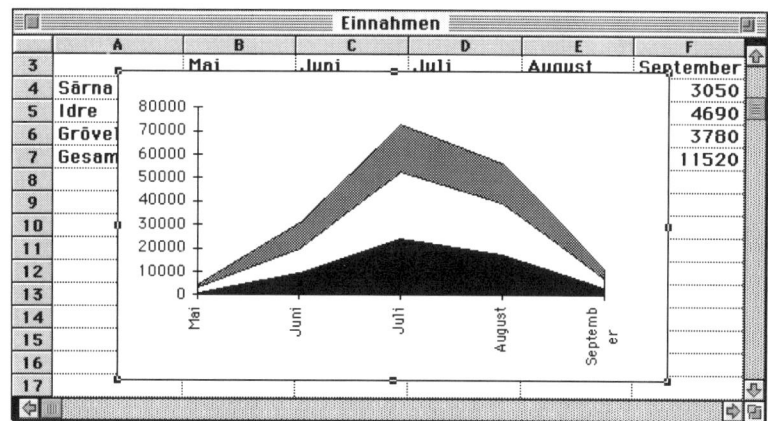

Bild 6.9: Flächendiagramm

Diagrammblätter

In den Excel-Versionen vor Excel 3.0 waren eingebettete Diagramme nicht möglich, dort wurde für jedes Diagramm ein eigenes Arbeitsblatt erstellt. Excel 3.0 sowie 4.0 bieten diese Möglichkeit auch weiterhin. Über den Befehl *Neu* in *DATEI* erhalten Sie das in Bild 6.10 dargestellte Dialogfenster. Selektieren Sie nun »Diagramm«.

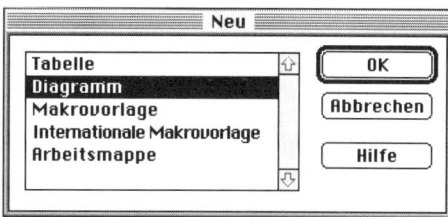

Bild 6.10: Dialogfeld zu DATEI Neu

Im nächsten Bild sehen Sie das erstellte Diagramm, für das Excel ein eigenes Diagrammfenster öffnet.

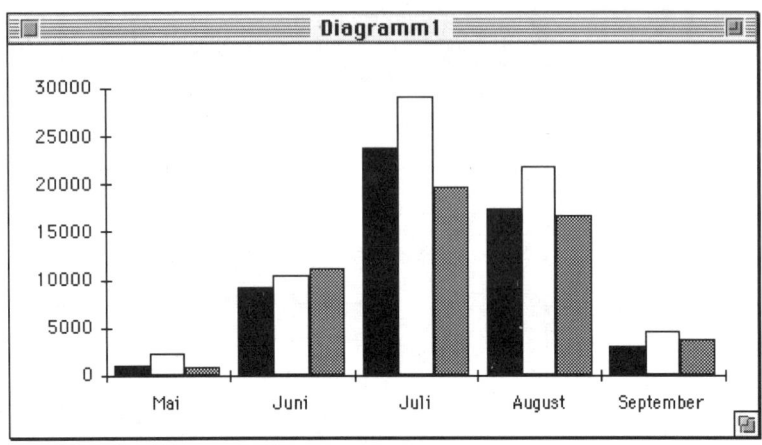

Bild 6.11: Diagramm im Diagrammfenster

Bearbeiten von Diagrammen

Um eine eingebettete Grafik weiter bearbeiten zu können, klicken Sie sie zweimal mit Ihrer Maus an. Dadurch wird auch die eingebettete Grafik mit einem eigenen Diagrammfenster versehen. Klicken Sie mit der Maus die Titelzeile an und verschieben Sie so dieses Fenster, so können Sie das ursprüngliche eingebettete darunter liegen sehen (siehe dazu Bild 6.12).

In einem mit *Neu* erstellten Diagramm ist dies nicht notwendig, da hierbei bereits ein eigenes Fenster geöffnet wurde. Sie können dieses Diagramm sofort bearbeiten.

Werfen Sie nun einen Blick auf die Menüzeile, so können Sie feststellen, daß diese verändert wurde. Sie finden darin nur noch Menüpunkte, die sich auf die Bearbeitung von Grafiken beziehen.

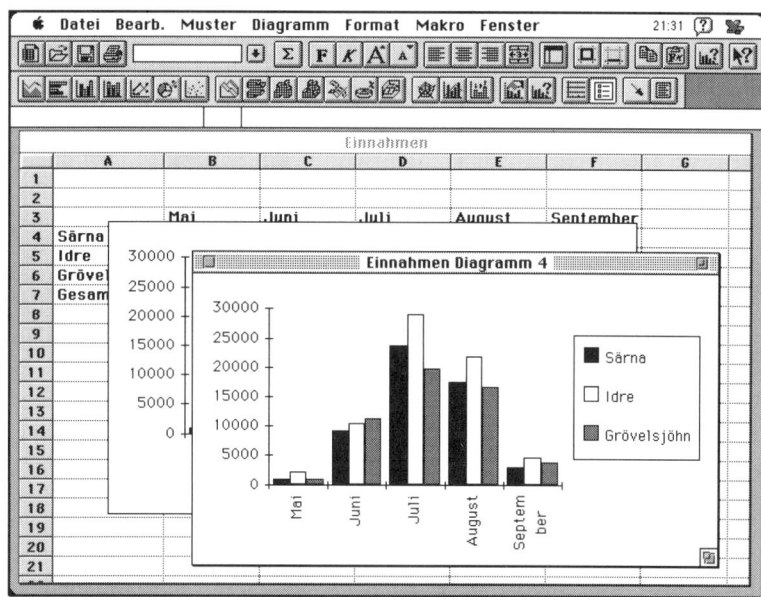

Bild 6.12: Doppelt angeklicktes Diagramm

Bestandteile eines Diagramms

Excel-Diagramme bestehen aus einer Vielzahl von Einzelkomponenten. Sie können Einzelteile durch Anklicken oder mit den Pfeiltasten ↑ und ↓ selektieren.

Zunächst wird zwischen Diagrammfläche und Diagramm unterschieden. Am einfachsten können Sie die Diagrammfläche oder das Gesamtdiagramm mit den entsprechenden Optionen im Menü zu *DIAGRAMM* selektieren. Die beiden nächsten Bilder zeigen je ein Bild mit markiertem Diagramm und mit markierter Diagrammfläche, um den Unterschied deutlich zu machen. Die Diagrammfläche beinhaltet Achsen und Datenreihen. Das Diagramm selbst schließt Diagrammfläche, zusätzliche Beschriftungen und einiges mehr ein.

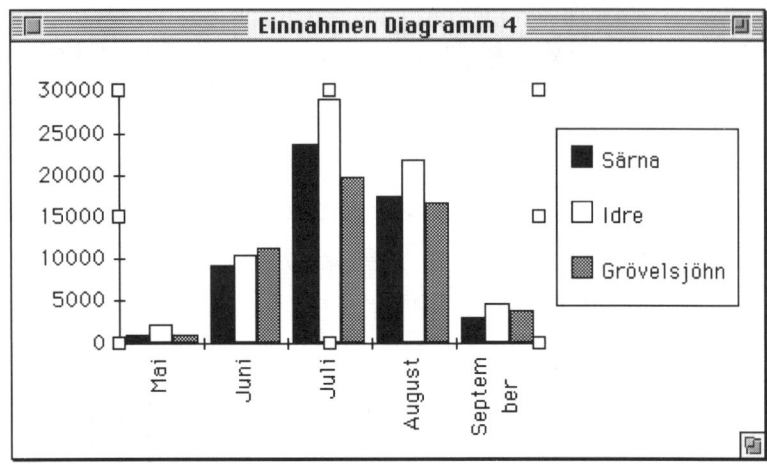

Bild 6.13: Markierte Diagrammfläche

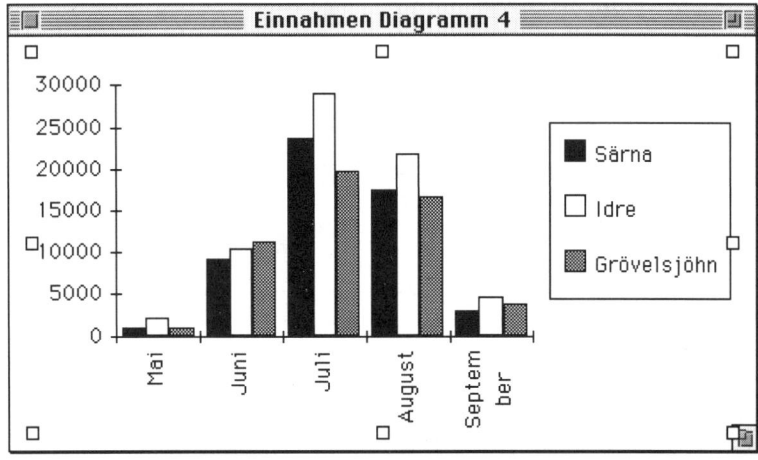

Bild 6.14: Markiertes Gesamtdiagramm

Weiter wählen Sie die y-Achse aus, indem Sie die Achse selbst oder eine Achsenbeschriftung anklicken. Dadurch wird die Achse oben und unten mit einem weißen Quadrat versehen und in der Bearbeitungszeile erscheint »Achse 1«, wie dies Bild 6.15 zeigt. Ebenso können Sie die x-Achse markieren.

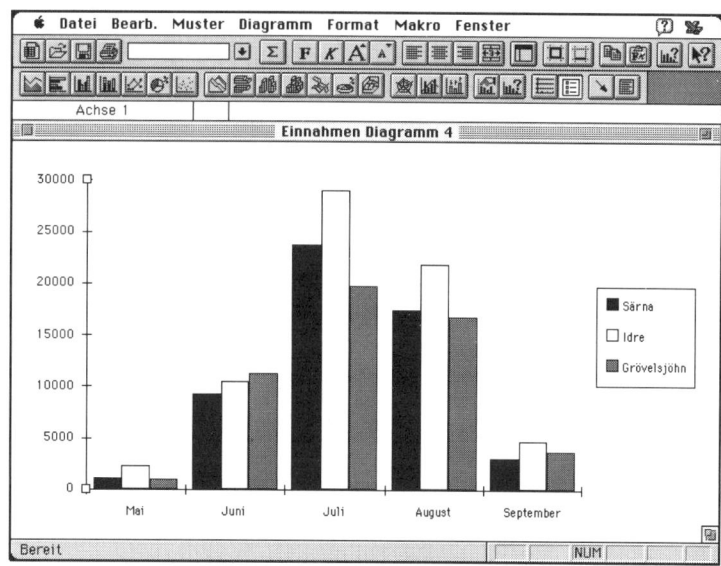

Bild 6.15: Diagramm mit markierter y-Achse

In Bild 6.16 sehen Sie die Markierung einer Datenreihe. In der
Bearbeitungszeile finden Sie links ihre Bezeichnung, nämlich »R1«
für Reihe 1. Rechts sehen Sie, daß eine Datenreihe durch die
Funktion DATENREIHE() beschrieben wird. Ihre Argumente sind
Verweise mit absoluten Zellbezügen auf die Datei, welche die
Daten enthält. Das erste Argument bezieht sich auf den Namen der
Datenreihe, hier »Särna«, der in Zelle A4 steht. Er wird auch als
Legendentext verwendet. Das zweite Argument stellt die Beschreibung der x-Achse dar, in den Zellen B3 bis F3 sind die Monate Mai
bis September eingetragen. Es folgt der y-Bezug, also die eigentlich
darzustellenden Zahlen, die auf dem Arbeitsblatt in B4 bis F4 zu
finden sind. Der letzte Eintrag gilt der Reihenfolge der Darstellung,
es handelt sich im Bild um die erste darzustellende Reihe.

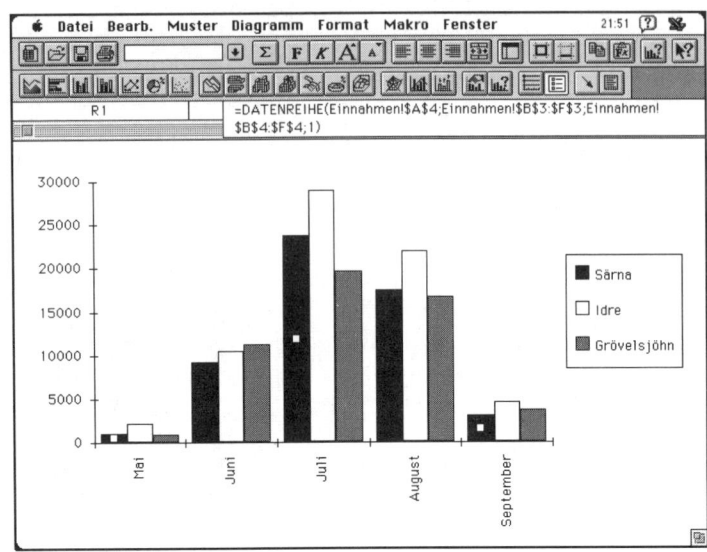

Bild 6.16: Markierte Datenreihe

Ebenso wie eine gesamte Datenreihe, können Sie einzelne Balken einer Reihe selektieren, wie Bild 6.17 zeigt. Betätigen Sie dazu die ⌘-Taste und klicken Sie den gewünschten Balken an.

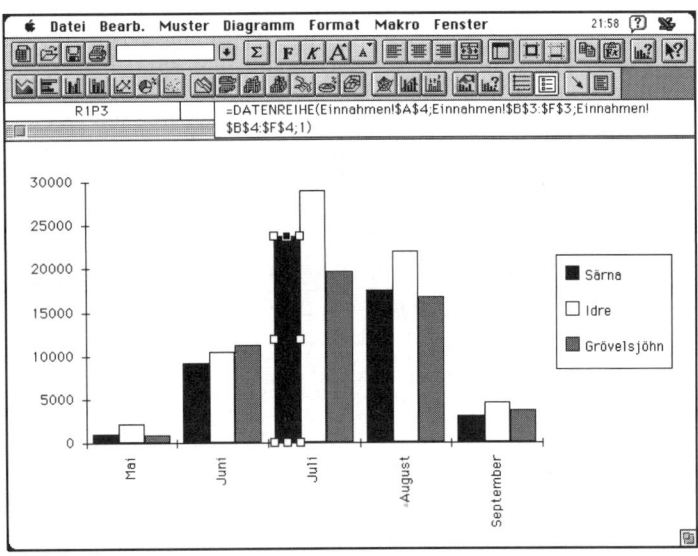

Bild 6.17: Markierte Säule einer Datenreihe

In der Bearbeitungszeile finden Sie links, im Unterschied zu Bild 6.16, die Bezeichnung »R1P3«, also Reihe 1 Punkt 3.

Diagramm bzw. Diagrammfläche bearbeiten

Wir möchten jetzt damit beginnen, das Diagramm und die Diagrammfläche zu bearbeiten. In Bild 6.1 können Sie sehen, daß beide mit verschiedenen Farben versehen wurden.

Dazu wurde zunächst das Diagramm selektiert. Im Menüpunkt *DIAGRAMM* finden Sie die Option *Diagramm auswählen*, mit der das gesamte Diagramm markiert werden kann (siehe auch Bild 6.14).

Wählen Sie daraufhin im Menü *FORMAT* die Option *Muster*, so wird ein Dialogfenster geöffnet, in dem für das Diagramm ein Rahmen, dessen Dicke und Farbe sowie eventuell ein Schatten festgelegt werden kann. Wie Sie sehen können, ist im Dialogfeld *Muster* (Bild 6.18) für die Rahmenart standardmäßig »Keinen« selektiert. Dabei möchten wir es auch belassen.

In der Mitte können Sie festlegen, ob das gesamte Diagramm mit einem Muster versehen werden soll. Für die Muster lassen sich zudem zwei verschiedene Farben auswählen, für deren Vorder- bzw. Hintergrund. Selektieren Sie kein Muster, aber eine Vordergrundfarbe. Im Fenster, das mit »Monitor« überschrieben ist, wird die ausgewählte Farbe angezeigt. Bestätigen Sie die Auswahl mit »OK«, wird das Diagramm gefärbt.

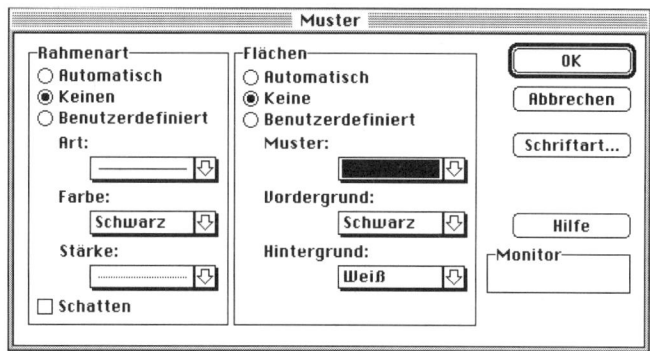

Bild 6.18: Dialogfeld Muster für das Gesamtdiagramm

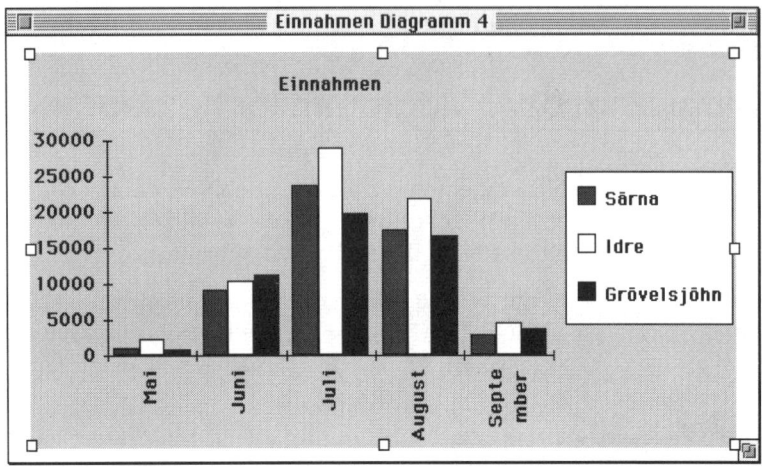

Bild 6.19: Gefärbtes Diagramm

Anstelle der Auswahl des Dialogfensters über *FORMAT Muster*
können Sie das Diagramm auch mit Doppelklick anklicken, um das
Dialogfenster *Muster* zu aktivieren. Eine weitere Möglichkeit, dieses Dialogfeld anzuzeigen, ist der Aufruf über das Kontextmenü,
das Sie im folgenden Bild sehen können.

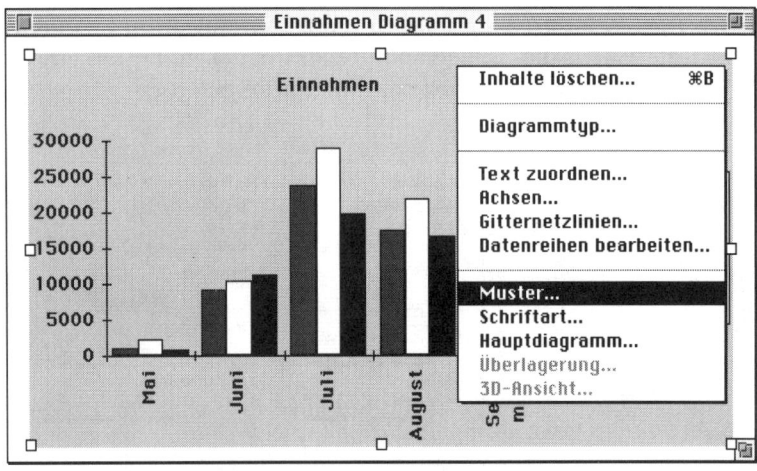

Bild 6.20: Kontextmenü des Diagramms

Um die innere Diagrammfläche mit Farbe zu versehen, selektieren
Sie nur die Diagrammfläche, nicht das Gesamtdiagramm, mit der

Maus oder mit *DIAGRAMM Diagrammfläche auswählen*. Öffnen Sie dann das dazugehörende Dialogfenster *Muster* durch Doppelklick auf die Diagrammfläche, im Kontextmenü oder mit *FORMAT Muster*. Sie erhalten ein Dialogfenster, das dem zum Gesamtdiagramm sehr ähnlich sieht. Wählen Sie darin eine Farbe für die Diagrammfläche aus.

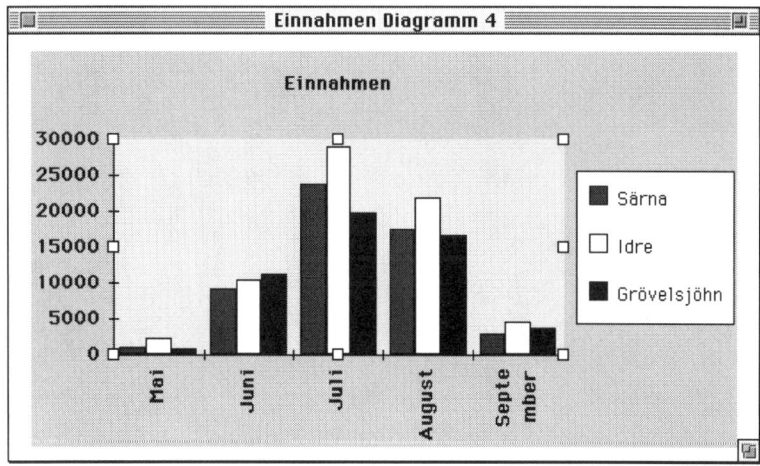

Bild 6.21: Diagramm und Diagrammfläche

Bearbeiten der Legende

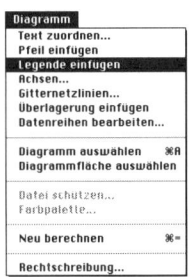

Auf dem Weg zu unserer Beispielgrafik in Bild 6.1 werden wir als nächstes die Legende in unserem Diagramm bearbeiten. Weist Ihr Diagramm bisher noch keine Legende auf, können Sie in *DIAGRAMM* mit *Legende einfügen* eine Legende erzeugen. Voraussetzung dazu ist allerdings, daß der Text für die Legende beim Erstellen des Diagramms mit markiert war, sonst schreibt Excel als Legendentext »Reihe 1«, »Reihe 2« usw. Möchten Sie eine Legende löschen, finden Sie dazu eine Option in *DIAGRAMM*, nämlich *Legende löschen*.

In der Diagramm-Symbolleiste finden Sie zudem auch die links abgebildete Taste. Mit ihr können Sie eine Legende einfügen oder ausblenden.

Um die Legende weiter zu bearbeiten, markieren Sie sie, klicken Sie sie mit Doppelklick an oder oder selektieren Sie in *FORMAT* die

Option *Muster*. Sie erhalten wieder das Dialogfeld *Muster*, das Sie bereits kennen. Färben Sie zunächst die gesamte Legendenfläche in derselben Farbe, wie das Gesamtdiagramm und selektieren Sie bei Rahmenart »Keinen«.

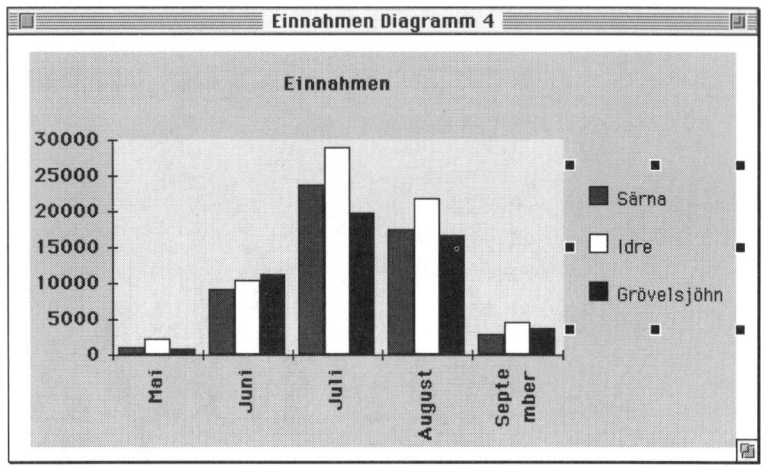

Bild 6.22: Mit Farbe versehene Legende ohne Rahmen

Als nächstes möchten wir die Schriftart des Legendentextes verändern. Wählen Sie dazu in *FORMAT Schriftart* aus, oder klicken Sie im Kontextmenü *Schriftart* an.

Das Dialogfeld entspricht im wesentlichen dem, das Sie bereits aus dem Kapitel »Gestalten von Arbeitsblättern« kennen. Mit zwei Ausnahmen: der Bestimmung der Art des Hintergrunds von Texten und den Tasten »Muster« und »Legende«.

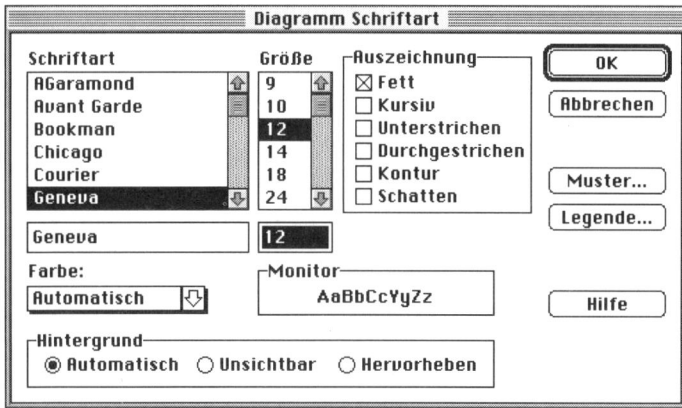

Bild 6.23: Dialogfeld zu FORMAT Schriftart

Standardmäßig hebt Excel den Hintergrund von Texten hervor, wie
Bild 6.24 zeigt. Sie können sich das im Ausdruck oder in der
Seitenansicht ansehen. Wir haben für unsere Grafik in Bild 6.1
»Durchsichtig« angewählt, um als Texthintergrund dieselbe Farbe
zu haben, in der die Legende gefärbt ist.

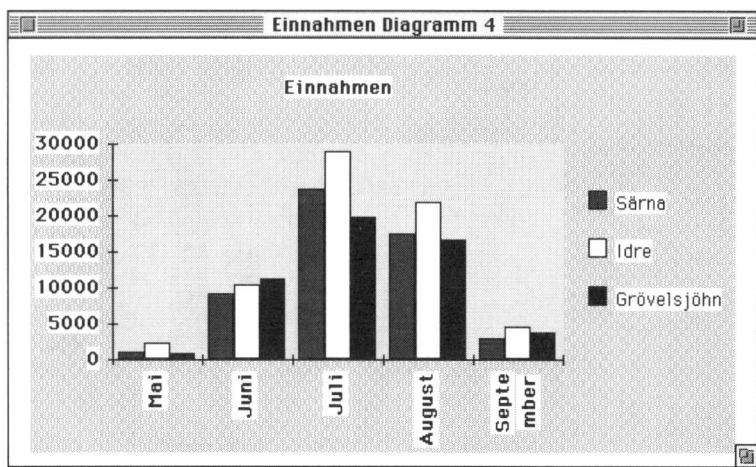

Bild 6.24: Hervorgehobener Hintergrund von Texten

Selektieren Sie im Dialogfeld *Schriftart* die Taste »Legende«, wird
das folgende Fenster geöffnet. Darin können Sie die Lage der
Legende im Diagramm festlegen. Sie erhalten dasselbe Dialogfenster, wenn Sie im Menü *FORMAT* den Befehl *Legende* auswählen.

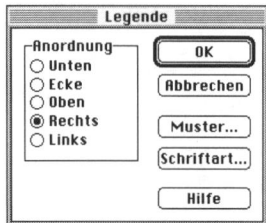

Bild 6.25: Dialogfeld zu FORMAT Legende

Dieses Dialogfeld ist immer dann wichtig, wenn Sie die Legende
außerhalb der Diagrammfläche, aber mittig zu ihr ausrichten möchten.

Wir möchten die Legende innerhalb der Diagrammfläche plazieren. Dazu kann man sie mit der Maus anklicken und verschieben.

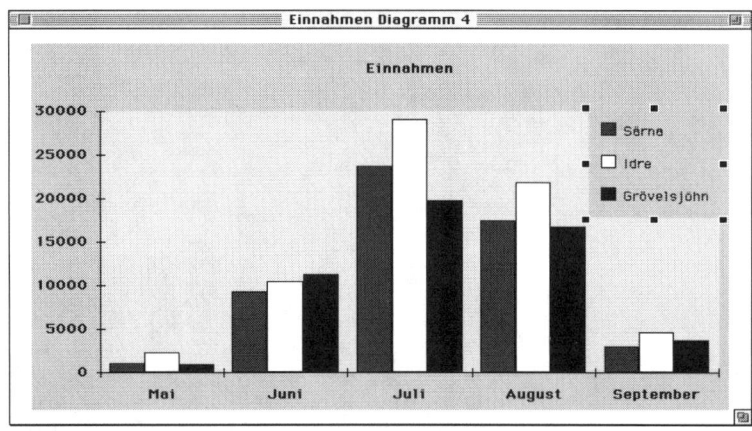

Bild 6.26:Verschobene Legende

Bearbeiten von Text

In Excel unterscheidet man zwei verschiedene Arten von Text: zugeordneter und nicht zugeordneter Text. Im folgenden möchten wir uns mit Texten in Diagrammen auseinandersetzen.

Zugeordneter Text

Im Diagrammassistenten haben Sie bereits gesehen, wie sich Grafik mit einem Titel oder Achsenbeschriftungen versehen läßt. Solche Texte werden als zugeordnete Texte bezeichnet. Möchten Sie diese ändern, klicken Sie sie an und bearbeiten Sie den Text in der Bearbeitungszeile. Löschen können Sie markierten Text mit der Rückschritt-Taste.

Haben Sie Ihr Diagramm bislang noch nicht mit Text versehen, wählen Sie dazu im Pull-Down-Menü von *DIAGRAMM* die Option *Text zuordnen*, so öffnet sich das dazugehörende Dialogfenster.

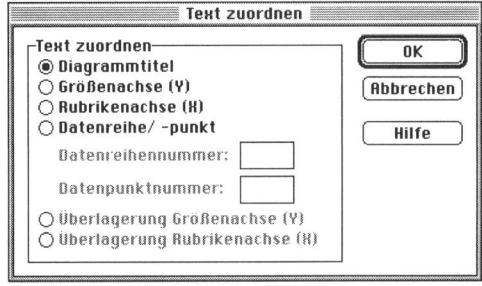

Bild 6.27: Dialogfeld DIAGRAMM Text zuordnen

Durch Anklicken wählen Sie die entsprechende Textart aus.

Beginnen Sie beispielsweise mit »Diagrammtitel«, so erhalten Sie das Wort »Titel« sowohl in der Grafik selbst als auch in der Bearbeitungszeile. Die kleinen weißen Quadrate um das Wort »Titel« geben die Markierung dieses Wortes an.

Ändern Sie nun den in der Bearbeitungszeile aufgeführten Titel. Einen mehrzeiligen Titel können Sie erzeugen, indem Sie die Tastenkombination ⌘+Eingabe drücken.

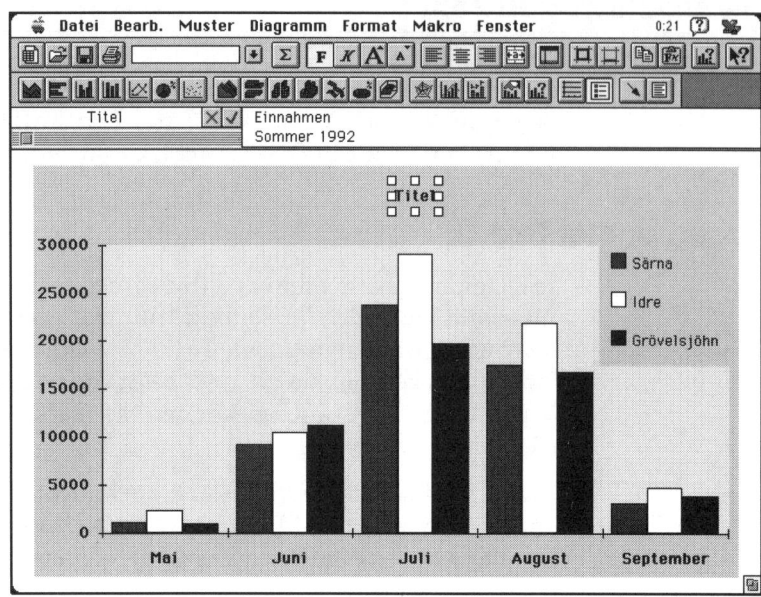

Bild 6.28: Zweizeiliger Diagrammtitel in der Bearbeitungszeile

Möchten Sie sicher sein, daß der Titel des Diagramms genauso
lautet, wie der der Tabelle, verknüpfen Sie beide miteinander. Jede
Änderung in der Tabelle wird sofort an das Diagramm weitergegeben. Eine Verknüpfung wird mit

   =Arbeitsblattname!Absolute Zelle

erstellt. In unserem Fall heißt die Datei mit der Tabelle z.B. »Einnahmen«, der Titel steht in Zelle A1. Damit heißt die Verknüpfung

   =Einnahmen!$A$1

Hilfreich ist auch hier wieder die Benennung der Zelle mit der
Überschrift, z.B. durch »Überschrift«. Dann können Sie die folgende Verknüpfung benutzen:

   =Einnahmen.XLS!Überschrift

Markieren Sie im Dialogfenster die Option »Datenreihe/-punkt«,
so können Sie z.B. eine Säule des Diagramms mit dem entsprechenden Zahlenwert überschreiben.

Am einfachsten markieren Sie hierbei eine bestimmte Säule, indem
Sie diese Säule bereits vor dem Aufruf des Dialogfensters mit Hilfe
der ⌘-Taste markieren. Dann erscheint beim Aufruf der Dialogbox

automatisch die Datenpunktnummer und Datenreihe der markierten Säule in den Eingabefenstern.

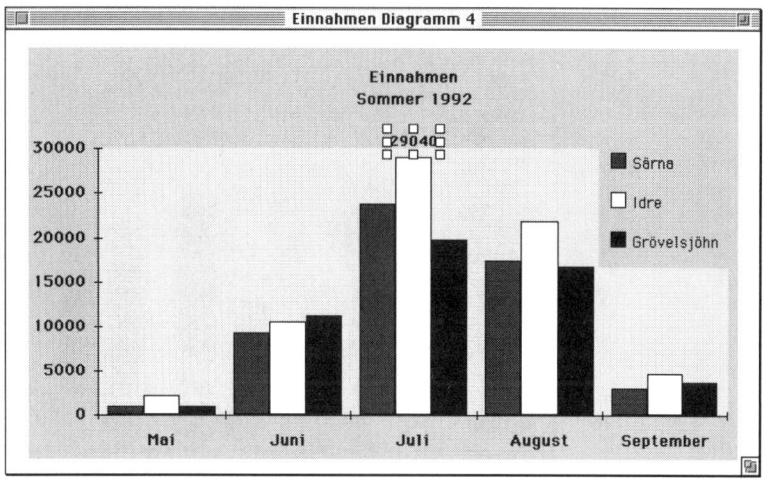

Bild 6.29: Säule mit zugeordnetem Text

Auch dieser zugeordnete Text läßt sich in der Bearbeitungszeile verändern oder mit der Rückschritt-Taste wieder löschen.

Nicht zugeordneter Text

Beliebiger Text läßt sich durch bloßes Eintippen einfügen. Dazu darf allerdings kein anderer Text im Diagramm zum Bearbeiten markiert sein, da dieser sonst überschrieben wird. Nachdem der nicht zugeordnete Text bestätigt wurde, erscheint er in der Mitte des Diagramms. Ebenso können Sie die letzte Taste auf der Diagramm-Symbolleiste anklicken. Dann schreibt Excel in die Mitte des Diagramms das Wort »Text«, das Sie in der Bearbeitungszeile beliebig ändern können.

Die Markierung von nicht zugeordnetem Text wird durch schwarze Quadrate gekennzeichnet, die von zugeordnetem mit weißen. Im Gegensatz zu den mit weiß markierten Texten lassen sich die nicht zugeordneten mit Hilfe der Maus einfach verschieben. Die Größe des diesen Text umgebenden Rahmens können Sie dadurch verändern, daß Sie ein schwarzes Quadrat anklicken und daran ziehen.

Zunächst gefällt uns die Lage des der Säule zugeordneten Textes nicht. Also fügen Sie den Betrag als nicht zugeordneten Text ein und

verschieben diesen so, wie Sie es gerne hätten. Der zugeordnete
Text kann dann gelöscht werden.

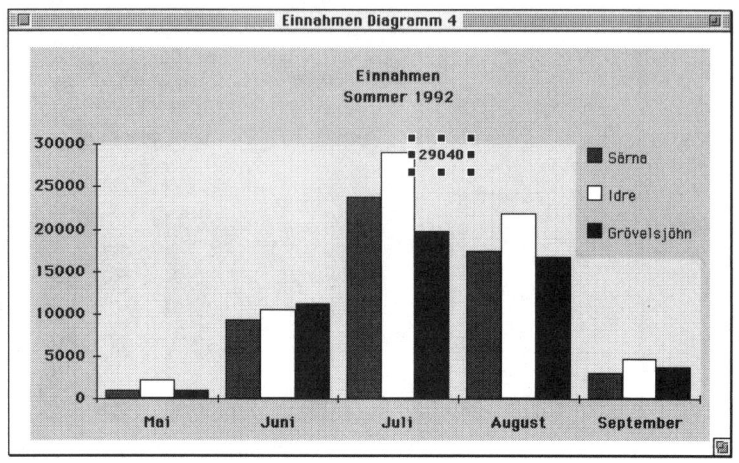

Bild 6.30: Nicht zugeordneter Text

Formatieren von Text

Um Text fett oder kursiv zu gestalten, benutzen Sie wie gewohnt die
Tasten zur Auszeichnung in der Symbolleiste.

Mit Doppelklick oder über das Kontextmenü kann das Dialogfeld
zu *Muster* geöffnet werden. Darin können Sie dem markierten Text
einen Rahmen verpassen oder seinen Hintergrund einfärben. In
diesem Dialogfeld finden Sie eine Taste, die Ihnen bisher unbekannt
ist, die Taste mit »Text«. An dieser Stelle können Sie die Ausrichtung bzw. Orientierung des markierten Textes festlegen. Diese
Taste ist identisch zu dem Befehl *Text* im Menü *FORMAT*.

Das in Bild 6.31 dargestellte Dialogfeld bezieht sich auf einen zu
einer Säule zugeordneten Text. Für andere Textarten werden im
Dialogfenster unter Umständen einige Optionen fehlen.

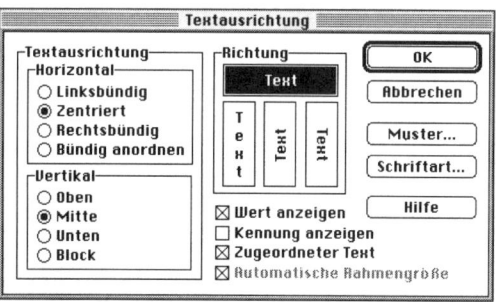

Bild 6.31: Dialogfeld zu FORMAT Text

Wird im Dialogfeld in Bild 6.31 die Option »Zugeordneter Text«
aktiviert, wird der Excel-Standardtext wieder eingesetzt. »Automatische Rahmengröße« bezieht sich auf nicht zugeordneten Text.
Mit dieser Option werden Veränderungen am Rahmen rückgängig
gemacht und die ursprüngliche Größe wieder zugeordnet. Mit
»Wert anzeigen« wird zu einem bestimmten Datenpunkt der entsprechende y-Werte aufgeführt. Ist »Kennung anzeigen« aktiviert,
wird zusätzlich zur Datenpunktbeschriftung das Muster angezeigt,
das zu dem entsprechenden Datenpunkt gehört.

Einfügen von Pfeilen

Zum Hervorheben bestimmter Grafikteile bietet Excel Ihnen Pfeile
an. Mit dem Befehl *Pfeil einfügen* im Menü *DIAGRAMM* fügen Sie
Ihrer Grafik einen Pfeil hinzu.

Diesen können Sie mit Ihrer Maus an den Kästchen, die sich an den
Enden des Pfeils befinden, in die gewünschte Stellung bringen.
Durch zweimaliges Anklicken des Pfeils öffnet sich das Dialog-
fenster zu *Muster,* in dem Sie die Art der Linie und die gewünschte
Pfeilspitze festlegen können.

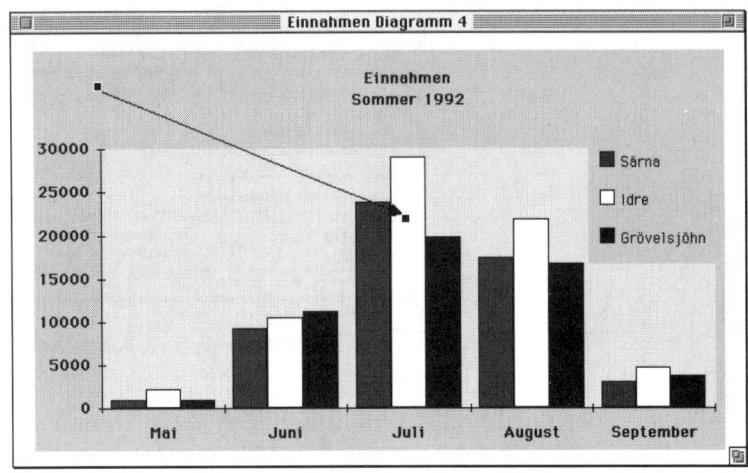

Bild 6.32: Eingefügter Pfeil

Einen Pfeil können Sie auch mit Hilfe der vorletzten Taste auf der Diagramm-Symbolleiste erzeugen.

Sie können den Pfeil wieder verschwinden lassen, indem Sie in *DIAGRAMM Pfeil löschen* selektieren oder ihn markieren und die Tastenkombination ⌘-B betätigen.

Bearbeiten der Diagrammachsen

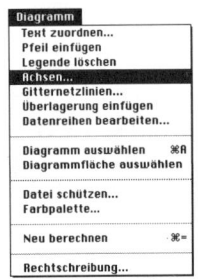

Mit der Option *Achsen* in *DIAGRAMM* können Sie im unten darge-stellten Dialogfeld einstellen, ob Sie eine x- bzw. y-Achse in der Grafik wünschen oder nicht. Unser Diagramm enthält beide Ach-sen, entsprechend sind im Dialogfeld beide aktiviert.

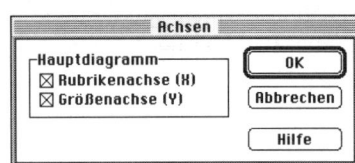

Bild 6.33: Dialogfeld zu DIAGRAMM Achsen

Klicken Sie eine der beiden Achsen mit der Maus zweimal an, so erhalten Sie wieder das Dialogfenster zu *Muster* in einer etwas abgewandelten Form. Darin läßt sich einstellen, ob Sie überhaupt Achsen dargestellt haben möchten, welcher Art, Farbe und Stärke sie sein soll. Weiter können Sie dort die Teilungsstriche der Achsen, deren Lage und die der Beschriftung festlegen.

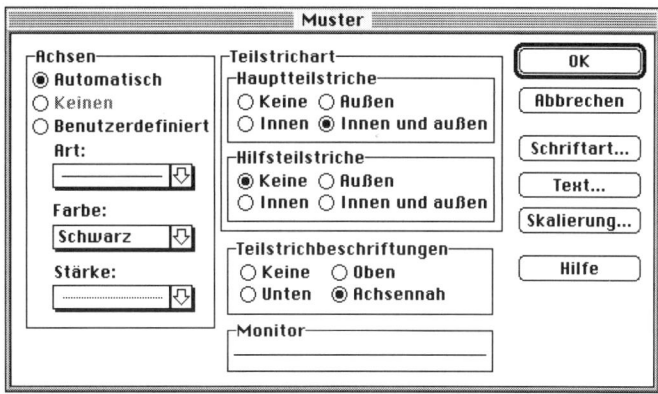

Bild 6.34: Dialogfeld zu FORMAT Muster für Achsen

Die Dialogfelder zu *Schriftart* und *Text*, die Sie mit Hilfe der Tasten aufrufen können, haben Sie bereits kennengelernt. Wir haben den Texthintergrund überall in »Durchsichtig« verwandelt.

Im folgenden Bild sehen Sie das Dialogfeld zu *Skalierung.* Hier können die minimalen und maximalen Werte der Achse sowie deren Unterteilungsintervalle festgelegt werden. Mit »Rubrikenachse (X) schneidet bei« läßt sich der Schnittpunkt der x-Achse mit der y-Achse festlegen.

Bild 6.35: Dialogfeld zu FORMAT Skalierung für Achsen

Ebenso läßt sich hier eine logarithmische Skalierung der Achse einstellen oder die Reihenfolge der Zahlenwerte umdrehen. Möchten Sie, daß die x-Achse oben liegt, d.h. beim größten y-Wert schneidet, aktivieren Sie die letzte Option.

Einfügen von Gitternetzlinien

Sie können eine Grafik mit dem Hilfsmittel von Gitternetzlinien übersichtlicher gestalten. Anhand der Linien lassen sich Werte im Diagramm leichter abschätzen. Rufen Sie dazu in *DIAGRAMM* den Punkt *Gitternetzlinien* auf. Damit wird das folgende Dialogfenster geöffnet.

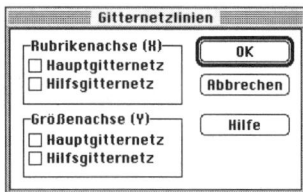

Bild 6.36: Dialogfeld zu DIAGRAMM Gitternetzlinien

 Ein mit Gitterlinien versehenes Diagramm ist im nächsten Bild zu sehen. Diese Linien wurden mit Hilfe der links dargestellten Taste erzeugt, die Sie auf der Diagramm-Symbolleiste finden.

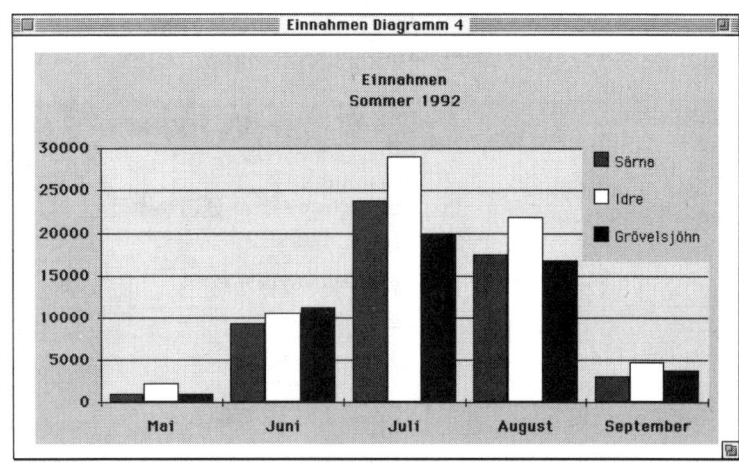

Bild 6.37: Diagramm mit Hauptgitternetz der y-Achse

Einfügen von Fremdmustern

Immer nur vorgegebene Muster zu benutzen kann langweilig sein. Selbst ist die Frau/der Mann. Machen Sie sich Ihre eigenen Muster zum Füllen der Balken, Säulen oder Kreise.

Um das Diagramm in Bild 6.1 zu vervollständigen, haben wir einen Kanuten aus dem Grafikprogramm Adobe Photoshop übernommen und in Canvas nachbearbeitet, um die richtige Deckung bzw. Transparenz des Kanuten zu gewährleisten.

Sie können sich eigene Muster oder Zeichen in einem anderen Programm erstellen und diese mit *BEARBEITEN Kopieren* in die Zwischenablage übernehmen. Lesen Sie dazu ausführliche Informationen im Kapitel »Programmkooperation«. Wechseln Sie dann wieder zu Excel, markieren Sie die Datenreihen, die mit dem neuen Symbol gefüllt werden sollen und selektieren Sie dann *BEARBEITEN Einfügen* - oder kurz ⌘+V - und schon werden die Säulen ersetzt.

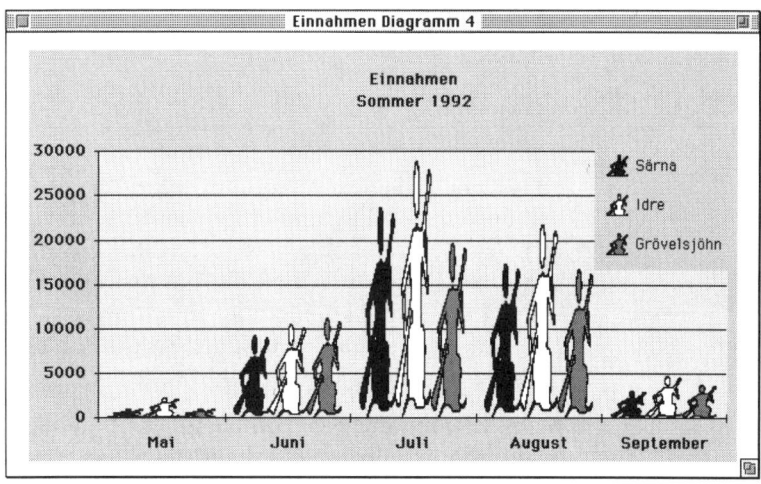

Bild 6.38: Kanute als Muster für die Säulen

Klicken Sie die Kanuten mit einem Doppelklick an, so erhalten Sie ein neues Dialogfenster, in dem Sie festlegen können, ob die eingefügten Fremdmuster gestreckt (siehe Bild 6.38) oder gestapelt werden sollen.

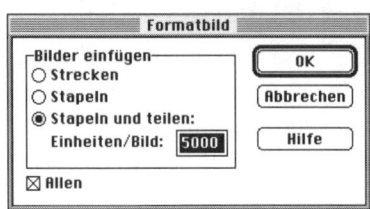

Bild 6.39: Dialogfeld zu Formatbild

Mit der letzten Option des in Bild 6.39 dargestellten Dialogfensters
können Sie zudem die Teilung für das Stapeln einstellen. Für Bild
6.1 wurde eine Teilung von »5.000« benutzt. Das heißt, für alle 5.000
Einheiten wird ein neuer Kanute begonnen. Mit dem aktivierten
Feld »Allen« wird die ausgewählte Option allen Datenreihen gleichzeitig zugewiesen.

Damit ist, was die Grafik betrifft, Bild 6.1 abgeschlossen. Wir
möchten Ihnen jetzt noch einige andere Möglichkeiten der grafischen Aufbereitung darstellen.

Verbunddiagramme

Im nächsten Diagramm soll ein Vergleich zwischen den Gesamteinnahmen und den Einnahmen der verschiedenen Orte vorgenommen
werden. Dazu benötigen wir zunächst zusätzlich zu den bisher
benutzten Daten auch die Gesamteinnahmen. Markieren Sie diese
in der Tabelle und kopieren Sie sie in die Zwischenablage. Aktivieren Sie dann die Grafik und fügen Sie die Zahlen mit *BEARBEITEN
Einfügen* ein. Sie erhalten so Bild 6.40.

Beim Betrachten von Bild 6.40 wird deutlich, daß hier eine
Diagrammform sinnvoll wäre, in der zwei verschiedene y-Achsen
möglich sind: eine für die Gesamteinnahmen und eine für die drei
Vermietungsarten.

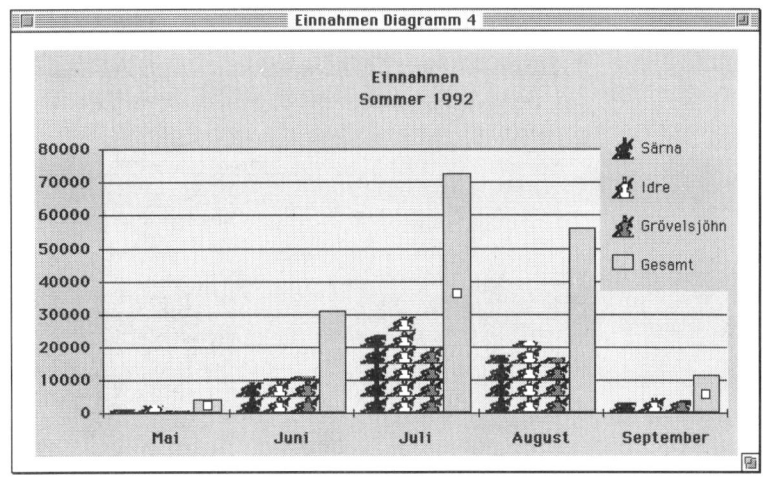

Bild 6.40: Vierte eingefügte Datenreihe

Excel stellt dafür Verbunddiagramme zur Verfügung. Als Verbunddiagramme werden Diagramme bezeichnet, in denen mehrere Datenreihen dargestellt werden, von denen aber mindestens eine Reihe eine andere Darstellungsart oder auch eine andere Achsenunterteilung benötigt. Sie finden die Option *Verbund* im Pull-Down-Menü zu *MUSTER*.

Darin ist das aktuelle Muster (hier: *Säulen*) mit einem Häkchen versehen. Selektieren Sie *Verbund*, so wird ein weiteres Fenster zur Auswahl mit unterschiedlichen Verbunddiagrammen geöffnet.

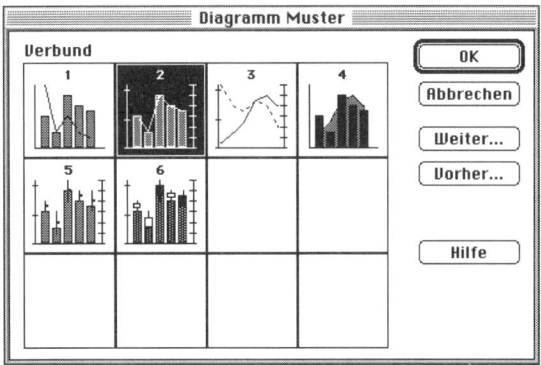

Bild 6.41: Auswahldialogfeld der Verbunddiagramme

Für das Diagramm im nächsten Bild wurde die zweite Darstellung gewählt, bei der einem Säulendiagramm eine Linie überlagert wird. Zudem besteht die Möglichkeit, für das Diagramm zwei verschiedene y-Achsenbeschriftungen zu benutzen.

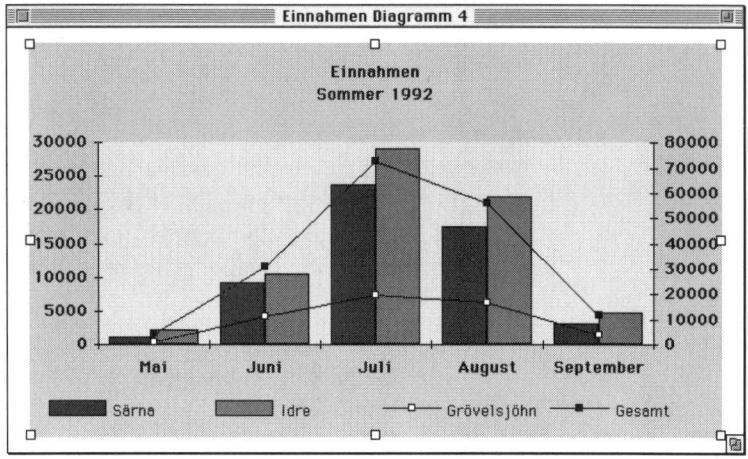

Bild 6.42: Verbunddiagramm

In Bild 6.42 hat Excel entschieden, je zwei der markierten Datenreihen als Hauptdiagramm (Säulen) anzusehen und die beiden anderen als Überlagerung (Linien). Für unser Beispiel ist dies jedoch eine Fehlentscheidung, und wir möchten dies abändern. Wählen Sie dazu im Menü von *FORMAT* die Option *Überlagerung*.

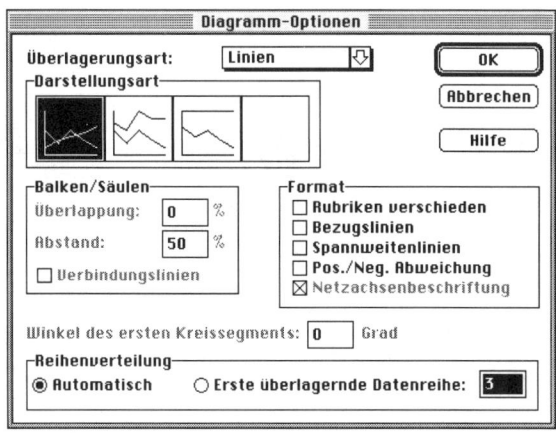

Bild 6.43: Dialogfeld zu FORMAT Überlagerung

Im Dialogfenster können Sie unten die Reiheneinteilung selbst festlegen. Dort ist z.Zt. als erste überlagernde Datenreihe die dritte angegeben. Ändern Sie diese Einstellung in eine »4« um, so ergibt sich das folgende Bild.

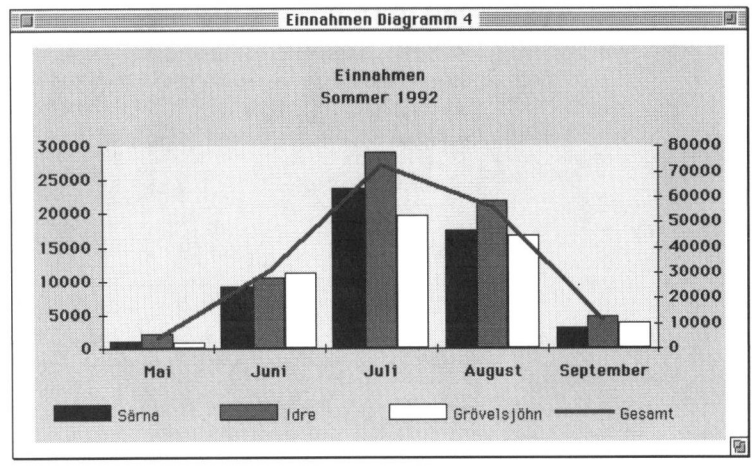

Bild 6.44: Verbunddiagramm

Wir haben für einen guten Kontrast in Bild 6.45 die Säulen in schwarz, weiß und grau gehalten und die überlagernde Linie in Rot gefärbt und mit der dicksten möglichen Strichstärke versehen.

Wir möchten Ihnen nun zeigen, welche Möglichkeiten Excel zur Verfügung stellt, um mit Datenreihen zu jonglieren. Um die Aussage der Grafik zu unterstreichen, möchten wir die Grafik so umformatieren, daß die Gesamteinnahmen als Säulen und die Einnahmen der Orte als Linien dargestellt werden. Wir ändern die Darstellung des Hauptdiagramms mit *FORMAT Hauptdiagramm* (siehe Bild 6.45). Aus dem ursprünglichen Säulendiagramm (siehe Bild 6.44) möchten wir ein Liniendiagramm machen. Entsprechend wird in *FORMAT Überlagerung* die Liniengrafik in ein Säulendiagramm geändert.

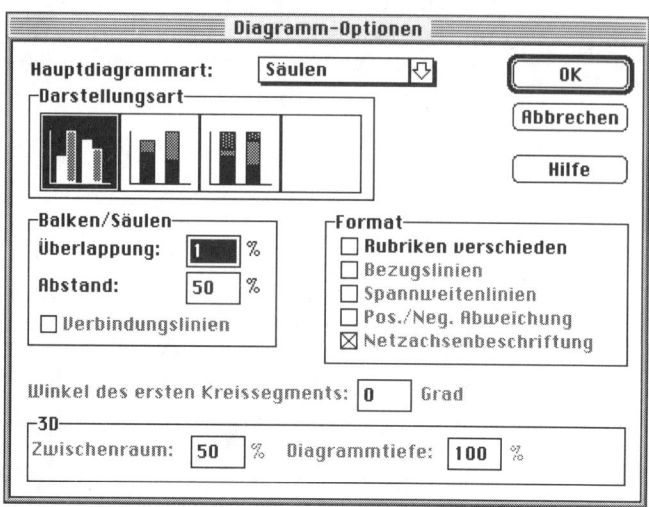

Bild 6.45: Dialogfeld zu FORMAT Hauptdiagramm

Wir erhalten dann Bild 6.46, was allerdings nicht so aussieht, wie wir uns das vorgestellt hatten. Dieses Bild macht deutlich, daß Überlagerung wörtlich zu nehmen ist. Damit werden die Datenreihen bezeichnet, die zuoberst im Diagramm liegen und den Rest überlagern.

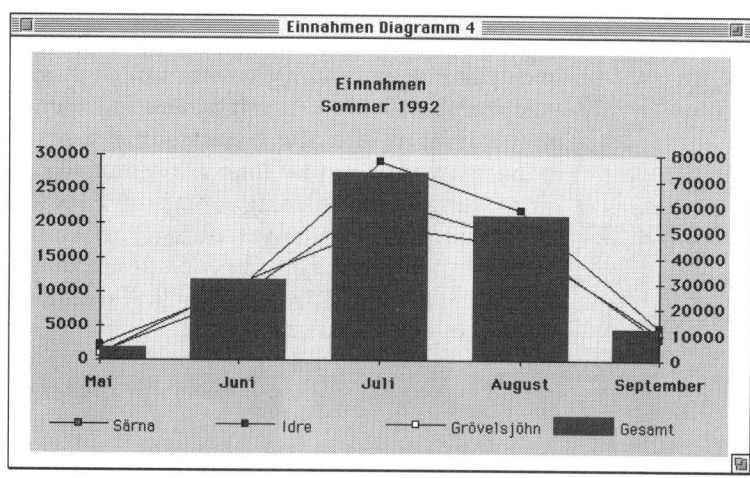

Bild 6.46: Säulendiagramm überlagert Linien

Das bedeutet, daß im Diagramm die Reihenfolge geändert werden muß. Die Daten der Reihe »Gesamt« müssen an erster Stelle stehen und von den drei übrigen Datenreihen überlagert werden. Die Reihenfolge der Datenreihen können Sie in *DIAGRAMM Datenreihen bearbeiten* festlegen.

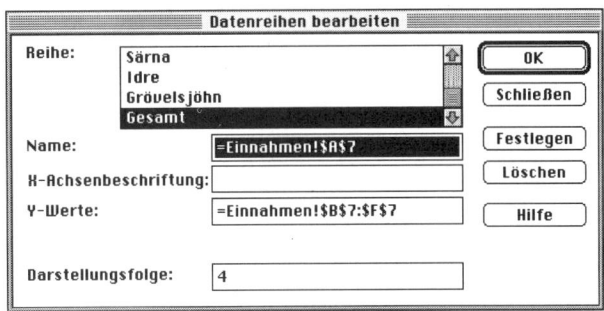

Bild 6.47: Dialogfeld zu DIAGRAMM Datenreihen bearbeiten

Markieren Sie links im Auswahlfenster die Reihe »Gesamt« und ändern Sie die »4« im Feld »Darstellungsfolge« in eine »1« ab. Betätigen Sie nun die Taste »Festlegen«, so ändert Excel die Reihenfolge, aus der ursprünglich ersten Reihe wird die zweite usw. Nun soll das Hauptdiagramm die Gesamteinnahmen enthalten und mit Säulen dargestellt werden. Die Überlagerung soll aus den Einnahmen der drei Orte bestehen und als Linien dargestellt werden. Also müssen die beiden Dialogfelder *Hauptdiagramm* und *Überlagerung* noch einmal aufgerufen werden, um entsprechende Änderungen vorzunehmen.

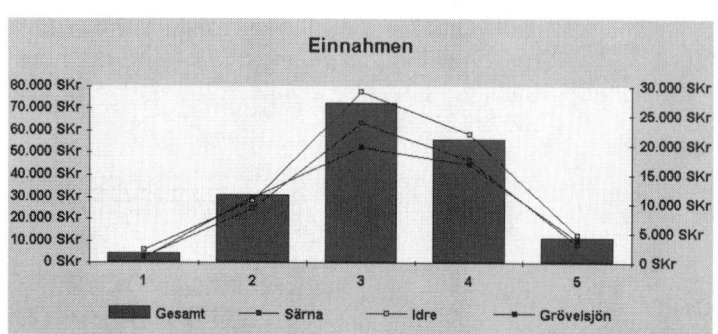

Bild 6.48: Diagramm mit geänderter Reihenfolge der Datenreihen

Ein weiteres Problem ergab sich mit den Gesamteinnahmen als
erste Datenreihe, da diese nachträglich kopiert worden waren und
für sie keine x-Achsenbeschriftung festgelegt wurde. Deshalb hat
Excel in Bild 6.49 anstelle der Monate die Datenpunkte durchnumeriert. Dieses Problem läßt sich im Dialogfeld *Datenreihen bearbeiten*
lösen.

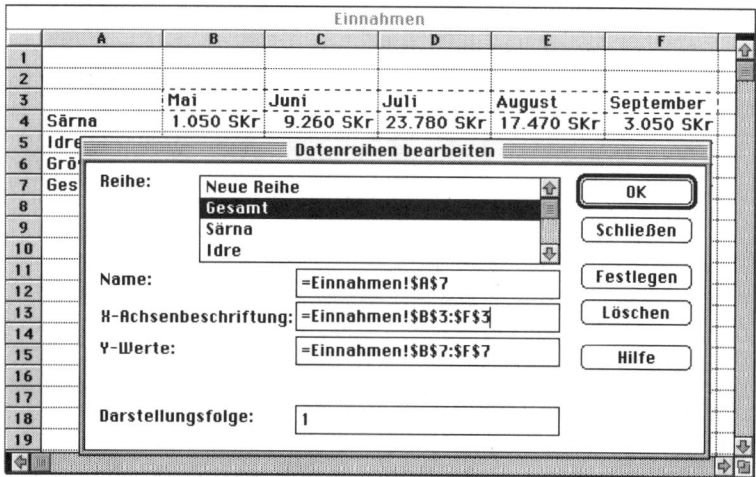

Bild 6.49: Dialogfeld zu DIAGRAMM Datenreihen bearbeiten

Vergleichen Sie dieses Dialogfeld mit dem in Bild 6.47, so können
Sie sehen, daß für die x-Achsenbeschriftung die Felder
»Einnahmen!$B$3:$F$3« eingetragen wurden. Markieren Sie diese

Eintragung und kopieren Sie sie. Markieren Sie dann »Gesamt« im Auswahlfenster und fügen Sie hinter »x-Achsenbeschriftung« die kopierten Daten ein.

Außerdem können Sie in dem vorhergehenden Bild sehen, daß wir den zugrundeliegenden Werten die Zahlenformatierung für Schwedische Kronen zugewiesen haben. Excel übernimmt diese Formatierung auch für die Zahlendarstellung in Diagrammen (s. Bild 6.48).

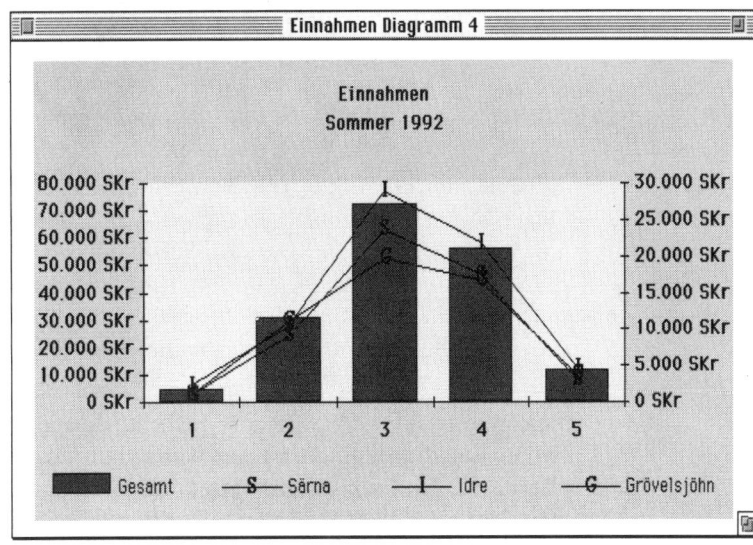

Bild 6.50: Verbunddiagramm mit geänderter Reihenfolge der Darstellung

Für Bild 6.50 haben wir die Linien mit einer dickeren Strichstärke versehen. Zudem haben wir für die Markierungen der Linien mit einem Grafikprogramm Buchstaben gezeichnet und diese über die Zwischenablage als Fremdmuster in die Grafik übernommen.

Dreidimensionale Grafik

Heutzutage sind überall dreidimensionale Darstellungen gefragt. Wir fragen uns zwar oft, wie sinnvoll diese Art der Darstellung ist, aber sie kann auch sehr eindrucksvoll sein. In Excel finden Sie verschiedene dreidimensionale Grafikvarianten. Wählen Sie diese Optionen im Pull-Down-Menü von *MUSTER* oder auf der Diagramm-Symbolleiste.

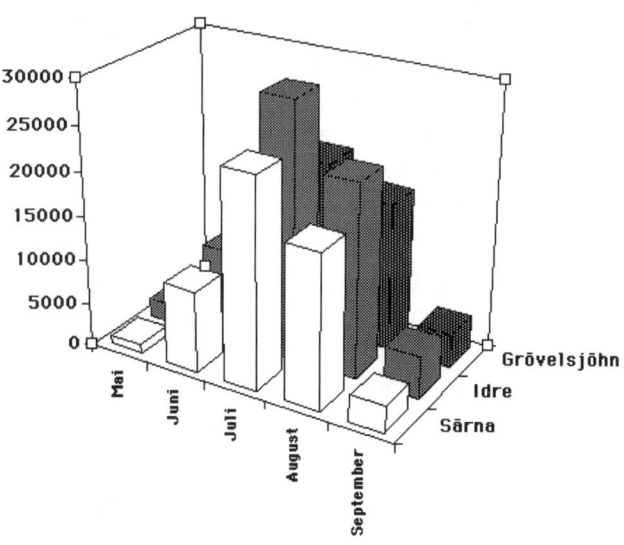

Bild 6.51: Dreidimensionales Säulendiagramm

Sie können das Problem dieser Grafik auf den ersten Blick erkennen:
Hinten liegende kleinere Säulen werden durch die davor liegenden
überdeckt. Deshalb können Sie zunächst den Versuch unterneh-
men, mit *DIAGRAMM Datenreihen bearbeiten* die Reihenfolge der
Darstellung umzudrehen. So wurde für Bild 6.53 im folgenden
Dialogfeld zu *Datenreihen bearbeiten* die Darstellungsfolge von »3«
auf »1« abgeändert.

Datenreihen bearbeiten	
Reihe:	Neue Reihe / Särna / Idre / Grövelsjöhn
Name:	=Einnahmen!$A$6
H-Achsenbeschriftung:	=Einnahmen!$B$3:$F$3
Y-Achsenbeschriftung:	Reihenname
Z-Werte:	=Einnahmen!$B$6:$F$6
Darstellungsfolge:	3

Buttons: OK, Schließen, Festlegen, Löschen, Hilfe

Bild 6.52: Dialogfeld zu DIAGRAMM Datenreihen bearbeiten

Wie Sie sehen, hat sich das Dialogfeld etwas verändert. Die Adressen der Datenwerte werden jetzt mit z-Achse bezeichnet, für die y-Achsenbeschriftung werden, wie man auch in der Grafik feststellen kann, die Reihennamen benutzt.

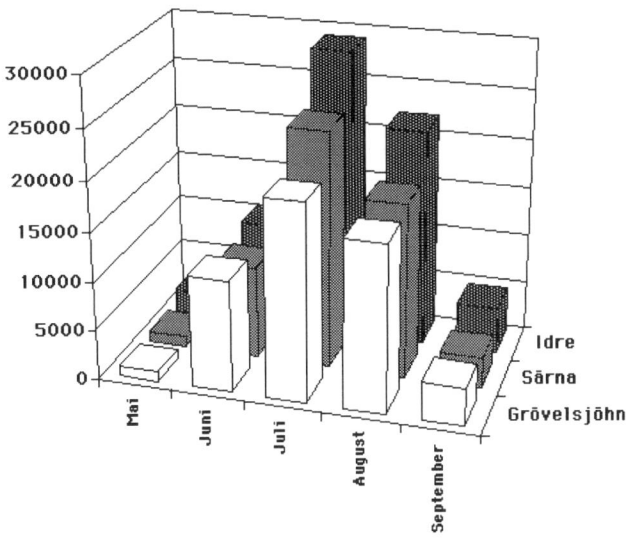

Bild 6.53: Geänderte Darstellungsfolge

Sie finden im Dialogfeld zu *FORMAT 3D-Ansicht* viele interessante Einstellungsmöglichkeiten.

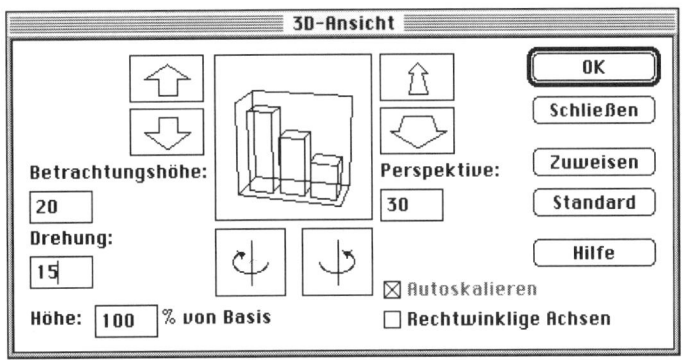

Bild 6.54: Dialogfeld zu FORMAT 3D-Ansicht

Im Fenster in der Mitte können Sie alle Manipulationen, die Sie am Diagramm vornehmen, mitverfolgen. Sind alle Einstellungsmöglichkeiten auf Null eingestellt, so erhalten Sie dieselbe Diagrammform, die Sie von der zweidimensionalen Säulendarstellung her kennen. Am schnellsten lernt man die Einstellungsmöglichkeiten kennen, indem man mit den verschiedenen Optionen ein bißchen herumspielt. Im folgenden sind die Optionen im Dialogfenster kurz erläutert:

- Die »Betrachtungshöhe« kann entweder über die Pfeiltasten links oben geregelt werden oder durch Überschreiben im entsprechenden Eingabefeld. Damit wird der Winkel eingestellt, unter dem Sie auf das Diagramm blicken. Beträgt dieser 0°, so sehen Sie in der Höhe der x-Achse auf die Säulen, das bedeutet, Sie sehen keine Bodenfläche. Mit 90° sehen Sie von oben auf die Säulen, damit sehen Sie nur die oberen Flächen der Säulen und die Bodenfläche des Diagramms. Bei -90° blicken Sie von unten »durch den Diagrammboden« hindurch.

- Das gesamte Diagramm ist mit der Option »Drehung« um die z-Achse herum rotierbar. Dabei sind Winkeleinstellungen zwischen 0° und 360° möglich. Mit 0° erhält man eine Ansicht von vorne, bei der nur die Vorderansicht der Säulen dargestellt werden. Wird um 180° gedreht, sieht man von hinten durch die Rückseite des Diagramms auf die Datenreihen. Eine Drehung um 360° ist mit einer Drehung um 0° vergleichbar.

- Mit »Perspektive« erhalten Sie eine perspektivische Ansicht Ihres Diagramms. Bei dem Wert Null ist jede Perspektive ausgeschaltet, je größer der eingestellte Wert, desto mehr Perspektive erhält das Bild. Damit werden weiter hinten liegende Flächen oder Objekte kleiner angezeigt, als solche, die weiter vorne liegen.

- Selektieren Sie »Rechtwinklige Achsen«, so wird automatisch die Option »Perspektive« ausgeschaltet.

- Mit »Höhe« können Sie das Verhältnis zwischen der Länge der x- und der z-Achse festlegen. Mit der Einstellung »100%« sind beide Achsen gleich lang. Bei »50%« ist die x-Achse doppelt so lang, bei »200%« halb so lang wie die z-Achse.

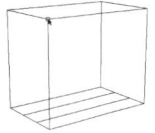

Seit Excel 4.0 läßt sich eine solche dreidimensionale Darstellung auch mit Hilfe der Maus drehen und kippen. Klicken Sie eine Ecke des Diagramms an, so wird es mit schwarzen Quadraten markiert an denen Sie mit Ihrer Maus ziehen können. Parallel dazu rotiert Excel den Diagrammumriß Ihres Diagramms.

Vorzugsform festlegen

Nachdem wir nun einmal eine Darstellung gefunden haben, die uns gefällt, möchten wir natürlich nicht für jede neue Grafik alle Formatierungsvorgänge wiederholen.

Um das zu vermeiden, können Sie in *MUSTER Vorzugsform festlegen* die formatierte Grafik als neue Vorzugsform abspeichern. Das heißt, anstelle der von Excel festgelegten Vorzugsform der zweidimensionalen Säulendarstellung können Sie ein Verbunddiagramm, eine dreidimensionale oder eine andere Darstellungsart als die von Ihnen bevorzugte Form festlegen.

Eine so festgelegte Darstellung wird dann automatisch verwendet, wenn Sie Daten markiert haben und die Grafiktaste auf der Symbolleiste betätigen. Ebenso können Sie mit Hilfe von *MUSTER Vorzugsform* jede beliebige Grafik in der Vorzugsform formatieren.

Weitere Beispiele

In diesem Abschnitt möchten wir Ihnen an einigen Beispielen einige Tricks und Fertigkeiten zur Erstellung von verschiedenen Diagrammen zeigen.

Flächendiagramm

Bei dem Diagramm in Bild 6.55 handelt es sich eigentlich um ein Flächendiagramm, auch wenn der erste Blick auf ein Liniendiagramm schließen läßt. Wir waren der Meinung, daß in diesem Fall die y-Achse keine wesentlichen Informationen für den Betrachter bietet, sie somit eingespart werden kann. Die Ausgabenexplosion kommt so noch besser zur Geltung. Zudem kann die Überschrift der Grafik nach links verschoben werden, wo sonst die Achse im Wege wäre.

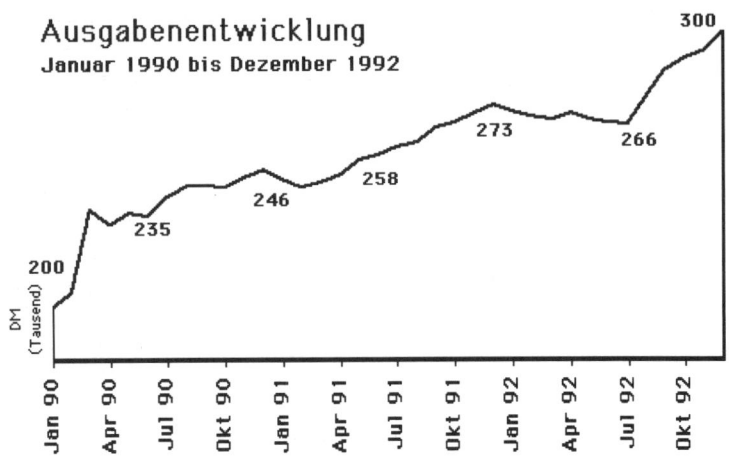

Bild 6.55: Darstellung einer Ausgabenentwicklung

Wir möchten Ihnen nun in einzelnen Schritten zeigen, wie Sie von
dem in Bild 6.56 dargestellten »normalen« Flächendiagramm zur in
Bild 6.55 dargestellten Grafik gelangen können.

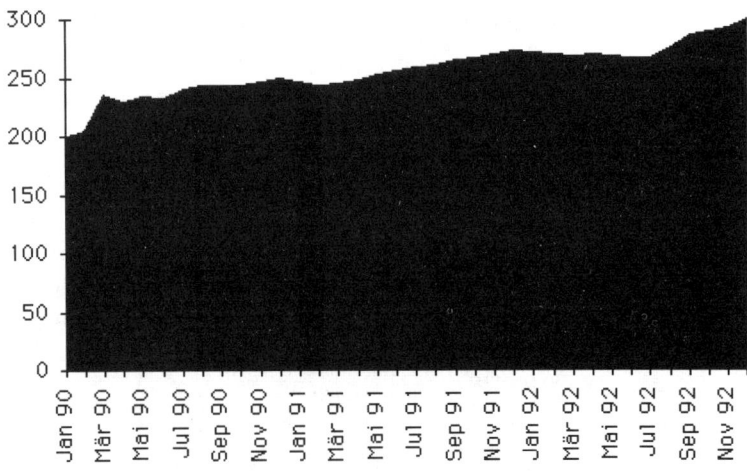

Bild 6.56: »Normales« Flächendiagramm

Zunächst können Sie sich die beiden Achsen vornehmen. Die y-
Achse sollte in anderen Schritten skaliert werden. Wählen Sie
FORMAT Skalierung so erscheint das zugehörige Dialogfeld auf

dem Schirm. Hierin haben wir bereits den Kleinstwert und die Intervallgrößen eingetragen.

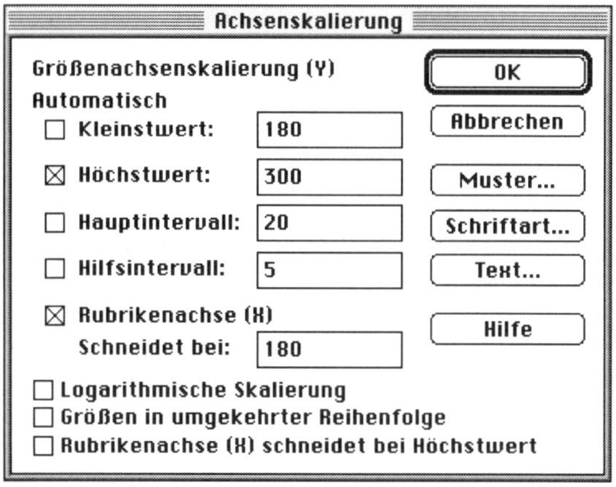

```
╔═══════════════ Achsenskalierung ═══════════════╗
║                                                  ║
║  Größenachsenskalierung (Y)         ┌─────────┐  ║
║  Automatisch                        │   OK    │  ║
║    ☐ Kleinstwert:     │ 180 │       └─────────┘  ║
║                                     ┌─────────┐  ║
║    ☒ Höchstwert:      │ 300 │       │Abbrechen│  ║
║                                     └─────────┘  ║
║    ☐ Hauptintervall:  │ 20 │        ┌─────────┐  ║
║                                     │ Muster… │  ║
║    ☐ Hilfsintervall:  │ 5 │         └─────────┘  ║
║                                     ┌─────────┐  ║
║    ☒ Rubrikenachse (H)              │Schriftart│ ║
║      Schneidet bei:   │ 180 │       └─────────┘  ║
║                                     ┌─────────┐  ║
║    ☐ Logarithmische Skalierung      │  Text…  │  ║
║    ☐ Größen in umgekehrter Reihenfolge└───────┘  ║
║    ☐ Rubrikenachse (H) schneidet bei Höchstwert  ║
║                                     ┌─────────┐  ║
║                                     │  Hilfe  │  ║
║                                     └─────────┘  ║
╚══════════════════════════════════════════════════╝
```

Bild 6.57: Dialogfeld zu FORMAT Achsenskalierung der y-Achse

Wenn das Diagramm den Ausschnitt von 180 bis 300 anzeigt, so ist das völlig ausreichend. Mit dem Dialogfeld *Muster* färben Sie die y-Achse dann weiß und schalten sowohl die Hauptteilstriche als auch die Teilstrichbeschriftung aus.

Selektieren Sie dann die x-Achse, und bearbeiten Sie diese Achse ebenfalls im Dialogfeld *Achsenskalierung*.

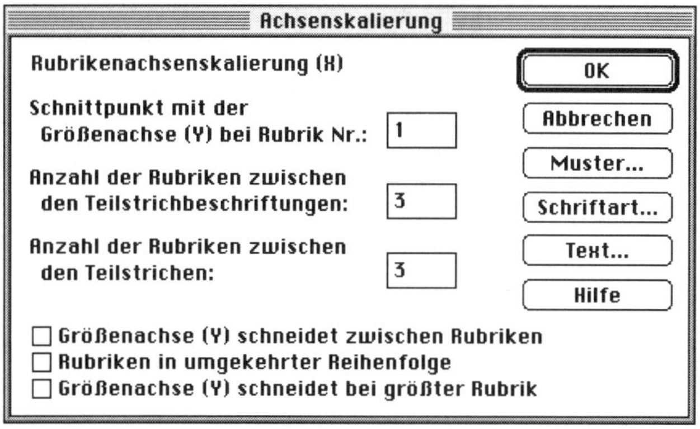

```
╔═══════════════ Achsenskalierung ═══════════════╗
║                                                  ║
║  Rubrikenachsenskalierung (H)       ┌─────────┐  ║
║                                     │   OK    │  ║
║  Schnittpunkt mit der               └─────────┘  ║
║    Größenachse (Y) bei Rubrik Nr.: │1│           ║
║                                     ┌─────────┐  ║
║  Anzahl der Rubriken zwischen       │Abbrechen│  ║
║    den Teilstrichbeschriftungen: │3│└─────────┘  ║
║                                     ┌─────────┐  ║
║  Anzahl der Rubriken zwischen       │ Muster… │  ║
║    den Teilstrichen:             │3│└─────────┘  ║
║                                     ┌─────────┐  ║
║  ☐ Größenachse (Y) schneidet zwischen Rubriken   ║
║  ☐ Rubriken in umgekehrter Reihenfolge           ║
║  ☐ Größenachse (Y) schneidet bei größter Rubrik  ║
╚══════════════════════════════════════════════════╝
```

Bild 6.58: Dialogfeld zu FORMAT Achsenskalierung der x-Achse

Hier wurde als Anzahl der Rubriken zwischen den Teilstrichen »3«
eingetragen, damit nicht jeder Monat angezeigt wird, sondern nur
der Quartalsbeginn. In *Muster* haben wir diese Achse mit einem
stärkeren Strich versehen und die Hauptteilstriche nur außen
zugelassen.

Die Datenreihe selbst wurde in *Muster* mit einer weißen Fläche und
ebenfalls einer dicken Linie versehen.

Die Überschrift besteht aus zwei Textfeldern mit verschieden
großer Schrift, die untereinander angeordnet wurden. Die Zahlenwerte wurden ebenfalls in Textfelder geschrieben, um sie beliebig
verschieben zu können.

Liniendiagramm

Im nächsten Bild handelt es sich um ein gewöhnliches Liniendiagramm, es wurde allerdings durch die Betonung der oberen und
unteren Linie etwas aufgepeppt.

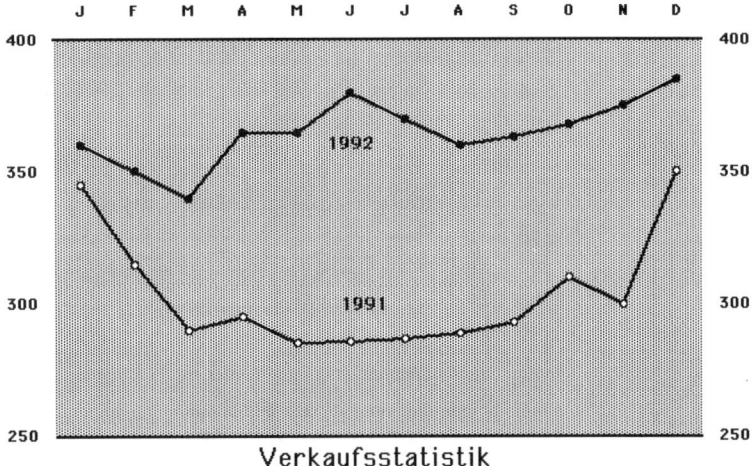

Bild 6.59: Liniendiagramm

Zunächst wurde mit den vorliegenden Daten ein Verbunddiagramm mit zwei Achsen erstellt.

Format
Muster...
Schriftart...
Text...
Skalierung...
Legende...

Hauptdiagramm...
Überlagerung...
3D-Ansicht...

Verschieben
Größe ändern

Für beide Achsen wurde dann in *FORMAT Skalierung* die gleiche Einteilung festgelegt: von 250 bis 400, so daß der Betrachter die Werte an einer beliebigen Achse ablesen kann. Die Hauptintervalle betrugen 50. Zudem wurde in *Skalierung* bestimmt, daß die Rubrikenachse beim Höchstwert schneiden soll, um die x-Achsenbeschriftung nach oben zu verlegen.

Für beide Datenreihen wurde die Liniendarstellung in *FORMAT Hauptdiagramm* bzw. *Überlagerung* ausgesucht. Die Diagrammfläche selbst wurde mit einem hellen Farbton versehen und einer starken Linie umrandet.

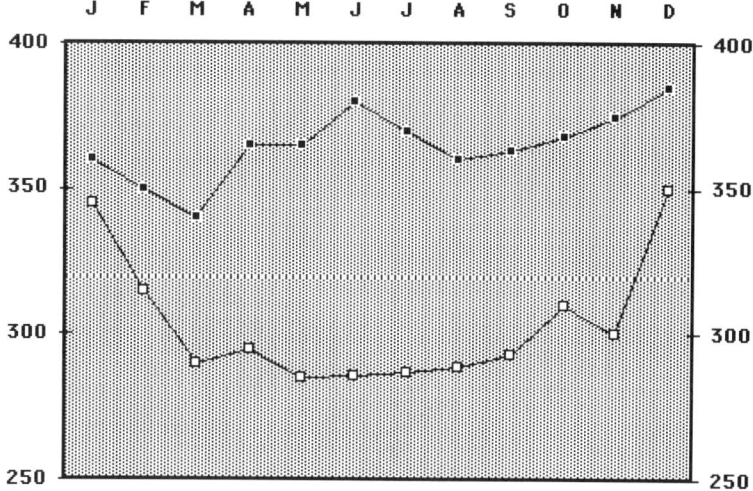

Bild 6.60: Ursprüngliches Liniendiagramm

Zunächst sollen in obiger Grafik die Umrandungen rechts und links verschwinden. Dazu werden beide Achsen mit einer fetten weißen Linie versehen, um die Umrahmung der Diagrammfläche rechts und links zu überlagern. Wichtig ist, für die beiden y-Achsen auch die Hauptteilstriche auszuschalten, sonst überlagern sie die x-Achsen und diese beginnen nicht am Rand der Diagrammfläche.

Für die oben liegende x-Achse werden die Hauptteilstriche in *Muster* ausgeschalten. Zudem wurde in *Skalierung* die Option »Größenachse (Y) schneidet zwischen Rubriken« aktiviert. Damit werden der Anfangs- und Endmonat nicht direkt an den Rand gelegt, sondern werden ins Innere der Diagrammfläche verschoben.

Die Datenreihen selbst wurden mit einer dicken Linie versehen. Die Punkte wurden auf dem Arbeitsblatt mit Hilfe des Kreises auf der Zeichnen-Symbolleiste erstellt und durch Kopieren und Einfügen auf die Markierungen der Linien übertragen.

Die Unterschrift des Diagramms ist ein Textfeld. Um es zentriert unter der Diagrammfläche anordnen zu können, wurde das Textfeld so verbreitert, daß es genauso breit war wie die Diagrammfläche selbst.

Tortendiagramm

In diesem Abschnitt möchten wir uns mit einer anderen Art von Diagramm befassen: einem Tortendiagramm. Die Daten, die dafür verwendet werden, sollen eine Art Reisezielstatistik darstellen. Sie wurden markiert und in *MUSTER* wurde die Option *3D-Kreis* selektiert. Das folgende Bild zeigt die fünfte Auswahlmöglichkeit dieses Typs, bei der die »Orte« zu den Tortenstücken zugeordnet wurden.

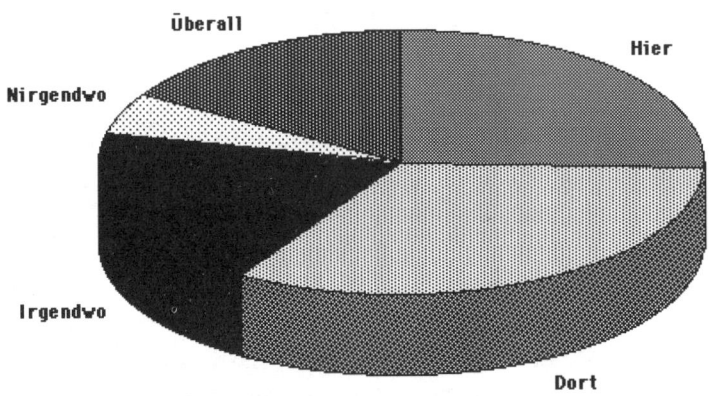

Bild 6.61: Tortendiagramm mit Bezeichnungen

Zunächst können Sie dieses Diagramm mit *3D-Ansicht* (*FORMAT*) drehen und kippen.

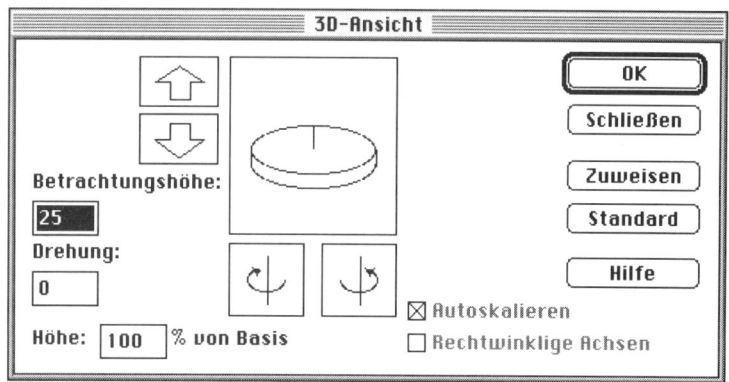

Bild 6.62: Dialogfeld 3D-Ansicht zu einem Tortendiagramm

Wir wählen eine Betrachtungshöhe von 25 und drehen das Diagramm, so daß das Tortenstück »Dort«, auf das wir besondere Aufmerksamkeit lenken möchten, links liegt. Um es hervorzuheben, können Sie es mit Ihrer Maus anklicken und aus der Torte herausziehen, wie es in Bild 6.63 gezeigt wird.

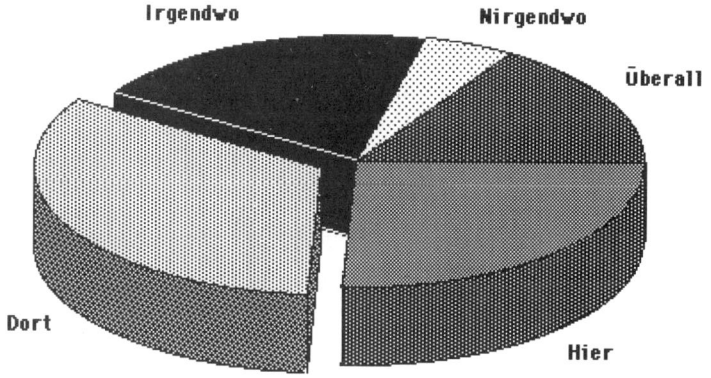

Bild 6.63: Gedrehtes Diagramm mit herausgezogenem Tortenstück

In obigem Diagramm sind alle Tortenstücke mit einer anderen Farbe versehen. Dies war uns zu unruhig. Wie haben daher zunächst der gesamten Torte eine Farbe zugewiesen. Dazu gibt es im Dialogfeld *Hauptdiagramm* das Optionsfeld »Rubriken verschieden«, das standardmäßig aktiviert ist. Durch Anklicken des Feldes kann man das Kreuz verschwinden lassen. Damit erhalten alle Tortenstücken dieselbe Farbe, die sich im Dialogfeld *Muster* noch ändern läßt. Vor allem das Tortenstück von »Dort« möchten wir farblich abheben und geben ihm deshalb einen dunkleren Farbton.

Als wir dann die Diagrammfläche mit einem hellen Farbton versahen, mußten wir feststellen, daß einige der zugeordneten Texte nicht mehr innerhalb des Diagrammfeldes lagen. Wir haben dann freien Text als Beschriftung erzeugt und die Textfelder auf die Tortenstücke gelegt. Hierbei muß man vor allem daran denken, den Texthintergrund im Dialogfeld *Schriftart* als durchsichtig zu definieren, um weiße Textfelder zu vermeiden.

Zur Vervollständigung des Diagramms wurden noch zwei weitere Textfelder erstellt, die als Überschrift des Ganzen dienen sollen. Das eine wurde mit »Reiseziele« beschriftet, das andere mit »im Vergleich«. Beide Texte wurden mit einer größeren Schriftart formatiert und die Texthintergründe wieder durchsichtig gestaltet. Die Rahmen der beiden Texte wurden dann mit der Farbe der übrigen Torte versehen. Der Rahmen »Reiseziele« wurde mit Hilfe des Dialogfelds *FORMAT Text* senkrecht gestellt. Da dabei Excel den Text gegenüber waagrechtem Text verkleinert, haben wir »Reiseziele« noch einmal mit einer drei Punkte größeren Schrift versehen. Die Textfelder wurden, wie es das folgende Bild zeigt, angeordnet.

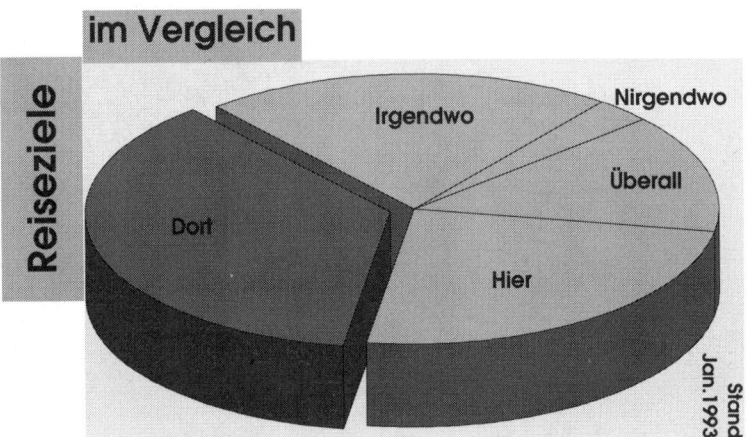

Bild 6.64: Diagramm »Reiseziele im Vergleich«

Möchten Sie ein solches Bild für eine Bildschirmpräsentation benutzen, sind Sie jetzt damit fertig. Soll es jedoch auf Papier gebracht werden, ergeben sich noch einige Probleme. Excel verschiebt die Textfelder unter Umständen beim Ausdruck gegenüber der Bildschirmdarstellung. Das bedeutet, bis Sie das Diagramm so auf dem Papier haben, wie jetzt am Bildschirm, werden einige Ausdrucke nötig sein.

Spannweitendiagramm

Diese Art des Diagramms erlaubt den Vergleich zweier Datenreihen, bei denen vor allem der Abstand der Linien voneinander von Interesse ist. Dazu können Sie zunächst das folgende Liniendiagramm mit beiden Datenreihen erzeugen.

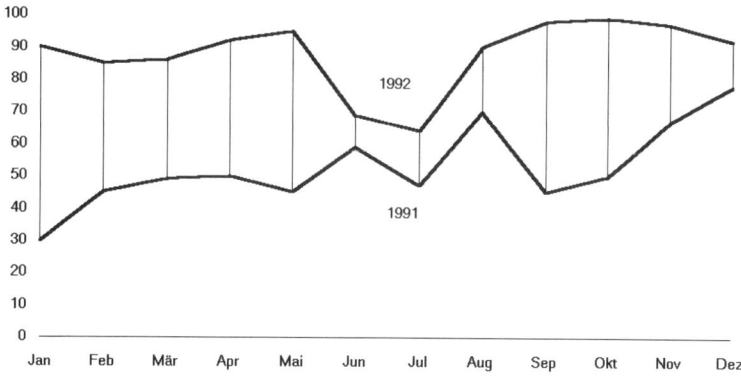

Bild 6.65: Liniendiagramm mit Spannweiten

Für Bild 6.65 wurden die Linien verstärkt sowie die Punktmarkierungen unterdrückt. Die y-Achse wurde in *Muster* weiß gefärbt und die Hauptteilstriche ausgeschaltet. Ebenso weist die x-Achse keine Hauptteilstriche mehr auf.

Im Dialogfeld *Hauptdiagramm* wurde die Option »Spannweitenlinien« aktiviert, die jeden Punkt der ersten Linie mit dem entsprechenden der zweiten verbindet.

Zur Verdeutlichung der Abstände zwischen den beiden Linien sind senkrechte Spannweiten nicht ausreichend. Wir hätten gerne noch Linien, die in der Mitte zwischen den beiden oben dargestellten verlaufen, so wie Sie das in Bild 6.66 sehen können.

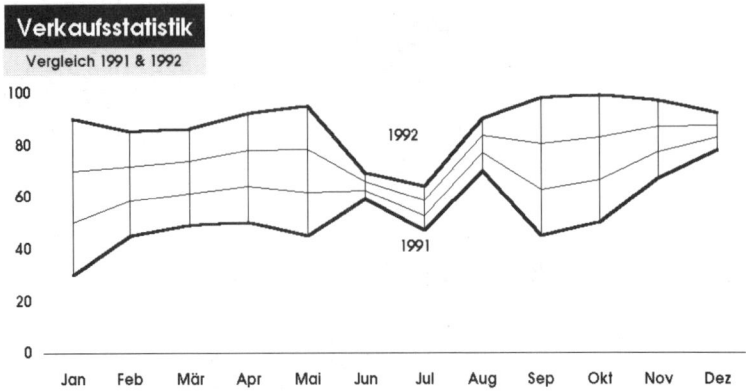

Bild 6.66: Verbessertes Spannweitendiagramm

Dazu wurde die Tabelle mit Daten um zwei Spalten erweitert.
Sollen zwischen den zwei ursprünglichen Linien zwei weitere
erscheinen, muß der Inhalt der Zelle D3 durch

=B3+(C3-B3)/3

berechnet werden. Diese Formel kann dann auf die ganze Spalte
übertragen werden.

	A	B	C	D	E
		1991	1992	1.- te Linie	2.-te Linie
2	Jan	30	90	50,00	70,00
3	Feb	45	85	58,33	71,67
4	Mär	48	85	60,33	72,67
5	Apr	50	90	63,33	76,67
6	Mai	45	93	61,00	77,00
7	Jun	60	70	63,33	66,67
8	Jul	50	65	55,00	60,00
9	Aug	65	85	71,67	78,33
10	Sep	50	90	63,33	76,67
11	Okt	55	92	67,33	79,67
12	Nov	65	91	73,67	82,33
13	Dez	75	88	79,33	83,67

Bild 6.67: Erweiterte Datenreihen

Die zweite Spalte berechnet sich durch die Formel

=B3+(C3-B3)/3*2.

Allgemein kann man eine Formel für das Einfügen von weiteren Spalten mit

=B3+(C3-B3)/(N+1)*K

angeben, wenn N die Anzahl der darzustellenden Linien insgesamt ist und die K-te Linie ausgerechnet werden soll. In unserem Beispiel oben sollten N=2 Linien dargestellt werden, also wurde durch N+1=3 geteilt.

Regressionsgerade

Beim Darstellen von wissenschaftlichen Daten begegnet man oft dem Problem, für einen linearen Sachverhalt einzelne Datenpunkte gemessen zu haben und aus diesen Punkten mit Hilfe einer linearen Regression den Verlauf einer Geraden anzunähern.

Bild 6.68 zeigt die Korrelation zwischen 100 m-Zeiten und Weiten im Weitsprung. Biomechanische Untersuchungen haben gezeigt, daß die Leistung im Weitsprung vom Sprintvermögen des Probanden abhängig ist.

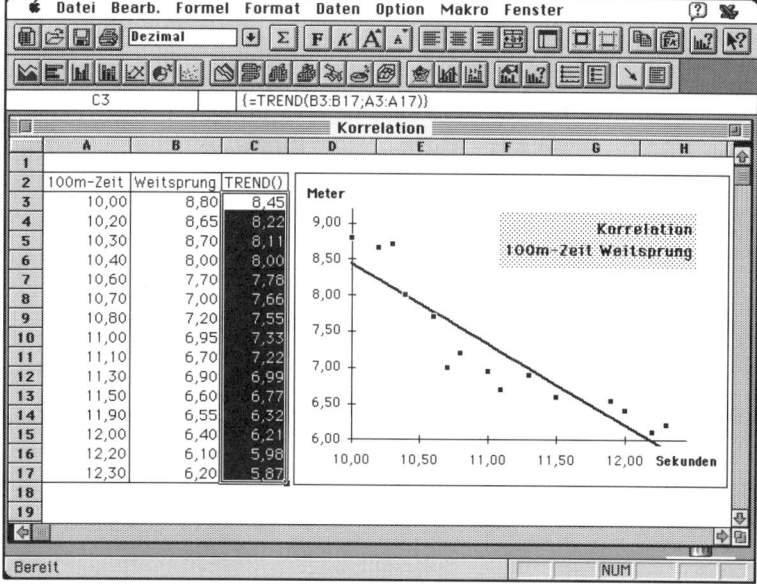

Bild 6.68: Gerade einer linearen Regression

Zunächst haben uns nur die ersten beiden Spalten mit den Zeiten und den Weiten vorgelegen. Um aus diesen einzelnen Punkten eine Regression zu berechnen, wurde die Spalte dahinter markiert und die Trendfunktion so eingetragen, wie sie in der Bearbeitungszeile zu sehen ist. Zur Bestätigung wurde dann die Tastenkombination _-Eingabe betätigt. Damit wird die TREND()-Funktion in alle markierten Zellen eingetragen. In der Bearbeitungszeile erhält die Formel am Anfang und am Ende geschweifte Klammern. Dadurch wird in Excel eine Matrix gekennzeichnet. Mehr über das Rechnen mit Matrizen entnehmen Sie bitte dem Kapitel »Excel für Fortgeschrittene«.

 Für die Grafik müssen alle drei Spalten markiert werden. Daraus wird mit der links dargestellten Taste ein XY-Diagramm erstellt. Nachdem Sie die Taste betätigt haben, öffnet Excel das folgende Dialogfeld.

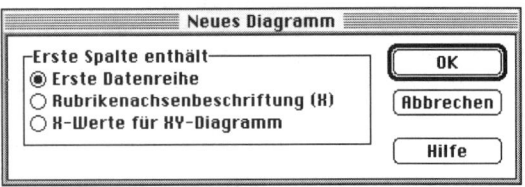

Bild 6.69: Dialogfeld zu Neues Diagramm

Hierin sollte die Option »X-Werte für XY-Diagramm« selektiert werden, denn Spalte 1 enthält die Werte, welche die x-Koordinaten für alle Punkte beschreiben.

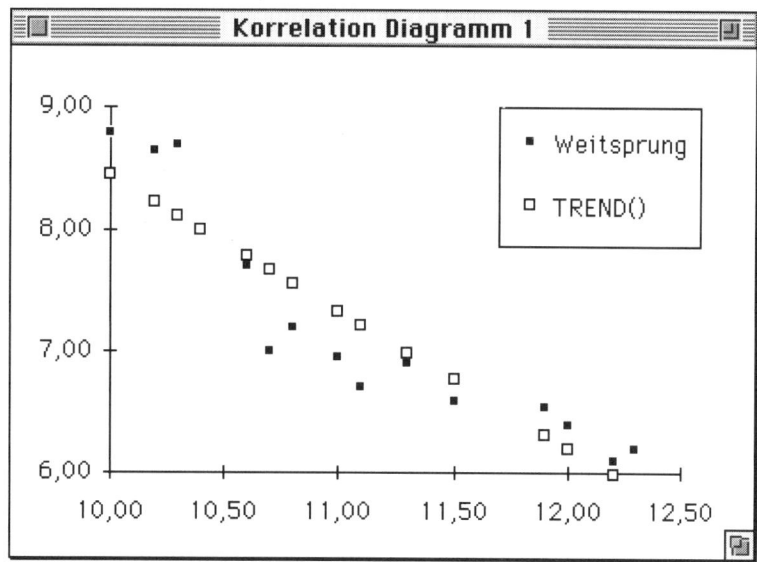

Bild 6.70: XY-Diagramm

Sie erhalten ein Diagramm mit zwei verschiedenartigen Punkten. Zunächst ist es sinnvoll, die Skalierung der Achse so zu ändern, wie Sie es in Bild 6.70 sehen können. Wir haben diesem Diagramm auch vorläufig eine Legende beigefügt, die wir aber später nicht mehr benötigen.

Wählen Sie dann für die zweite Datenreihe Verbindungslinien und unterdrücken Sie in *Muster* die Punktmarkierungen. Die Diagramm-überschrift in Bild 6.68 besteht aus nicht zugeordnetem Text, der rechts ausgerichtet ist.

Kapitel 7
Professionelle Gestaltung

Zur Gestaltung Ihrer Arbeitsblätter bietet Ihnen Excel neben den Diagrammen weitere grafische Objekte. So stehen Ihnen beispielsweise Rechtecke, Ellipsen, Linien, Bögen und andere Objekte zur Verfügung. Damit können Sie Bilder anfertigen, von denen niemand mehr vermutet, daß sie mit Excel erstellt wurden.

Grafische Objekte

Grafische Objekte können an beliebigen Stellen auf Ihrer Tabelle positioniert werden. Sie liegen, bildlich gesprochen, auf der Tabelle. Sie können z.B. ein Rechteck erzeugen, indem Sie in der Zeichnen-Symbolleiste die entsprechende Taste betätigen, die links dargestellt ist.

Positionieren Sie dann den Cursor auf dem Arbeitsblatt und ziehen Sie bei gedrückter Maustaste ein Fenster auf. Erst wenn das Fenster die von Ihnen gewünschte Größe hat, lassen Sie die Maustaste los. In diesem Fenster erscheint dann das Rechteck. Nach dem Zeichenvorgang nimmt der Cursor wieder seine normale Form an.

Möchten Sie mehrere Objekte der gleichen Art zeichnen, selektieren Sie die Taste mit dem Symbol durch Doppelklick. Das Symbol bleibt solange aktiviert bis Sie die Esc-Taste auswählen oder eine Zelle des Arbeitsblatts anklicken.

Klicken Sie ein Objekt an, um es zu markieren. Die Markierung wird durch acht kleine, schwarze Quadrate angezeigt. Sie können selektierte Objekte einfach mit Hilfe Ihrer Maus verschieben. Zeigen Sie mit dem Cursor auf eines dieser Quadrate des Objektes, so verwandelt er sich in einen Doppelpfeil, der Ihnen den Verschiebungsmodus anzeigt. Klicken Sie mit diesem Pfeil das Objekt an und ziehen Sie daran bei betätigter Maustaste. Halten Sie während dem Verschieben die Umschalttaste gedrückt, so können Sie das Objekt nur waagrecht oder senkrecht zu seiner bisherigen Lage verschieben. Mit Hilfe der ⌘-Taste richten Sie es an der linken und oberen Zellgrenze aus. Betätigen Sie beim Verschieben die Optionstaste, so wird das angeklickte Objekt verdoppelt. Sie löschen markierte Objekt mit der Rückschritt-Taste.

Ein markiertes Objektes läßt sich verkleinern oder vergrößern, indem Sie an den Quadraten ziehen, die seine Markierung anzeigen.

In den weiteren Abschnitten werden die möglichen Objekte im Einzelnen besprochen.

Linien und Pfeile

Die entsprechenden Schaltflächen auf der Symbolleiste dienen zur Erstellung sowohl von Linien als auch Pfeilen auf Ihrer Tabelle.

- Wenn Sie die Umschalttaste gedrückt halten, während Sie die Linie ziehen, können Sie sie nur in Winkeln von 0°, 45°, 90°, 135° usw. zeichnen.

- Durch Betätigen und Halten der ⌘-Taste startet und endet Ihre Linie auf einem Kreuzungspunkt von Gitterlinien Ihres Arbeitsblattes.

- Drücken Sie die ⌘- und die Umschalttaste gleichzeitig, so starten und enden Ihre Linien auf Kreuzungspunkten der Gitternetzlinien. Die Linien werden so weit wie möglich in einem Vielfachen des Winkels 45° gezeichnet.

Über *FORMAT Muster*, einem Doppelklick auf die Linie oder den Pfeil oder mit Hilfe des Kontextmenüs erhalten Sie das Dialogfeld zu *Muster*, in dem Sie Art, Farbe und Breite der Linien sowie verschiedene Pfeilspitzen festlegen können.

Freihandlinien

Bei gedrückter Maustaste können Sie jede Art von Linie zeichnen, allerdings wird dabei eine ruhige Hand benötigt. Betätigen Sie die ⌘-Taste, beendet Excel Ihre Freihandlinie an dem nächsten Kreuzungspunkt der Gitternetzlinien.

Farbe und Stärke auch dieser Linienart lassen sich im Dialogfeld zu *FORMAT Muster* bearbeiten.

Rechtecke und Ellipsen

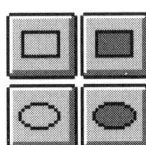 Mit Hilfe der entsprechenden Tasten auf der Zeichnen-Symbolleiste können Sie Rechtecke und Ellipsen auf Ihre Arbeitsfläche legen. Dabei besteht die Möglichkeit, gefüllte Objekte zu zeichnen, die die dahinterliegende Tabelle abdecken oder ungefüllte, durch die man »hindurchsehen« kann. Bei der Erstellung der Rechtecke und Ellipsen werden Sie von Excel durch eine Reihe von Funktionen unterstützt.

- Wenn Sie die Umschalttaste gedrückt halten, während Sie das gestrichelte Umrißfenster aufziehen, wird Ihr Rechteck zu einem Quadrat bzw. Ihre Ellipse zu einem Kreis.

- Die ⌘-Taste richtet, ausgehend von einem beliebigen Startpunkt, Ihr Rechteck oder Ihre Ellipse an Zellgrenzen aus. Mit der Hilfe der ⌘-Taste können Sie also Rechtecke so definieren, daß die darunter liegenden Zellen vollständig abgedeckt werden.

- Drücken Sie die ⌘- und die Umschalttaste gleichzeitig, so versucht Excel ein Quadrat bzw. einen Kreis an den Zellgrenzen auszurichten.

Bild 7.1: Verschiedene Rechtecke

In Bild 7.1 sehen Sie ein ungefülltes und zwei ausgefüllte Rechtecke. Das mittlere wurde mit Hilfe der Umschalttaste zu einem Quadrat. Beim rechten wurde beim Aufziehen die ⌘-Taste betätigt.

Im Dialogfeld *Muster* können Sie Rahmen und Füllung Ihrer Objekte festlegen.

Bögen und Segmente

Die links abgebildeten Schaltflächen dienen zum Zeichnen von Bögen und Segmenten. Ein Bogen beschreibt ein Viertel einer Ellipse, so wie Bild 7.2 zeigt. Ein mit einem Muster oder einer Farbe ausgefüllter Bogen wird von uns zu leichteren Unterscheidung Segment genannt.

- Bei gedrückter Umschalttaste wird Ihr Bogen/Segment zu einem Kreisbogen.

- Die Betätigung der ⌘-Taste läßt Ihren Bogen oder Ihr Segment auf einem Kreuzungspunkt von Gitternetzlinien Ihrer Tabelle anfangen und enden.

- Die ⌘- und Umschalttaste gleichzeitig haben dieselbe Wirkung der ⌘-Taste, nur daß ein Kreisbogen gezeichnet wird.

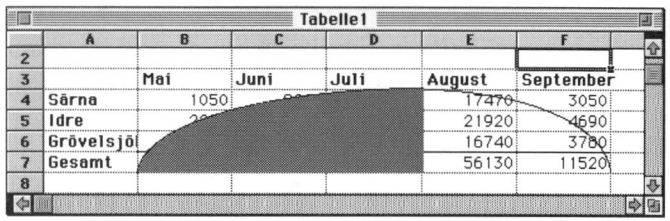

Bild 7.2: Segment und Bogen mit ⌘-Taste erstellt

Zum Bearbeiten benutzen Sie wieder das Dialogfeld *Muster*.

Vielecke

Grundsätzlich lassen sich Vielecke aus Freihandkurven oder aus zusammengesetzten Geraden erzeugen. Halten Sie die Maustaste während des Zeichnens betätigt, so wird Ihr Vieleck aus Freihandlinien zusammengesetzt. Klicken Sie nur die Eckpunkte Ihres Vielecks an, so wird es aus Geraden erstellt.

Sie können ein Vieleck auch mit einem Doppelklick abschließen, dann verbindet Excel diesen Punkt mit dem Anfangspunkt. Wie Bild 7.3 zeigt, geschieht diese Verbindung allerdings ohne eine Verbindungslinie anzuzeigen.

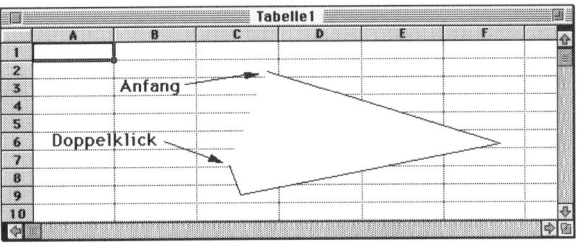

Bild 7.3: Vieleck mit Doppelklick beendet

Die betätigte ⌘-Taste zwingt auch bei einem Vieleck den Linienverlauf in die Kreuzungpunkte der Gitternetzlinien. Zum Editieren von Vielecken benutzen Sie das Dialogfeld zu *Muster*.

Textfelder

Mit der Hilfe von Textfeldern können Sie beliebige Kommentare und Texte auf Ihrem Arbeitsblatt positionieren, ohne an das Raster der Tabelle gebunden zu sein. Nach dem Aufziehen eines Textfeldes erscheint ein blinkender Eingabestrich, der Sie zum Eintippen von Text auffordert. Die ⌘- und Umschalttasten haben hierbei dieselbe Wirkungsweise, wie beim Aufziehen eines Rechtecks.

Text in Textfeldern läßt sich mit Hilfe verschiedener Optionen aus *FORMAT* bearbeiten. Durch doppeltes Anklicken oder mit Hilfe des Kontextmenüs öffnen Sie das Dialogfenster zu *Muster*. Wie nicht zugeordneten Text können Sie den Text in Textfeldern bearbeiten, ebenso läßt sich das Textfeld selbst nachträglich vergrößern oder verschieben.

In einem Textfeld besteht zudem die Möglichkeit, einzelne Wörter oder auch Buchstaben unabhängig vom Rest zu editieren, wie dies in Bild 7.4 zu sehen ist.

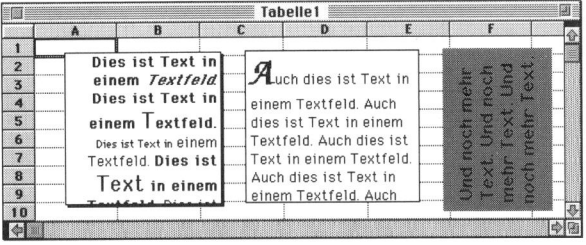

Bild 7.4: Textfelder

Arbeitsblatt-Fotos

Einen markierten Bereich auf Ihrer Tabelle können Sie mit der kleinen Kamera der Werkzeug-Symbolleiste fotografieren und an einer anderen Stelle auf Ihrem Arbeitsblatt oder in einer anderen Datei wieder einfügen. Dabei wird alles, was über den markierten Zellen liegt, fotografiert, d.h. jedes auf die Tabelle gelegte Objekt. Ist der fotografierte Teil eingefügt, liegt er dann selbst als Objekt vor. Das bedeutet, daß Sie zwar die Größe oder Lage dieses Objektes verändern können, aber Einträge oder die Tabelle selbst nicht. Wird allerdings die ursprüngliche Tabelle geändert, so werden diese Änderungen automatisch in dem fotografierten Objekt angepaßt.

In Bild 7.5 haben wir den Tabellenbereich B3:D7 fotografiert und das Foto auf (!) den fotografierten Bereich gelegt. Da dieser Bereich auch in das Foto übernommen wird, muß Excel eine selbstbezügliche (rekursive) Struktur darstellen. Da das Berechnen eines solchen Objektes aber unter Umständen unendlich viel Rechenzeit benötigt, bricht Excel die Rekursion nach wenigen Schritten ab.

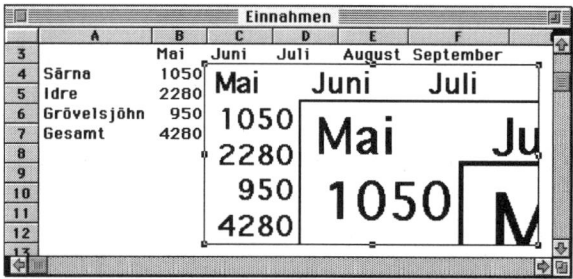

Bild 7.5: Fotografierter, vergrößerter Tabellenbereich B3:D7

Bilder einfügen

An dieser Stelle möchten wir noch einmal auf das Bild 6.1 zurück-kommen. Wir hatten den Kanuten, der im Diagramm auftaucht, auch in die Tabelle übernommen. Über die Zwischenablage wurde das Bild in die Tabelle eingefügt. Mehr über die Zwischenablage finden Sie im Kapitel »Programmkooperation«.

Bild 7.6: In Tabelle eingefügtes Bild

Solche Bilder werden standardmäßig mit Rahmen und Hintergrund eingefügt. Wir haben zunächst das Bild auf die gewünschte Größe verkleinert. Dann unterdrückten wir im Dialogfeld *Muster* den Rahmen und füllten den Hintergrund durchsichtig aus.

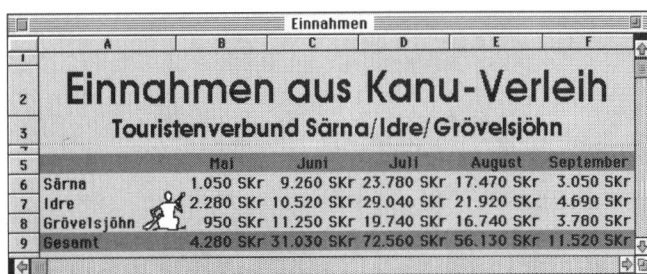

Bild 7.7: Eingefügtes, verkleinertes Bild

Diagramme

Das Erstellen und Bearbeiten von Diagrammen wurde bereits im vorangegangenen Kapitel behandelt. Ein eingebettetes Diagramm läßt sich auf der Tabelle verschieben, vergrößern und verkleinern, wie jedes andere grafische Objekt auch.

Wie Bild 7.8 zeigt, werden auch Diagramme standardmäßig mit Rahmen und weißem Hintergrund eingefügt. Wir hatten im vorherigen Kapitel in der Grafik die Diagrammfläche sowie das Diagramm mit Farbe versehen. Möchten wir die Grafik nun auf die ebenfalls bunte Tabelle legen, ist der weiße Rand besonders störend.

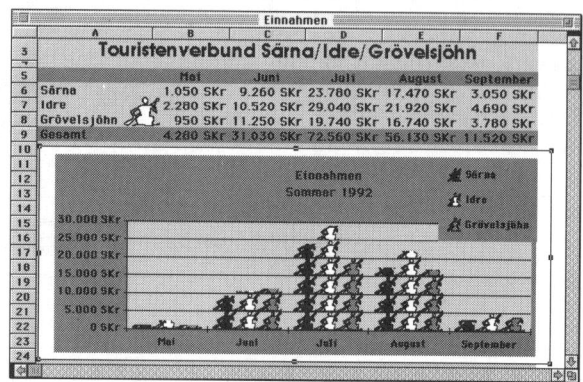

Bild 7.8: Eingebettetes Diagramm

Im Dialogfeld *Muster* wurde der Rand eliminiert sowie die Füllung
des Rahmens auf unsichtbar gestellt. Wie Sie beim Vergleich der
Bilder 7.8 und 7.9 erkennen können, mußten wir Excel wieder
austricksen, um die Tabelle und das Bild rechts und links bündig
abschließen lassen zu können. Wir haben eine neue Spalte vor dem
Tabellenbeginn eingefügt und diese so breit eingestellt, wie der
Diagrammrand war. Bild 7.9 zeigt das Ergebnis.

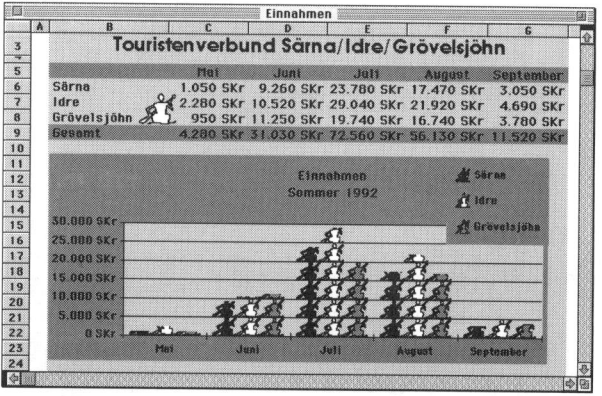

Bild 7.9: Diagramm ohne Rand mit durchsichtigem Hintergrund

Markieren von Objekten

Sie markieren ein grafisches Objekt, indem Sie es mit der Maus anklicken. An den Seiten des Objektes müssen Sie dann acht kleine Rechtecke sehen.

Ein rahmenloses Objekt, wie es Bild 7.7. zeigt, ist oft schwer zu selektieren. Stehen Sie vor diesem Problem, überlegen Sie sich den Verlauf des unsichtbaren Rahmens. Bewegen Sie den Cursor in seine Nähe und bewegen Sie ihn dort, bis er sich in einen Pfeil verwandelt, mit dem Sie Objekte selektieren und verschieben können (s. Bild 7.7). Klicken Sie dann Ihr Objekt an.

Mehrere Objekte können Sie gleichzeitig selektieren, wenn Sie die einzelnen Objekte bei gedrückter Umschalttaste anwählen. Dadurch lassen sich mehrere Objekte zur gleichen Zeit verschieben und bearbeiten.

Eine zweite Methode der Markierung einer Anzahl von Objekten verbirgt sich hinter der links dargestellten Taste der Zeichnen-Symbolleiste. Sowie Sie diese Taste anwählen, ändert sich der Cursor auf Ihrer Arbeitsfläche zu einem kleinen Kreuz. Betätigen Sie die Maustaste, so können Sie bei gehaltener Taste ein gestricheltes Fenster aufziehen. Lassen Sie die Maustaste los, so werden alle Objekte innerhalb des Fensters selektiert.

Bei einigen Funktionsobjekten ist das Anklicken des Objekts nicht möglich, da dadurch eine zugeordnete Funktion ausgelöst wird. Selektieren Sie solche Objekte immer mit Hilfe der eben beschriebenen Taste zum Markieren.

Bearbeiten von Objekten

Das im nächsten Bild dargestellte Logo läßt sich mit den beschriebenen Objekten einfach erstellen. Es besteht aus fünf grafischen Objekten: einem Rechteck, einem Vieleck, einem über die Zwischenablage kopierten Bild und zwei Textfeldern.

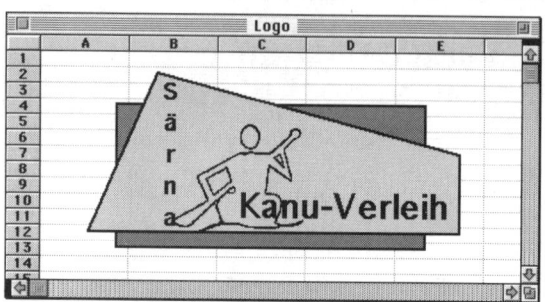

Bild 7.10: Logo des Kanu-Verleihs Särna

Darstellungsreihenfolge

Grafische Objekte, die übereinander auf der Tabelle liegen, werden in der Reihenfolge angeordnet, in der sie gezeichnet wurden: das zuerst gezeichnete als unterstes, das zuletzt erstellte zuoberst. Diese Reihenfolge können Sie bei Bedarf ändern. In Bild 7.11 wurde die Reihenfolge der Darstellung verändert, indem das Vieleck selektiert und die links abgebildete Taste betätigt wurde.

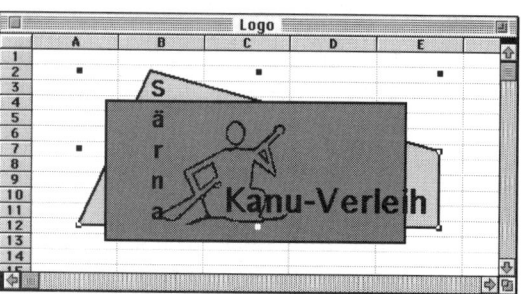

Bild 7.11: Vieleck wurde in den Hintergrund gelegt

Ebenso finden Sie auf der Zeichnen-Symbolleiste eine Taste, um ein selektiertes Objekt in den Vordergrund zu legen. Klicken Sie ein grafisches Objekt mit der Maus an, während Sie die Options- und ⌘-Taste gedrückt halten, so finden Sie zudem im Kontextmenü die beiden Optionen »In den Vordergrund« und »In den Hintergrund«.

Bearbeiten von Vielecken und Feihandlinien

 In der Zeichnen-Symbolleiste finden Sie das links dargestellte Symbol, mit dem Sie die Lage der Punkte von Vielecken und Freihandlinien auch nachträglich noch verändern können. Markieren Sie das Vieleck bzw. die Freihandlinie, betätigen Sie die links abgebildete Taste, und ziehen Sie dann mit Ihrer Maus an einem der Eckpunkte Ihres Vielecks bzw. an einem der Punkte auf der Freihandlinie. Im folgenden Bild wurde der rechte untere Punkt des Vielecks nach rechts verschoben.

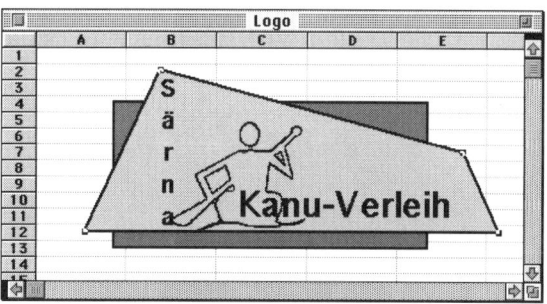

Bild 7.12: Bearbeitetes Vieleck

Es besteht zudem die Möglichkeit, mit der oben beschriebenen Taste einem Vieleck Punkte zuzufügen oder welche zu löschen. Selektieren Sie zunächst das Vieleck, wählen Sie die Taste auf der Zeichnen-Symbolleiste aus, betätigen Sie die Umschalttaste und ziehen Sie mit Ihrer Maus irgendwo am Vieleck. An der Stelle, an der Sie am Vieleck ziehen, fügt Excel einen weiteren Punkt ein. Auf diese Art wurde dem Vieleck im folgenden Bild ein weiterer Punkt zugeordnet.

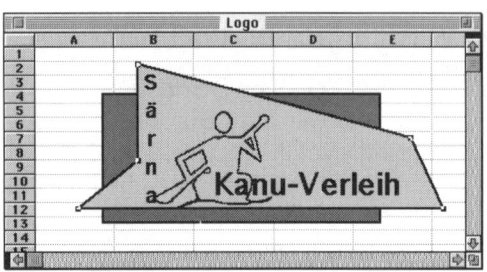

Bild 7.13: Eingefügter Punkt im Vieleck

Ebenso können Sie mit Hilfe der Umschalttaste bestehende Punkte wieder löschen.

Die beschriebenen Möglichkeiten gelten ebenso für Freihandlinien.

Farben

Auf der Zeichnen-Symbolleiste finden Sie rechts eine Farbpalette. Einem markierten Objekt können Sie durch Anklicken dieser Farbpalette eine andere Vordergrundfarbe zuordnen. Die nächste Farbe wird dabei nach der Reihenfolge der Farben auf dem Auswahlbalken der Farben ausgewählt. Die vorherige Farbe des Auswahlfeldes wählen Sie durch Anklicken der Farbpalette bei betätigter Umschalttaste.

Schatten

Sie können durch Anklicken der letzten Taste auf der Zeichnen-Symbolleiste einem selektierten grafischen Objekt einen Schatten zuweisen. Im nächsten Bild wurde allen Objekten des Logos ein Schatten zugewiesen.

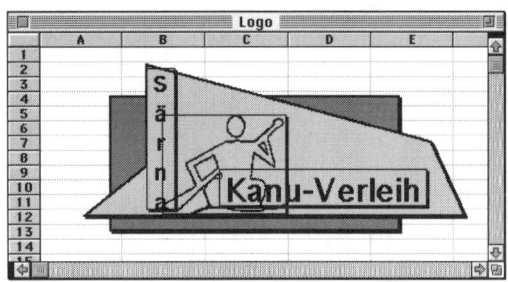

Bild 7.14: Objekte mit Schatten

Objektposition

Die Position der Objekte, bezogen auf die unter ihnen liegenden Zellen, läßt sich in dem in Bild 7.15 gezeigten Dialogfeld *Objekteigenschaften* bestimmen, das Sie über das Menü zu *FORMAT* oder über das Kontextmenü zu einem Objekt aufrufen können.

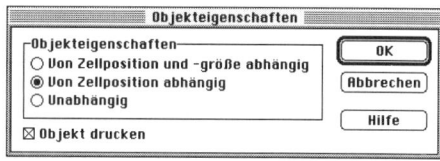

Bild 7.15: Dialogfeld zu FORMAT Objekteigenschaften

- Mit der Auswahl »Von Zellposition und -größe abhängig«, die standardmäßig aktiviert ist, wird ein Objekt fest an die unter ihm liegenden Zellen gebunden. Fügen Sie in Ihr Arbeitsblatt Zeilen oder Spalten ein oder löschen Sie, so wird das Objekt entsprechend der Zellen mit verschoben. Ändern Sie Zeilenhöhe oder Spaltenbreite, so wird das Objekt entsprechend vergrößert oder verkleinert.

- Ist Ihr Objekt nur »Von (der) Zellposition abhängig«, so hat eine Änderung der Zeilenhöhe oder Spaltenbreite keinen Einfluß auf Ihr Objekt. Verschiebungen der Zellen unter dem Objekt bewegen aber auch das Objekt.

- Ist ihr Objekt »Unabhängig«, so behält es seine Position im Bezug auf die Blattränder, unabhängig von der Bewegung und Größe der Zellen unter dem Objekt.

Objekte gruppieren

Sollten Sie mehrere Objekte selektiert haben, so können Sie diese zu einer Gruppe zusammenfassen. Wählen Sie dazu *FORMAT Gruppieren*. Eine Gruppe läßt sich nur als Ganzes bearbeiten. Alle Attribute, die Sie der Gruppe geben, werden auf alle Einzelteile der Gruppe angewandt. Ebenso bewirkt die links dargestellte Taste ein Gruppieren von Objekten.

Durch *Gruppierung aufheben* in *FORMAT* können Sie eine Gruppe wieder in ihre Bestandteile auflösen. Dieser Befehl erscheint im Menü nur, wenn Sie eine Gruppe markiert haben. Auch für diesen Vorgang finden Sie eine entsprechende Taste auf der Zeichnen-Symbolleiste.

Objektschutz

Im Kapitel »Gestaltung von Arbeitsblättern« haben wir uns bereits mit dem Schutz von Zellen befaßt. Ebenso wie Zellen lassen sich Objekte schützen. Auch hierbei gilt, Objekte sind prinzipiell immer gesperrt, es sei denn, Sie heben diese Sperre explizit für ein markiertes Objekt in *FORMAT Objekt schützen* durch Löschen des Kreuzes im Optionsfeld auf. Der Objektschutz wird allerdings erst dann aktiviert, wenn Sie *OPTION Datei schützen* selektieren, so wie es schon im Kapitel »Gestaltung von Arbeitsblättern« besprochen wurde.

Als Beispiel haben wir in Excel das folgende Briefpapier entwickelt, das als Grundlage für Rechnungen und ähnliches dienen soll.

Bild 7.16: Briefformular

Um bei der weiteren Arbeit mit einem vorbereiteten Formular nicht aus Versehen die Objekte zu verändern, z.B. durch versehentliches Verschieben, ist es sinnvoll, die Objekte zu schützen. Rufen Sie dazu *OPTION Datei schützen* auf. Sie erhalten das folgende Dialogfeld:

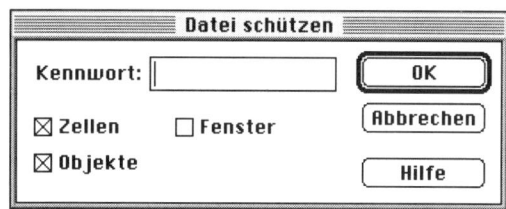

Bild 7.17: Dialogfeld zu OPTION Datei schützen

Möchten Sie nur die Objekte auf Ihrer Tabelle schützen, so wählen Sie, wie im Bild gezeigt, nur das Optionsfeld »Objekte« an.

Namen festlegen

Für selektierte Objekte können Sie Namen vereinbaren. Diese Namen werden, wie für Zellen und Bereiche auch, mit *FORMEL Namen festlegen* definiert.

Intern werden alle Objekte von Excel benannt und numeriert. Wenn Sie ein grafisches Objekt markieren, so sehen Sie diesen Namen oben in der Bearbeitungszeile. Sollten Sie eigene Namen festlegen, so wird nicht wie gewohnt die Adresse einer Zelle oder eines Bereiches übergeben, sondern der interne Name. In dem Dialogfenster der Namensvergabe erscheinen Objekte in der Form »="Objekt 99"«, wobei für Objekt eine Bezeichnung wie Rechteck, Bogen oder ähnliches steht und anstelle der 99 eine Zahl, die durch Mitzählen der gezeichneten Objekte festgelegt wird.

Angewendet werden mit eigenen Namen benannte Objekte in erster Linie in der Makroprogrammierung.

Beispiele

Wir möchten Ihnen im folgenden noch einige Beispiele vorstellen, für die alle möglichen grafischen Objekte zur Gestaltung genutzt wurden.

Entwicklung einer Aktivitätenstatistik

Wir möchten Ihnen zunächst schrittweise die Verwandlung eines Standarddiagramms in eine aussagekräftige Präsentationsgrafik vorführen. Das folgende Diagramm dient als Ausgangsgrafik.

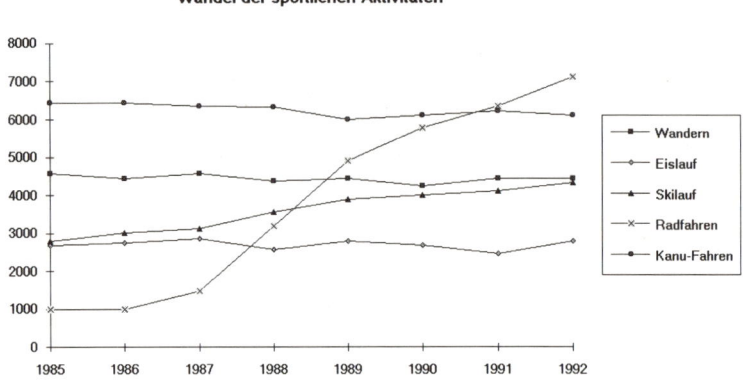

Bild 7.18: Liniendiagramm

Um ein solches Bild beispielsweise als Folie an die Wand zu werfen, ist das oben abgebildete Diagramm zu dünn. Für das folgende Bild wurden zunächst die Linien verstärkt. Wir haben zudem die y-Achse eliminiert, da es im Bild in erster Linie auf den Kurvenverlauf ankommt, die absoluten Zahlen sind dabei eher uninteressant.

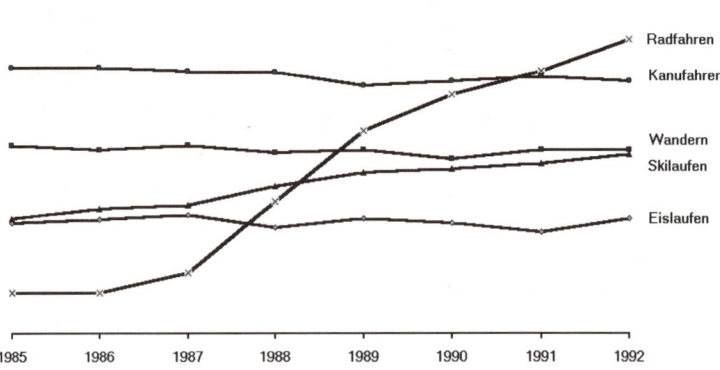

Bild 7.19: Überarbeitetes Liniendiagramm

Da uns außerdem die Legende in Bild 7.18 nicht zusagte, die Linien aber irgendwie bezeichnet werden mußten, haben wir dazu Textfelder benutzt. Die Legende ist dabei erhalten worden, um den freien rechten Raum zu erhalten. Sie wurde allerdings mit einem Textfeld, das weiß ausgefüllt war, überdeckt. Im folgenden Bild wird der Rahmen des obersten Textfeldes angezeigt, um die Lage der Felder zu verdeutlichen.

Wandel der sportlichen Aktivitäten

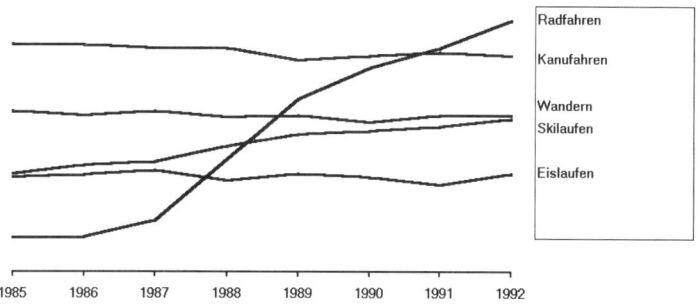

Bild 7.20: Sichtbarer Rahmen des Textfeldes

Die Ausrichtung wurde für das Textfeld, das die Legende überdeckt, mit »Oben« und »Links« festgelegt. Alle weiteren Textfelder wurden daran ausgerichtet.

Unser nächster Gedanke war, die Markierung der einzelnen Linien als Bilder einzufügen. Wir haben dazu entsprechende Bilder aus einem Grafikprogramm importiert. Nun wollten wir nicht, daß jeder einzelne Datenpunkt mit einer Figur versehen wird, sondern eine Linie sollte mit nur einer passenden Figur gekennzeichnet werden. Deshalb wurden für das Diagramm alle Markierungen gelöscht. Die Figuren wurden auf das eingebettete Diagramm gelegt. Zudem haben wir die Rahmen der eingefügten Bilder unterdrückt.

Wandel der sportlichen Aktivitäten

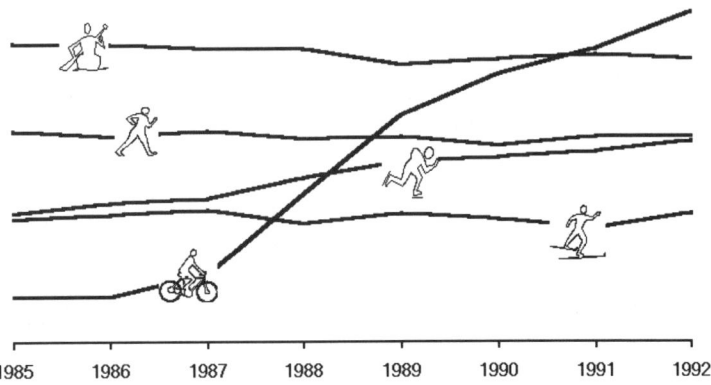

Bild 7.21: Dem eingebetteten Diagramm überlagerte Sportler

Für das folgende Bild wurde dem Diagramm ein schwarzes Rechteck hinterlegt. Das Diagramm selbst ist in *Muster* als durchsichtig
ausgefüllt worden, seine Linien wurden mit weißer Farbe versehen.
Die Sportler wurden mit weißen Strichen kopiert und eingefügt, sie
erhielten zudem schwarze Hintergründe, um die Linien ein Stück
abzudecken.

Wandel der sportlichen Aktivitäten

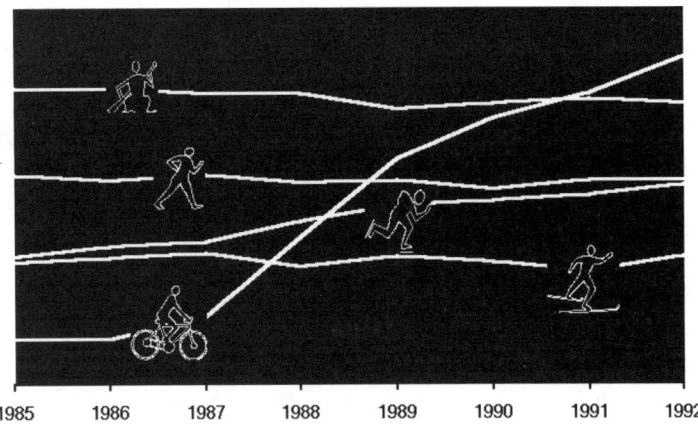

Bild 7.22: Diagramm mit dahintergelegtem schwarzen Rechteck

Im nächsten Bild wurde eine Prognose für das Jahr 1993 gewagt. Dazu ist die Tabelle und auch das Diagramm erweitert worden. Der linke Teil wurde wie bisher, mit einem schwarzen Rechteck hinterlegt. Der rechte Teil wurde mit einem Rechteck in einer anderen Farbe gestaltet, um deutlich zu machen, daß es sich hier nur um eine Prognose handelt.

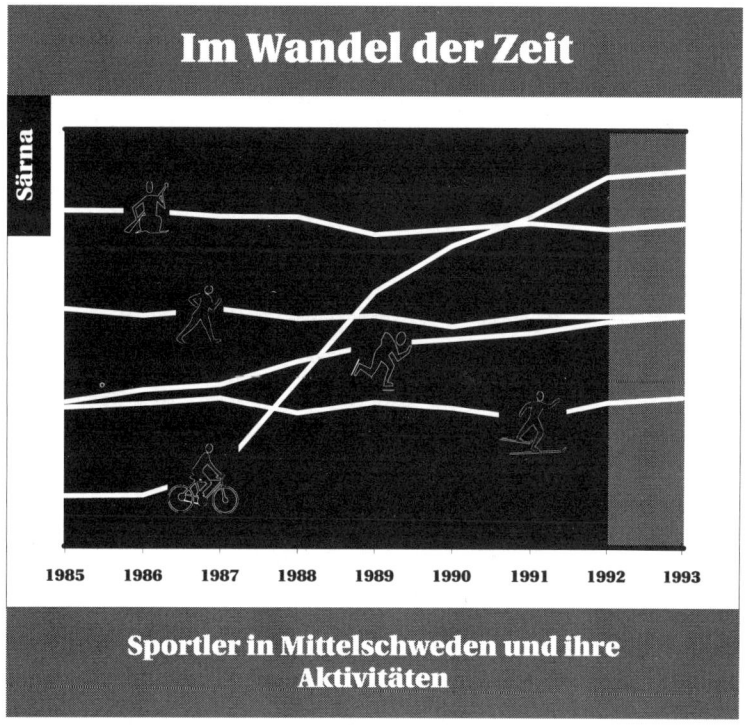

Bild 7.23: Präsentationsgrafik

Zudem haben wir die Überschrift verändert. Ein erklärender Teil wurde in ein weiteres Textfeld unter dem Diagramm eingefügt.

Bei solchen Überlagerungen von Diagrammen, Textfeldern und anderen grafischen Objekten ist es immer sinnvoll, sich Gitternetzlinien zum Ausrichten zu suchen. Benutzen Sie dazu die ⌘-Taste, die die Ränder der Objekte an den Gitternetzlinien »einrasten« läßt.

Sollten Sie beim Drucken damit Probleme haben, daß die Objekte, die auf Ihrem Bildschirm richtig ausgerichtet sind, auf einmal auf dem Papier nicht mehr dort liegen, wo sie liegen sollten, denken Sie

an die Option »Unabhängig« in *FORMAT Objekteigenschaften*, um
die Bindung der Objekte an die darunterliegenden Zellen zu lösen.

Dreidimensionale Entwicklungsaktivitäten

Das nächste Bild wurde aus einem durchsichtigen Diagramm mit
einem dahintergelegten Textfeld kombiniert, um zu zeigen, daß Sie
auch Ihr Logo oder ein beliebiges Bild in den Hintergrund einer
Grafik legen können.

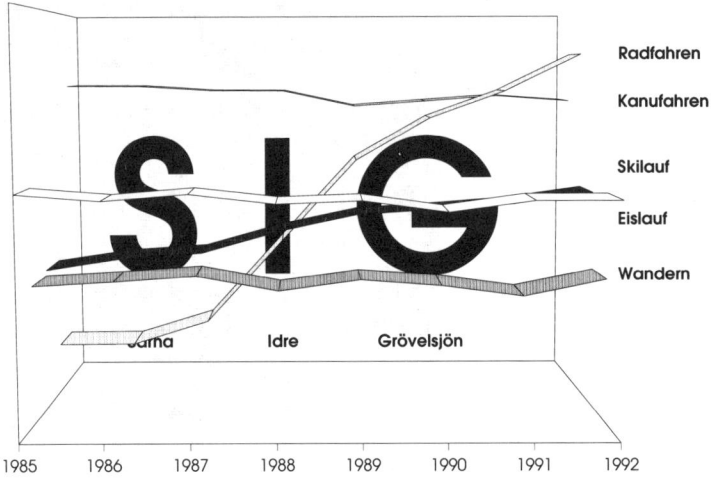

Bild 7.24: Dreidimensinale Linien

Die Liniengrafik der vorangegangenen Beispiele wurde zu einer
3D-Liniengrafik verändert.

Die oben gezeigte Grafik wurde in zwei Schritten formatiert. Der
erste Schritt war die Aufbereitung des Diagramms. Dabei wurde in
FORMAT Muster die Diagrammfläche durchsichtig und ohne
Rahmen definiert.

Der zweite Schritt ist die Formatierung der Grafik auf der Arbeitsfläche der Tabelle. Das eingebettete Diagramm wird wiederum
ohne Rahmen und ohne Farbe festgelegt. Hinter das Diagramm
wurde ein Textfeld positioniert, wobei die Buchstaben S, I und G in
einer 100 Punkt-Schriftgröße angegeben sind. Die Bezeichnungen
der einzelnen Linien auf der rechten Seite sind nachträglich festgelegte Textfelder.

Kombinierte Textfelder

Ein weiteres Beispiel für die Arbeit mit Textfeldern zeigt das nächste Bild. Die verschiedenen Schichten des Netzwerkreferenz-modells wurden als schattierte Textfelder auf die Tabelle gelegt. Die grauen Flächen im Hintergrund sind mit einem Muster versehene Zellen der Tabelle.

Die Textfelder sind mit Hilfe der ⌘-Taste an den Zellgrenzen der darunterliegenden Zellen ausgerichtet.

Das ISO-Referenzmodell

7	**Anwendungsschicht** (Application Layer)
	Anwendungsprogramme und Dienste, die den Ablauf überwachen
6	**Darstellungsschicht** (Presentation Layer)
	Darstellung der Information; Anpassung der Aufgaben an das Betriebssystem
5	**Kommunikationssteuerungsschicht** (Session Layer)
	Organisation und Synchronisation des Dialogs; Abwicklung des Datenaustauschs
4	**Transportschicht** (Transport Layer)
	Zuverlässiger Ende-zu-Ende-Datenaustausch zwischen zwei kommunizierenden Partnern
3	**Vermittlungsschicht** (Network Layer)
	Festlegung des Übertragungsweges durch Kopplung gesicherter Teilstrecken
2	**Sicherungsschicht** (Link Layer)
	Festlegung einer gesicherten Datenübertragung auf einer Teilstrecke
1	**Bitübertragungsschicht** (Physical Layer)
	Übertragung der Bitinformation über das physische Medium

Bild 7.25: Das ISO-Referenzmodell

Die Kästchen der Schichten sind jeweils aus zwei schattierten Textfeldern zusammengesetzt, wobei das untere Kästchen den

Schatten des oberen überdeckt. Diese doppelten Kästchen wurden einmal erstellt und dann entsprechend kopiert und ausgefüllt. Die Zahlen von 1 bis 7 am linken Rand sind ebenfalls mit Hilfe von Textfeldern positioniert worden.

Freihandgrafiken

Der im folgenden Bild dargestellte Ausschnitt aus einer Landkarte wurde mit Freihandlinien erzeichnet. Die Texte wurden als durchsichtige Textfelder ohne Rand auf der Karte positioniert.

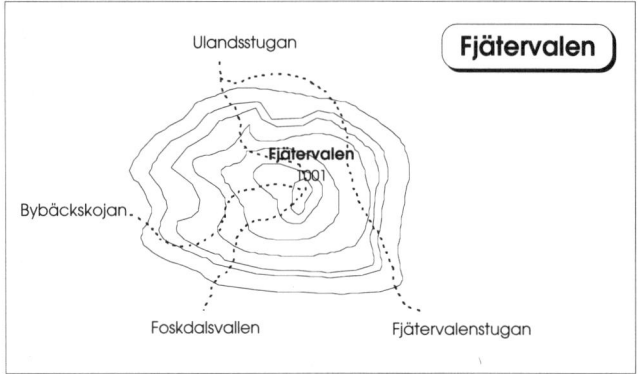

Bild 7.26: Landkarte

 Nach dem Zeichnen der Höhenlinien wurden diese mit der links gezeigten Taste gruppiert, um sie nicht bei der späteren Arbeit versehentlich zu verschieben.

Die Wanderwege sind Freihandlinien, die über die entsprechende Auswahl in *FORMAT Muster* gestrichelt wurden.

Kapitel 8
Arbeiten mit mehreren Arbeitsblättern

In den vorangegangenen Kapiteln haben wir uns mit Problemen beschäftigt, die die Arbeit mit nur jeweils einer Tabelle erfordern. Es ist aber möglich, mehrere Fenster für das gleiche Arbeitsblatt zu öffnen, so daß Sie verschiedene Bereiche Ihres Blattes einsehen können. Weiterhin können Sie mit Excel mehrere Arbeitsblätter zur gleichen Zeit bearbeiten. Solche gleichzeitig geladenen Kalkulationen können zudem untereinander verknüpft werden.

Fenster, wohin das Auge reicht

Fenster gehören zu den Grundelementen der grafischen Oberfläche des Macintosh. Excel nutzt die vielfältigen Möglichkeiten, die die Fenstertechnik bietet. Wir möchten Ihnen im folgenden beschreiben, wie Sie als Anwender Fenster für Ihre eigene Arbeit effektiv einsetzen können.

Mehrere Fenster für ein Arbeitsblatt

Vielleicht haben Sie bis jetzt schon einige Arbeitsblätter mit Excel definiert, die von ihren Ausmaßen über den auf Ihrem Bildschirm zu sehenden Bereich hinausgingen. Oft ist es so, daß man z.B. rechts unten neue Formeln eintippt, dazu aber Informationen benötigt, die links oben in einem Teil des Arbeitsblattes stehen, der leider nicht mehr am Bildschirm zu sehen ist. Also blättert man nach links oben und merkt sich die notwendigen Informationen. Oder - wir haben es bei vielen Anwendern gesehen - mit Papier und Bleistift wird abgeschrieben und dann wieder eingetippt. Entnehmen Sie diesen Worten bitte nicht, die Autoren hätten etwas gegen Papier und Bleistift, im Gegenteil. Wäre das ein oder andere Arbeitsblatt vorab einmal skizziert und geplant worden, hätte es später nicht komplizierte und unübersichtliche Kalkulationsblätter gegeben.

Excel bietet zwei Verfahren, um weit auseinanderliegende Teile des Arbeitsblattes zur gleichen Zeit auf dem Bildschirm zu sehen. Das erste Verfahren haben Sie schon kennengelernt. Im Kapitel

»Arbeitserleichterungen« wurden die Möglichkeiten zum Unterteilen von Fenstern beschrieben. Unterteilte Fenster sind eigentlich
gedacht, um z.B. Überschriften und ähnliches sichtbar zu halten.
Das zweite Verfahren bietet Ihnen mehr Flexibilität und ist für
unsere Problemstellung leichter handhabbar. Mit Hilfe des Befehls
FENSTER Neues Fenster können Sie weitere Fenster für Ihr Arbeitsblatt öffnen. In jedem der Fenster können Sie unabhängig voneinander verschiedene Bereiche Ihres Arbeitsblatts anwählen. Die
maximale Anzahl der zusätzlichen Fenster ist nur durch den Arbeits-
speicher begrenzt, der Excel im Informationsfenster des Finders
zugewiesen wurde. Die neu geöffneten Fenster werden von Excel
durchnumeriert. Die Nummer wird dem Namen der Datei, durch
einen Doppelpunkt abgetrennt, nachgestellt. Dies ist im nächsten
Bild dargestellt.

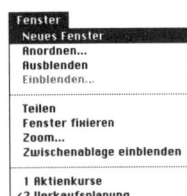

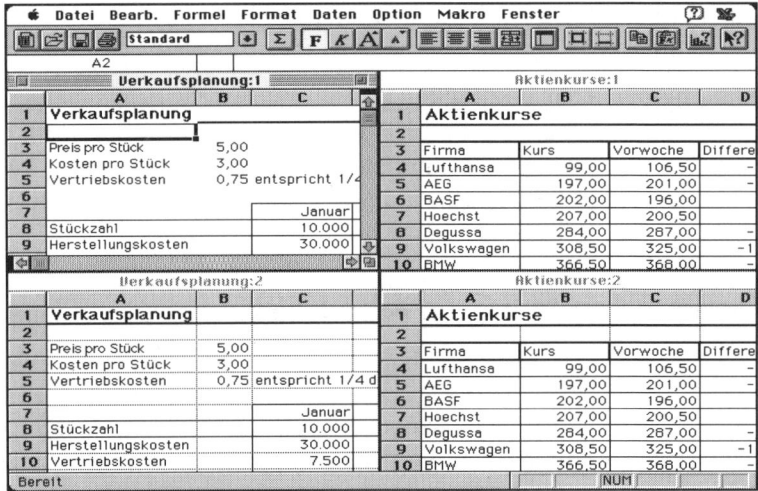

Bild 8.1: Durchnumerierte Fenster

Beim Speichern Ihres Arbeitsblattes werden alle zusätzlichen Fenster mit abgelegt, so daß sie bei einem späteren Laden der Datei
wieder zu Verfügung stehen.

Schließen von Fenstern

So praktisch die Arbeit mit mehreren Fenstern auch ist, so schnell
kommt man an den Punkt, an dem man den Überblick verliert. Aber

Excel hilft Ihnen, wenn Sie sich wie der Zauberlehrling fühlen, der die Geister (bzw. Fenster) die er gerufen, nicht wieder los wird.

Möchten Sie zusätzliche Fenster schließen, klicken Sie in das Schließfeld des Fensters oder wählen Sie *DATEI Schließen* aus (Tastaturkürzel: ⌘+W).

Wechseln von Fenstern

Normalerweise wechseln Sie das aktive Fenster, indem Sie es anklicken. Was aber, wenn das Fenster, das Sie aktivieren wollen, von anderen überdeckt ist? Über das Menü »*FENSTER*« erhalten Sie eine Liste der geladenen Dateien und deren Fenster. Durch Anwahl der Datei mit der Maus wird dieses Fenster nach vorne geholt.

Ordnung ist das halbe Leben

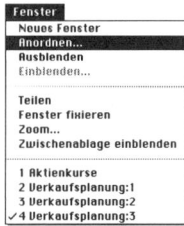

Excel bietet Ihnen Befehle, um die Vielzahl Ihrer Fenster übersichtlich am Bildschirm anzuordnen. Wählen Sie dazu *FENSTER Fenster anordnen*.

Anordnen von Fenstern

Im Dialogfeld »Fenster anordnen« finden Sie vier Varianten, wie Sie Ihre Fenster gruppieren können.

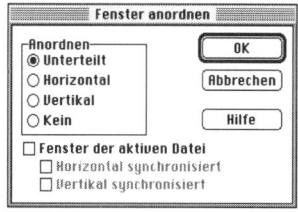

Bild 8.2: Dialogfeld zu FENSTER Fenster anordnen

* Die Auswahl »Unterteilt« verteilt die offenen Fenster gleichmäßig innerhalb des Excel-Fensters.

* Mit »Horizontal« werden alle Fenster über die volle Breite des Anwendungsfensters dargestellt und sind untereinander angeordnet.

* Die Option »Vertikal« ordnet die Fenster nebeneinander an.

- Die Auswahl »Kein« nimmt keine Veränderung der Fensterpositionen vor. Sie wird für die Synchronisierung von Fenstern benötigt, die weiter unten behandelt wird.

- Wählen Sie den Punkt »Fenster der aktiven Datei« an, so werden alle Fenster des aktiven Arbeitsblattes in den Vordergrund geholt. Fenster anderer Dokumente plaziert Excel im Hintergrund.

Synchronisation von Fenstern

Durch Anklicken der Optionen »Horizontal synchronisiert« oder »Vertikal synchronisiert« werden zwei oder mehrere Fenster eines Arbeitsblatts miteinander verknüpft. Bewegungen des Cursors in einem der synchronisierten Fenster, die den sichtbaren Ausschnitt verschieben, werden synchron für die anderen Fenster durchgeführt.

Als Beispiel sind im nächsten Bild zwei Fenster vertikal synchronisiert. Wenn Sie z.B. im linken Fenster den Cursor zur Zeile 100 bewegen, so wird die gleiche Verschiebung auch im rechten Blatt vorgenommen. Synchronisiert können nur Fenster eines Arbeitsblatts werden.

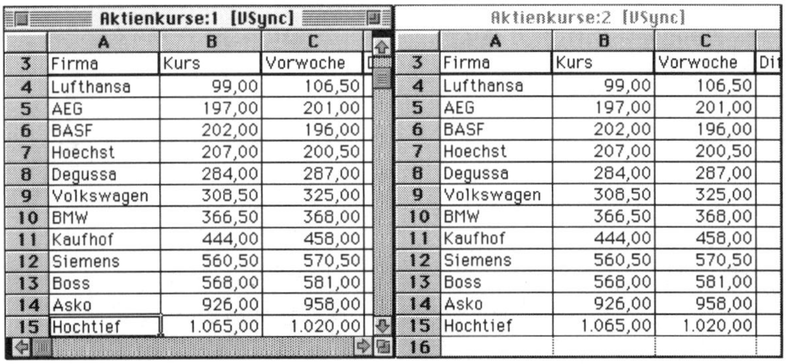

Aktienkurse:1 [VSync]				Aktienkurse:2 [VSync]			
	A	B	C		A	B	C	Di
3	Firma	Kurs	Vorwoche	3	Firma	Kurs	Vorwoche	Di
4	Lufthansa	99,00	106,50	4	Lufthansa	99,00	106,50	
5	AEG	197,00	201,00	5	AEG	197,00	201,00	
6	BASF	202,00	196,00	6	BASF	202,00	196,00	
7	Hoechst	207,00	200,50	7	Hoechst	207,00	200,50	
8	Degussa	284,00	287,00	8	Degussa	284,00	287,00	
9	Volkswagen	308,50	325,00	9	Volkswagen	308,50	325,00	
10	BMW	366,50	368,00	10	BMW	366,50	368,00	
11	Kaufhof	444,00	458,00	11	Kaufhof	444,00	458,00	
12	Siemens	560,50	570,50	12	Siemens	560,50	570,50	
13	Boss	568,00	581,00	13	Boss	568,00	581,00	
14	Asko	926,00	958,00	14	Asko	926,00	958,00	
15	Hochtief	1.065,00	1.020,00	15	Hochtief	1.065,00	1.020,00	
				16				

Bild 8.3: Synchronisierte Fenster

In der Titelzeile des jeweiligen Dokuments wird die Synchronisierung durch [HSync], [VSync] oder [HVSync] angezeigt.

Mit Hilfe der Option »Kein« für das Anordnen der Fenster können Sie synchronisieren, ohne die augenblickliche Lage der Fenster zu verändern.

Verstecken von Fenstern

Benötigen Sie geladene Fenster gerade nicht, so können Sie sie ausblenden. Mit dem Punkt *Ausblenden* im Menü *FENSTER* wird das Fenster versteckt. Das Arbeitsblatt ist damit aber noch nicht geschlossen, sondern nur unsichtbar.

Über *Einblenden* machen Sie ein ausgeblendetes Fenster wieder sichtbar.

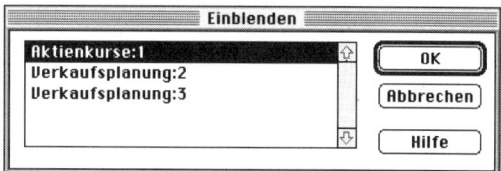

Bild 8.4: Dialogfeld zu FENSTER Einblenden

Zoom

Für jedes Fenster können Sie die Größe der Darstellung festlegen. Mit Hilfe des Befehls *FENSTER Zoom* ist eine stufenlose Vergrößerung bzw. Verkleinerung der Darstellung zwischen 10% und 400% möglich.

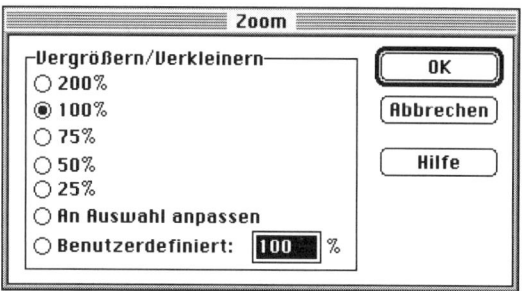

Bild 8.5: Dialogfeld zu FENSTER Zoom

Neben voreingestellten Werten bietet dieses Dialogfeld zwei weitere Optionen. »An Auswahl anpassen« paßt die aktuelle Selektion, d.h. Ihre markierten Zellen, in das Fenster ein. Über »Benutzerdefiniert« können Sie eigene Prozentsätze vorgeben. Im nächsten Bild sehen Sie Arbeitsblätter in verschiedenen Vergrößerungen.

Bild 8.6: Arbeitsblätter in verschiedenen Größen

In der Symbolleiste »Werkzeug« befinden sich zwei Tastenfelder zum Vergrößern bzw. zum Verkleinern. Die Lupe mit dem Pluszeichen vergrößert die Darstellung, die andere Taste verkleinert sie. Änderungen mit den Tasten der Symbolleiste werden in den Abständen 25%, 50%, 75%, 100% und 200% vorgenommen.

Ansichten

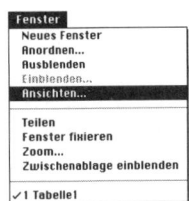

Arbeitsblätter verändern sich ständig, sie werden ergänzt und verbessert. Sie bewegen den Cursor auf dem Arbeitsblatt, lassen sich verschiedene Bereiche anzeigen und definieren Druckbereiche. Mit Hilfe des Befehls *FENSTER Ansichten* können Sie verschiedene Ansichten mit Anzeigeoptionen und Druckeinstellungen benennen. Um zu einer Ansicht und Einstellung zurückzukehren, müssen Sie nur den entsprechenden Namen der Ansicht selektieren.

Sollte der Befehl *Ansichten* nicht in Ihrem Menü auftauchen, so ist der entsprechende Excel-Zusatz, auch Add-In genannt, nicht geladen. Bei einer Excel-Standardinstallation wird dieser Zusatz normalerweise in das Menü eingebaut. Informationen zur nachträglichen Installation dieses Add-In lesen Sie bitte im Kapitel über den Add-in-Manager nach.

Benennen einer Ansicht

Nach Aufruf des Befehls *FENSTER Ansichten* erhalten Sie das folgende Dialogfenster.

Bild 8.7: Dialogfeld zu FENSTER Ansichten

Die Schaltfläche »Hinzufügen« öffnet ein weiteres Dialogfenster, in dem Sie den Namen der Ansicht bestimmen können. Neben dem Namen können Sie hier definieren, ob die Seiteneinrichtung bzw. versteckte Zeilen und Spalten in die Ansicht einbezogen werden sollen.

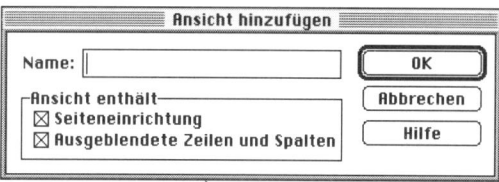

Bild 8.8: Dialogfeld »Hinzufügen«

Anzeigen einer Ansicht

Um eine benannte Ansicht aufzurufen, wählen Sie den entsprechenden Namen im Dialogfenster »Ansicht« aus und aktivieren Sie die Schaltfläche »Anzeigen«.

Löschen einer Ansicht

Mit Hilfe der Schaltfläche »Löschen« entfernen Sie definierte Ansichten aus Ihrem Arbeitsblatt.

Verknüpfungen

Excel kennt mehrere Verfahren zum Verknüpfen von Arbeitsblättern. In den folgenden Abschnitten sollen diese Methoden zur
Verknüpfung und Konsolidierung besprochen werden. Mit den
hier vorgestellten Möglichkeiten können Sie umfangreiche und
komplexe Auswertungen Ihrer Tabellen und Daten vornehmen.
Durch Verknüpfungen ist es möglich, Werte verschiedener Tabellen z.B. auf einem Blatt zusamenzufassen.

Direkte Verknüpfung

Zum Anfang ein einfaches Beispiel für die Verknüpfung von Arbeitsblättern. Wir haben dazu zwei Arbeitsblätter geöffnet, die mit
»Tabelle1« und »Tabelle2« überschrieben sind. Mit Hilfe des Menüpunkts *FENSTER Alles anordnen* wurden beide Tabellen nebeneinander positioniert, wie das nächste Bild illustriert.

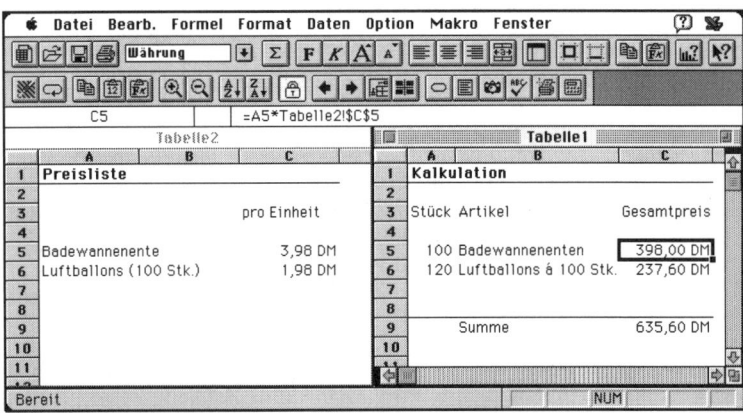

Bild 8.9: Zwei verknüpfte Arbeitsblätter

In das linke Fenster haben wir eine Preisliste eingetippt. In der
rechten Tabelle wurde eine Kalkulation erstellt, die die Texte und
Preise aus der Preisliste verwendet. In Zelle C5 der Kalkulation
»Tabelle1« z.B. steht die Formel

    =A5 * Tabelle2!$C$5

»A5« bezeichnet die Stückzahl der Kalkulation, während die absolute Referenz »Tabelle2!$C$5« auf den Stückpreis im Arbeitsblatt

»Tabelle2« verweist. Tabellenname und Zelladresse werden durch ein Ausrufungszeichen getrennt.

Diese Verweise zwischen Arbeitsblättern können sich auch auf nicht geladene Blätter beziehen. Dazu müssen Sie den vollen Pfadnamen der Datei angeben, wenn die Datei nicht im aktuellen Verzeichnis zu finden ist. In der Formel wird der Dateiname dann in einfache Anführungszeichen eingeschlossen, wie z.B.

   ='Festplatte:Excel 4.0:Umsatz'!$C$5

Wir haben das obige Kalkulationsbeispiel für die folgende Arbeit durch ein weiteres Arbeitsblatt ergänzt. Die zusätzliche Tabelle enthält den Entwurf für ein Angebotsschreiben. Alle drei Arbeitsblätter wurden dann abgespeichert.

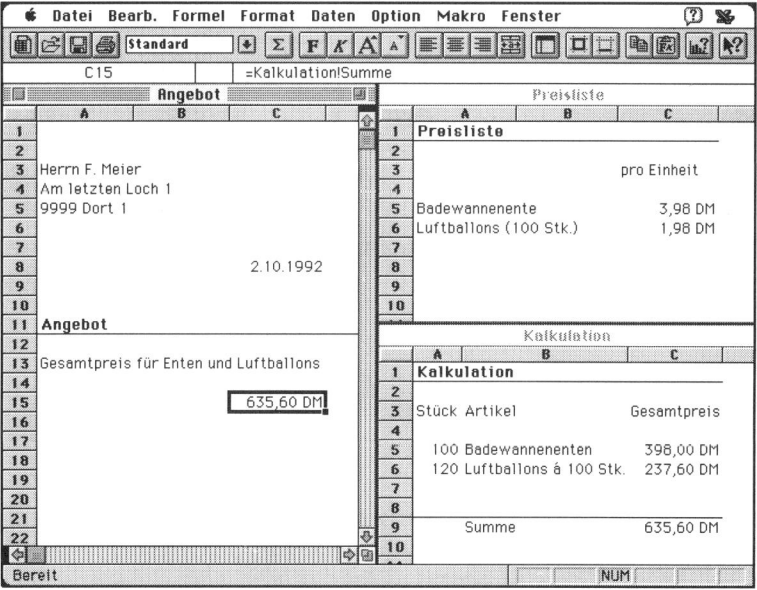

Bild 8.10: Verknüpfte Arbeitsblätter

In das Angebotsschreiben wurde ein Verweis auf die Gesamtsumme der Kalkulation eingearbeitet, Kalkulation!Summe.

In der Regel werden Sie bei Verknüpfungen auf absolute Adressen verweisen. Deshalb steht in der Formel der Verweis auf die benannte Zelle »Summe«, d.h. auf $C$9. Sollten Sie relativ adressieren, so wird auch der Bezug in eine andere Tabelle beim Kopieren und Verschieben von Zellen geändert. Dies kann gerade bei einem

Bezug auf nicht geladene Dateien schnell zu Fehlern führen. Deshalb geht Excel prinzipiell von absoluten Adressen aus. Von der Handhabung einfacher ist der Verweis auf benannte Zellen. Der Verweis »Kalkulation!Summe« hat sicherlich mehr Aussagekraft als »Kalkulation!$C$9«. Benennen Sie deshalb die Zellen, die in einer Verknüpfung benutzt werden. Sie behalten dann auch bei komplexen Verweisen und Referenzen noch den Überblick.

Beim Speichern von noch nicht abgesicherten Dateien mit Verweisen auf andere Tabellen sollten Sie auf die Reihenfolge des Abspeicherns achten. In dem betrachteten Beispiel wurde zuerst die Preisliste abgespeichert, denn in ihr gibt es keine Referenzen auf andere Tabellen. Hätten wir eines der beiden anderen Arbeitsblätter versucht zu speichern, so hätten wir eine Warnung ähnlich der folgenden erhalten.

Bild 8.11: Warnhinweis bei Referenzen

Ähnlich verhält es sich beim Laden von verknüpften Dateien. Auch hier zeigt eine Warnungsmeldung die nicht geladene Verknüpfung an.

Bild 8.12: Warnungsmeldung bei Bezügen

Excel kann allerdings die Bezüge auch in nicht geöffnete Dateien aktualisieren. Wenn Sie diese Warnungsmeldung mit »Ja« quittieren, so werden die neusten Werte aus den durch Verweis bezogenen Dateien verwendet. Antworten Sie mit »Nein«, so wird mit dem alten, gespeicherten Wert weiter gerechnet.

Wenn Sie Ihre Datei geladen haben, steht Ihnen jetzt eine weitere Möglichkeit zur Verfügung. Durch einen Doppelklick auf eine Zelle, die eine Bezugsformel auf eine andere Datei enthält, wird die bezogene Tabelle geladen. Klicken Sie in unserem Beispiel zweifach auf die Zelle C15 des Angebotsschreibens, so wird das Arbeitsblatt mit der Kalkulation geladen. Dieser Doppelklick auf Zellen funktioniert übrigens immer. Der Cursor springt nach einem Doppelklick immer auf die erste Zelle, auf die in der Formel Bezug genommen wird. Befinden sich alle Referenzen und die bezugnehemende Zelle im selben Arbeitsblatt so werden alle Referenzen durch einen nicht zusammenhängenden Bereich markiert. Bei der Formel »=A1+B2+C3« z.B. würde Excel nach dem Doppelklick den nicht zusammenhängenden Bereich »A1;B2;C3« markieren.

Verknüpfte Dateien laden

Wenn Sie mehrere Verweise und Bezüge in einer Formel haben, so funktioniert die oben beschriebene Methode des Doppelklicks nur noch unzureichend. Im Menü steht Ihnen im Punkt *DATEI* mit *Verknüpfte Dateien öffnen* ein Befehl zur Verfügung, mit dem Sie zum einen den Überblick über Ihre Verknüpfungen behalten und mit dem Sie zum anderen verknüpfte Dateien laden können.

Nach Auswahl des Befehls erhalten Sie das folgende Dialogfenster.

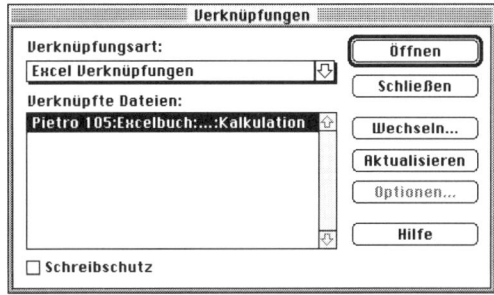

Bild 8.13: Dialogfeld zu DATEI Verknüpfte Dateien öffnen

- Mit Hilfe der Schaltfläche »Öffnen« können Sie eine ausgewählte Datei laden.

- »Aktualisieren« bringt die Werte der Verknüpfung auf den neusten Stand, ohne die verknüpfte Datei zu öffnen. Hierbei ist allerdings zu beachten, daß Verbindungen in eine nicht geöffnete Datei sehr viel mehr Zeit beim Neuberechnen und Aktualisieren benötigen.

- Das Schaltfeld »Wechseln« ermöglicht Ihnen, die Bezugsdatei auszutauschen.

Als Beispiel könnten wir annehmen, es gelte ab heute eine neue Preisliste. Sie müßten alle Verweise auf die alte Datei »Preisliste« in Verweise in die neue Liste, »PreislisteNeu«, ändern. Bestätigen Sie dazu einfach die Schaltfläche »Wechseln«. Sie erhalten dann ein Dialogfenster, in dem Sie die neue Tabelle anwählen können. In der gesamten Ausgangstabelle werden die Verknüpfungen entsprechend geändert.

Weitere Möglichkeiten, insbesondere auch der Verknüpfung mit anderen Programmen, können Sie im Kapitel »Programmkooperation« nachlesen.

Verknüpfung einfügen

Eine weitere Methode der Verknüpfung von Arbeitsblättern wird im Excel-Menü »Verknüpfung einfügen« genannt. Diesen Punkt finden Sie im Pull-Down-Menü *BEARBEITEN*. Diesem Verfahren werden Sie übrigens im Kapitel »Programmkooperation« wieder begegnen, denn dadurch wird auch die Verbindung mit anderen Programmen ermöglicht.

»Verknüpfung einfügen« sowie der im nächsten Abschnitt beschriebene Befehl »Inhalte einfügen« funktionieren auch innerhalb ein und desselben Arbeitsblattes.

Sie haben in den vorherigen Kapiteln das Kopieren und Einfügen von Zellinhalten und Bereichen über die Funktionen im Menü *BEARBEITEN* kennengelernt. In ähnlicher Weise funktioniert die hier vorgestellte Verknüpfungsmethode.

In folgenden Bild sehen Sie zwei Arbeitsblätter. Ihr Ziel ist es jetzt, in das rechte Blatt das Summenergebnis des linken Blattes einzutragen. Aktivieren Sie dazu das linke Blatt. Bewegen Sie den Cursor auf die Zelle mit der Summe und wählen Sie dann im Menü *BEARBEITEN* den Befehl *Kopieren* aus. Wechseln Sie jetzt in die rechte Tabelle und bewegen Sie sich zu der Zielzelle B4. Rufen Sie den Befehl *Verknüpfung einfügen* im Menü *BEARBEITEN* auf.

Im rechten Blatt wird in B4 der Verweis auf die Summenzelle im linken Arbeitsblatt in der gewohnten Form »Verknüpfung1!$B$9« aufgenommen. Wenn Sie ganze Bereiche mit dieser Methode verknüpfen, so wird in der Zieltabelle die Formel in der Matrixschreibweise eingetragen. Zu der Matrixschreibweise erfahren Sie mehr im Kapitel »Excel für Fortgeschrittene«.

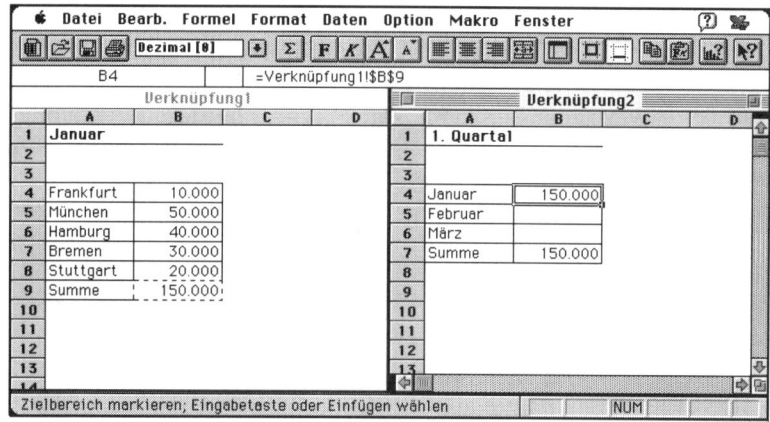

Bild 8.14: Verknüpfung eingefügt

Inhalte einfügen

Die Funktion »Inhalte einfügen« ist vom Arbeitsablauf der Methode »Verknüpfung einfügen« ähnlich. Hier werden aber keine Verweise in die Zielzellen eingetragen, sondern Inhalte übergeben. Anders als bei dem Befehl »Einfügen« können Sie hier auswählen, welche Inhalte und Eigenschaften der Zelle Sie einfügen möchten. Auch diese Funktion kann man einfach anhand eines Beispiels erklären.

Ausgehend von Bild 8.14 kopieren Sie wieder die Summenzelle in die Zwischenablage. Wählen Sie dann nach dem Wechseln in das rechte Blatt die Funktion *Inhalte einfügen* aus dem Menü *BEARBEI-TEN*. Am Bildschirm wird das folgende Dialogfeld erscheinen.

In der linken Gruppe, die mit »Einfügen« betitelt ist, können Sie angeben, welche der Inhalte und Attribute Ihrer Ausgangszellen übertragen werden sollen.

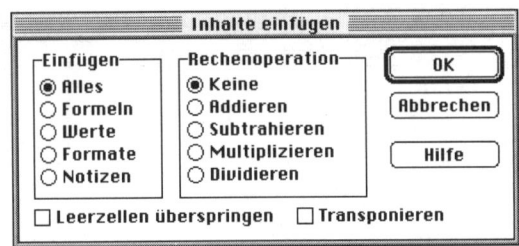

Bild 8.15: Dialogfeld zu BEARBEITEN Inhalte einfügen

- Die Option »Alles« fügt den Inhalt Ihrer Zelle, d.h. die Formel und alle Attribute, wie Formatierung, Muster usw., in den Zielbereich ein. Formeln werden ohne Änderung kopiert, wobei »Formel« hier für die Formelebene steht, d.h. Zahlen, Texte oder Rechenanweisungen bedeuten kann. Diese Einstellung entspricht dem in Kapitel »Arbeitserleichterungen« besprochenen Befehl »Einfügen«.

- »Formeln« dagegen übernimmt nur die Formel, ohne die Formatierung etc. der Zellen.

- Mit der Auswahl »Werte« transferieren Sie nur die errechneten Werte, d.h. nicht die Formeln, sondern die Ergebnisse.

- »Formate« veranlaßt die Übertragung der Formatierung der Zellen, ohne den Inhalt. Sie können so Formateinstellungen einfach übertragen. »Notizen« als angewählter Punkt bedeutet das Kopieren der Notizen der angewählten Zellen und Bereiche.

- In der Gruppe »Rechenoperation« ist die Angabe einer mathematischen Operation für die Verbindung von Ausgangs- und Zielbereich möglich. Die Rechenanweisungen beziehen sich nur auf Zahlen oder Formeln.

- Geben Sie z.B. »Addieren« vor, so wird der Inhalt der Ausgangszelle zu dem der Zielzelle addiert. Wenn Sie in Zellen einfügen, deren Inhalt eine Formel ist, so wird die Formel entsprechend geändert. Die nächsten beiden Bilder sollen diesen Vorgang illustrieren.

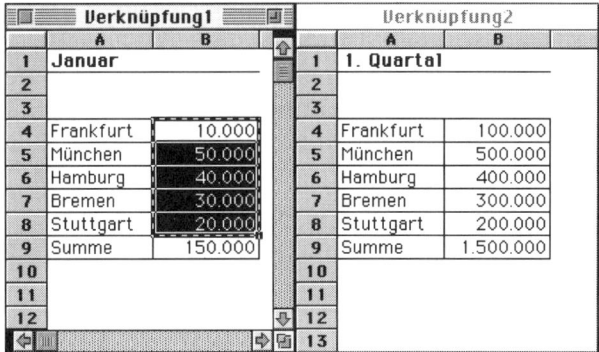

Bild 8.16: Ausgangsposition

Im linken Fenster wurde der Bereich B4:B8 markiert und mit *BEARBEITEN Kopieren* in die Zwischenablage übernommen. Im rechten Arbeitsblatt werden die Zellen mit *BEARBEITEN Inhalte einfügen* eingesetzt, wobei die Option »Addieren« angeklickt sein muß.

Man kann mit diesem Verfahren Daten mehrerer Arbeitsblätter zusammenfassen. Außer Addieren sind im Dialogfeld noch die Operationen Subtrahieren, Multiplizieren und Dividieren möglich.

	Verknupfung1			Verknüpfung2	
	A	B		A	B
1	Januar		1	1. Quartal	
2			2		
3			3		
4	Frankfurt	10.000	4	Frankfurt	110.000
5	München	50.000	5	München	550.000
6	Hamburg	40.000	6	Hamburg	440.000
7	Bremen	30.000	7	Bremen	330.000
8	Stuttgart	20.000	8	Stuttgart	220.000
9	Summe	150.000	9	Summe	1.650.000
10			10		
11			11		
12			12		
13					

Bild 8.17: Werte addiert

Leider kann man später im Zielblatt nicht mehr nachvollziehen, aus welchen Tabellen welche Daten kopiert wurden. Deshalb sind direkte Verknüpfungen diesem Verfahren vorzuziehen.

Wenn Sie mit diesem Befehl experimentieren, so werden Sie noch die eine oder andere Möglichkeit finden. Interessant ist z.B. das Ergebnis des Einfügens, wenn Formeln aus dem Ausgangsblatt zu Formeln oder Werten des Zielblatts addiert werden. Dann werden nämlich die Formeln entsprechend erweitert, wobei Excel selbsttätig Klammern setzt!

Konsolidieren von Arbeitsblättern

Die Konsolidierung von Arbeitsblättern ist ein Werkzeug für die Auswertung und Verdichtung von verschiedenen Tabellen. Sie können mit ihrer Hilfe schnell Summen, Mittelwerte und statistische Berechnungen über mehrere Arbeitsblätter hinweg durchführen. Anders als bei dem oben beschriebenen Verfahren können hier auch nicht geladene Tabellen und Tabellen im Lotus-1-2-3-Format einbezogen werden.

Anwendungen für Konsolidierungen wären z.B. die Zusammenfassung von Quartalsberichten zu einer Tabelle mit Jahreswerten oder die Auswertung von Umsatztabellen nach bestimmten Artikeln und deren statistischen Merkmalen. Zur Verdeutlichung der Sachverhalte und des Ablaufs der Konsolidierung möchten wir Ihnen in diesem Abschnitt zwei Beispiele beschreiben.

Beispiel: Quartalsbericht

Ihnen liegen drei Arbeitsblätter mit den Umsatzerlösen der Monate Januar, Februar und März vor. Auf einer vierten Tabelle möchten Sie die Umsatzsummen der Monate addieren. Sie können dieses Problem, wie in den obigen Abschnitten gezeigt, durch eine Verknüpfung lösen. Tragen Sie dazu in die Additionsformel die entsprechenden Verweise ein. Bei drei verknüpften Blättern ist dieser Vorgang noch überschaubar, aber bei sechs, sieben oder mehr Verknüpfungen werden die Formeln lang und unhandlich. Insbesondere sind die Rechenanweisungen nicht änderungsfreundlich, denn z.B. bei der Hinzunahme einer weiteren Verknüpfung müssen Sie alle Formeln anpassen. Mit der Konsolidierungsfunktion bietet Excel Ihnen eine elegante und bequeme Möglichkeit, Anwendungen wie den Quartalsbericht, zu erstellen.

Öffnen Sie für den Bericht ein neues Arbeitsblatt. Positionieren Sie den Cursor an der Stelle, an der Sie die konsolidierten Werte haben möchten. Wählen Sie das Konsolidierungsdialogfenster über den

Punkt *Konsolidieren* im Menü *DATEN*. Im nächsten Bild ist das Dialogfenster dargestellt.

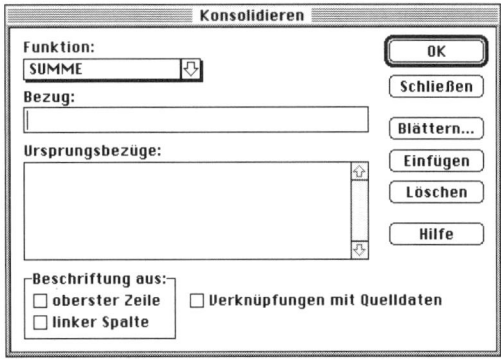

Bild 8.18: Dialogfeld zu DATEN Konsolidieren

Links oben sehen Sie die möglichen mathematischen Funktionen. Für unser Beispiel sollte dort »Summe« selektiert sein. Unter »Bezug« werden die Verweise auf die zu konsolidierende Tabelle aufgenommen. Über die Taste »Einfügen« werden diese Bezüge dann nacheinander in die Liste, die mit »Ursprungsbezüge« betitelt ist, eingetragen. Konsolidierungsbezüge werden in absoluten Koordinaten angegeben.

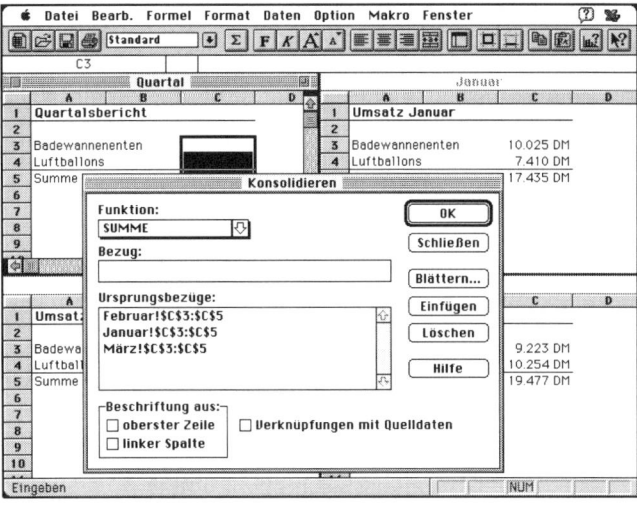

Bild 8.19: Ausgefülltes Dialogfeld

Das Bild oben zeigt das für unser Beispiel ausgefüllte Dialogfeld. In Bild 8.20 sind die drei Monatsberichte und die Tabelle für den Quartalsbericht nach der Konsolidierung zu sehen. Wir haben jeweils über den Bereich $C$3:$C$5 der einzelnen Monatstabellen konsolidiert.

Die einzelnen Ursprungsbezugsbereiche werden, bildlich gesprochen, übereinander gelegt und addiert. Weitere mathematische Operationen sind ANZAHL, ANZAHL2, MAX, MIN, MITTELWERT, PRODUKT, STABW, STABWN, VARIANZ und VARIANZEN. Schlagen Sie bitte die genauen Bedeutungen der Funktionen im Anhang nach.

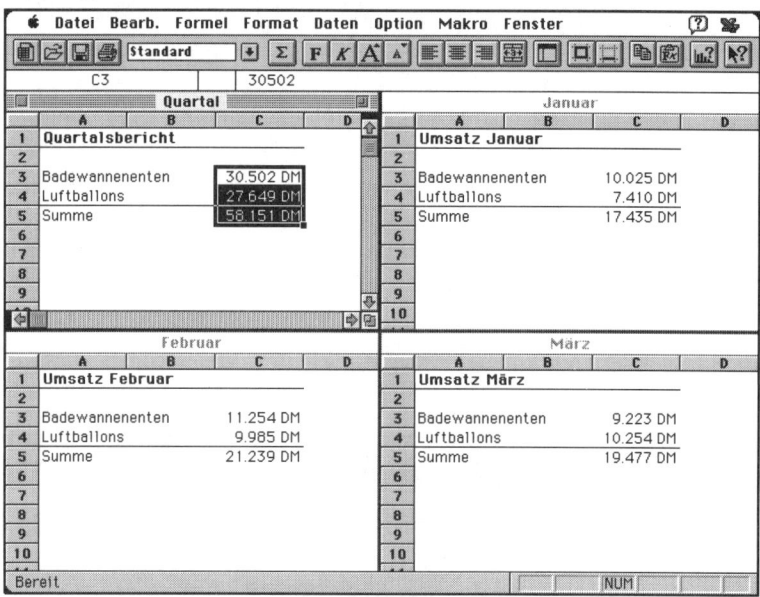

Bild 8.20: Konsolidiertes Arbeitsblatt

Konsolidierung nach Rubriken

Die oben beschriebene Konsolidierung hätten wir prinzipiell auch mit Hilfe von Tabellenverknüpfungen erstellen können. Dies hätte auch den Vorteil, daß die Daten automatisch aktualisiert würden.

Die Konsolidierungfunktion von Excel bietet aber darüber hinaus noch die Möglichkeit der Verdichtung von Daten nach qualitativen

Gesichtspunkten, wie z.B. der Summation von Zelleinträgen mit einer bestimmten Zeilen- bzw. Spaltenaufschrift.

Beispiel: Verkaufszahlen

Das Beispiel einer Tabelle mit Verkaufszahlen möchten wir Ihnen in zwei Variationen vorstellen. In beiden Fällen werden wir Rubriken zur Konsolidierung verwenden. Das nächste Bild zeigt im linken Fenster die zu konsolidierenden Daten. Wie Sie sehen können, sind eine Reihe der Artikel mehrfach aufgelistet.

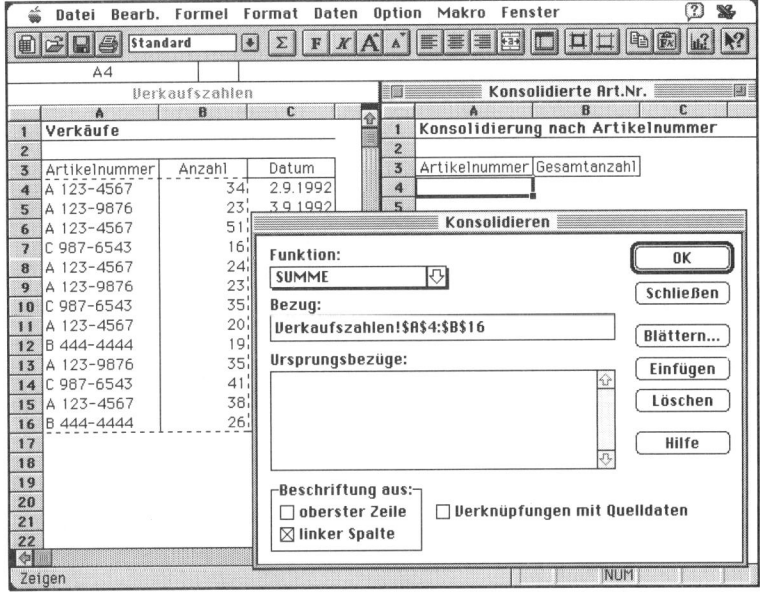

Bild 8.21: Beispiel Verkaufszahlen

Mit Hilfe der Konsolidierungsfunktion ist es möglich, die Summen für die einzelnen Artikelnummern zu berechnen. Als Ursprungsbezug war der Tabellenbereich A4:B16 des linken Arbeitsblattes anzugeben.

Wir haben zusätzlich in der Gruppe »Beschriftung aus« die Auswahl »linker Spalte« angeklickt. Dadurch wird Excel mitgeteilt, Werte anhand der Aufschrift in der linken Spalte des Bezugsbereichs zu unterscheiden. Ansonsten werden nur Werte konsolidiert, die relativ die gleichen Adressen innerhalb der Bereiche haben. Bild 8.22 zeigt das Ergebnis der Konsolidierung.

Bild 8.22: Nach Spaltenaufschrift konsolidierte Verkaufszahlen

Übrigens kann Excel eine Konsolidierung auch innerhalb ein- und desselben Arbeitsblattes durchführen.

Bei der Angabe der Rubriken gibt es noch weitere Möglichkeiten. Sie können mehrere Rubrikenarten durch die Angabe von Platzhaltersymbolen wie »*« und «?« zusammenfassen. Ein Sternchen steht für beliebig viele beliebige Zeichen, ein Fragezeichen für ein einziges Zeichen.

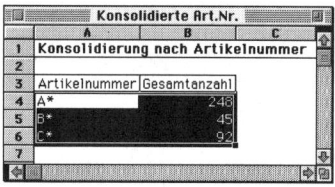

Bild 8.23: Mit Platzhaltersymbolen

Im obigen Fenster wurden die Rubriken für die Konsolidierung geändert. Die Zeilen wurden schon vor Aufruf der Konsolidierungsfunktion mit »A*«, »B*« und »C*« vorbesetzt. Der Stern als Platzhaltersymbol steht für beliebig viele Zeichen. In unserem Fall werden alle Rubriken, deren erstes Zeichen mit dem ersten Zeichen der Zeilenaufschrift übereinstimmt, konsolidiert.

Verknüpfte Konsolidierungen

Im Konsolidierungsdialogfenster finden Sie rechts unten die Option »Verknüpfungen mit Quelldaten«. Durch Ankreuzen dieser Auswahl werden in Ihr Arbeitsblatt Verknüpfungsformeln entsprechend Ihrer Ursprungsbezüge eingebaut. Gleichzeitig mit den Verknüpfungen wird Ihr Konsolidierungsarbeitsblatt gegliedert.

Durch die Gliederung werden Zwischenergebnisse versteckt. Zu jedem Ergebnis fügt Excel den Namen der Ursprungsdatei hinzu. Im nächsten Bild ist ein so verknüpftes und gegliedertes Blatt zu sehen, wobei für zwei Zeilen auch die Gliederungsdetails zu sehen sind. In der Bearbeitungszeil sehen Sie den Bezug auf die Tabelle »März«.

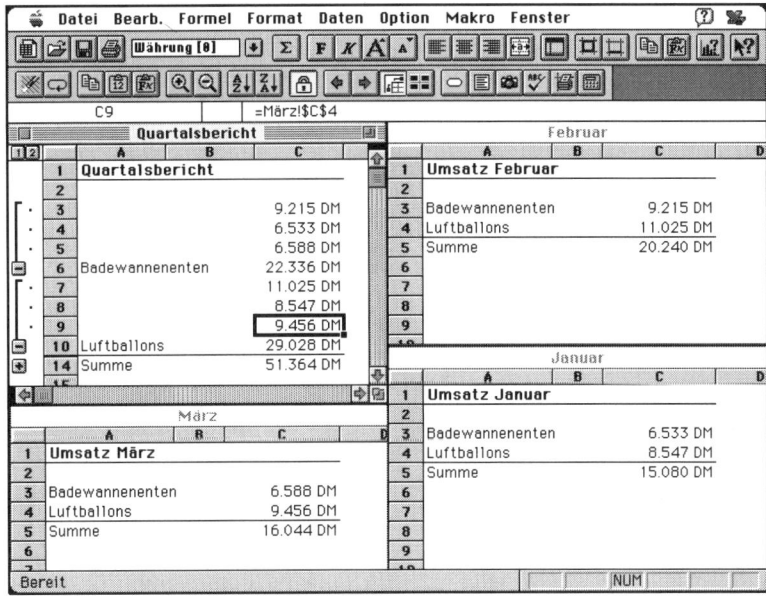

Bild 8.24: Verknüpfte Konsolidierung

Zum Thema Gliederungen finden Sie mehr Informationen im Kapitel »Excel für Fortgeschrittene«.

Arbeitsmappen

Viele Arbeitsblätter, Fenster und Verknüpfungen erleichtern die Arbeit mit Excel. Um den Überblick über zusammengehörende Blätter zu behalten, können Sie sie in einer »Arbeitsmappe« wie in einem Aktenordner ablegen. In einer Arbeitsmappe werden Arbeitsblätter und Grafiken gemeinsam gespeichert und geladen.

Öffnen einer Arbeitsmappe

Über den Befehl *DATEI Neu* können Sie eine neue Arbeitsmappe eröffnen.

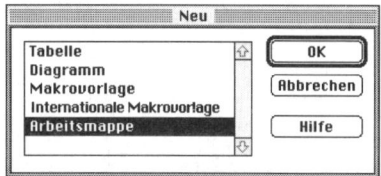

Bild 8.25: Dialogfeld zu DATEI Neu

Die Auswahl »Arbeitsmappe« veranlaßt Excel, eine neue, leere Arbeitsmappe am Bildschirm anzuzeigen.

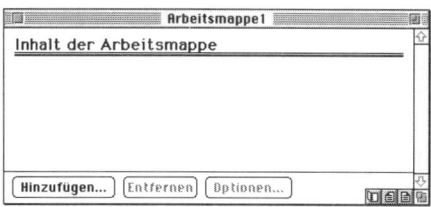

Bild 8.26: Leere Arbeitsmappe

Um Arbeitsblätter in Ihre Arbeitsmappe hineinzulegen wählen Sie die Schaltfläche »Hinzufügen«. Danach erscheint folgendes Dialogfenster:

Bild 8.27: Dialogfeld »Zur Arbeitsmappe hinzufügen«

In diesem Dialogfeld werden alle zur Zeit geladenen Arbeitsblätter aufgelistet. Um ein Arbeitsblatt in die Arbeitsmappe zu legen, müssen Sie es markieren und die Schaltfläche »Hinzufügen« betätigen. Über »Neu« können Sie neue Arbeitsblätter eröffnen. »Öffnen« ermöglicht es Ihnen, gespeicherte Arbeitsblätter zu dieser Arbeitsmappe hinzufügen.

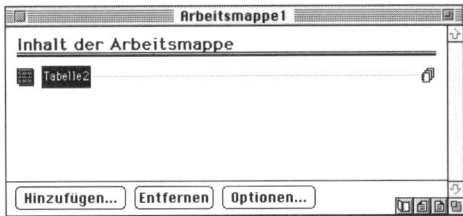

Bild 8.28: Arbeitsmappe mit Inhalt

In unserem Fall, wie in Bild 8.28 zu sehen, haben wir das Blatt »Tabelle2« in unsere Arbeitsmappe gelegt. Die Schaltfläche »Entfernen« würde diesen Vorgang wieder rückgängig machen.

Über »Optionen« erhalten Sie das folgende Dialogfenster:

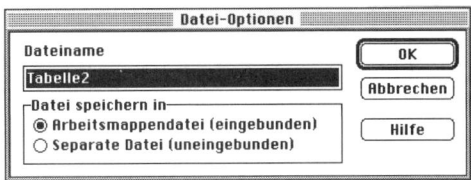

Bild 8.29: Dialogfeld Datei-Optionen

Arbeitsblätter innerhalb einer Arbeitsmappe können mit zwei verschiedenen Methoden abgelegt werden. Ist ein Blatt »eingebunden«, so kann es nur innerhalb der Arbeitsmappe verwendet werden. Das nebenstehende Symbol bezeichnet die Option »eingebunden« in einer Arbeitsmappe.

Ein uneingebundenes Blatt (siehe das linksstehende Symbol) existiert unter einem eigenen Dateinamen. Der Eintrag in der Arbeitsmappe ist nur ein Verweis auf die Datei.

Mit Hilfe der Tastenfläche »Optionen« oder durch einfaches Anklicken des jeweiligen Symbols können Sie zwischen eingebunden und nicht eingebunden wechseln.

Im nächsten Bild sehen Sie am rechten Rand des Arbeitsmappen-
fensters nocheinmal die verschiedenen Symbole für ein- bzw.
uneingebundene Dateien. Das Arbeitsblatt »Konsolidierung« ist
nicht eingebunden.

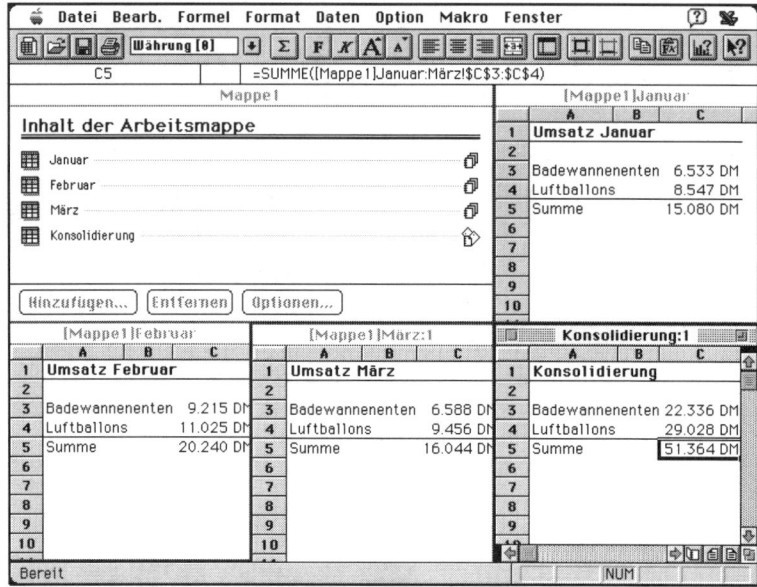

Bild 8.30: Eingebundene und uneingebundene Arbeitsblätter

Bei eingebundenen Blättern wird in der Titelzeile des jeweiligen
Fensters, so wie im vorherigen Bild zu sehen, der Name der
Arbeitsmappe angegeben. Die Bezeichnung der Mappe wird in der
Form »[MAPPE]Dateiname« angegeben.

Excel kennt für eingebundene Arbeitsblätter eine erweiterte Bezugs-
schreibweise. Die Formel

    =SUMME((Mappe1)Januar:März!$C$3:$C$4)

in Bild 8.30 summiert jeweils die Zellbereiche $C$3:$C$4 der in die
Mappe1 eingebundenen Tabellen Januar, Februar und März.

Blättern in der Arbeitsmappe

Um eine zu einer Arbeitsmappe gehörende Tabelle zu öffnen,
klicken Sie in der Arbeitsmappe den entsprechenden Namen doppelt an oder drücken Sie die Eingabe-Taste. Die entsprechende
Tabelle wird im aktuellen Fenster angezeigt. Möchten Sie mehrere

Arbeitsblätter einer Mappe zur gleichen Zeit sehen, so öffnen Sie über den Befehl *FENSTER Neues Fenster* weitere Fenster.

Alle Arbeitsblätter , die zu einer Arbeitsmappe gehören, haben am unteren rechten Fensterrand zwischen den hinlänglich bekannten Fensterelementen auf dem Macintosh drei Tastenfelder zum wechseln in:

Inhaltsverzeichnis der Arbeitsmappe

Vorherige Dokument der Arbeitsmappe

Nächste Dokument der Arbeitsmappe

Kontextmenü

Wenn Sie das Kontextmenü einer dieser drei Tasten rechts unten am Fensterrand, so erhalten Sie unter anderem eine Liste aller in der Mappe gespeicherten Blätter.

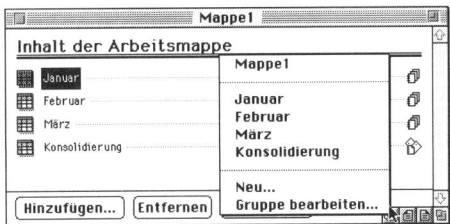

Bild 8.31: Kontextmenü

Anordnung ändern

Die Anordnung und Reihenfolge der Dokumente in einer Arbeitsmappe und zwschen verschiedenen Arbeitsmappen läßt sich leicht ändern. Markieren Sie dazu das Dokument, das Sie verschieben möchten, und bewegen Sie es bei gehaltener Maustaste zu der gewünschten neuen Position.

Speichern von Arbeitsmappen

Arbeitsmappen werden mit den gleichen Befehlen gespeichert wie normale Arbeitsblätter. Sollte Ihre Arbeitsmappe nicht eingebundene Dokumente enthalten, so werden Sie eventuell zum Speichern dieser Dokumente aufgefordert werden.

Im Menü *DATEI* finden Sie weiterhin den Punkt *Arbeitsmappe speichern*. Hiermit werden alle geladenen Tabellen und Diagramme zu einer Mappe zusammengefaßt.

Arbeitsgruppen

Wenn Sie an verschiedenen Arbeitsblättern gleichartige Änderungen vornehmen müssen, so unterstützt Sie Excel bei dieser Arbeit.

In Bild 8.33 sehen Sie zwei gleichartig aufgebaute Monatsberichte. Bei allen muß der Eintrag »Luftballons« in »Scherzartikel« umgeändert werden. Wenn Sie die Arbeitsblätter als Arbeitsgruppe definieren, so müssen Sie die Änderung nur in einem Blatt vornehmen und Excel überträgt die neuen Texte in alle anderen Tabellen der Arbeitsgruppe. Wählen Sie dazu *OPTION Gruppe bearbeiten* oder bei Arbeitsmappen den entsprechenen Befehl aus dem Menü, das Sie über das Kontextmenü erreichen. Am Bildschirm wird das folgende Dialogfeld dargestellt.

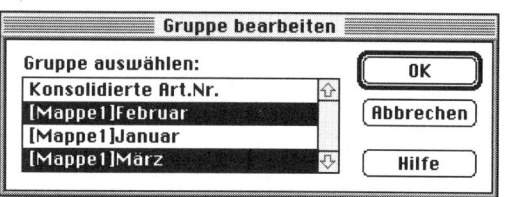

Bild 8.32: Dialogfeld zu Gruppe bearbeiten

Selektieren Sie die für die Arbeitsgruppe gewünschten Tabellen mit der Maus oder der Tastatur bei gehaltener ⌘-Taste. In den Titelleisten der einzelnen Fenster der Arbeitsblätter der Arbeitsgruppe wird »[Gruppe]« hinzugefügt.

Alle Änderungen, die Sie im aktuellen Blatt vornehmen, werden jetzt auf alle anderen Tabellen übertragen. Verlassen Sie das aktuelle Blatt oder schließen Sie es, so endet die Arbeit mit der Gruppe.

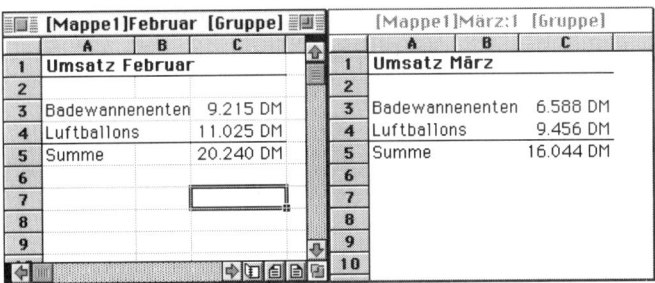

Bild 8.33: Arbeitsgruppe

Kapitel 9
Datenbank

Weitere Bearbeitungsmöglichkeiten für Daten bietet Excel mit den Datenbankfunktionen. Die Datenbank innerhalb einer Tabellenkalkulation ist nicht mit einem professionellen Datenbankprogramm zu vergleichen. Die angebotenen Befehle und Funktionen können jedoch die Arbeit erleichtern.

Datenbankmasken

Anhand eines Beispiels sind die Funktionen der Datenbank einfach zu erklären. Im nächsten Bild 9.1 sind Aktienkurse zu sehen.

Wenn Sie zu diesen Kursen weitere hinzufügen oder die vorhandenen abändern möchten, so müssen Sie beim Eintippen darauf achten, immer die richtige Zeile zu benutzen und so weiter. Die Datenbank von Excel bietet Ihnen hier als Alternative eine bequeme Maske zur Eingabe und Änderung Ihrer Daten.

Der erste Schritt für die Benutzung der Datenbankfunktionen ist die Festlegung des Datenbankbereiches. Markieren Sie hierzu die entsprechenden Daten, zusammen mit den Überschriften der Spalten. Diese Überschriften sollten die Einträge der jeweiligen Spalten charakterisieren, denn Excel benutzt diese Angaben später in den Masken als Feldnamen.

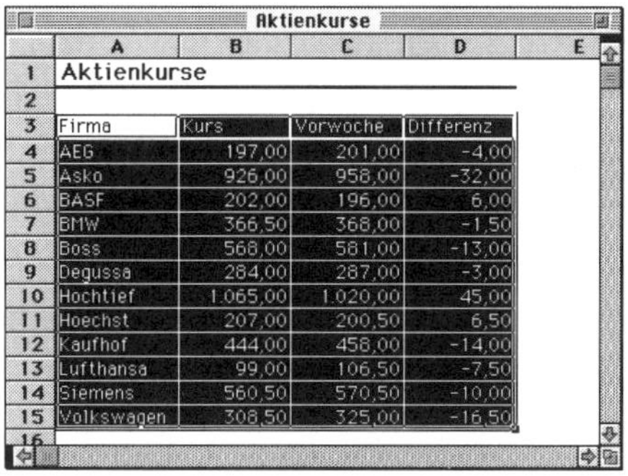

Aktienkurse

	A	B	C	D	E
1	Aktienkurse				
2					
3	Firma	Kurs	Vorwoche	Differenz	
4	AEG	197,00	201,00	-4,00	
5	Asko	926,00	958,00	-32,00	
6	BASF	202,00	196,00	6,00	
7	BMW	366,50	368,00	-1,50	
8	Boss	568,00	581,00	-13,00	
9	Degussa	284,00	287,00	-3,00	
10	Hochtief	1.065,00	1.020,00	45,00	
11	Hoechst	207,00	200,50	6,50	
12	Kaufhof	444,00	458,00	-14,00	
13	Lufthansa	99,00	106,50	-7,50	
14	Siemens	560,50	570,50	-10,00	
15	Volkswagen	308,50	325,00	-16,50	
16					

Bild 9.1: Kurstabelle mit markiertem Datenbankbereich

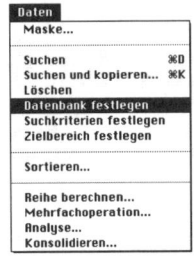

Mit Hilfe des Befehls *Datenbank festlegen* aus dem Menü *DATEN* wird eine Datenbank definiert. Intern wird eigentlich nur der Name »Datenbank« für diesen Bereich festgelegt. Sie könnten das gleiche Ergebnis auch über die Funktion *FORMEL Name festlegen* erreichen.

Wählen Sie danach den Punkt *Maske* im gleichen Menü aus. Sie erhalten dann eine solche oder ähnliche Maske am Bildschirm, wie sie im nächsten Bild gezeigt wird.

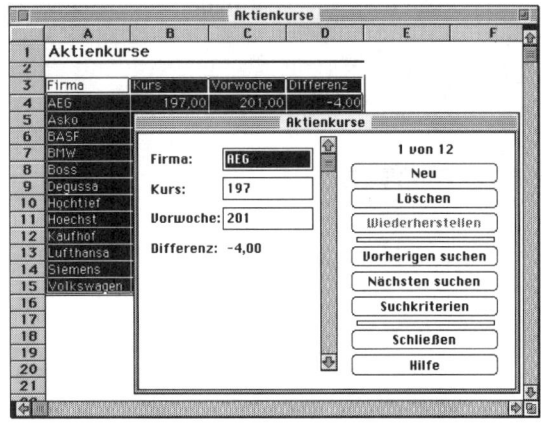

Bild 9.2: Datenbankmaske

Wie Sie sehen, hat Excel die Spaltenüberschriften für die Benennung der Felder herangezogen. Sollten Sie keine Überschriften definiert haben, so würde Excel einfach die Zellen der ersten Zeile als Feldnamen interpretieren. Dies ist nicht sehr sinnvoll.

Mit Hilfe des Rollbalkens in der Mitte des Dialogfensters können Sie sich datensatzweise im Datenbankbereich bewegen. Dasselbe ist mit den Pfeiltasten ↑ und ↓ möglich. Mit den Tasten auf der rechten Seite des Dialogfelds lassen sich die im folgenden beschriebenen Funktionen aktivieren.

- »Neu« hängt einen neuen Datensatz, d.h. eine weitere Zeile mit Daten, an den Datenbankbereich an.

- »Löschen« entfernt den aktuellen, d.h. den angezeigten Datensatz, aus der Datenbank.

- Mit »Wiederherstellen« können Änderungen am Datensatz rückgängig gemacht werden.

- Mit den Tasten »Vorherigen suchen« und »Nächsten suchen« können Sie von Datensatz zu Datensatz blättern.

- Mit der Taste »Suchkriterien« können Bedingungen für das Weiterblättern definiert werden. In diesem Dialogfeld wurde die Bedingung »Kurs > 500« vorgegeben. Mit den beiden Suchtasten werden dann nur Zeilen angezeigt, die dieser Bedingung genügen. Sie können auch mehrere Bedingungen gleichzeitig bestimmen.

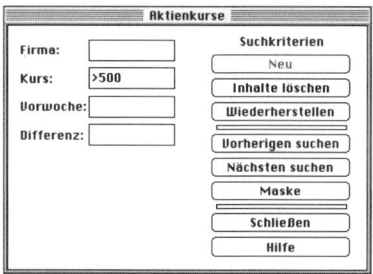

Bild 9.3: Suchbedingungen

- Mit der Taste »Schließen« beenden Sie dieses Dialogfeld.

Innerhalb des Menüs *DATEN* gibt es noch weitere Menüpunkte, die sich auf Datenbankbereiche beziehen.

Suchkriterien und Datensuche

Mit Hilfe von Suchkriterien können Sie Ihre Datenbank gezielt nach bestimmten Einträgen durchsuchen. Gerade bei größeren Datenbeständen kann es sehr sinnvoll sein, wenn Sie Datensätze, die einer oder mehreren Bedingungen entsprechen, direkt anspringen können.

Für die Eingabe von Suchkriterien müssen Sie einen Bereich anlegen, der der Struktur Ihrer Datenbank entspricht. Insbesondere muß die erste Zeile die Spaltenüberschriften Ihrer Datenbank enthalten. Kopieren Sie dafür einfach Ihre Feldnamen in einen Bereich Ihres Arbeitsblattes, das nicht zum Datenbankbereich gehört. Markieren Sie dann den Bereich der Suchkriterien. Dazu muß außer der Zeile mit den Spaltenüberschriften noch mindestens eine weitere Zeile gehören.

Die Anzahl der Zeilen ist beliebig und hängt nur davon ab, wie viele Bedingungen für die Datenbanksuche Sie gleichzeitig definieren möchten. Achten Sie aber darauf, daß Sie keine Leerzeilen in Ihre Suchkriterien aufnehmen. Da »leere« Kriterien auf alle Datensätze zutreffen, würden auch immer alle Datensätze gefunden.

	A	B	C	D	E
	Aktienkurse				
1	Aktienkurse				
2					
3	Firma	Kurs	Vorwoche	Differenz	
4	AEG	197,00	201,00	-4,00	
5	Asko	926,00	958,00	-32,00	
6	BASF	202,00	196,00	6,00	
7	BMW	366,50	368,00	-1,50	
8	Boss	568,00	581,00	-13,00	
37					
38	Suchkriterien				
39					
40	Firma	Kurs	Vorwoche	Differenz	
41	Boss				

Bild 9.4: Suchkriterienbereich

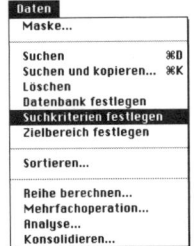

Über den Punkt *Suchkriterien festlegen* im Menü *DATEN* wird der markierte Bereich als Suchbereich festgelegt.

Tragen Sie jetzt in den Zeilen unter den Spaltenüberschriften des Suchbereichs Ihre Suchkriterien ein. In unserem Bild suchen wir nach der Firma »Boss«.

Über den Menüpunkt *DATEN Suchen* starten Sie die Auswertung Ihrer Datenbank. Befindet sich Ihr Cursor außerhalb des Datenbankbereiches oder in der ersten Zeile der Datenbank, so beginnt die Suche am Anfang des Bereichs. Befindet sich Ihre aktive Zelle innerhalb des Datenbankbereiches, so wird ab dieser Stelle nach unten gesucht. Sie können mit den Pfeiltasten ↑ und ↓ zu den Datensätzen springen, die Ihrer Suchbedingung entsprechen. Durch die Esc-Taste oder den Punkt *Suche abbrechen* im Menü *DATEN* wird die Suchfunktion beendet.

	A	B	C	D	E
5	Asko	926,00	958,00	-32,00	
6	BASF	202,00	196,00	6,00	
7	BMW	366,50	368,00	-1,50	
8	Boss	568,00	581,00	-13,00	
9	Degussa	284,00	287,00	-3,00	
10	Hochtief	1.065,00	1.020,00	45,00	
11	Hoechst	207,00	200,50	6,50	
12	Kaufhof	444,00	458,00	-14,00	
38	Suchkriterien				
39					
40	Firma	Kurs	Vorwoche	Differenz	
41	Boss				

Bild 9.5: Gefundener Datensatz

Beachten Sie bitte die veränderte Bildlaufleiste auf der rechten Seite des Fensters. Sie soll anzeigen, daß die Funktionen zum Blättern im Suchmodus anders funktionieren.

Excel kennt auch die Suche mit sogenannten Jokerzeichen. Jokerzeichen sind Platzhalter, die für ein oder mehrere beliebige Zeichen stehen. Ein »*« steht für beliebig viele Zeichen, ein »?«-Zeichen für ein beliebiges Zeichen. Vielleicht sind Ihnen diese Jokerzeichen von MS-DOS her bekannt. Das folgende Suchkriterium würde z.B. alle Firmen in unserer Kurstabelle finden, die mit »H« anfangen.

  H*

Die Bedingung

  M??er

würde z.B. alle Variationen des Namens Meier finden, wie z.B. Maier, Meyer und so weiter. Nicht gefunden würde aber der Name »Maurer«, denn zwei Fragezeichen stehen für zwei Buchstaben zwischen dem »M« und dem »er«.

In Bild 9.8 sehen Sie ein Beispiel für ein Suchkriterium mit Jokerzeichen.

Natürlich sind auch numerische Abfragen erlaubt. Alle Aktien mit einem Wert größer 500 DM sind durch den folgenden Eintrag in der Spalte »Kurs« feststellbar.

  >500

Sollten Sie bei der Eingabe von Suchbedingungen Schwierigkeiten mit Sonderzeichen bekommen, so beginnen Sie Ihre Bedingung mit einem Gleichheitszeichen und schließen sie mit Anführungszeichen ein.

    =">500"

Berechnete Suchkriterien

Sie können in Excel außerdem Suchkriterien definieren, die statt einfacher Vergleiche mit einem Feldnamen (z.B. Firma oder Kurs) aus einer Formel bestehen. Excel findet alle Datensätze, bei denen die Formel den Wert »WAHR« ergibt. Bei Rückgabe des logischen Werts »FALSCH« werden die entsprechenden Datensätze nicht gefunden.

Um dies zu bewerkstelligen geben Sie Excel zwei übereinander-liegende Zellen als Suchkriterium an. Markieren Sie also z.B. den Bereich A40:A41 und wählen Sie *DATEN Suchkriterien festlegen*. In das obere Feld tragen Sie statt wie gewöhnlich einen Feldnamen, den logischen Wert »WAHR« ein, um Excel mitzuteilen, daß hier ein Suchkriterium per Formel definiert wird. Im Feld darunter muß nun eine Formel eingegeben werden, die die logischen Werte »WAHR« und »FALSCH« zurückliefern kann. Dies müssen nicht unbedingt logische Funktionen UND(), ODER() usw. sein; auch Abfragen wie »>«, »<=« und »<>« liefern logische Werte zurück.

Datensatzbezüge geben Sie am besten durch die Feldnamen in der Formel an. Danach erhalten Sie vermutlich von Excel die Fehlermel-dung »#NAME?«, da Excel versucht auf einen Namen zuzugreifen, der in der Tabelle nicht definiert wurde. Wenn Sie aber trotz dieser Fehlermeldung die Suche mit *DATEN Suche* starten wird auf die korrekten Datensätze Bezug genommen.

In unserem Beispiel in Bild 9.6 haben wir nach Datensätzen suchen lassen deren Durchschnittskurs von dieser Woche und der Vor-woche den Wert 200 übersteigt. Wir benötigen daher die Bezüge für den Kurs in dieser Woche und den Vorwochenkurs in unserer Formel. Die Feldnamen dazu heißen »Kurs« und »Vorwoche«. Die Formel in A41 lautet also

    =MITTELWERT(Kurs;Vorwoche)>200.

In Bild 9.6 sehen Sie den ersten gefundenen Datensatz markiert. Auf herkömmlichem Wege wäre es lediglich möglich gewesen eine neue Spalte mit den Mittelwerten beider Spalten zu berechnen und dann nach dieser zu suchen.

	A	B	C	D	
				Aktienkurse	
3	Firma	Kurs	Vorwoche	Differenz	
4	Lufthansa	99	106,5	=B4-C4	
5	AEG	197	201	=B5-C5	
6	BASF	202	196	=B6-C6	
7	Hoechst	207	200,5	=B7-C7	
8	Degussa	284	287	=B8-C8	
9	Volkswagen	308,5	325	=B9-C9	
10	BMW	366,5	368	=B10-C10	
11	Kaufhof	444	458	=B11-C11	
12	Siemens	560,5	570,5	=B12-C12	
38	Suchkriterien				
39					
40	WAHR				
41	=MITTELWERT(Kurs;Vorwoche)>200				
42					

Bild 9.6: Berechnetes Suchkriterium mit eingeblendeten Formeln

Verknüpfte Suchkriterien

Wenn Sie mehrere Spalten in einer Zeile des Suchbereichs ausfüllen, so wird ein Datensatz dann ausgewählt, wenn alle Bedingungen zutreffen (UND-Verknüpfung). Wenn Sie mehrere Zeilen mit Bedingungen vorgeben, so wird ein Satz dann angesprungen, wenn eine der Zeilen zutrifft (ODER-Verknüpfung).

Im folgenden Bild suchen wir nach allen Datensätzen deren Kurs zwischen 300 und 400 liegt ODER deren Differenz größer als Null ist. Der erste gefundene Datensatz erfüllt das erste Kriterium.

	A	B	C	D	E	
					Aktienkurse	
4	AEG	197,00	201,00	-4,00		
5	Asko	926,00	958,00	-32,00		
6	BASF	202,00	196,00	6,00		
7	BMW	366,50	368,00	-1,50		
8	Boss	568,00	581,00	-13,00		
9	Degussa	284,00	287,00	-3,00		
10	Hochtief	1.065,00	1.020,00	45,00		
11	Hoechst	207,00	200,50	6,50		
38	Suchkriterien					
39						
40	Kurs	Kurs	Differenz			
41	>300	<400				
42			>0			

Bild 9.7: Verknüpftes Suchkriterium

Wie sie sehen können sind nicht alle Feldnamen bei der Definition des Suchkriterienbereichs erforderlich und es können mehrere Feldnamen im Suchkriterium benutzen werden.

Zielbereiche

Durch die Definition eines Zielbereiches können Sie einen Abschnitt Ihres Arbeitsblatts festlegen, in dem Kopien gefundener Datensätze abgelegt werden können. Damit können Sie Datensätze aus Ihrer Datenbank extrahieren. Der Zielbereich wird entsprechend dem Bereich der Suchkriterien bestimmt. Auch hier muß die erste Zeile die Spaltenüberschriften aufweisen. Markieren Sie dann diese erste Zeile und so viele weitere Zeilen, wie Sie gefundene Datensätze erwarten. Über den Befehl *Suchen und kopieren* können Sie die gefundenen Datensätze in den Zielbereich übernehmen.

	A	B	C	D	E
	Aktienkurse				
1	Aktienkurse				
2					
3	Firma	Kurs	Vorwoche	Differenz	
4	AEG	197,00	201,00	-4,00	
5	Asko	926,00	958,00	-32,00	
6	BASF	202,00	196,00	6,00	
38	Suchkriterien				
39					
40	Firma	Kurs	Vorwoche	Differenz	
41	B*				
42					
43	Zielbereich				
44					
45	Firma	Kurs	Vorwoche	Differenz	
46	BASF	202,00	196,00	6,00	
47	BMW	366,50	368,00	-1,50	
48	Boss	568,00	581,00	-13,00	

Bild 9.8: Zielbereich

Wie Sie sehen können haben wir im Suchkriterium mit Jokerzeichen operiert.

Sie müssen sich in den Zielbereich übrigens nicht alle Spalten der Datenbank hineinkopieren lassen. Wenn Sie den Zielbereich mit weniger Spalten als Ihre Datenbank definieren, so werden nur die Einträge kopiert, deren Feldname in der ersten Zeile des Zielbereichs steht.

Löschen

Über die Funktion *Löschen* im Menü *DATEN* lassen sich alle Datensätze löschen, die Ihrem Suchkriterium entsprechen. Sollten Sie mit dieser Funktion Datensätze aus Ihrer Datenbank entfernen, so ist dieses nicht rückgängig zu machen.

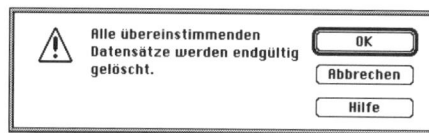

Bild 9.9: Meldung beim Löschen von Datensätzen

Datenbankfunktionen

Zur Auswertung und Bearbeitung von Datenbankbereichen verfügt Excel über mehrere Datenbankfunktionen. Diese Funktionen werten Ihre definierte Datenbank aus und berücksichtigen dabei eventuell vereinbarte Suchkriterien. Eine Auswahl dieser Funktionen soll an dieser Stelle besprochen werden.

Alle Datenbankfunktionen benötigen drei Argumente, nämlich den Datenbankbereich, die auszuwertende Spalte und den Bereich der Suchkriterien.

In unserem Beispiel der Aktienkurse würde die Formel

    =DBSUMME(Datenbank;2;Suchkriterien)

die Summe der zweiten Spalte (daher die »2« als zweites Argument) Ihres Datenbankbereiches ergeben. »Datenbank« und »Suchkriterien« sind die von Excel vergebenen Namen für Ihre definierten Bereiche. Genauso könnten hier Adressangaben wie z.B A1:C7 stehen, d.h. auch Bereiche, die nicht explizit als Datenbank definiert wurden, lassen sich so auswerten. Wichtig ist aber, daß Datenbank- und Suchbereich über gleiche Spaltenüberschriften verfügen müssen.

Excel kennt unter anderem die Funktionen DBMAX und DBMIN, die den Maximal- bzw. Minimalwert errechnen. DBANZAHL zählt die gefundenen Datensätze und die Funktion DBMITTELWERT hat als Ergebnis den Mittelwert der entsprechenden Daten.

Sortieren von Daten

Mit dem Befehl *Sortieren* aus dem Menü *DATEN* lassen sich Bereiche Ihrer Kalkulation sortieren. Sortiert kann jeder markierte Bereich werden, nicht nur eine festgelegte Datenbank. Im nächsten Bild sind die Aktienkurse alphabetisch nach dem Namen der Firma sortiert. Um die Kurse nach dem Wert zu sortieren, markieren Sie die zu sortierenden Daten.

Die Spaltenüberschriften wurden übrigens nicht markiert, da sie sonst in die Sortierung einbezogen worden wären.

Nach Auswahl des Befehls *Sortieren* erhalten Sie das folgende Dialogfenster:

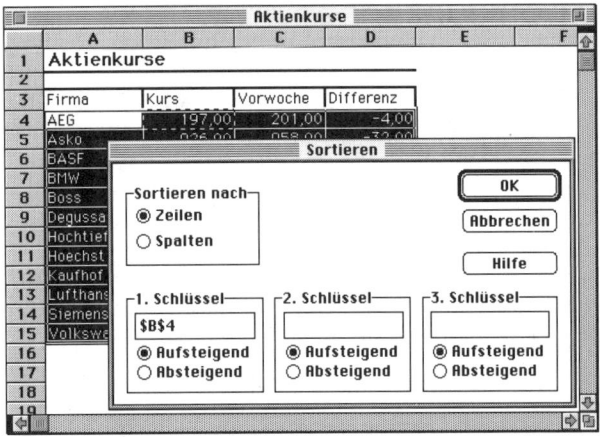

Bild 9.10: Dialogfeld zu DATEN Sortieren

Links oben in der Gruppe »Sortieren nach« wird bestimmt, ob Sie den markierten Bereich nach Zeilen oder Spalten ordnen möchten. In unserem Beispiel sind die Daten zeilenweise aufgelistet, deshalb ist der Punkt »Zeilen« angeklickt. Die drei Gruppen unten sind für die Angabe der Sortierschlüssel bestimmt. Geben Sie hier die Spalte bzw. die Zeile an, nach der Excel sortieren soll. Im Beispiel wurden die Kurswerte ausgewählt, und zwar in aufsteigender Reihenfolge, d.h. die kleinen Werte zuerst. Nach dem Starten des Ordnungslaufs erhalten Sie das folgende Bild.

Aktienkurse				
	A	**B**	**C**	**D**
1	Aktienkurse			
2				
3	Firma	Kurs	Vorwoche	Differenz
4	Lufthansa	99,00	106,50	-7,50
5	AEG	197,00	201,00	-4,00
6	BASF	202,00	196,00	6,00
7	Hoechst	207,00	200,50	6,50
8	Degussa	284,00	287,00	-3,00
9	Volkswagen	308,50	325,00	-16,50
10	BMW	366,50	368,00	-1,50
11	Kaufhof	444,00	458,00	-14,00
12	Siemens	560,50	570,50	-10,00
13	Boss	568,00	581,00	-13,00
14	Asko	926,00	958,00	-32,00
15	Hochtief	1.065,00	1.020,00	45,00
16				

Bild 9.11: Nach Kurs sortierter Bereich

Excel bietet die Möglichkeit zum mehrstufigen Sortieren, d.h. durch die Angabe eines zweiten bzw. dritten Sortierschlüssels kann man innerhalb eines Sortierbegriffs weiter ordnen. Als Beispiel sei die Sortierung nach Namen erwähnt. Hier kann es durchaus vorkommen, daß Sie drei »Müller« im Sortierbereich haben. Deren Reihenfolge ist dann nicht bestimmt. Durch Hinzunahme z.B. des Vornamens oder des Geburtsdatums als zweiten bzw. dritten Schlüssel können Sie die »Müllers« in die richtige Reihenfolge bringen.

In der Werkzeug-Symbolleiste finden Sie zwei Tasten, mit deren Hilfe Sie auf- oder absteigend sortieren können. Der Sortierschlüssel im Bereich ist die Spalte mit der aktuellen Zelle.

Kreuztabellen

Mit Hilfe von Kreuztabellen können Sie Ihre Datenbestände nach verschiedenen Kriterien auswerten. Die Kreuztabellenfunktionen sind mit der Version 4.0 in den Leistungsumfang von Excel aufgenommen worden. Diese neuen Möglichkeiten liegen als sogenanntes Makro-Add-in vor, d.h. die Funktionen sind in der Excel-Makroprogrammiersprache programmiert. Sollten Sie die nachfolgend beschriebenen Befehle und Funktionen nicht in Ihrem Excel finden, so müssen Sie wahrscheinlich erst das entsprechende Makro-Add-in laden. Lesen Sie dazu mehr im Kapitel »Add-in-Makros«.

Den Beispielen zur Kreuztabelle liegt die im nächsten Bild links dargestellte Tabelle zugrunde.

Umsatzliste

	A DATUM	B Standort	C Umsatz
1	DATUM	Standort	Umsatz
2	1. Jan 92	Grövelsjöhn	42000
3	1. Jan 92	Grövelsjöhn	71000
4	7. Jan 92	Särna	38000
5	12. Jan 92	Idre	39000
6	19. Jan 92	Grövelsjöhn	89000
7	26. Jan 92	Särna	38000
8	27. Jan 92	Idre	24000
104	16. Dez 92	Särna	21000
105	19. Dez 92	Idre	45000
106	19. Dez 92	Grövelsjöhn	50000
107	19. Dez 92	Särna	42000
108	20. Dez 92	Särna	77000
109	24. Dez 92	Särna	7000
110	27. Dez 92	Idre	24000

Kreuztabelle

	A	B	C	D	E
1	Umsatzsummen nach Standort und Monat				
2	DATUM	Grövelsjön	Idre	Särna	Gesamt
3	Jan				
4	Feb				
5	Mär				
6	Apr				
7	Mai				
8	Jun				
9	Jul				
10	Aug				
11	Sep				
12	Okt				
13	Nov				
14	Dez				
15	Gesamt				
16					

Bild 9.12: Ausgangstabelle und auszufüllende Kreuztabelle

Wir möchten jetzt diese Tabelle mit folgender Fragestellung auswerten: Wieviel Umsatz ist in jedem Monat pro Ort erzielt worden? Um diese Frage beantworten zu können, werden wir eine Kreuztabelle anlegen. In der rechten Tabelle von Bild 9.12 haben wir die unausgefüllte Struktur einer solchen Kreuztabelle erstellt.

Erstellen einer Kreuztabelle

Für den Aufbau einer Kreuztabelle bietet Excel Ihnen einen Assistenten an. Alle Funktionen lassen sich auch direkt einsetzen, worauf wir aber hier nicht eingehen möchten.

Der Kreuztabellenassistent

Um den Kreuztabellenassistenten erfolgreich einsetzen zu können, müssen Sie in Ihrer Ausgangstabelle einen Datenbankbereich definiert haben. Rufen Sie dann den Assistenten mit dem Befehl *DATEN Kreuztabelle* auf. Sie erhalten das im nächsten Bild gezeigte Dialogfeld.

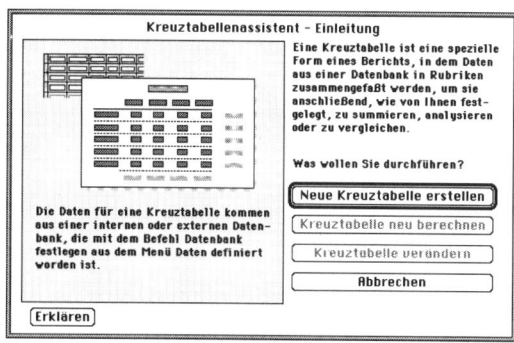

Bild 9.13: Dialogfeld zu DATEN Kreuztabellenassistent

Das Dialogfenster »Kreuztabellenassistent« besitzt fünf Schaltflächen. Zwei der Optionen sind nur anwählbar, wenn Sie schon einmal eine Kreuztabelle erstellt hatten.

Das Tastenfeld »Erklären« verändert das Dialogfenster, so daß Sie weitere Informationen angezeigt bekommen. Die Erklärung können Sie im nächsten Bild sehen. Auf »Erklären«-Felder werden Sie innerhalb des Assistenten noch mehrmals treffen.

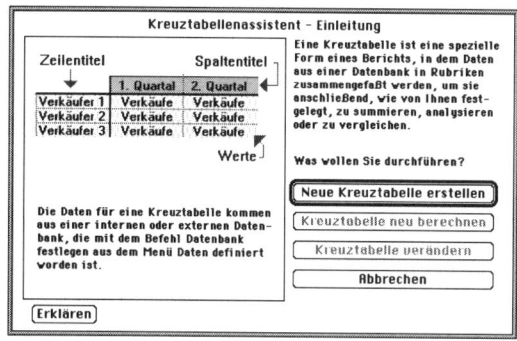

Bild 9.14: Erklärung zum Kreuztabellenassistenten

Da wir jetzt eine »Neue Kreuztabelle erstellen« wollen, wählen Sie
die entsprechende Schaltfläche. Excel wertet die Informationen
Ihrer in der Ausgangstabelle festgelegten Datenbank aus und zeigt
das folgende Dialogfeld.

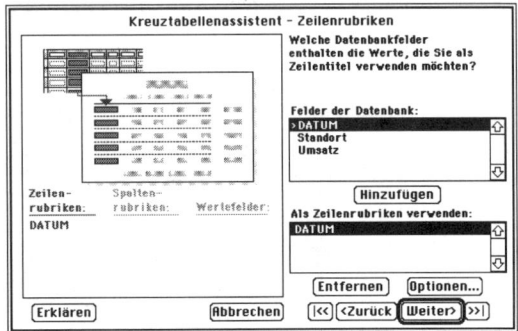

Bild 9.15: Bestimmung der Zeilenrubriken

Rechts in der Mitte sehen Sie die Felder der Datenbank. Markieren
Sie dort »DATUM« und betätigen Sie dann das Tastenfeld
»Hinzufügen«, so wird der Datenbankfeldname als Zeilenrubrik
eingetragen. An dieser Stelle sind auch mehrere Zeilenrubriken
möglich. Wir werden im weiteren Verlauf noch darauf eingehen.

Optionen für Zeilenrubriken

Mit Hilfe der Taste »Optionen« erhalten Sie ein Dialogfenster, in
dem Sie verschiedene Einstellungen für die Zeilenrubriken vornehmen können.

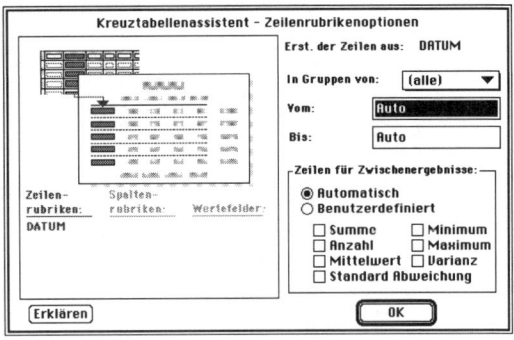

Bild 9.16: Optionen für Zeilenrubriken

Oben rechts ist der Name der ausgewählten Datenbankspalte zu sehen. Je nach Inhalt dieses Feldes können Sie jetzt bei »In Gruppen von« verschiedene Eingaben vornehmen. Ist der Inhalt dieses Feldes Text, so wird diese Option nicht angeboten. Bei einem Wert ist die Voreinstellung für diese Auswahlmöglichkeit »(alle)«, d.h. jeder Wert wird als Zeilenrubrik verwendet. Haben Sie aber beispielsweise Werte von 0 bis 100.000 in Ihrer Datenbankspalte und geben als Gruppierung »10000« an, so werden die Zeilenaufschriften lauten: 0 bis 10000, 10001 bis 20000, usw.

In unserem Fall ist die Zeilenrubrik ein Datum. Datumswerte und Zeitwerte können wie folgt gruppiert werden: Sekunden, Minuten, Tage, Wochen, Monate, 30 Tage, Quartale und Jahre. Für das hier gewählte Beispiel sollen die Umsätze monatsweise ausgewertet werden. Wählen Sie deshalb »Monate« an.

Wenn notwendig, können Sie weitere Einschränkungen mit den Eingabefeldern »Von« und »Bis« festlegen.

Für die einzelnen definierten Gruppen können Sie von Excel verschiedene mathematische Berechnungen durchführen lassen. Voreingestellt ist die Option »Automatisch«, das bedeutet, es wird nur summiert.

Die Taste »Weiter« bringt Sie zum nächsten Dialogfeld. Mit »Zurück« gehen Sie im Assistenten einen Schritt rückwärts, während » | <<« bzw. »>> | « zum ersten bzw. letzten Dialogfenster springt.

In dem im nächsten Bild gezeigten Dialogfeld wählen Sie die Spaltenrubriken.

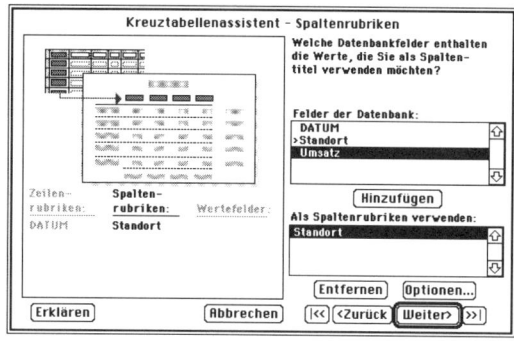

Bild 9.17: Bestimmung der Spaltenrubriken

Optionen für Spaltenrubriken

Der Assistent bietet Ihnen für die Spaltenrubriken die gleichen
Möglichkeiten wie für die Zeilenrubriken.

Nach der Auswahl der Spaltenrubriken gehen Sie von hier weiter
zum Definieren der Wertefelder.

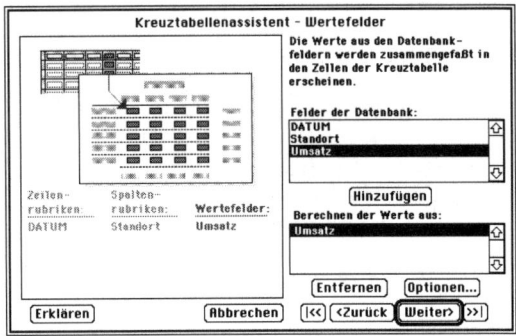

Bild 9.18: Bestimmung der Wertefelder

In diesem Dialogfenster geben Sie an, welche Werte im Innern Ihrer
Kreuztabelle erscheinen sollen. Legen Sie kein Wertefeld fest, so
zählt Excel nur die Anzahl der möglichen Spalten- und Zeilen-
kombinationen.

Der Aufruf von »Optionen« veranlaßt die Anzeige des im folgenden Bild dargestellen Dialogfelds.

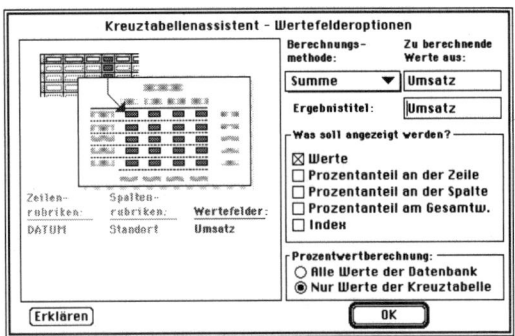

Bild 9.19: Optionen für Wertefelder

Möglichkeiten der Wertanalyse

Excel bietet Ihnen eine Reihe von Möglichkeiten zur Auswertung Ihrer Daten. Mit den Werten können verschiedene Berechnungen durchgeführt werden. Im Dialogfeld in Bild 9.19 finden Sie ein Drop-Down-Menü mit verschiedenen Rechenvorschriften. Zur Auswahl stehen hier Summe, Anzahl, Mittelwert, Minimum, Maximum, Standardabweichung und Varianz.

Weiterhin können Sie festlegen, ob die Werte, der Prozentanteil des jeweiligen Wertes an der Zeile, Spalte bzw. am Gesamtwert oder ein Index ausgegeben werden soll. Die Prozentberechnung können sich auf die Werte der Datenbank oder die Ergebnisse der Kreuztabelle beziehen.

Mehrfache Werte

Wenn Sie mehrere Wertefelder angeben, so bekommen Sie das im nächsten Bild dargestellte Dialogfenster am Bildschirm angezeigt. Ihre Auswahl in diesem Fenster entscheidet über die Anordnung Ihrer Ergebnisse in der Ergebnistabelle.

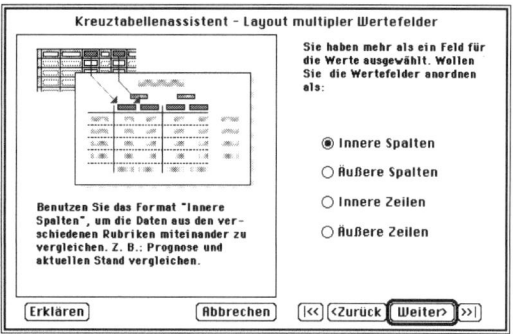

Bild 9.20: Dialogfeld zur Anordnung der Ergebniswerte

Ausgabe der Kreuztabelle

Eines der letzten Dialogfelder auf dem Weg zu einer Kreuztabelle ist in der nächsten Darstellung zu sehen.

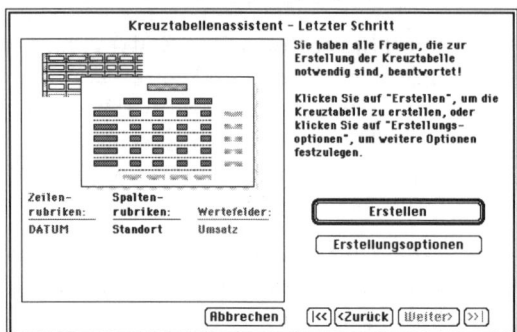

Bild 9.21: Dialogfeld »Letzter Schritt«

Durch Anklicken der Schaltfläche »Erstellen« errechnet Excel die von Ihnen definierte Kreuztabelle.

Vorher können Sie sich aber über »Erstellungsoptionen« das folgende Fenster angezeigen lassen.

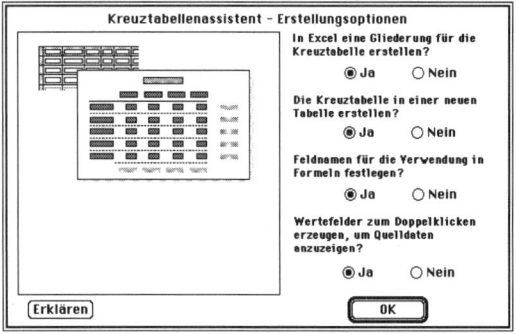

Bild 9.22: Dialogfeld »Erstellungsoptionen«

Ergebnisbeispiel einer Kreuztabelle

In unserem Fall baut Excel die dargestellte Kreuztabelle auf.

Tabelle4

	A	B	C	D	E
1	Summe von Umsatz	Standort			
2	DATUM	Grövelsjöhn	Idre	Särna	Gesamt
3	Jan.1992	202000	63000	76000	341000
4	Feb	185000	156000	218000	559000
5	Mär	228000	126000	0	354000
6	Apr	168000	212000	91000	471000
7	Mai	157000	37000	327000	521000
8	Jun	148000	113000	58000	319000
9	Jul	20000	53000	200000	273000
10	Aug	39000	157000	266000	462000
11	Sep	236000	75000	93000	404000
12	Okt	88000	155000	88000	331000
13	Nov	63000	295000	175000	533000
14	Dez	84000	160000	147000	391000
15	Gesamt	1618000	1602000	1739000	4959000

Bild 9.23: Ergebniskreuztabelle

Sie können die Einteilung der Zeilen in Monate sehen. Die Auswertung der Ausgangstabelle ergab drei Spalten, d.h. in der Tabelle waren drei verschiedene Standorte vorhanden. Für Zeilen und Spalten wurden Summen errechnet. Die Ergebnistabelle wurde entsprechend den Summen gegliedert, so wie dies im Dialogfenster in Bild 9.22 eingestellt wurde.

Durch einen Doppelklick auf eines der Wertefelder können Sie sich die Ausgangsdaten, die zu diesem Ergebnis geführt hatten, von Excel anzeigen lassen. Eine solche Detailtabelle ist im nächsten Bild sichtbar.

Tabelle6

	A	B	C	D	E	F
1	DATUM	DATUM	Standort	DATUM	Standort	Umsatz
2	>=32142	<32173	=Grövelsjöhn	<>	<>	<>
3						
4	DATUM	Standort	Umsatz			
5	1. Jan 92	Grövelsjöhn	42000			
6	1. Jan 92	Grövelsjöhn	71000			
7	19. Jan 92	Grövelsjöhn	89000			
8						
9						

Bild 9.24: Detaildaten

Neuberechnen und ändern einer Kreuztabelle

In jedem Arbeitsblatt kann nur eine Kreuztabelle definiert werden. Allerdings können Sie für eine Ausgangstabelle mehrere Blätter mit Kreuztabellen anlegen, die sich alle auf die gleichen Ausgangsdaten beziehen.

Rufen Sie die Kreuztabellenfunktion in einem Blatt auf, in dem Sie schon eine Kreuztabelle angelegt haben, so werden im Eingangsdialogfeld des Kreuztabellenassistenten (Bild 9.13) die Schaltflächen »Kreuztabelle neu berechnen« und »Kreuztabelle verändern« freigegeben.

Kapitel 10
Excel für Fortgeschrittene

Dieses Kapitel soll eine Auswahl von Funktionen und Befehlen behandeln, für die Sie schon über etwas Erfahrung im Umgang mit Excel verfügen sollten.

Reihenberechnung

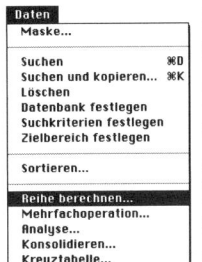

Stellen Sie sich vor, Sie benötigen eine fortlaufende Numerierung beispielsweise von Zeilen. Wie stellen Sie sowas an? Zunächst können Sie in die erste zu numerierende Zeile (z.B. in A3) eine »1« schreiben und in die nächste Zeile in A4 eine »2«.

Diese Einträge können Sie dann mit der Funktion zum automatischen Ausfüllen auf die folgenden Zeilen erweitern.

Fortlaufende Zahlen können Sie aber auch mit einem Menübefehl erzeugen. Beginnen Sie damit, den ersten Wert Ihrer Reihe, in diesem Fall die »1« in die Zelle zu schreiben, in der die Numerierung beginnen soll. Selektieren Sie dann im Menüpunkt *DATEN* die Option *Reihe berechnen*. Dadurch wird das folgende Dialogfenster aktiviert.

Bild 10.1: Dialogfenster Reihen berechnen

Um die oben beschriebene Numerierung zu erhalten, müssen im Dialogfenster die Optionen »Spalten« und »Arithmetisch« selektiert sein. Das »Inkrement«, der Zuwachs, ist mit »1« bereits richtig bestimmt. Sie haben nun in diesem Fenster die Möglichkeit einen »Endwert« einzugeben. Das Ende Ihrer Reihe können Sie aber auch festlegen, indem Sie auf Ihrer Tabelle den Bereich markieren, in den die Reihe geschrieben werden soll.

Die geometrische Reihe unterscheidet sich von der arithmetischen durch ihre Rechenvorschrift. Dabei wird das nächste Reihenglied nicht dadurch gefunden, daß zum letzten ein bestimmter Wert addiert wird, sondern die nächste Zahl wird durch Multiplikation des letzten Reihengliedes mit dem vorgegebenen »Inkrement« bestimmt.

	A	B	C	D	E
		Arithmetisch		Geometrisch	
1					
2					
3	Inkrement:	1	3	2	10
4					
5		1	1	1	1
6		2	4	2	10
7		3	7	4	100
8		4	10	8	1000
9		5	13	16	10000
10		6	16	32	100000
11		7	19	64	1000000
12		8	22	128	10000000
13		9	25	256	100000000
14					

Bild 10.2: Vergleich verschiedener Reihen

In der Tabelle oben können Sie je zwei arithmetische und geometrische Reihen sehen. Das zur Berechnung benutzte Inkrement ist über den jeweiligen Reihen vermerkt.

Sehr nützlich kann auch eine Reihe aus Datumswerten sein. Selektieren Sie dazu als Reihentyp »Datum«. Zusätzlich können Sie nun festlegen, ob tageweise, nur Wochentage, Monate oder Jahre gezählt werden sollen.

In Bild 10.3 wurde beginnend mit den Daten in der dritten Zeile weitergezählt. In der ersten Spalte wurden Tage, in der zweiten Wochentage zum Weiterzählen verwendet. In der dritten Spalte wurde monate- in der vierten jahresweise weitergezählt. Beachten Sie bitte die korrekte Behandlung von Schaltjahren durch Excel.

Datumsreihen

	A	B	C	D
1	Tag	Wochentag	Monat	Jahr
2				
3	28. Feb 92	28. Feb 92	31. Jan 92	29. Feb 92
4	29. Feb 92	2. Mär 92	29. Feb 92	28. Feb 93
5	1. Mär 92	3. Mär 92	31. Mär 92	28. Feb 94
6	2. Mär 92	4. Mär 92	30. Apr 92	28. Feb 95
7	3. Mär 92	5. Mär 92	31. Mai 92	29. Feb 96
8	4. Mär 92	6. Mär 92	30. Jun 92	28. Feb 97
9	5. Mär 92	9. Mär 92	31. Jul 92	28. Feb 98
10	6. Mär 92	10. Mär 92	31. Aug 92	28. Feb 99
11	7. Mär 92	11. Mär 92	30. Sep 92	29. Feb 00
12				

Bild 10.3: Datumsreihen

Mit durch Anklicken der Option »Trend« können Sie in Ihre Kalkulation eine Trendberechnung einfügen, wobei auch hier zwischen arithmetischen und geometrischen Trends unterschieden wird.

Gliederungen

Bei größeren Arbeitsblättern ist es oft schwierig, die wichtigen Ergebnisse im Blick zu behalten. Drei Wege, mit denen man auseinanderliegende Bereiche gleichzeitig ins Bild bekommen kann, haben Sie in früheren Kapiteln kennengelernt. Aber sowohl bei der Definition von Unterfenstern wie auch bei der Teilung eines Fensters sind die Möglichkeiten und nicht zuletzt der Platz auf dem Monitor begrenzt. Das Ausblenden von einzelnen Zeilen oder Spalten bringt zwar die gewünschten Ergebnisse, ist aber etwas umständlich zu handhaben. In den Funktionsumfang von Excel wurde ab der Version 3.0 das Gliedern von Arbeitsblättern aufgenommen. Durch eine Gliederung der Tabelle können Sie weniger wichtige Zeilen und Spalten verstecken.

Manuelle Gliederung

Im folgenden Bild ist eine Umsatzstatistik zu sehen. Mit Hilfe der Gliederungstechnik werden jetzt die drei Zeilen der Bezirke ausgeblendet. Dazu werden zunächst diese Zeilen markiert.

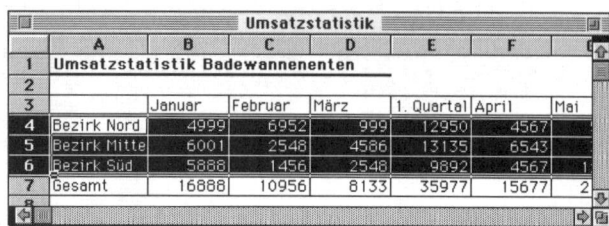

Bild 10.4: Markierte Zeilen

Die folgenden Symbole sind Teil der Werkzeug-Symbolleiste von
Excel. Diese vier dargestellten Tasten brauchen Sie für die Bearbeitung von Gliederungen.

 Heraufstufen von Zeilen oder Spalten,

 Herabstufen,

 Gliederungssymbole ein- oder ausblenden,

 Markierung für ausgeblendete Zellen deaktivieren.

Wenn Sie in der Symbolleiste den Pfeil nach rechts betätigen, so
erhalten Sie das folgende Bild:

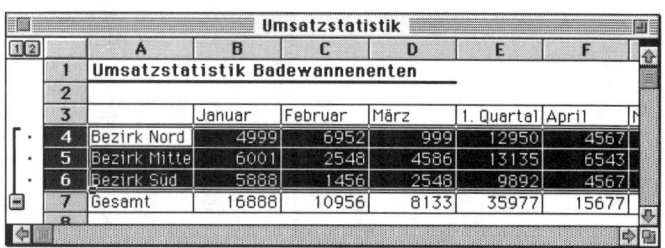

Bild 10.5: Gegliederte Zeilen

Am linken Rand des Fensters wird die Gliederungstiefe angezeigt.
Die für die Gliederung ausgewählten Zeilen sind im Gliederungs-
randbereich mit einem Punkt versehen. Durch Anwählen des
Minuszeichens werden diese Zeilen verborgen und aus dem Minuszeichen wird ein Pluszeichen.

Bild 10.6: Ausgeblendete Zeilen

 Mit einem Klick auf das Pluszeichen machen Sie das Ausblenden der Zeilen rückgängig.

Alle Rechenanweisungen in den versteckten Zeilen sind weiterhin aktiv.

Eine Gliederung ist auch für Spalten möglich. Eine Gliederung kann bis zu acht Stufen tief sein.

Im nächsten Bild sehen Sie das Resultat des Zusammenziehens für Quartals- und Jahresergebnisse.

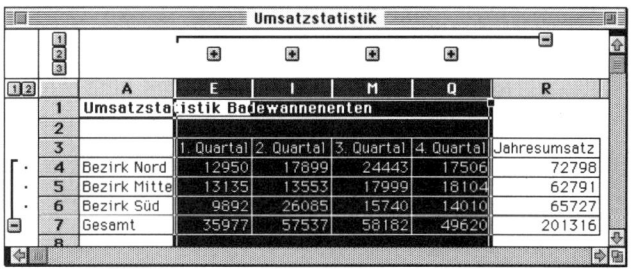

Bild 10.7: Quartalsergebnisse

 Eine weitere Möglichkeit zum Anwählen einer Gliederungsebene bieten die kleinen Zifferntasten oben bzw. links im Gliederungsbereich. Klicken Sie eine dieser Tasten an so wird Excel alle Ebenen bis zu der von Ihnen angewählten anzeigen, während alle darunter liegenden Ebenen ausgeblendet werden.

 Excel hält in der Symbolleiste noch weitere Schalter für die Arbeit mit der Gliederungsfunktion bereit.

 Die beiden Pfeile dienen, wie schon besprochen, zum Herauf- oder Herunterstufen der Gliederungsebenen. Sie sollten vor dem

Benutzen der Pfeile die entsprechenden Zeilen oder Spalten markieren. Vergessen Sie diese Markierung, so erhalten Sie das Fenster im nächsten Bild.

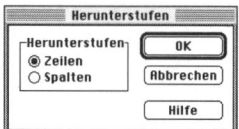

Bild 10.8: Dialogfenster Herunterstufen

Geben Sie jetzt an, ob Sie Zeilen oder Spalten gliedern wollen.

 Die nebenstehende Taste dient zum Ausblenden der Gliederungssymbole. Ihr Arbeitsblatt wird jetzt wie gewohnt angezeigt, die Gliederungen bleiben aber aktiv. Den gleichen Effekt können Sie übrigens auch über das Dialogfenster *Bildschirmanzeige* im Menü *OPTION* erreichen.

Die linksstehende Taste ist von Bedeutung beim Markieren von gegliederten Zellen. Gegeben sei die Markierung im folgenden Bild.

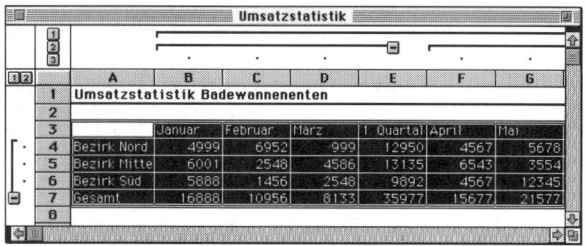

Bild 10.9: Markierte und gegliederte Tabelle

Wenn Sie die Gliederung in Bild 10.9 zurücknehmen, so sehen Sie im nächsten Bild, daß der gesamte markierte Bereich selektiert ist. Hätten Sie also im obigen Bild z.B. kopiert, so wären auch die versteckten Zellen mit verdoppelt worden.

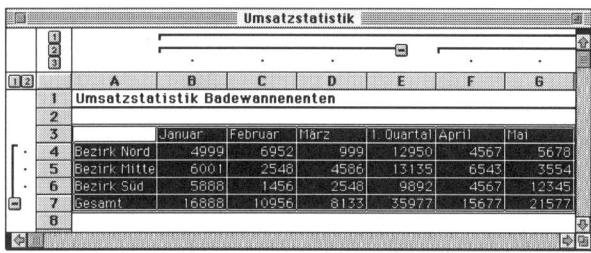

Bild 10.10: Alle Zellen markiert

 Mit Hilfe der nebenstehenden Taste können Sie die Markierung für die versteckten Zeilen aufheben. Drücken Sie diese Taste, wenn Ebenen ausgeblendet sind und heben dann die Gliederung auf, so erhalten Sie das nächste Bild.

Bild 10.11: Zurückgestufte Zellen sind nicht markiert

Beim Kopieren und anderen Operationen werden so nur die markierten Zellen benutzt. Mit dieser Methode können Sie leicht Ergebnisse Ihrer Berechnungen übertragen, indem Sie alle Zwischenrechnungen ausgliedern.

Automatische Gliederung

Die automatische Gliederungsfunktion wird über das Menü aufgerufen. Excel versucht bei der automatischen Gliederung Ihr Arbeitsblatt zu interpretieren und Gliederungsstufen einzubauen. Dabei orientiert sich Excel an den Bezügen der Zellen im Gliederungsbereich. In den obigen Beispielen würde Excel beispielsweise die Summenformeln als Anhaltspunkte benutzen.

Die automatische Gliederung wird über *FORMEL Gliederung* aufgerufen.

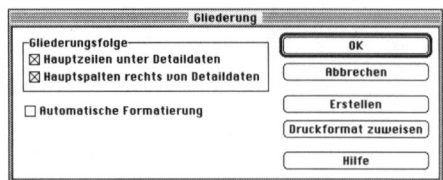

Bild 10.12: Dialogfenster Automatische Gliederung

Mit Hilfe des Tastenfelds »Erstellen« können Sie Ihre ausgewählten Bereiche gliedern lassen. Bei der automatischen Gliederung kann Excel Zellformatierungen einfügen, um Gliederungen hervorzuheben. Dafür muß der Punkt »Automatische Formatierung« angeklickt sein.

Durch »Druckformat zuweisen« läßt sich eine Gliederung nachträglich mit Gliederungsformatierungen versehen.

Zielwertsuche

Die Zielwertsuche ist ein leistungsfähiges Werkzeug für sogenannte Was-Wenn-Analysen. Bei der Zielwertsuche wird ein Ausgangswert solange verändert, bis ein Zielwert, der von dem Ausgangswert abhängt, erreicht ist. Auch hierzu möchten wir Ihnen mit der folgenden Tabelle ein Beispiel zeigen.

	A	B	C	D	E
1	Verkaufsplanung				
2	Preis pro Stück		5,00		
3	Kosten pro Stück		3,00		
4	Vertriebskosten pro Stück		0,75 entspricht 1/4 der Herstellungskosten		
5					
6			Januar	Februar	März
7	Stückzahl		10000	20000	30000
8	Herstellungskosten		30.000,00	60.000,00	90.000,00
9	Vertriebskosten		7.500,00	15.000,00	22.500,00
10	Feste Kosten		10.000,00	12.500,00	15.000,00
11	Umsatzerlöse		50.000,00	100.000,00	150.000,00
12	Summe		2.500,00	12.500,00	22.500,00
13					
14	Gesamterlös	37.500,00			

Bild 10.13: Verkaufsplanung

Welche Möglichkeiten bestehen, um den Gewinn auf 100.000 DM zu bringen? Man könnte am Verkaufpreis, an den Herstellungskosten und an der Stückzahl Veränderungen vornehmen. Wir haben einige Randbedingungen in das Beispielsmodell eingebaut, um vernünftige Ergebnisse zu erzielen. Unsere Badewannen-entenherstellungsmaschine z.B. kann nur in 10.000er Schritten umgerüstet werden. Jeden Monat werden deshalb 10.000 Enten mehr produziert. Mit der höheren Produktionszahl steigen aber auch unsere Lagerhaltungskosten, die unter dem Punkt »Feste Kosten« in die Rechnung einfließen. Unsere Vertriebskosten betragen immer 1/4 der Herstellungskosten.

Mit Hilfe der Zielwertsuche wollen wir jetzt unseren Verkaufspreis so ändern, daß als Gesamterlös 100.000 DM bleiben. Dazu wählen wir im Menü *FORMEL* den Punkt *Zielwertsuche*.

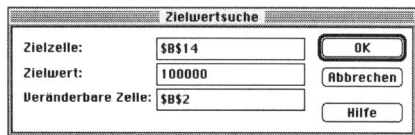

Bild 10.14: Dialogfenster Zielwertsuche

In dem im Bild oben gezeigten Dialogfenster werden unsere Vorgaben für die Gewinnerhöhung eingegeben. Als »Zielzelle« wird das Feld mit dem Gesamterlös festgelegt. Der »Zielwert« wird mit 100.000 angegeben. Die »Zu ändernde Zelle« ist der Preis. Nach Starten der Zielwertsuche meldet sich Excel mit folgender Meldung.

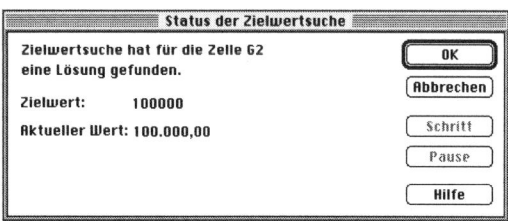

Bild 10.15: Ergebnismeldung der Zielwertsuche

Mit »OK« werden die errechneten Werte in das Kalkulationsblatt eingetragen.

	A	B	C	D	E
1	Verkaufsplanung				
2	Preis pro Stück	6,04			
3	Kosten pro Stück	3,00			
4	Vertriebskosten pro Stück	0,75 entspricht 1/4 der Herstellungskosten			
5					
6			Januar	Februar	März
7	Stückzahl		10000	20000	30000
8	Herstellungskosten		30.000,00	60.000,00	90.000,00
9	Vertriebskosten		7.500,00	15.000,00	22.500,00
10	Feste Kosten		10.000,00	12.500,00	15.000,00
11	Umsatzerlöse		60.416,67	120.833,33	181.250,00
12	Summe		12.916,67	33.333,33	53.750,00
13					
14	Gesamterlös	100.000,00			

Bild 10.16: Geänderte Tabelle

Grafische Zielwertsuche

Neu in Excel 4.0 ist die Zielwertsuche innerhalb von Grafiken. Sie können, wie wir im weiteren noch beschreiben werden, Zielwerte in einem Balkendiagramm durch Veränderung der Balkengröße vorgeben.

Excel bietet Ihnen die Möglichkeit, aus einem Balken- oder Liniendiagramm heraus die Zielwertsuche aufzurufen. Wir haben die Verkaufsplanung der letzten Zielwertsuchbeispiele in eine Balkengrafik umgesetzt.

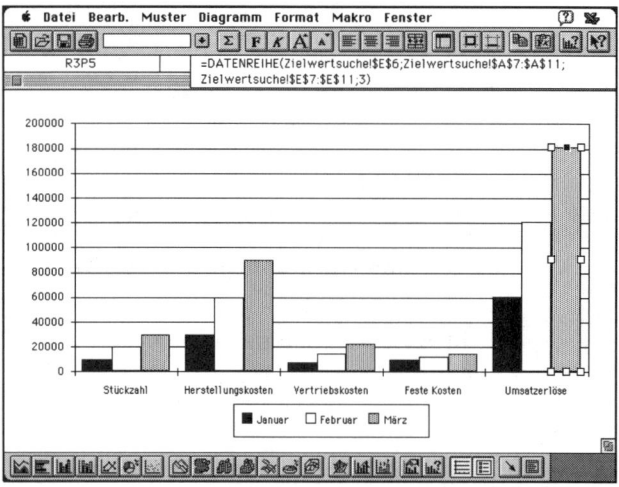

Bild 10.17: Balkendiagramm mit Verkaufsplanungszahlen

Der Balken rechts außen wurde mit der Maus bei gehaltener ⌘-Taste angewählt. Er wird von Excel mit acht kleinen Quadraten versehen, wobei das Quadrat oben in der Mitte in einer anderen Farbe erscheint.

Durch Ziehen an diesem kleinen Quadrat mit der Maus bei gehaltener Maustaste können Sie die Höhe des Balkens verändern. Stellen Sie einen neuen Wert ein, so erhalten Sie im Anschluß daran das Dialogfeld zur Zielwertsuche. Sie können jetzt eine Zielwertsuche mit den in diesem Kapitel schon beschriebenen Parametern und Einstellungen durchführen.

Szenarien

Bei Was-Wenn-Analysen und Zielwertsuchen ist es in vielen Fällen wünschenswert, Einstellungen, Zwischenergebnisse und Lösungen festzuhalten.

Mit der Version 4.0 von Excel liefert Microsoft den Szenario-Manager, ein Add-In-Makroblatt, aus. Den Menüpunkt zum Aufrufen des *Szenario-Manager* finden Sie im Menü *FORMEL*. Sollte dieser Punkt in Ihrem Menü nicht zu finden sein, so lesen Sie bitte im Kapitel »Add-In-Makros« nach, wie Sie den Szenario-Manager einbinden können.

Mit dem Szenario-Manager können Sie für bestimmte, zu verändernde Zellen Varianten abspeichern. Am einfachsten ist dieser Sachverhalt mit einem Beispiel erklärt. Dazu möchten wir das im Abschnitt »Zielwertsuche« verwendete Beispiel zurückgreifen. Zur Vorbereitung haben wir das Arbeitsblatt ergänzt. Die Zelle $B2 wurde mit »Preis«, die Zelle $B$3 mit »Kosten« benannt.

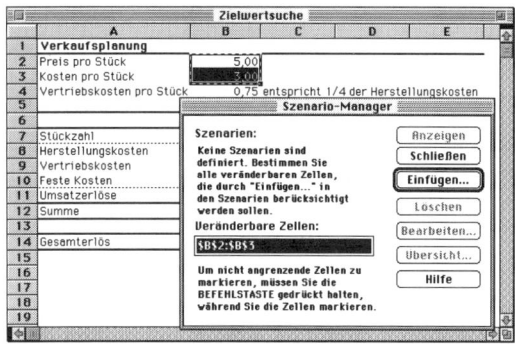

Bild 10.18: Dialogfeld zu FORMEL Szenario-Manager

Das in Bild 10.18 dargestellte Dialogfeld zur Definition der Szenarien rufen Sie über *Szenario-Manager* im Menü *FORMEL* auf.

Als zu verändernde Werte werden die Zellen $B$2 und $B$3 für Preis und Kosten angegeben. Durch Anklicken der Schaltfläche »Einfügen« öffnet sich das im folgenden Bild gezeigte Dialogfenster.

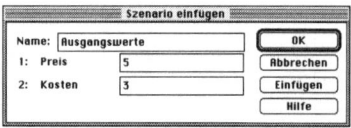

Bild 10.19: Dialogfeld »Szenario einfügen«

Unter »Name« können Sie dem Szenario eine beschreibende Bezeichnung geben. Da wir zwei zu verändernde Werte vorgegeben haben, werden unter »Name« zwei Wertfelder angezeigt. Excel hat hier richtigerweise »Preis« und »Kosten« in das Dialogfeld eingetragen. Diese Bezeichnungen sind die Namen, die für diese beiden Zellen definiert haben.

Sie können die gewünschte Anzahl von Szenarien definieren. Im nächsten Bild sehen Sie einige der von uns festgelegten Varianten.

Bild 10.20: Szenario-Manager mit mehreren Szenarien

Mit Hilfe der Schaltfläche »Bearbeiten« können Sie ein Szenario abändern.

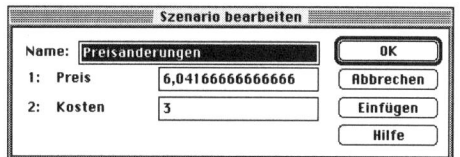

Bild 10.21: Dialogfeld »Szenario bearbeiten«

Mit »Löschen« im Dialogfenster »Szenario-Manager« lassen sich Szenarien wieder entfernen.

Eine interessante Funktion verbirgt sich hinter dem Tastenfeld »Übersicht«. Excel legt für Sie eine Übersicht über alle Szenarien an.

Nach Auswahl von »Übersicht« erhalten Sie das folgende Fenster:

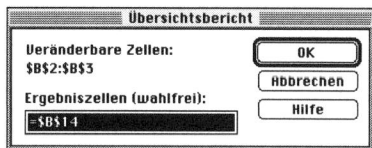

Bild 10.22: Dialogfeld »Übersichtsbericht«

Unter dem Punkt »Ergebniszellen« können Sie festlegen, welche Zellen mit End- oder Zwischenergebnissen in den Übersichtsbericht aufgenommen werden.

Nach Bestätigung mit »OK« öffnet der Szenario-Manager ein neues Arbeitsblatt, in das die Übersicht aufgenommen wird. Wie Sie im folgenden Bild sehen können, ist der Übersichtsbericht gegliedert. Neben den zu verändernden Zellen und den Ergebniszellen fügt Excel in den ersten Gliederungsbereich zwei Zeilen mit Benutzernamen und Datum ein. Anhand dieser Daten können Sie feststellen, wer wann das Szenario geändert hat. Arbeiten mehrere Mitarbeiter zum Beispiel per Diskettenaustausch oder per Netzwerk an der gleichen Tabelle, so können von jedem Mitarbeiter Szenarien aufgenommen und verändert werden. Ein entsprechender Vermerk wird in die Übersicht aufgenommen. Öffnen Sie die erste Zeilengliederung, so erhalten Sie folgendes Bild:

		Übersichtsbericht				
					Min. Preis bei min. Kosten	Max. Kosten bei norm. Preis
		Ausgangs-werte	Preisände-rungen	Kosten-senkung		
		9. Okt 92	13. Okt 92	15. Okt 92	19. Okt 92	21. Okt 92
		Müller	Fr. Schultz		Meier	H. Feinbein Fr. Schwarz
Veränderbare Zellen:						
	Preis	5,00	6,04	5,00	3,33	5,00
	Kosten	3,00	3,00	2,50	2,17	3,50
Ergebniszellen:						
	$B$14	37.500,00	100.000,00	75.000,00	-450,00	0,00

Bild 10.23: Übersichtsbericht mit Daten und Namen

Mustervorlagen

Im Kapitel »Gestaltung von Arbeitsblättern« wurde die Verwendung der Mustervorlagen schon angesprochen. Eine Mustervorlage ist ein Arbeitsblatt, das im Dialogfeld *Optionen* zu *DATEI Speichern unter* als Mustervorlage deklariert wurde oder im Informations-fenster des Finders mit einem Kreuz vor der Option »Formularblock« versehen wurde. Wenn Sie eine Mustervorlage laden, so wird diese automatisch unter einem anderen Namen geladen, d.h. wenn Sie Änderungen an dieser Tabelle vornehmen, so können Sie diese Mustervorlage nicht versehentlich überschreiben.

Sie können Mustervorlagen für Ihre Standardformulare, Brief-köpfe, Kalkulationen usw. anlegen. Zum Aufrufen der Muster-vorlagen bietet Ihnen Excel eine elegante Hilfe. Sie können Ihre Mustervorlagen über den Befehl *DATEI Neu* anwählen. Im folgen-den Dialogfenster sehen Sie neben den standardmäßigen Einträgen weitere, die wir für uns definiert haben.

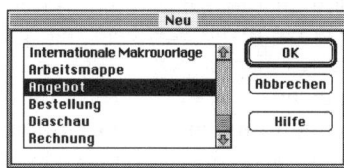

Bild 10.24: Erweiterte Liste im Dialogfeld zu DATEI Neu

Damit Ihre Mustervorlagen in diesem Dialogfenster erscheinen, müssen Sie sie in den »Excel Startdatei-Ordner (4)« speichern oder verschieben. Das Verzeichnis wird bei der Installation von Excel unterhalb des »Preferences«-Ordners im Systemordner angelegt. Alle in diesem Verzeichnis vorhandenen Dateien im Format »Mustervorlage« werden beim Aufruf von *DATEI Neu* im entsprechenden Dialogfeld angezeigt.

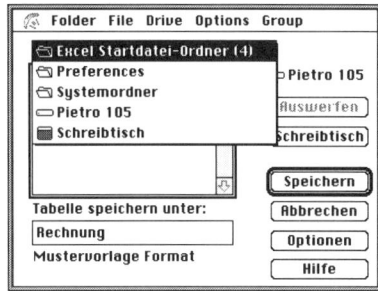

Bild 10.25: Mustervorlage in Excel-Startordner speichern

Sollten Sie normale Arbeitsblätter in das oben beschriebene Verzeichnis plazieren, so werden diese beim Start von Excel automatisch geladen.

Matrixoperationen

Matrix- oder Arrayformeln bieten Ihnen als Anwender eine Reihe von Vorteilen bei Berechnungen, in denen gleichartige Formeln vorkommen.

Zum Bereich der Matrixoperationen zählen auch die Mehrfachoperationen, die Sie z.B. für Was-wäre-wenn?-Rechnungen verwenden können.

Einfache Matrixoperationen

Markieren Sie einen rechteckigen Bereich in Ihrem Arbeitsblatt, so wie das Beispiel im folgenden Bild zeigt, wobei auch eine Spalte oder Zeile als Rechteck gilt, nicht aber eine Mehrfachauswahl.

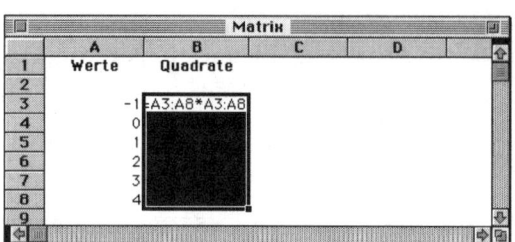

Bild 10.26: Auswahl für Matrixfunktion

Tippen Sie jetzt als Formel

=A3:A8*A3:A8

ein und schließen Sie Ihre Eingabe nicht wie gewohnt mit der Eingabetaste ab, sondern mit der Kombination

⌘+Eingabe.

Durch diese Bestätigung erkennt Excel, daß die vorliegende Formel als Matrixoperation zu verstehen ist. Excel »umrahmt« Ihre Formel in der Bearbeitungszeile mit geschweiften Klammern.

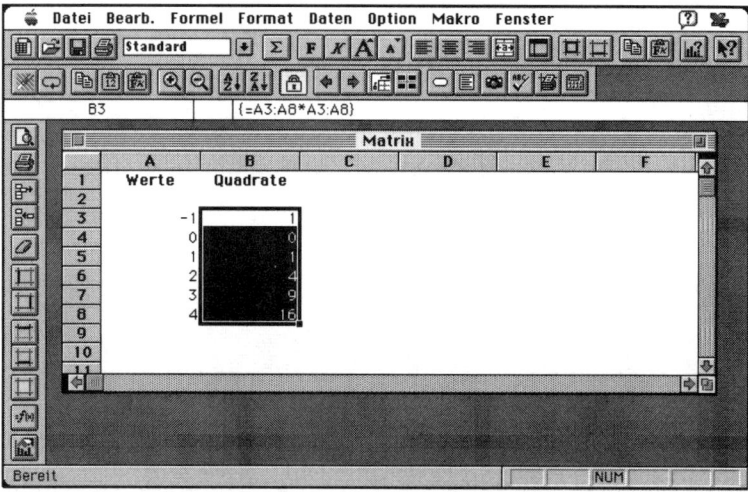

Bild 10.27: Ergebnis der Matrixfunktion

Diese Matrixoperation weist zwei Merkmale auf. Die Formel, die in die erste Zelle (und nur da) des Matrixbereichs eingetragen wurde, bezieht sich auf einen Bereich, hier in unserem Beispiel A3:A8. Für jede Zelle des Bereichs wird die Formel ausgeführt. Es ist zu beachten, daß jeder Matrixbezug als vollständiger Bereich angegeben werden muß. Die Formel

{=A3:A8*A3}

hätte die Zellen aus dem Bereich A3 bis A8 jeweils mit der Zelle A3 multipliziert.

Der Matrixbereich kann nur noch als Ganzes bearbeitet werden. Nehmen Sie eine Änderung der Formel vor, so müssen Sie sie auf jeden Fall wieder mit ⌘+Eingabe als Matrixformel abschließen.

Lineare Gleichungssysteme

Wenn Sie sich noch genauer an den Mathematikunterricht Ihrer Schulzeit erinnern, dann sind Ihnen lineare Gleichungssysteme wahrscheinlich noch ein Begriff. Mit ihrer Hilfe ließ sich zum Beispiel der Schnittpunkt zweier Geraden einer Ebene bestimmen.

Sollten Sie nun befürchten, daß wir Sie mit den Tücken des Gaußschen Eliminationsverfahrens belästigen, so können wir Sie beruhigen. Excel stellt nämlich alle wichtigen Funktionen zum Lösen linearer Gleichungssysteme bereit.

Die wichtigen Anwendungen für lineare Gleichungssysteme finden sich in Mathematik und Naturwissenschaften. Deshalb haben wir uns zuerst überlegt, ein Beispiel aus diesem Bereich vorzustellen. Da dieses Excel-Buch aber auch dem naturwissenschaftlichen Laien zugänglich sein soll, haben wir uns eine einfache Aufgabe vorgenommen, wie sie in vielen Illustrierten zu finden ist:

"Hans ist doppelt so alt wie Lisa. Beide zusammen sind 60 Jahre alt. Wie alt sind Lisa und Hans?"

Sei x das Alter von Hans und y sei die Anzahl von Lisas Lebensjahren so gelten die folgenden Gleichungen:

1*x - 2*y = 0   und

1*x + 1*y = 60.

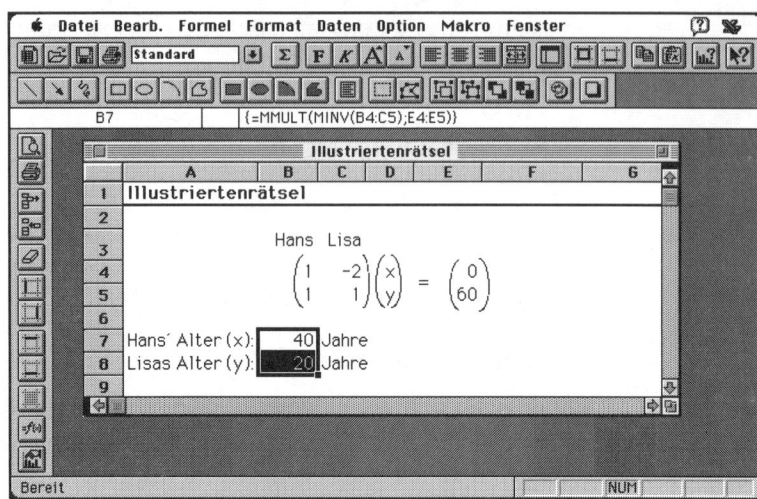

Bild 10.28: Lösung eines linearen Gleichungssystems

Die Lösung ist das Matrixprodukt der inversen Koeffizienten-
matrix B4:C5 mit der Spaltenmatrix E4:E5.

{=MMULT(MINV(B4:C5);E4:E5)}

Die Matrixfunktion MMULT() mulitipliziert zwei Matrizen miteinander, während MINV() die inverse Matrix einer quadratischen
Eingangsmatrix berechnet.

Auch hier werden die geschweiften Klammern nicht von Hand
eingegeben sondern von Excel gesetzt, wenn Sie ⌘+Eingabe nach
dem Editieren der Formel betätigen.

Sie sehen, daß die Summe von Hans´ und Lisas Alter 60 Jahre
beträgt und das Verhältnis 2 ergibt, so wie es die obigen Gleichungen vorschreiben.

Zur besseren Darstellung haben wir die Matrizen mit Klammern
versehen, die wir aus Kreisbögen zusammengesetzt haben. Die
Variablennamen und das Gleicheitszeichen wurden mit Textfeldern
auf den Schirm plaziert.

Der Solver

Neben den typischen »Was-wäre-wenn«-Fragen, für deren Beant-
wortung sich Tabellenkalkulationsprogramme so sehr bewährt
haben, gibt es eine zweite Fragestellung die auf ein Ziel ausgerichtet
ist. So sind zum Beispiel die Fragen »Wie maximiere ich meinen
Profit?« oder »Wie kann ich den vorgegebenen Budgetrahmen
einhalten?« durch »Was muß sein damit?«-Fragestellungen zu
beschreiben.

Damit Sie auch diese Aufgaben mit Excel bewältigen können liefert
Microsoft ein zusätzliches Add-In-Makro, genannt »Solver«, aus,
welches die Werte bestehender Kalkulationen systematisch so
variiert, damit das Ergebnis in einem von Ihnen vorgegebenen
Sinne optimal wird. Der Solver nimmt Ihnen also die Arbeit ab, »per
Hand« solange an den Ausgangswerten »herumzuspielen« bis das
gewünschte Ergebnis vorliegt.

Das Lösungsverfahren ist mathematisch ausgeklügelt und ähnelt in
seiner Struktur dem Kinderspiel »Topfschlagen«. Excel rät auf der
Basis von »heiß-kalt«-Informationen iterativ den Weg von einem
Ist-Zustand zu einem Soll-Zustand. Der Nachteil der Abhängigkeit
des Lösungswegs vom Ausgangszustand sind Sackgassen die Excel
zu einem Abbruch des Lösungsversuchs veranlassen.

Zielwertbestimmung

Wie immer in diesem Buch möchten wir Sie anhand von Beispielen
an das Arbeiten mit dem Solver heranführen. Wir haben uns als
erste Problemstellung die Bestimmung der Quadratwurzel von »2«
überlegt und zwar ohne die Benutzung der eingebauten WUR-
ZEL()-Funktion. Bild 10.29 zeigt die entspechende Tabelle bei der
über den Befehl *OPTION Bildschirmanzeige* die Formeln eingeblendet wurden.

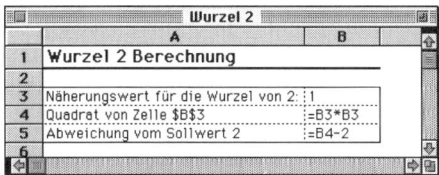

Bild 10.29: Tabelle zur Bestimmung der Wurzel von zwei

In dieser Tabelle soll nun die Quadratwurzel aus »2« berechnet werden, indem der Wert aus Zelle B3 so variiert wird, daß dessen Quadrat in Zelle B4 »2« wird. Rufen Sie nun den Solver über *FORMEL Solver* auf so erscheint das zugehörige Dialogfenster.

Bild 10.30: Ausgefülltes Solver Dialogfenster

In diesem Dialogfenster können Sie folgende Einstellungen vornehmen:

- Neben »Zielzelle« wird die Referenz auf die Zelle eingetragen, die optimiert oder einen bestimmten Wert erhalten soll. In unserem Beispiel ist dies $B$4. Ist dort kein Eintrag verzeichnet, so wird die erste Lösung akzeptiert, die allen Nebenbedingungen genügt. Wenn Sie die Zellreferenzen nicht über die Tastatur eingeben möchten so können Sie die Zielzelle in der Ursprungstabelle anklicken. Excel setzt daraufhin die Zellreferenz in absoluter Adressierung in das Feld ein.

- Bei »Zielwert« können Sie einstellen, ob der Wert der Zielzelle maximiert, minimiert oder einen bestimmten Wert erhalten soll. Hierbei sind allerdings nur Zahlen und keine Formeln erlaubt sind. Wir benötigen hier die Einstellungen »Wert « und »2« als Zielbestimmung.

- Als »Veränderbare Zellen« werden die Referenzen der Zellen eingetragen, deren Werte variiert werden dürfen, um das gewünschte Ziel zu erreichen. Zellen mit Formeleinträgen sind aus diesem Grunde nicht erlaubt. Wenn mehrere Zellen verändert werden dürfen so werden die verschiedenen Zellreferenzen durch Semikolon voneinander abgetrennt, oder, falls es sich um einen zusammenhängenden Bereich handelt, mit einem Doppelpunkt verbunden. Ähnlich wie bei »Zielzelle« können Sie auch hier mit der Maus Zellreferenzen in das Eingabefeld der zu verändernden Zellen eintragen wenn sich dort die Einfügemarke befindet. Wir haben hier $B$3 eingetragen .

- Durch Betätigen von »Schätzen« können Sie Excel veranlassen, Ihnen diese Arbeit abzunehmen. Excel trägt in diesem Falle alle die Zellen ein, von denen die Zielzelle abhängt.

- Das Listenfeld »Nebenbedingungen« enthält die Auflistung aller Beschränkungen des Problems. Es bleibt in unserem Beispiel leer.

- Mit den Tastenfeldern »Hinzufügen« »Ändern« und »Löschen« können Sie Beschränkungen neu erstellen, editieren und wieder löschen. Wir werden diese Möglichkeiten in unserem zweiten Beispiel verwenden.

- »Schließen« bewirkt, daß alle Eintragungen rückgängig gemacht werden und das Dialogfeld geschlossen wird.

- Das Betätigen von »Lösen« bewirkt das Starten des Lösungsvorgangs.

- »Optionen« öffnet ein weiteres Dialogfeld mit dem der Lösungsprozeß weiter kontrolliert werden kann. Wir möchten im Rahmen dieses Buches jedoch nicht auf die einzelnen Möglichkeiten zur Steuerung des Lösungsprozesses eingehen, da dafür ein tiefer Einstieg in die numerische Mathematik notwendig wäre.

Starten Sie nun den Lösungsvorgang mit »Lösen« und Sie erhalten nach einer Weile folgendes Dialogfeld auf dem Schirm.

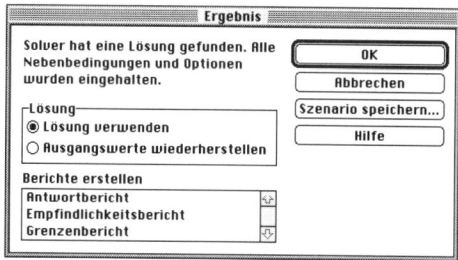

Bild 10.31 Solver-Meldung »Lösung gefunden«

Bestätigen Sie dieses Dialogfeld mit »OK« so setzt Excel die errechneten Werte in die Tabelle ein, die dann folgendes Aussehen erlangt.

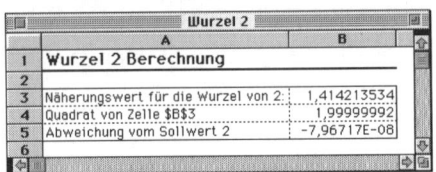

Bild 10.32: Lösungswerte in Tabelle eingesetzt

Sie sehen, daß die von Excel gefundene Lösung des Problems recht genau dem wahren Wert der Wurzel aus »2« entspricht. Eine größere Genauigkeit ist im »*Optionen*«-Dialogfeld einstellbar.

Es arbeiten übrigens viele Algorithmen zur Wurzelberechnung nach diesem Schema.

An unserer Tabelle läßt sich weiterhin demonstrieren, wie empfindlich dieses Lösungsverfahren auf eine Veränderung der Startbedingung reagieren kann. Geben Sie versuchsweise -1 als Startwert für die Wurzel von zwei in das Feld B3 ein und Starten den Solver, so werden Sie mit einer zweiten Lösung des Problems konfrontiert, nämlich -1,4142...., also dem negativen der ersten Lösung. Auch diese Lösung erweist sich als korrekt und wenn wir nicht wüßten, daß es höchstens zwei Wurzeln von Polynomen zweiter Ordnung gibt, könnten wir nie sicher sein, bei nochmals anderen Startwerten weitere Lösungen zu erhalten.

Da diese Sicherheit über die Anzahl der Lösungen bei komplexeren Kalkulationen jedoch schnell verloren geht, können wir hier nur empfehlen, mit vielen verschiedenen Startbedingungen zu arbeiten und Ihre Erfahrung über den in der Tabelle erfassten Sachverhalt zu einer persönlichen Abschätzung zu nutzen. Sie können so eventuell vermeiden, daß sich Excel in Sackgassen (sogenannten lokalen Lösungen) verrennt, aus denen es von alleine nicht wieder herausfindet.

Einfügen von Einschränkungen

Eine weitere Möglichkeit, die Komplexität einer Kalkulation einzuschränken besteht im Einfügen von Zusatzbedingungen über die beteiligten Größen im Lösungsprozeß. Zum Beispiel hätten wir Excel mitteilen können, daß wir nur positive Näherungslösungen für die Wurzel von »2« zulassen wollen.

Wir möchten Ihnen den Umgang mit Nebenbedingungen aber anhand eines Beispiels näher bringen, das auch etwas über die Stadt verrät, in der dieses Buch (zumindest dieses Kapitel) geschrieben worden ist: Frankfurt am Main, auch Mainhattan genannt. Schon seit längerer Zeit schießen hier immer höhere Wolkenkratzer wie Pilze aus dem Boden und auch die Preise für Bauland wachsen in den Himmel. Deshalb fanden wir es interessant, mit dem Solver dem Zusammenhang zwischen Bauhöhe und Grundstückspreisen nachzuspüren.

Für die in Bild 10.33 dargestellte Kalkulation sind wir von der Annahme ausgegangen, daß sich die gesamten Kosten für einen Hochhausbau aus nur zwei Einzelposten zusammensetzen: den Kosten für das zu erwerbende Grundstück und den eigentlichen Baukosten.

Die Grundstückskosten ergeben sich in unserem Ansatz aus dem Produkt des Preises für ein Quadratmeter Bauland und der doppelten Grundfläche des Gebäudes (für Grünflächen, Parkplätze usw.)

Für die Baukosten haben wir angenommen, daß jeder Kubikmeter umbauten Raumes für ein Bürogebäude 500 DM kostet. Diese Kosten erhöhen sich um 4 DM für jeden Meter Höhe den dieser Kubikmeter gegenüber dem Boden aufweist. Ein Kubikmeter umbauter Raum in 20 Metern Höhe kostet in unserem Modell also 580 DM.

In der Zelle B10 befindet sich die Formel, die die Kosten des umbauten Raumes eines quaderförmigen Gebäudes unter Einbeziehung der Höhenverteilung erfaßt. Diese Formel ergibt sich durch Integration der differentiellen Baukosten nach der Höhe. Sie können dies verifizieren, indem Sie die Formel nach der Höhe ableiten. Sie erhalten damit die Rechenvorschrift für die Kosten eines Kubikmeters umbauten Raumes in Abhängigkeit von der Höhe.

Zur Verdeutlichung haben wir einige Zellen mit Namen versehen. Die Zelle B3 wurde mit »Fläche« benannt, B4 mit »Höhe«, B5 mit »Raum«, B7 mit »Preis« und B9 mit »Gesamtkosten«.

	A	B	C
		Skyscraper	
1	Hochhausberechnung		
2			
3	Grundfläche	1500	Quadratmeter
4	Höhe	100	Meter
5	Umbauter Raum	=Fläche*Höhe	Kubikmeter
6			
7	Preis pro qm Bauland	5000	DM
8			
9	Grundstückskosten	=2*Preis*Fläche	DM
10	Baukosten	=(500*Höhe+2*Höhe*Höhe)*Fläche	DM
11	Gesamtkosten	=SUMME(B9:B10)	DM
12			

Bild 10.33: Hochhaustabelle mit eingeblendeten Formeln

Ein Architekt, mit dem Auftrag , ein Bürogebäude mit mindestens 200000 Kubikmetern umbauten Raumes zu errichten, wird sich überlegen, wie dies am kostengünstigsten zu realisieren ist.

Rufen Sie dazu *Solver* aus dem Menü *FORMEL* auf und tragen als Zielzelle die zu minimierenden Gesamtkosten ein und als zu verändernde Zellen Grundfläche und Bauhöhe wie dies im Bild 10.35 dargestellt ist. Das Einfügen von Nebenbedingungen erreichen Sie durch Anwahl der Schaltfläche »Hinzufügen«. Damit erscheint das folgende Dialogfeld auf dem Schirm.

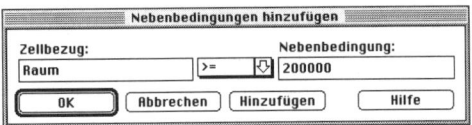

Bild 10.34: Hinzufügen Dialogfeld

Zur Definition einer "Nebenbedingung" ist im wesentlichen nur der obere Teil des Dialogfelds auszufüllen.

- Als »Zellbezug« geben Sie bitte die Zellreferenz oder einen zusammenhängenden Bereich ein, der einer Einschränkung genügen soll. In unserem Fall ist »Raum« (bzw. $B$5) der richtige Eintrag.

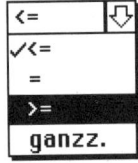

- Klicken Sie dann auf den nach unten gerichteten Pfeil und wählen eine der vier erlaubten Bedingungen aus: kleiner gleich (<=), ist gleich (=), größer gleich (>=) wie in unserem Beispiel oder »ganzzahlig«.

- Die »Nebenbedingung« kann nun ein Zellbezug, eine Zahl oder eine Formel sein. Ist unter »Zellbezug« ein Bereich eingetragen, so muß auch das Eingabefeld »Nebenbedingung:« mit einem Bereich der gleichen Dimension ausgefüllt werden. Da der umbaute Raum mindestens 200000 Kubikmeter betragen soll, ist hier 200000 einzusetzen.

- Mit »OK« tragen Sie die Bedingung in die Liste der Nebenbedingungen ein und verlassen das Dialogfeld.

- »Abbrechen« schließt das Dialogfeld ohne Einschränkungen vorzunehmen.

• Klicken auf »Hinzufügen« fügt die Einschränkung in die Liste der beschränkenden Faktoren ein, aber schließt das Dialogfeld im Gegensatz zu »OK« noch nicht ab.

Klicken Sie nun auf »OK« so sollte das Solver-Dialogfeld wie im Bild 10.35 aussehen.

Bild 10.35: Ausgefülltes Solver Dialogfeld

Wenn Sie alles eingetragen haben, dann Drücken Sie »Lösen« und nach einer Weile wird sich Excel mit der folgenden Mitteilung melden:

Bild 10.36: Näherungslösung gefunden

Markieren Sie zuerst »Antwortbericht« bevor Sie »OK« anwählen, so erscheint neben der mit den optimalen Werten ausgefüllten Kalkulation ein Antwortbericht wie in Bild 10.38 auf Ihrem Schirm. Mit »Szenario speichern« können Sie, wie in diesem Kapitel bereits beschrieben, die Lösung des Solvers als Szenario abspeichern.

Skyscraper

	A	B	C
1	Hochhausberechnung		
2			
3	Grundfläche	2.828,43	Quadratmeter
4	Höhe	70,71	Meter
5	Umbauter Raum	200.000,00	Kubikmeter
6			
7	Preis pro qm Bauland	5.000	DM
8			
9	Grundstückskosten	28.284.264	DM
10	Baukosten	128.284.278	DM
11	Gesamtkosten	156.568.542	DM
12			

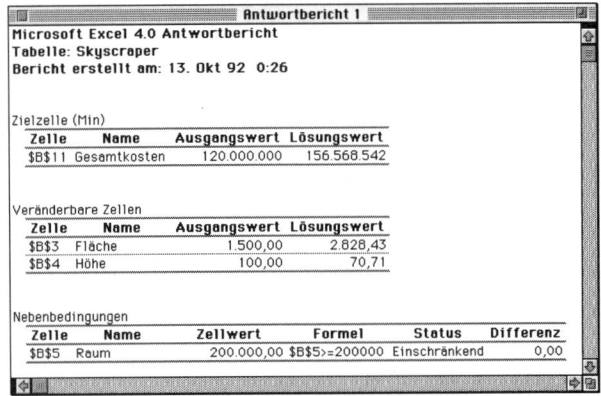

Bild 10.37: Tabelle mit eingetragenen Lösungswerten

Der Antwortbericht umfaßt sowohl Mitteilungen über die Ausgangs- und Lösungswerte von Zielzelle und flexiblen Zellen als auch über Einschränkungen und wie diese eingehalten wurden.

Antwortbericht 1

Microsoft Excel 4.0 Antwortbericht
Tabelle: Skyscraper
Bericht erstellt am: 13. Okt 92 0:26

Zielzelle (Min)

Zelle	Name	Ausgangswert	Lösungswert
$B$11	Gesamtkosten	120.000.000	156.568.542

Veränderbare Zellen

Zelle	Name	Ausgangswert	Lösungswert
$B$3	Fläche	1.500,00	2.828,43
$B$4	Höhe	100,00	70,71

Nebenbedingungen

Zelle	Name	Zellwert	Formel	Status	Differenz
$B$5	Raum	200.000,00	$B$5>=200000	Einschränkend	0,00

Bild 10.38: Antwortbericht

Im folgenden Bild haben wir die kostengünstigste Bauhöhe für ein Hochhaus in Abhängigkeit der Quadratmeterpreise für Bauland abgetragen. In unserem Modell ist die optimale Bauhöhe unabhängig von der Grundfläche des Gebäudes.

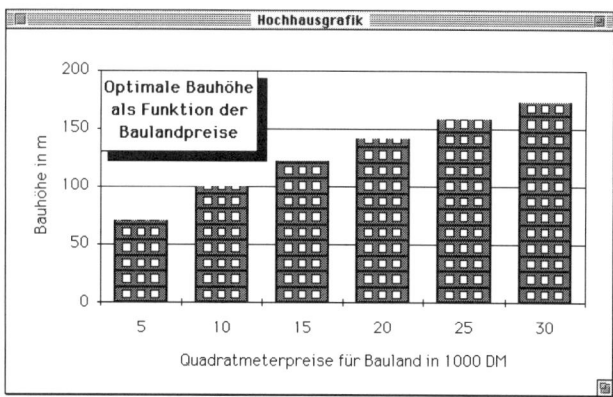

Bild 10.39: Optimale Bauhöhe als Funktion der Baulandpreise

In Frankfurt, das läßt sich aus der Grafik erkennen, dürften also bei den immens hohen Grundstückspreisen bald noch weitere Hochhäuser die Skyline zieren.

Kapitel 11
Drucken

Was nützen die schönsten Kalkulationen und Grafiken auf dem Bildschirm, wenn man sie nicht schwarz auf weiß (oder besser noch farbig) nach Hause tragen kann? Deshalb ist es jetzt Zeit für ein Kapitel zum Thema Drucken.

Layout

Vor dem Ausdruck Ihres Arbeitsblatts sollten Sie, falls Sie es nicht schon getan haben, den Punkt *Seite einrichten* im Menü *DATEI* anwählen. Im Kapitel »Erste Schritte mit Excel« wurde auf den Punkt »Seite einrichten« schon kurz eingegangen. An dieser Stelle soll die vollständige Beschreibung der Möglichkeiten bezüglich der Layouteinstellungen besprochen werden.

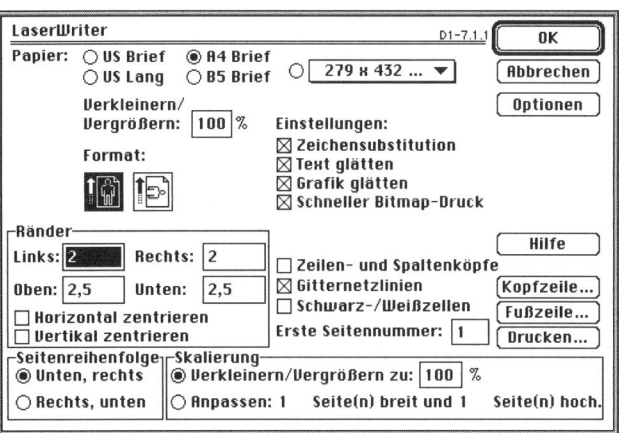

Bild 11.1: Dialogfeld zu »Seite einrichten«

Die einzelnen Einstellungen, Optionen und Tastenflächen des Dialogfeldes »Seite einrichten« werden im folgenden besprochen.

Aktueller Drucker

Die erste Information im Dialogfeld »Seite einrichten« ist die
Angabe des ausgewählten Druckers. Hier in unserem Beispiel ist
ein »Laserwriter« definiert. Möchten Sie einen anderen Drucker
ansteuern, so selektieren Sie im Apfelmenü den Punkt *Auswahl*. Im
dortigen Dialogfenster können sie den Drucker und die serielle
Schnittstelle wechseln.

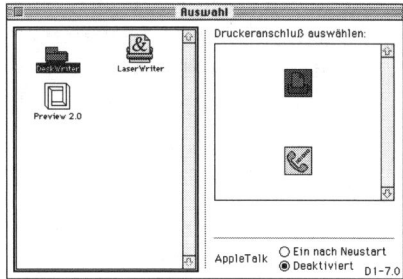

Bild 11.2: Dialogfeld »Auswahl«

In unserem Falle wird ein HP Deskwriter an der Druckerschnittstelle
angesteuert.

Formate

Mit Hilfe der Gruppe »Papier« im Dialogfeld »Seite einrichten«
können Sie Ihre Papiergröße bestimmen. Die möglichen Einträge
sind von Ihrem Drucker abhängig. Die Orientierung Ihrer Tabelle
oder Grafik auf Papier ist in der Gruppe »Format« als Hoch- oder
Querformat anwählbar.

Einstellungen

In dieser Gruppe können Sie die Qualität Ihres Ausdrucks genauer
einstellen. Die Option »Zeichensubstitution« ersetzt die eventuell
in Ihrer Tabelle verwendeten Bildschirm-Schriften »New York«,
»Geneva« und »Monaco« durch die Postscript-Schriften »Times«,
»Helvetica« und »Courier« Ihres Laserdruckers. Dies ergibt eine
höhere Ausgabequalität, da die Bildschirmschriften normalerweise nur als Bitmaps zur Verfügung stehen.

Bei eingeschalteter Zeichensubstitution kann es zur Verfälschung
Ihrer Formatierung kommen, da die ersetzte Schrift und die erset-
zende Schrift keine identischen Zeichengrößen haben.

Die Optionen »Text glätten« und »Grafik glätten« ermöglichen ein Glätten von Bitmap-Schriften und Bitmap-Grafiken.

Ränder

Die nächste Gruppe des Dialogfelds betrifft die Randeinstellungen. Die Angaben werden von Excel in Zentimetern erwartet.

Achten Sie darauf, daß viele Drucker, insbesondere Laserdrucker, nicht bis zum Rand des Papiers drucken können.

Innerhalb der Gruppe »Ränder« finden Sie außerdem die Felder für horizontales und vertikales Zentrieren Ihrer Druckausgabe. Excel zentriert Ihre Tabelle dann innerhalb der Randvorgaben.

Zeilen- und Spaltenköpfe

Die Option »Zeilen- und Spaltenköpfe« ermöglicht Ihnen die Ausgabe der Zeilen- und Spaltenaufschriften. Die Aufschriften sind insbesondere für die Korrektur von Arbeitsblättern sinnvoll, denn Sie haben dann zu jedem Eintrag auch die Zelladresse.

Gitternetzlinien

Bei Einschalten der Gitternetzlinien wird Ihre Tabelle mit allen Netzlinien ausgedruckt. Auch diese Ausdrucksvariante ist hilfreich zum Ändern von Arbeitsblättern. Haben Sie hier Gitternetzlinien eingeschaltet, so werden diese ausgedruckt, unabhängig von Ihrer Einstellung in der Bildschirmanzeige.

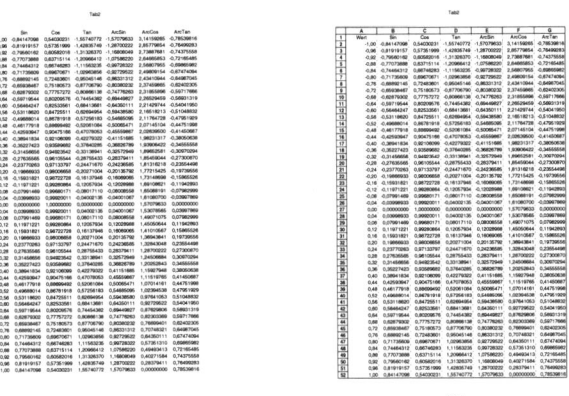

Bild 11.3: Links ohne, rechts mit Gitternetzlinien und Zeilen- und Spaltenköpfen

Schwarz-/Weißzellen

Wenn Sie in Ihren Arbeitsblättern und Diagrammen Farbe für die Darstellung am Monitor verwenden, so möchten Sie trotzdem einen guten Ausdruck auf Ihrem Schwarz-Weiß-Drucker erzielen. Wenn Sie die Option »Schwarz-/Weißzellen« anklicken, werden Farben durch Grautöne, Muster durch weiße Hintergründe und farbige Texte durch schwarze Texte ersetzt.

Erste Seitennummer

Mit dem Eintrag »Erste Seitennummer« können Sie bestimmen, mit welcher Seitenzahl die erste Seite Ihres Ausdruck numeriert werden soll. Normalerweise fängt Excel mit der Seitennummer eins zu zählen an.

Bei Berichten, die z.B. aus mehreren Tabellen bestehen, können Sie durch die jeweilige Angabe der ersten Seitenummer in den entsprechenden Tabellen eine fortlaufende Numerierung erreichen. Oder wenn Ihre Tabelle als ausgedrucktes Blatt in einen Bericht einsortiert werden soll, können Sie so die richtige Seitennummer vergeben.

Seitenreihenfolge

In der Gruppe »Seitenreihenfolge« läßt sich die Reihenfolge der Seiten beim Ausdruck bestimmen. Bei Arbeitsblättern, deren Ausdruck sich über mehrere Seiten erstreckt, können Sie vorgeben, in welcher Reihenfolge Excel die Seiten ausgibt.

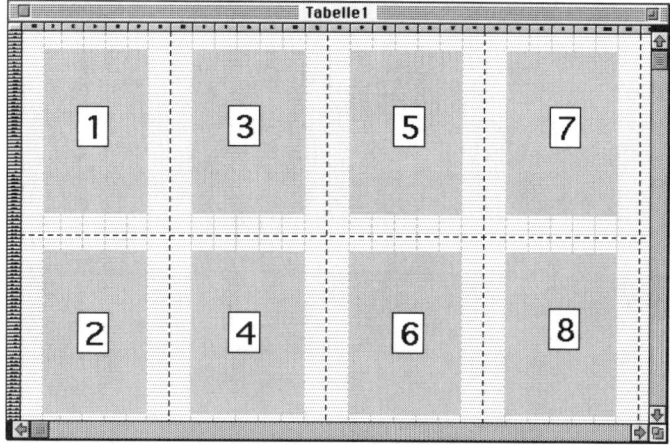

Bild 11.4: Seitenreihenfolge »Unten, rechts«

Ist die Option »Unten, rechts« angeklickt, so wird Excel die Seiten so wie im obigen Bild numerieren. Wählen Sie dagegen »Rechts, unten« an, so ändert sich die Reihenfolge, wie es das nächste Bild zeigt.

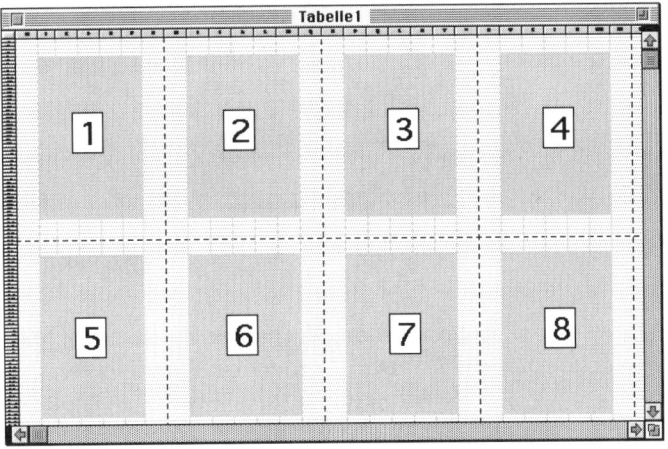

Bild 11.5: Seitenreihenfolge »Rechts, unten«

Skalierung

Mit den Auswahlmöglichkeiten in der Gruppe »Skalierung« können Sie Ihren Ausdruck vergrößern und verkleinern bzw. in eine vorgegebene Anzahl von Seiten einpassen.

Geben Sie zum Vergrößern Ihrer Tabelle oder Ihrer Grafik einen Prozentwert größer als 100 ein. Ein Wert kleiner 100 verkleinert Ihren Ausdruck. Die obere bzw. untere Grenze bei der Skalierung wird wiederum von Ihrem Drucker bestimmt.

Mit der Option »Anpassen« können Sie Excel die entsprechende Skalierung des auszudruckenden Bereichs auf die gewählte Größe des Ausdrucks vornehmen lassen.

Kopf- und Fußzeilen

Über die Tastenfelder für Kopf- und Fußzeilen erhalten Sie das entsprechende Dialogfeld. In diesem können Sie mit Hilfe einer Reihe von Formatierungseinstellungen und Platzhaltersymbolen, die mit dem Zeichen »&« beginnen, Kopf- bzw. Fußzeilen festlegen.

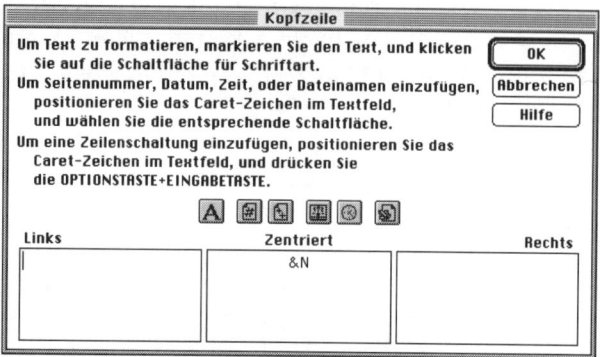

Bild 11.6: Dialogfeld »Kopfzeile«

Die Position der Kopf- bzw. Fußzeile ist fest vorgegeben und kann nicht geändert werden. Unabhängig von den von Ihnen gewählten Randeinstellungen Ihrer Tabelle werden die Kopf- und Fußzeilen ca. 1,3 cm vom oberen bzw. unteren Papierrand und 1,9 cm von der rechten bzw. linken Papierkante gedruckt. Es kann zu Konflikten zwischen Tabellenausdruck und Kopf- oder Fußzeilen kommen, wenn sich Ihre Randeinstellungen und die festen Bereiche für Kopf- und Fußzeilen überschneiden. Insbesondere bei mehrzeiligen Kopf- und Fußzeilen sollten Sie auf dieses Problem achten.

Die Vorgabe für die Kopfzeile lautet »&N«. Hinter dieser Notation verbirgt sich der Name Ihres Arbeitsblattes, d.h. »&N« wird während des Ausdrucks durch den Namen ersetzt und auf jeder Seite Ihrer Kalkulation am oberen Rand ausgedruckt.

Das Fenster für die Fußzeile hat das gleiche Aussehen. Vorgabe im mittleren Bereich ist für die Fußzeile »Seite &S«. Damit wird auf jeder Seite Ihres Ausdrucks die Seitenzahl in der Form »Seite 1« usw. gedruckt.

Möchten Sie keine Kopf- bzw. Fußzeile, so löschen Sie die Vorgaben in den entsprechenden Dialogfeldern.

Jede Kopf- oder Fußzeile ist in drei Bereiche unterteilt: Links, Mitte und Rechts. Die Texte werden entsprechend linksbündig, zentriert oder rechtsbündig ausgerichtet. Sollten Sie von Excel 3.0 auf Excel Version 4.0 umgestiegen sein, so erinnern Sie sich vielleicht an die Formatierungscodes &L, &Z und &R zum Ausrichten Ihrer Kopf- und Fußzeilentexte. In Excel 4.0 können Sie im Dialogfeld die Ausrichtung durch die Eingabe in den entsprechenden Bereich im Dialogfeld bestimmen.

Für die Formatierung und Gestaltung Ihrer Kopf- und Fußzeilen stehen Ihnen sechs Tastenflächen zur Verfügung.

Mit Hilfe der Taste »Schriftart« können Sie Schriftart, Größe und Auszeichnung Ihres Kopf- und Fußzeilentextes bestimmen. Markieren Sie dazu den zu formatierenden Text. Durch Anklicken des Tastenfeldes erhalten Sie das im nächsten Bild gezeigte Dialogfeld.

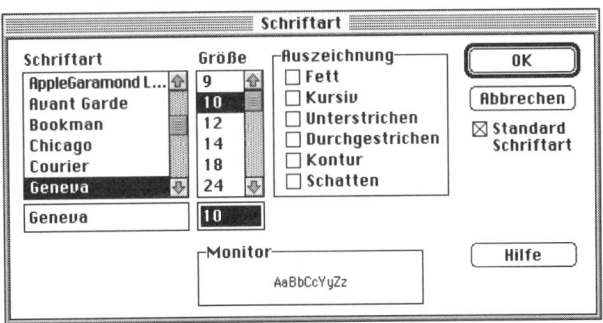

Bild 11.7: Dialogfeld »Schriftart«

Mit der links abgebildeten Taste wird der Platzhalter »&S« für die aktuelle Seitennummer eingefügt.

Der Formatierungscode »&A« für die Gesamtzahl der auszudruckenden Seiten wird mit dieser Taste in die Kopf- oder Fußzeile aufgenommen.

Das aktuelle Datum wird als »&D« eingefügt.

»&U« ist das Platzhaltersymbol für die aktuelle Uhrzeit zur Zeit des Ausdrucks.

Mit Hilfe der Schaltfläche links können Sie den Dateinamen der Tabelle in die Kopf- oder Fußzeile einsetzen. Der Formatierungscode ist »&N«.

Die folgende Tabelle soll Ihnen eine Übersicht über die möglichen Formatierungscodes für Kopf- und Fußzeilen geben.

&N   gibt den Dateinamen aus.

&F   stellt den Text im entsprechenden Abschnitt fett dar.

&K   für kursive Schrift.

&T   unterstreicht den entsprechenden Text.

&H   stellt den Text durchgestrichen dar.

&"Font"   benutzt für die Darstellung die in Anführungszeichen
             angegebene Schriftart, wobei die Anführungszeichen
             geschrieben werden müssen. Durch &"Helvetica" z.B.
             würden alle Zeichen nach diesem Platzhaltersymbol
             in der Schriftart Helvetica ausgegeben.

&nn   ist die Angabe der Schriftgröße in Punkten, z.B. &12
             benutzt die eingestellte Schrift in 12 Punkt.

&D   fügt das aktuelle Datum in den Abschnitt.

&U   entsprechendes für die Uhrzeit.

&S   ist der Platzhalter für die aktuelle Seitennummer.

&A   ist die Gesamtzahl aller Druckseiten.

&S+n/-n   ist die Seitennummer plus bzw. minus einer Zahl n,
             d.h. &S+5 zählt ab der Seite 6.

&&   ist das »&«-Zeichen selbst.

Sie können die Formatierung mit den Schaltflächen und das direkte
Eingeben von Formatierungscodes miteinander kombinieren.

Mehrzeilige Kopf- und Fußnoten können Sie mit Hilfe der Tastenkombination Option-Eingabe definieren. Geben Sie diese Tastenkombination am Zeilenende, um eine neue Zeile zu beginnen.
Allerdings sollten Sie dann auf Ihre Randeinstellungen achten,
denn es kann passieren, daß Kopf- bzw. Fußzeilen und Tabelle
übereinander gedruckt werden.

Seitenansicht

Die Seitenansicht ist eine Papiersparfunktion, denn mit ihr läßt sich das Druckergebnis vorher am Bildschirm begutachten.

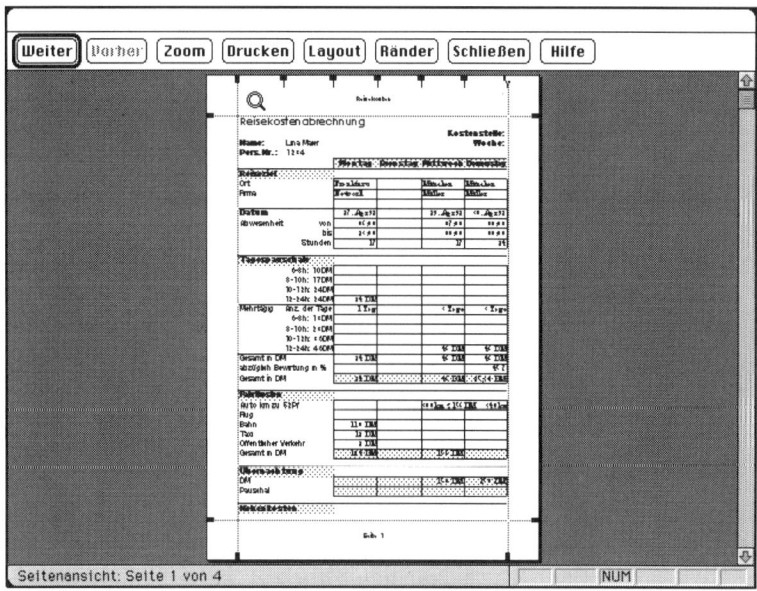

Bild 11.8: Seitenansicht

Bei einer mehrseitigen Kalkulation können Sie mit den Auswahl-möglichkeiten »Weiter« und »Vorher« am oberen Bildschirmrand von Seite zu Seite blättern.

 Die Taste »Zoom« zeigt Ihnen eine vergrößerte Darstellung des Arbeitsblatts. Sie können diese Funktion zur besseren Kontrolle der Details Ihres Blattes nutzen. Die gleiche Möglichkeiten erhalten Sie übrigens direkt mit der Maus. Wenn Sie Ihren Mauscursor über der dargestellten Seite bewegen, so verändert sich der Cursor zu einer Lupe. Betätigen Sie dann die Maustaste, so wird der Vergrößerungs-modus eingeschaltet. Sie können mit den Pfeiltasten, den Tasten Bild ↑ und Bild ↓ oder mit Hilfe der Bildlaufleisten auf der rechten Seite den sichtbaren Vergrößerungsausschnitt verschieben.

Mit der Taste »Drucken« können Sie den Druckvorgang starten. Sie erhalten dann das im Abschnitt »Drucken« beschriebene Dialog-feld.

Die mit »Layout« beschriftete Taste bringt Ihnen das Dialogfeld
»Seite einrichten« auf den Schirm. Wenn Sie dort Änderungen
vornehmen, so können Sie sofort nach Verlassen des Dialogfelds
die Auswirkungen sehen. Über die Taste »Ränder« haben wir uns
in Bild 11.8 die Randeinstellungen in Form von Linien angezeigen
lassen.

Die Linien für die Randeinstellungen besitzen an beiden Enden
»Anfasser«. Durch Verschieben der Anfasser bei gedrückter Mausta-
ste lassen sich die Ränder bewegen. An der Blattoberkante finden
Sie noch weitere Anfasser. Diese dienen zu einer interaktiven
Veränderung der Spaltenbreiten Ihrer Zellen. Durch die Variation
von Spaltenbreiten können Sie in der Seitenansicht Anpassungen
Ihres Arbeitsblattes vornehmen.

Die Schaltfläche »Schließen« beendet die Seitenansicht und schaltet
zur normalen Sicht der Tabelle zurück.

Drucken

Zum Drucken Ihrer Tabelle rufen Sie den Punkt *Drucken* im Menü
DATEI auf. Sie erhalten dann das im nächsten Bild gezeigte Dialogfeld.

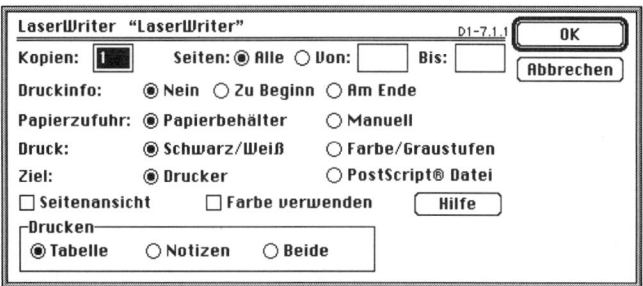

Bild 11.9: Dialogfeld zu »Drucken«

Oben links im Dialogfeld finden Sie die Bezeichnung des aktuellen
Druckers. Auf die im ersten Abschnitt beschriebene Weise können
Sie den Drucker wechseln.

Im Dialogfeld *Drucken* sind beim Drucker »Laserwriter« folgende
Eintragungen möglich:

Die Option »Seiten« bietet Ihnen »Alles« oder eine Auswahl der zu druckenden »Seiten« von »Von:« bis »Bis:«.

Über »Kopien« können Sie die Anzahl der Kopien vorgeben.

Über die Punkte »Tabelle«, »Notizen« oder »Beides« läßt sich bestimmen, ob nur die Tabelle, nur Ihre Notizen zu den Zellen oder beides ausgedruckt wird.

Durch Anwahl von »Seitenansicht« wird statt des Druckers die Funktion *Seitenansicht* angewählt.

»Ohne Grafik« sollten Sie anwählen, wenn Sie einen schnellen Ausdruck Ihrer Tabelle benötigen. Es werden dann alle Grafiken unterdrückt.

Nach dem Bestätigen des Dialogfelds »Drucken« erscheint eine Meldung auf dem Bildschirm, die besagt, daß die Daten an den Drucker gesendet werden.

Über die Tastenkombination ⌘+. (Punktzeichen) können Sie den Ausdruck jetzt noch anhalten.

Druckbereiche

In den vorausgegangenen Abschnitten haben wir angenommen, Sie möchten das ganze Arbeitsblatt drucken. Für den Ausdruck von Teilen einer Tabelle müssen Sie einige Vorbereitungen treffen.

Druckbereiche festlegen

Markieren Sie die Bereiche, die Sie ausdrucken möchten. Dabei ist auch eine Mehrfachauswahl möglich, d.h. mehrere voneinander unabhängige Bereiche können mit Hilfe der ⌘-Taste markiert werden. Die von Ihnen selektierten Bereiche werden über die Funktion *Druckbereich festlegen* im Menü *OPTION* als die zu druckenden Teile Ihre Kalkulation festgelegt. Sollten Sie eine Mehrfachauswahl als Druckbereich festgelegt haben, so wird jeder Teilbereich auf eine neue Seite gedruckt, wobei die Reihenfolge der Seiten der Folge der Festlegung der Bereiche entspricht.

Innerhalb von Excel entspricht die Festlegung eines Druckbereichs der Definition eines Namens. Der Name »Druckbereich« ist dafür reserviert.

Druckbereich aufheben

Wollen Sie den Druckbereich wieder aufheben, so stehen Ihnen dazu zwei Wege zur Verfügung. Markieren Sie das ganze Arbeitsblatt. Im Menü *OPTION* hat sich dann der Befehl *Druckbereich festlegen* in *Druckbereich aufheben* verändert. Wenn Sie *Druckbereich aufheben* anwählen, so wird der definierte Druckbereich gelöscht. Die zweite Methode wäre das Löschen des vereinbarten Namens »Druckbereich« über den Befehl *FORMEL Namen festlegen.*

Seitenumbrüche

In Ihrem Arbeitsblatt am Bildschirm werden die Seitenumbrüche nach der Festlegung des Druckbereichs mit gestrichelten Linien angezeigt, sofern Sie keine Mehrfachauswahl getroffen haben.

Verkaufsplanung

	A	B	C	D	E
1	Verkaufsplanung				
2	Preis pro Stück	5,00			
3	Kosten pro Stück	3,00			
4	Vertriebskosten	0,75	entspricht 1/4 der Herstellungskosten		
5					
6			Januar	Februar	März
7	Stückzahl		10.000	20.000	30.000
8	Herstellungskosten		30.000	60.000	90.000
9	Vertriebskosten		7.500	15.000	22.500
10	Feste Kosten		10.000	12.500	15.000
11	Umsatzerlöse		50.000	100.000	150.000
12	Monatsgewinn		2.500	12.500	22.500
13					
14	Quartalsgewinn	37.500 DM			
15					
16					

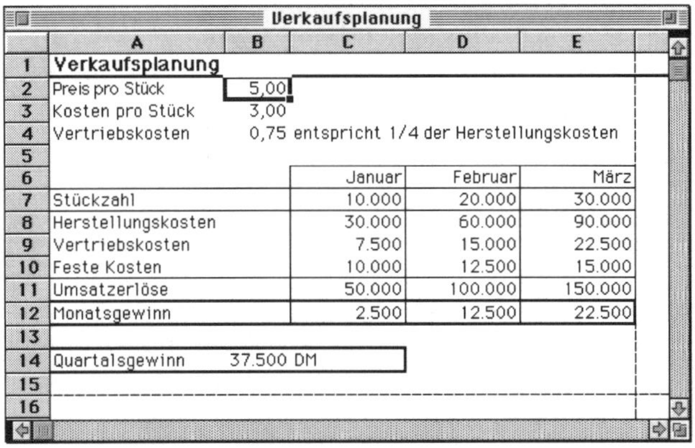

Bild 11.10: Angezeigte Seitenumbrüche

Excel legt die Seitenumbrüche je nach Ihren Randeinstellungen fest. Diese automatischen Seitenumbrüche werden durch gestrichelte Linien angezeigt, wenn Sie die entsprechende Option im Dialogfeld zu *Bildschirmanzeige* im Menü *OPTION* angeklickt haben.

Die automatischen Seitenumbrüche werden erst dann angezeigt, wenn Sie gedruckt, die Seitenansicht aufgerufen oder das Dialogfeld »Seite einrichten» verändert haben.

Sie können Seitenumbrüche auch per Hand festlegen. Bewegen Sie dazu den Cursor für einen horizontalen Umbruch auf eine Zelle in der Spalte A unterhalb der Stelle, an der Sie den Seitenumbruch wünschen. Für einen vertikalen Umbruch positionieren Sie entsprechend auf einer Zelle der Zeile 1 rechts vom gewünschten

Umbruch. Mit *OPTION Seitenwechsel festlegen* wird der Umbruch definiert.

Sie können Ihre manuellen Seitenumbrüche wieder löschen, indem Sie den Cursor zu einer Zelle unter oder rechts der Seitenumbruchlinie bewegen und die Funktion *OPTION Seitenwechsel aufheben* anwählen.

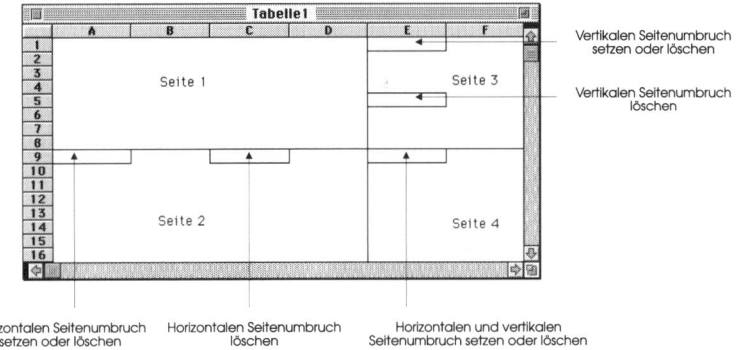

Bild 11.11: Setzen und löschen von Seitenumbrüchen

Manuelle und automatische Seitenumbrüche unterscheiden sich nicht in der Darstellung am Bildschirm. Verzweifeln Sie nicht, wenn ein Seitenumbruch nicht mehr zu entfernen ist, es könnte ein automatischer sein.

Drucktitel

Ein Drucktitel sind Zeilen oder Spalten, die auf jeder Seite Ihres Ausdrucks wiederholt werden. Zur Festlegung des Drucktitels müssen eine oder mehrere Zeilen oder Spalten markiert sein, und zwar die gesamten Zeilen bzw. Spalten. Beim Markieren mit der Maus legen Sie den Markierungsbereich über die Anwahl der Zeilen- oder Spaltenköpfe fest. Möchten Sie bestimmte Zeilen und Spalten gleichzeitig als Titel festlegen, so nehmen Sie mit Hilfe der ⌘-Taste eine Mehrfachauswahl vor.

Die Festlegung von Drucktiteln ist bei mehrseitigen Druckwerken nützlich, um auf jeder Seite bestimmte Zeilen- und/oder Spaltenüberschriften zu erhalten. Dies erspart Ihnen die Arbeit, auf jeder neuen Seite Überschriften vorzubereiten.

Rufen Sie nach dem Markieren der Zeilen und/oder Spalten, die Sie als Drucktitel festlegen möchten, den Punkt *Drucktitel festlegen* im Menü *OPTION* auf.

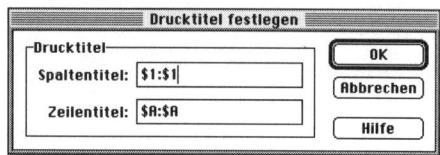

Bild 11.12: Dialogfeld zu OPTION Drucktitel festlegen

Noch ein Hinweis zu Drucktiteln: In Excel 4.0 wurde eine Unge-
reimtheit früherer Excel-Versionen behoben. Hier konnte es vorkommen, daß z.B. auf der ersten Seite der Drucktitel doppelt
gedruckt wurde. Grund dafür war, daß wenn der Drucktitel zum
Druckbereich gehörte, erst der Titel und dann der Druckbereich
ausgegeben wurden. Und schon wurde der Titel zweimal gedruckt.
In Excel 4.0 werden die festgelegten Drucktitel automatisch aus
dem Druckbereich herausgenommen.

Drucken von Berichten

Mit Hilfe des Bericht-Managers kann das Drucken von Arbeitsblättern mit verschiedenen Druckbereichen und Eingabedaten au-
tomatisiert werden. Es können so fortlaufend numerierte Berichte
mit verschiedenen Daten eines Arbeitsblattes entstehen.

Zusammengestellt werden die Berichte mit dem Befehl *Bericht
drucken* aus dem Menü *DATEI*. Sollte dieser Befehl nicht in Ihrem
Menü vorhanden sein, so müssen Sie mit Hilfe des Add-In-Mana-
gers den Befehl entsprechend einrichten. Lesen Sie dazu das Kapitel
»Add-In-Makros« zur Bedienung und Einrichtung.

Der Bericht-Manager ermöglicht es Ihnen, verschiedene Ansichten
und Szenarios zu einem Bericht zu sammeln. Über die Möglichkeiten von Ansichten und Szenarios können Sie im Kapitel »Excel
für Fortgeschrittene« nachlesen.

Vor der Definition eines Berichtes müssen Sie entsprechende Ansichten festlegen. Die Angabe und Festlegung von Szenarien ist
nicht notwendig. Szenarien können bei Bedarf eingesetzt werden.

Der Bericht-Manager

Laden Sie den Bericht-Manager mit *DATEI Bericht drucken*. Sie erhalten dann das folgende Dialogfeld.

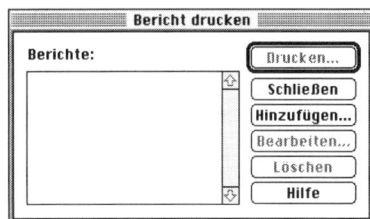

Bild 11.13: Dialogfeld zu DATEI Bericht drucken

Durch Betätigen der Schaltfläche »Hinzufügen« wird ein neuer Bericht definiert.

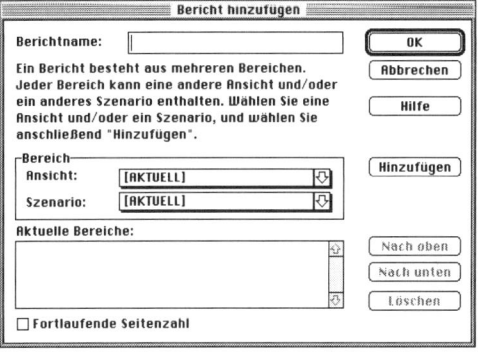

Bild 11.14: Dialogfeld »Bericht hinzufügen«

Unter »Berichtname« können Sie einen beschreibenden Namen für Ihren Bericht angeben.

Die Gruppe »Bereich« bietet Ihnen die Möglichkeit, eine Ansicht mit Hilfe der Drop-Down-Menübox auszuwählen. Optional ist dazu ein Szenario zu bestimmen.

Über die Schaltfläche »Hinzufügen« können Sie Ihre Ansichten und Szenarios in der gewünschten Reihenfolge zu einem Bericht zusammenstellen. Die Tastenfelder »Nach oben« und »Nach unten« dienen zum Ändern der Reihenfolge der Bereiche. Mit »Löschen« können Sie eine Auswahl entfernen.

Über Anklicken der Option »Fortlaufende Seitenzahl« wird Ihr Bericht entsprechend numeriert.

Beenden Sie mit »OK« die Definition Ihres Berichts. Sie kommen dann zurück zu dem im Bild 11.13 gezeigten Dialogfeld. Starten Sie nun Ausdruck des Berichts. Weiterhin können Sie hier neue Berichte hinzufügen oder bestehende abändern.

Kapitel 12
Präsentationen

Für Bildschirmpräsentationen bietet Excel Ihnen leistungsfähige Makros. Sie können damit schnell und unkompliziert Ihre Daten und Grafiken als Dias definieren. Diese Dias werden zu einer Diaschau zusammengestellt und am Bildschirm dargestellt. Mit Hilfe eines Overhead-LCD-Displays und eines möglichst lichtstarken Overhead-Projektors können Sie so Ihre Vorträge und Seminare mit Excel unterstützen.

Wir möchten im folgenden eine Diaschau erstellen, in der unser Kanute aus dem Kapitel »Grafische Darstellung« durch eine Umsatzstatistik des Touristenverbundes überblendet wird.

Erstellen einer Diaschau

Im Ordner »Makrobibliothek« existiert ein Unterordner mit Namen »Diaschau«. Dort befindet sich ein Formularblock »Diaschau« und eine Datei, die die Makroabläufe beinhaltet.

Rufen Sie mit *DATEI Öffnen* die Mustervorlage auf.

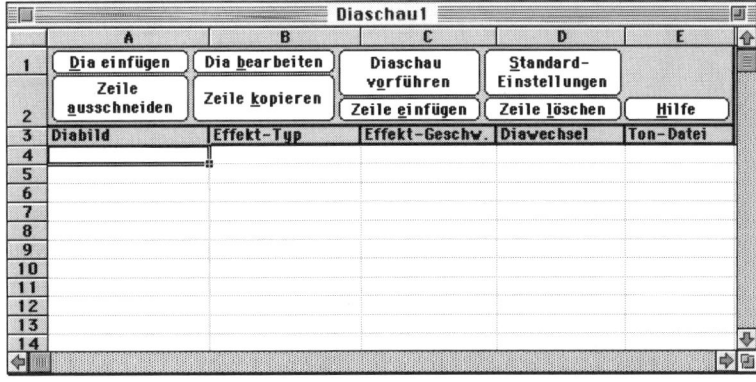

Bild 12.1: Mustervorlage Diaschau

Haben Sie Excel vollständig installiert, so können Sie die Diaschau-
Mustervorlage auch über *DATEI Neu* aufrufen. Im Dialogfenster
finden sie dann die Option Diaschau.

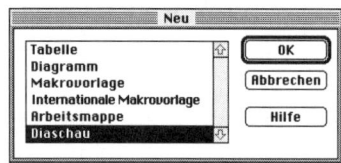

Bild 12.2: Dialogfenster zu DATEI Neu

Dias werden mit Hilfe der Zwischenablage als Grafik in die Diaschau eingefügt. Kopieren Sie die Grafik mit *BEARBEITEN Kopieren*
z.B. aus einem Grafikprogramm in die Zwischenablage und wechseln Sie zu Ihrem Diaschau-Arbeitsblatt in Excel.

Wenn Sie nun die Schaltfläche »Dia einfügen« wählen, so wird ein
Dialogfenster geöffnet, in dem einige Optionen zu diesem Dia
eingestellt werden können.

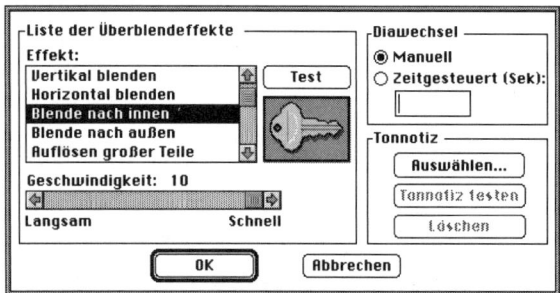

Bild 12.3: Dia-Optionen

In der Gruppe der Überblendeffekte läßt sich der Übergangseffekt
aus dem Listenfeld auswählen. Zur Demonstration haben wir
»Blende nach innen« ausgewählt.

Mit der Schaltfläche »Test« wird der jeweilige Überblendeffekt
anhand zweier Bilder vorgeführt.

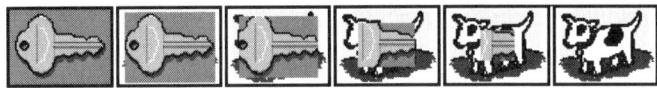

Bild 12.4: Überblendeffekt »Blende nach innen«

Den Wechsel zwischen einzelnen Dias können Sie manuell, d.h. per Mausklick oder Tastendruck, vornehmen. Wählen Sie »Zeitgesteuert« an, so können sie die Anzahl von Sekunden bis zur Anzeige des nächsten Dias bestimmen.

In der Gruppe »Tonnotiz« läßt sich mit der Schaltfläche »Auswählen« zu dem jeweiligen Dia eine Tonnotiz auswählen, die dem eingeblendeten Dia unterlegt werden kann.

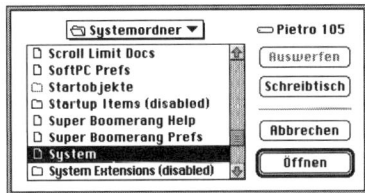

Bild 12.5: Tonnotiz laden

Wir haben hier die Systemdatei geöffnet, um Tonnotizen aus den Systemressourcen zu laden. In diesem Fall verhält sich eine Datei ähnlich wie sonst Ordner.

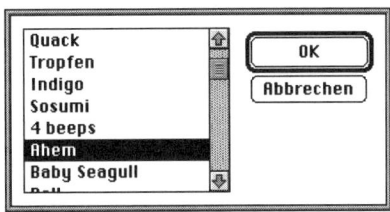

Bild 12.6: Sound-Ressourcen der Systemdatei

Wir haben das Dia mit dem Kanuten mit der Tonnotiz »Ahem« unterlegt. Wenn Sie dieses Dialogfeld bestätigen und auch das Dialogfeld von Bild 12.3 mit »OK« quittieren wird Ihr Dia mit allen

eingestellten Optionen eingefügt. In der ersten Spalte finden Sie ein
verkleinertes Abbild Ihres Dias.

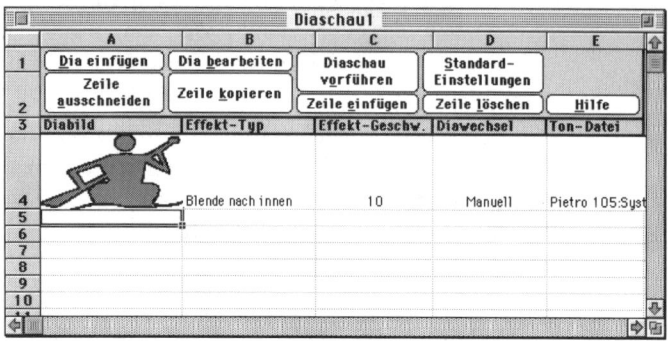

Bild 12.7: Kanute als Dia eingefügt

Vorhang auf!

Mit der Schaltfläche »Diaschau vorführen« starten Sie den Ablauf
einer Diaschau.

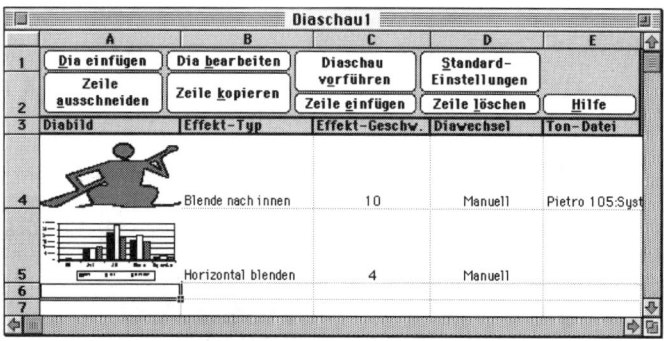

Bild 12.8: Vollständige Diaschau

Das dazugehörige Dialogfeld wird dann am Bildschirm angezeigt.

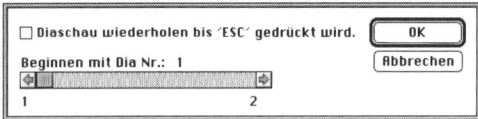

Bild 12.9: Dialogfeld »Diaschau vorführen«

Mit dem Rollbalken bestimmen Sie das erste Dia Ihrer Präsentation.
Markieren Sie die Option »Diaschau wiederholen«, so wird Ihre
Schau solange wiederholt, bis Sie die Esc-Taste drücken. Sie können
so z.B. für Messen und Ausstellungen Endlos-Präsentationen zusammenstellen.

Bearbeiten einer Diaschau

Verändern der Reihenfolge

Mit Hilfe der Tasten »Zeile ausschneiden«, »Zeile kopieren«, »Zeile
einfügen« und »Zeile löschen« können Sie die Reihenfolge Ihrer
Dias verändern, Dias herausnehmen und Leerzeilen einfügen. Die
Tastenfelder sind in Bild 12.8 zu sehen.

Standard-Einstellungen

Mit der Schaltfläche »Standardeinstellungen« rufen Sie das Dialogfeld von Bild 12.3 auf, in dem Sie festlegen können, mit welchem
Überblendeffekt, welcher Tonnotiz und mit welcher Geschwindig-
keit neue Dias standardmäßig eingefügt werden.

QuickTime-Animationen

Mit Excel 4.0 ist es möglich, Grafik-Animationen in dem von Apple
definierten QuickTime-Format zu erstellen. Dieses Format hat
gegenüber der vorher behandelten Diaschau den Vorteil, daß sie
aus anderen Anwendungen heraus abzuspielen sind. Möchten Sie
also ein Dokument mit einer Textverarbeitung erstellen, in dem
eine Umsatzentwicklung als QuickTime-Film abläuft, so können
Sie mit Excel den Film erstellen und über die Zwischenablage in Ihr
Textverarbeitungsdokument einfügen.

Zu diesem Zweck muß Ihr Textverarbeitungsprogramm entweder auf das Abspielen von QuickTime-Filmen vorbereitet sein oder Sie müssen die Systemerweiterung »Wild Magic« installiert haben.

Erstellen einer QuickTime-Animation

Zur Vorbereitung haben wir die untenstehende Tabelle erstellt, und aus dem gesamten Datenmaterial ein 3-D-Tortendiagramm erzeugt.

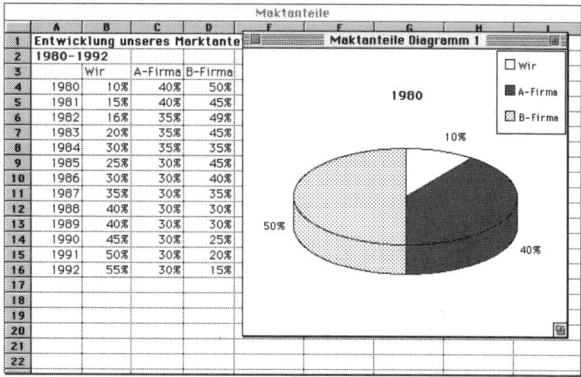

Bild 12.10: Ausgangsdiagramm

Um einen QuickTime-Film zu erstellen, laden Sie bitte den Makro »QuickTime Editor« im Ordner »Makrobibliothek«.

Wählen Sie nun aus dem Menü *BEARBEITEN* den Befehl *Sequenz erstellen*. Dieser Befehl steht nur zur Verfügung, wenn Sie vorher das Makro »QuickTime Editor« geladen haben. Auf Ihrem Schirm erscheint folgendes Dialogfeld.

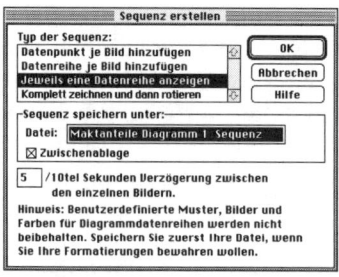

Bild 12.11: Dialogfeld BEARBEITEN Sequenz erstellen

Sie haben hier die Möglichkeit, Optionen zu Ihrem QuickTime-Film einzustellen. Sie werden gefragt, ob Excel für jedes neue Bild

- einen neuen Datenpunkt in die Grafik dazu zeichnen soll,

- eine gesamte neue Datenreihe hinzufügt oder

- jeweils eine Datenreihe pro Bild zeichnet.

- Alternativ wird eine 3-D Grafik einmal erstellt und im Film um die eigene Achse dreht.

Für unsere Zwecke haben wir die dritte Option markiert. Wir möchten jedes Jahr eine einzige Datenreihe darstellen.

Sie können die Sequenz als Datei abspeichern und zusätzlich in die Zwischenablage übernehmen indem Sie die entsprechende Option mit einer Markierung versehen.

Die Zeit, die zwischen den einzelnen Bildern vergehen soll können Sie ebenfalls einstellen. QuickTime sorgt dafür, daß Ihre Filme auf jedem farbfähigen Macintosh gleich schnell ablaufen; unabhängig davon, ob Sie einen Quadra oder einen LC besitzen.

Sollte allerdings auf einem LC die Rechenleistung zur Echtzeitdarstellung des Films nicht ausreichen, würde QuickTime einige Bilder nicht darstellen.

Wenn Sie dieses Dialogfeld mit »OK« bestätigen, so wird Excel eine QuickTime-Animation erstellen. Am Schirm sehen Sie wie die einzelnen Bilder gezeichnet werden.

Einfügen eines QuickTime-Films

Wenn Sie in dem obigen Dialogfeld die Option »Zwischenablage« aktiviert hatten, so wird Ihr Film in die Zwischenablage des Macintosh übernommen. Von dort können Sie ihn in jede Applikation übernehmen, die das QuickTime-Format versteht.

Da dies leider noch nicht sehr viele Programme können, bietet Apple die Systemerweiterung »Wild Magic«, mit der Programme, die Bilder im Macintosh eigenen »PICT«-Format einlesen können, auch zum Abspielen von QuickTime-Filmen befähigt werden.

Wir haben dies mit der Textverarbeitung Word in der Version 5.0 ausprobiert. Das Einfügen des Filmes aus der Zwischenablage führt zur folgenden Bildschirmdarstellung.

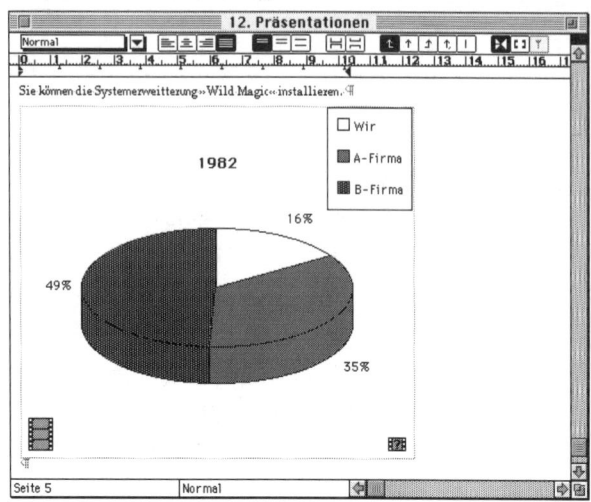

Bild 12.12: QuickTime-Film in Word importiert

 Wenn Sie nun auf das Film-Symbol links unten im Bild bei gedrückter ⌘-Taste doppelklicken, läuft in Word der in Excel erstellte Film ab. Im Bild unten erscheint eine Art Rollbalken, mit dem Sie sich einzelne Bilder anschauen können. Da Excel dem Film keine Tonnotizen beigefügt hat, bleibt der Lautsprecher grau dargestellt.

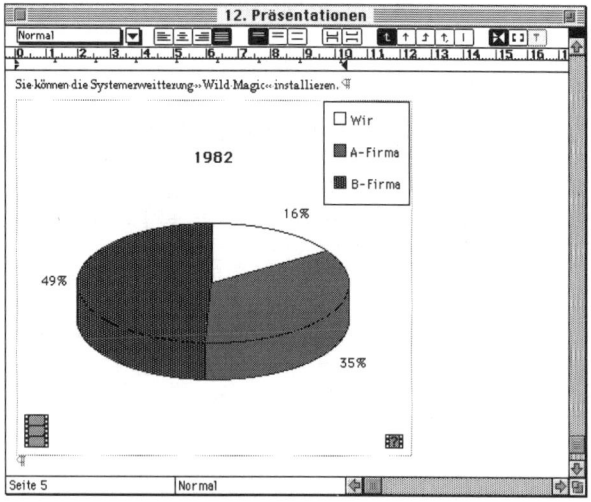

Bild 12.13: Film bis 1987 vorgespielt

Die Apple-Applikation »Simple Player« ermöglicht das Abspielen von QuickTime-Dateien. Die Filme müssen dann nicht über die Zwischenablage geladen und gespeichert werden.

Durch den Einsatz von Makros können Sie viele Abläufe und Arbeiten automatisieren. Im einfachsten Fall sind Makros mitgeschriebene Tastenanschläge und Mausbewegungen. Diese wie auf einem Tonband gespeicherten Tasten können beliebig oft »abgespielt« werden. Die Tastenanschläge und Mausbewegungen werden in einem speziellen Makro-Arbeitsblatt mitgeschrieben. Sie können nachträglich bearbeitet und verändert werden. Jeder Tastenanschlag entspricht einem bestimmten Makro-Befehl. Excel verfügt damit über eine sehr leistungsfähige Makro-Programmiersprache, mit der z.B. eigene Programme, Dialogfelder und Menüs erstellt werden können.

Excel kennt Befehls- und Funktionsmakros. Befehlsmakros sind Abfolgen von Befehlen, die nacheinander ausgeführt werden. Sie können so den Befehlsvorrat von Excel um eigene Befehle, Menüs und Symbolleisten erweitern. Mit Hilfe von Funktionsmakros können Sie eigene Formeln und Rechenvorschriften definieren. Diese Funktionen ergänzen dann die in Excel vorhandenen Tabellenfunktionen.

Makrorekorder

Der Makrorekorder ermöglicht Ihnen Aufzeichnung, Abspeicherung und Ausführung von Tastenanschlägen. Ihre Tastenanschläge bzw. Ihre Mausbewegungen werden von Excel in einer Makrovorlage als Makrobefehle abgespeichert.

Makros aufzeichnen

Über den Menüpunkt *Aufzeichnung beginnen* in *MAKRO* starten Sie das Mitschreiben eines Makros.

Jede Tastenfolge wird unter einem Namen abgelegt und ist über eine Tastenkombination abrufbar. Das im nächsten Bild dargestellte Dialogfeld erhalten Sie am Beginn jeder Aufzeichnung. Hier können Sie Namen und Tastenkombination Ihres Makros festlegen, indem Sie den Vorschlag von Excel überschreiben.

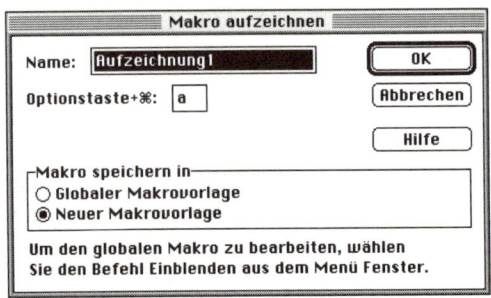

Bild 13.1: Makro aufzeichnen

 Zum Aufzeichnen eines Makros können Sie auch das links gezeigte Symbol der Makro-Symbolleiste benutzen.

Als Vorgabe bietet Ihnen Excel für den ersten Makro »Aufzeichnung1« mit dem Tastenschlüssel »Option+⌘+a« an. Für jeden weiteren Makro wird hochgezählt, also dann »Aufzeichnung2» und »Option+⌘+b«. Excel unterscheidet Groß- und Kleinschreibung der Tastenschlüssel, d.h. Option+⌘+a und Option+⌘+A sind zwei verschiedene Tastenkombinationen.

Während der Aufzeichnung eines Makros werden die Makrobefehle in eine Makrovorlage eingefügt. In der Gruppe »Makro speichern in« bietet Ihnen Excel zwei Auswahlmöglichkeiten. Mit »Neue Makrovorlage« wird von Excel ein neues Makroblatt geöffnet, in das Ihre Befehle aufgezeichnet werden. Dieses Blatt können Sie anschließend bearbeiten und unter einem selbstgewählten Namen abspeichern. Die mitgeschriebenen Makrobefehle stehen später nur zur Verfügung, wenn Sie dieses Makroblatt geladen haben.

Lassen Sie dagegen Ihren Makro in die globale Makrovorlage schreiben, so stehen die Befehle jederzeit zur Verfügung. Die globale Vorlage wird beim Start von Excel geöffnet und ist normalerweise ausgeblendet. Mit *FENSTER Einblenden* können Sie die Makrovorlage sichtbar machen und bearbeiten. In die globale Makrovorlage sollten Sie nur fehlerfreie und getestete Makros übernehmen, denn leicht können z.B. durch versehentliches Aufrufen eines globalen Makros Arbeitsblätter zerstört werden.

Um den Vorgang der Aufzeichnung sichtbar zu machen, können Sie für den zweiten und alle weiteren Makros die Fenster mit

FENSTER Anordnen arrangieren. Wir haben allerdings dem Makroarbeitsblatt mehr Platz eingeräumt wie das folgende Bild zeigt.

Wenn Sie jetzt z.B. Werte in Ihr Arbeitsblatt eintippen, Zellen formatieren oder eine Auswahl aus dem Menü vornehmen, so wird jede ausgewählte Taste und Mausbedienung protokolliert. Excel setzt automatisch alles Mitgeschriebene in die Excel-Makrosprache um. Sollten Sie z.B. die Eingabe der Zahlen und Formeln aufgezeichnet haben, die im linken Fenster in Bild 13.2 zu sehen sind, so erhalten Sie die im rechten Fenster gezeigten Makrobefehle. In der ersten Zelle erscheint der Name Ihres Makros sowie in Klammern die mit Option+⌘ zu benutzende Abkürzungstaste. Gleichzeitig wurde auch diese Zelle mit diesem Namen benannt.

Tabelle1				Makro1
	A	B	C	
1	1			1 Aufzeichnung1 (a)
2	2			2 =FORMEL("1")
3	3			3 =AUSWÄHLEN("Z2S1")
4	6	Gesamtsumme		4 =FORMEL("2")
5				5 =AUSWÄHLEN("Z3S1")
6				6 =FORMEL("3")
7				7 =AUSWÄHLEN("Z4S1")
8				8 =FORMEL.AUSFÜLLEN("=SUMME(Z(-3)S:Z(-1)S)")
9				9 =FORMAT.SCHRIFTART(;;WAHR)
10				10 =AUSWÄHLEN("Z4S2")
11				11 =FORMEL("Gesamtsumme")
12				12 =RÜCKSPRUNG()
13				13
				14

Bild 13.2: Aufgezeichneter Makro

Der letzte Befehl lautet =RÜCKSPRUNG(), d.h. mit diesem Befehl wird der Makroablauf durch einen Rücksprung ins Arbeitsblatt beendet. Dieser Befehl wird automatisch eingesetzt, wenn Sie mit *Aufzeichnung beenden* aus dem Menü *MAKRO* die weitere Protokollierung der Tastenanschläge und Mausbewegungen stoppen.

Bei der Aufzeichnung der Makros sind zwei verschiedene Modi des Mitschreibens möglich. Zwischen beiden Methoden kann noch während der Aufzeichnung des Makros gewechselt werden. Die entsprechenden Befehle finden Sie ebenfalls im Menü *MAKRO*. Ein Wechsel des Modus wird nicht im Makro mitgeschrieben, sondern ändert nur das Aufzeichnungsverhalten des Makrorekorders, so wie es nachstehend beschrieben ist.

Absolute Aufzeichnung

Verweise auf Zellen werden in Makros normalerweise in der Zeilen/Spalten-Schreibweise aufgenommen. Wählen Sie also z.B. während der Makroaufzeichnung mit dem Makrorekorder den Bereich A1:C5 an, so wird dieses in der Makrovorlage in den Befehl =AUSWÄHLEN("Z1S1:Z5S3") umgesetzt. Die Zellenadressen Z1S1:Z5S3 sind absolut, d.h. unabhängig davon, wo der Zellzeiger vor der Definition der Auswahl stand, werden immer die gleichen Zellen, d.h. hier z.B. A1:C5, markiert.

Soll der Makroablauf hingegen unabhängig von der Position Ihres Cursors im Arbeitsblatt funktionieren, so müssen Sie die relative Aufzeichnung wählen.

Relative Aufzeichnung

Bei der relativen Aufzeichnung wird eine Auswahl immer ausgehend von der Zelle vorgenommen, auf der der Cursor steht. Eine Auswahl der Zellen A1:C5 würde in der Makrovorlage als =AUSWÄHLEN("ZS:Z(4)S(2)") notiert werden. Ausgehend von der aktuellen Zelle wird der Bereich um vier Zeilen nach unten und zwei Spalten nach rechts erweitert. Bei der relativen Aufzeichnung sind auch negative Werte erlaubt, was einer Bereichsdefinition nach oben und links entsprechen würde.

Bei der relativen Aufzeichnung wird also immer die aktuelle Zelle als Basisbezug genommen. Ihre Makros sind damit unabhängig von der Cursor-Position auf Ihrem Arbeitsblatt.

Makro ausführen

Um Ihre Makrofolge aufzurufen, wählen Sie den Punkt *Ausführen* im Menü *MAKRO*. Dadurch erhalten Sie das folgende Dialogfeld.

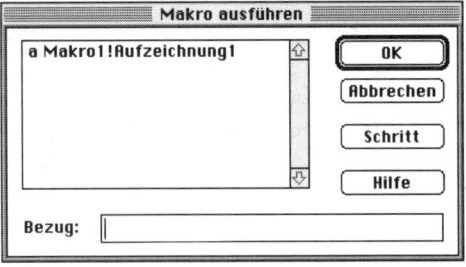

Bild 13.3: Dialogfeld zu MAKRO Ausführen

Ihr Makro sollte jetzt in der Auswahlliste erscheinen. Der Buchstabe vor dem Namen Ihres Makros gibt die Abkürzungstaste an. Wenn Sie Ihren Makro markieren und mit der Eingabetaste aufrufen, so werden alle abgespeicherten Befehle in dem aktuellen Arbeitsblatt ausgeführt.

Wählen Sie die Taste »Schritt« an, so wird der Makro Befehl für Befehl abgearbeitet. Diese Einstellung können Sie zum Suchen von Fehlern verwenden. Auf die Fehlersuche in Makroabläufen werden wir im Laufe des Kapitels noch genauer eingehen.

 Sie können Ihre Makros auch jederzeit über den Abkürzungstastenschlüssel direkt aus Ihrem Arbeitsblatt heraus oder über die links gezeigte Taste der Makro-Symbolleiste aufrufen.

Makros ergänzen

Mit Hilfe des Befehls *Aufzeichnung beginnen* im Menü *MAKRO* werden immer vollständige Makros in Ihrem Makroblatt aufgezeichnet. Vollständig bedeutet in diesem Fall, daß der Makro mit einer Kommentarzelle mit Namen und Abkürzungstaste beginnt und am Ende mit dem Makrobefehl =RÜCKSPRUNG() schließt. Wollen Sie einen schon aufgezeichneten Makro verändern, so müßten Sie entweder den Makro direkt im Makroblatt editieren oder den gesamten Makro neu aufzeichnen. Um das zu vermeiden, bietet Excel Ihnen eine einfachere Methode an.

Zur Veränderung und Ergänzung Ihrer Makros mit Hilfe des Makrorekorders finden Sie die Befehle *Aufzeichnung ausführen* und *Aufzeichnung festlegen* im Menü *MAKRO*. Hiermit werden die mitzuschreibenden Makrobefehle an die bisherigen Makrobefehle angehängt.

Als Beispiel möchten wir unseren, im vorherigen Abschnitt des Kapitels behandelten, Makro um den Eintrag des Mittelwertes des Bereichs A1:A3 ergänzen.

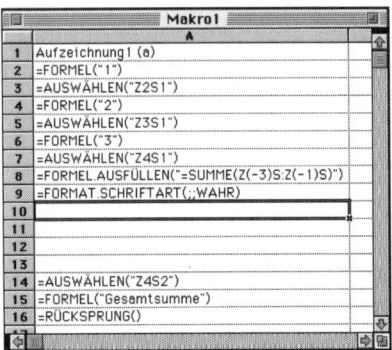

Bild 13.4: Leerzellen zur Ergänzung des Makros

Obiges Bild zeigt, daß wir für die Ergänzung des Makros eine Reihe
von Leerzeilen eingefügt haben. Wenn Sie mit *Aufzeichnung ausführen* neue Makrobefehle in einen bestehenden Makro einfügen wollen, müssen Sie die Startzelle vorgeben. Verwenden Sie dazu den
Befehl *Aufzeichnung festlegen*. Ab der festgelegten Cursorposition
werden die neuen, mit *Aufzeichnung ausführen* mitgeschriebenen
Makrobefehle in den vorhandenen Makro eingefügt.

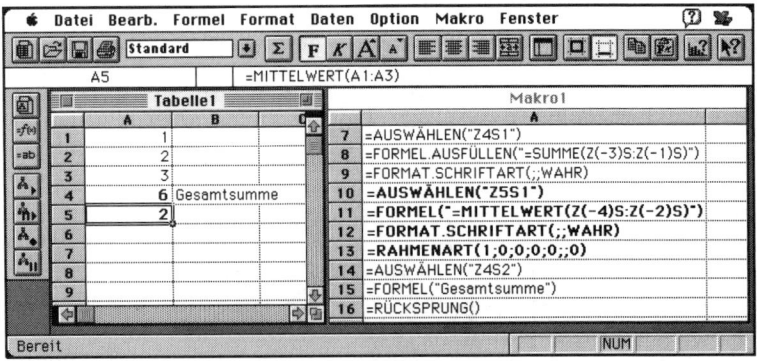

Bild 13.5: Ergänzter Makro

Zeichnen Sie mehr Befehle auf, als Sie leere Zellen in Ihrem Makro
haben, so erscheint die im folgenden Dialogfeld gezeigte Warnung,
und die weitere Aufzeichnung wird abgebrochen.

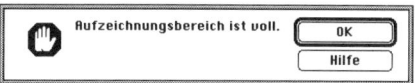

Bild 13.6: Warnung

Haben Sie mehrere Makroblätter zur gleichen Zeit geöffnet, dann weiß Excel nicht, in welchem der Blätter ergänzt werden soll. Auch in dieser Situation können Sie mit der Funktion *MAKRO Aufzeichnung festlegen* eindeutig bestimmen, an welcher Stelle in welches Blatt die Aufzeichnung geschrieben werden soll.

Makrovorlagen abspeichern

Verlassen Sie Excel und haben Sie bis zu diesem Zeitpunkt den neuen Makro noch nicht abgespeichert, so erhalten Sie nun die Aufforderung dazu. Makros werden prinzipiell wie normale Excel-dateien abgespeichert, haben aber einen anderen Dateityp, was Sie unter anderem an der Darstellung im Finder erkennen können.

Eine besondere Art von Makroarbeitsblättern sind Add-in-Makro-vorlagen. Add-ins werden im Dateiformat »Zusatz« abgespeichert. Geladen werden Add-ins wie normale Makrovorlagen. Der Benutzer kann sie anwenden, aber nicht einsehen oder verändern. Die im Add-in enthaltenen Befehle und Makroabläufe werden zu einer Erweiterung der Funktionen von Excel.

Wir widmen uns den Add-in-Makros im gleichnamigen Kapitel.

Laden von Makro-Vorlagen

Wollen Sie Ihre Makros später nach einem neuen Start des Excel-Programms benutzen, so müssen Sie hierzu die entsprechenden Makrovorlagen mit Hilfe des Befehls *DATEI Öffnen* laden. Danach stehen die in der jeweiligen Vorlage definierten Befehle und Funktionen zur Verfügung.

Wenn Sie zusammengehörige Arbeitsblätter und Makrovorlagen gemeinsam als Arbeitsmappe speichern, so wie es im Kapitel »Arbeiten mit mehreren Arbeitsblättern« beschrieben ist, vereinfachen Sie den Ladevorgang.

Möchten Sie Add-in-Makrovorlagen verändern, so müssen Sie einen Trick anwenden. Halten Sie beim Bestätigen des Dateinamens mit Maus oder Tastatur im Dialogfenster zu *Öffnen* die Umschalttaste gedrückt. Dann wird das Add-in-Makro nicht ausgeführt, sondern steht Ihnen wie eine Makro-Vorlage zur Verfügung.

Der Aufruf von Makros

Sie haben bis jetzt zwei Arten kennengelernt, wie Makros gestartet werden können. Dazu konnten Sie den Menüpunkt *MAKRO Ausführen* oder die definierte Abkürzungstaste, z.B. Option+⌘+a, verwenden.

Eine weitere Möglichkeit zum Aufrufen Ihrer Makros wäre die Verknüpfung der Makros mit Symbolen in Symbolleisten. Sie können eigene Symbolleisten mit selbstdefinierten Symbolen zum Aufruf von Makros zusammenstellen.

Benutzerfreundlich und elegant können Sie Makros aufrufen, indem Sie sie grafischen Objekten zuordnen. Sie können selbstdefinierte Schaltflächen, Textfelder, Grafiken und vieles mehr mit Ihren Makros verknüpfen.

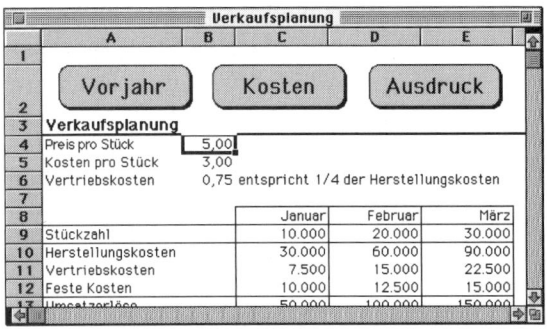

Bild 13.7: Schaltflächen zum Makroaufruf

Die Schaltflächen im obigen Bild wurden über die Werkzeug-Symbolleiste erstellt. In dieser Symbolleiste finden Sie das links abgebildete Symbol. Wenn Sie es betätigen, können Sie auf Ihrem Arbeitsblatt einen Rahmen aufziehen. Dieser Rahmen bestimmt die Größe Ihrer Schaltfläche. Die so definierte Schaltfläche wird von Excel wie ein grafisches Objekt verwaltet.

In Kapitel 7 haben wir die Arbeit und die Möglichkeiten von grafischen Objekten behandelt. Dort wird auf die vielfältigen Formatierungsvarianten der Objekte eingegangen. Insbesondere sei hier auf die Arbeit mit dem Auswahl-Symbol auf der

Zeichnen-Symbolleiste verwiesen, das Sie zum nachträglichen Bearbeiten grafischer Objekte benötigen.

Nach der Festlegung der Größe der Schaltfläche durch Aufziehen mit der Maus erhalten Sie das im nächsten Bild gezeigte Dialogfeld.

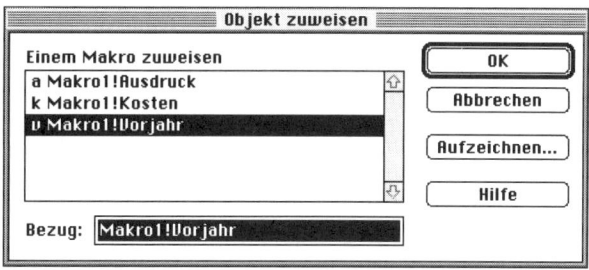

Bild 13.8: Dialogfeld »Objekt zuweisen«

Sie können Ihr Objekt mit einem Ihrer vorher festgelegten Makros verbinden. Sollten Sie noch keine Makros aufgezeichnet haben, so können Sie über die Taste »Aufzeichnen« einen Makro in der gewohnten Weise mitschreiben lassen.

Alle grafischen Objekte können mit einem Makro verbunden werden. Um ein grafisches Objekt wie z.B. ein Rechteck, ein Textfeld oder ein Bild mit einem Makro zu verknüpfen, wählen Sie dazu nach Selektion des Objektes den Befehl *MAKRO Objekt zuweisen*. Sie erhalten dann ebenfalls das obige Dialogfeld.

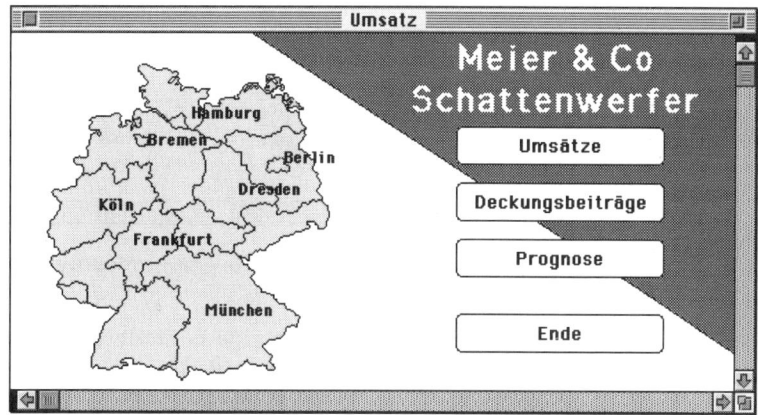

Bild 13.9: Makro-Benutzeroberfläche

In der obigen Darstellung ist die Benutzeroberfläche für eine größere Anwendung mit Excel zu sehen. Auf einem Arbeitsblatt wurden dazu die Gitternetzlinien und die Zeilen- und Spaltenköpfe ausgeschaltet. Über entsprechende Makrobefehle wurden die Symbolleiste und die Menüleiste ausgeblendet. Unten rechts sind drei Tasten definiert. Die Bezeichnungen der Orte sind als Textfelder auf die Grafik gelegt worden. Auch sie sind mit Makros verbunden.

 Ob ein grafisches Objekt mit einem Makro verbunden ist, können Sie an der Form des Cursors erkennen. Wenn Sie den Cursor mit der Maus auf ein mit einem Makro verbundenes Objekt bewegen, so nimmt der Cursor die Form einer Hand an, wie links abgebildet. Durch Klicken auf das Objekt wird der Makroablauf gestartet.

Ein weiteres Beispiel für eine Bedienerführung wird im nächsten Bild gezeigt. Hier wurden die einzelnen Grafiken als Startobjekte für Makros zur Mietwagen-, Hotel-, Flug-, Bahn-, Schiffs- und Abenteuerurlaubs-Buchung festgelegt. Eine solche Oberfläche ist auch für Ungeübte einfach zu bedienen.

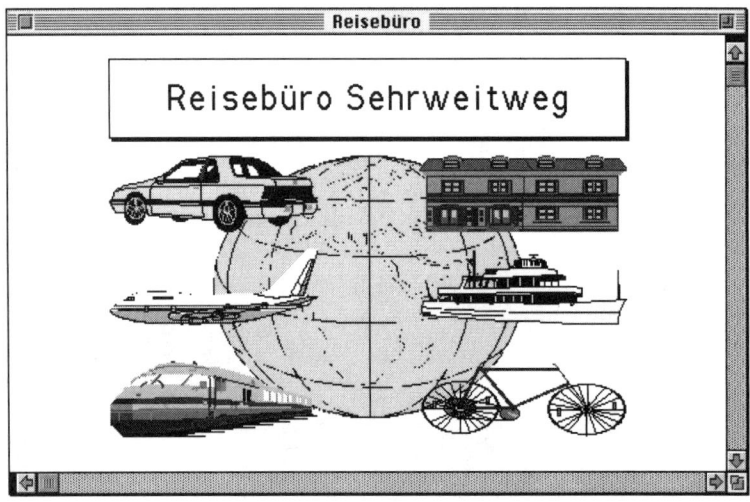

Bild 13.10: Bedienerführung

Das obige Bild zeigt auch eine veränderte Menüleiste. Die Excel-Makroprogrammiersprache läßt die Definition eigener Menüs und Symbolleisten zu.

Makros automatisch starten

Sie können Makros definieren, die automatisch beim Öffnen, Schließen oder Aktivieren eines Makroarbeitsblattes ablaufen. Dazu müssen Sie nur den entsprechenden Makros vordefinierte Namen zuweisen.

- »Auto_Öffnen« wird beim Laden des Makroarbeitsblatts ausgeführt,

- »Auto_Schließen« läuft beim Beenden des Makroarbeitsblatts,

- »Auto_Aktivieren« startet beim Aktivieren des Makroarbeitsblatts und

- »Auto_Deaktivieren« entsprechend beim Wechseln vom Makroarbeitsblatt zu einem anderen Blatt.

Makro-Programmierung

Das Arbeiten mit dem Makrorekorder hat gezeigt, daß jedem Punkt im Excel-Menü ein Makrobefehl zugeordnet ist. Excel kennt aber noch eine Reihe weiterer Makrobefehle, die Sie nicht über Menüs oder Tasten erreichen können. Diese Makros vervollständigen die Excel-Makrosprache zu einer Programmiersprache. Man könnte Excel-Makros als eine Programmiersprache wie Basic oder Cobol beschreiben.

Die Änderung und Ergänzung von Excel-Makros oder die Erstellung eigener Ablauffolgen und Programme erfordert einiges Wissen über die Makro-Befehle. Sie können so programmieren, daß der Benutzer Ihrer Excel-Anwendung nicht mehr merkt, daß er mit Excel arbeitet.

Für die Erstellung größerer Anwendungen sollten Sie über Kenntnisse in Programmierlogik verfügen, so daß Ihnen Begriffe wie Verzweigungen, Schleifen und Unterprogramme geläufig sind. Wir möchten Sie hier auf das Excel-Handbuch und weiterführende Literatur verweisen. Die gesamte Thematik der Programmierung von Makros geht weit über das Ihnen vorliegende Einführungsbuch hinaus.

Die folgenden Abschnitte sollen Sie in das Programmieren mit Excel einführen. Jede in Excel ausführbare Funktion besitzt eine Entsprechung in Form einer Makrofunktion. Die Vielzahl der Funktionen kann im Rahmen dieses Buches nicht erklärt werden.

Das von Microsoft mitgelieferte Handbuch zu Excel mit dem Verzeichnis der Funktionen hat einen Umfang von über 700 Seiten. Wir möchten Sie deshalb lediglich mit den wichtigsten Befehlen und Funktionen der Makro-Programmierung vertraut machen, so daß Sie, wenn nötig, die weiteren Funktionen aus dem Anhang dieses Buches oder dem Handbuch entnehmen und anwenden können.

Zuerst möchten wir Ihnen die Besonderheiten in der Arbeit mit Makros und Makrovorlagen näher bringen. Danach folgen Hinweise zur Gestaltung von Makroarbeitsblättern, um z.B. Makroabläufe besser lesen und nachvollziehen zu können.

Danach finden Sie Beispiele, die die beschriebenen Befehle und Möglichkeiten illustrieren sollen.

Rückgabewerte

Jede Makrofunktion liefert einen Ergebniswert zurück. Das Ergebnis kann ein Text, eine Zahl oder ein logischer Wert, d.h. WAHR oder FALSCH, sein. In einem Makroblatt sehen Sie normalerweise nur die Makrofunktionen, nicht ihre Ergebnisse, denn im Gegensatz zu einem Tabellenarbeitsblatt ist in einem Makroblatt die Formelansicht eingeschaltet. Über den Menüpunkt *OPTION Bildschirmanzeige* können Sie im entsprechenden Dialogfeld die Anzeige der Formeln an- oder ausschalten. Den Abkürzungstastenschlüssel ⌘+# können Sie alternativ zum schnellen Umschalten verwenden.

Wir möchten Sie an dieser Stelle auf das Modell einer Zelle im Arbeitsblatt verweisen, welches im Kapitel »Arbeitserleichterungen« besprochen wurde. Eine erklärende Grafik finden Sie in Bild 3.4. In einem Makroblatt wird die Ebene »Formel« am Bildschirm gezeigt, während das Ergebnis der Funktion in der Zelle, der Rückgabewert, nicht angezeigt wird.

Adressierungsarten

Am Anfang des Kapitels wurde die absolute und relative Adressierung von Zellen erwähnt. Bei der Programmierung von Makros werden Zellen z.B. im aktuellen Arbeitsblatt, in anderen geladenen oder ungeladenen Blättern und im Makroblatt selbst angesprochen. Da alle Blätter aber z.B. eine Zelle A1 aufweisen, muß durch eine geeignete Adressierung der Verweis auf die Zellen eindeutig gemacht werden.

Wie Sie im folgenden erfahren werden, ist die Arbeit mit den verschiedenen Adressierungsarten insbesondere für den Neueinsteiger in die Makroprogrammierung sehr verwirrend. Viele der Probleme können Sie umgehen, wenn Sie Zellen und Bereiche benennen. Die Festlegung von Namen für Zellen und Bereiche schafft Eindeutigkeiten und erleichtert Ihnen die Zuordnung von Verweisen.

Excel unterstützt zwei Adressierungsarten, die als A1- und Z1S1-Format bezeichnet werden. Mit der ersten Variante haben wir bis jetzt in diesem Buch gearbeitet. Es ist die in Excel gebräuchliche Adressierungsart. Die zweite Möglichkeit der Adressierung existiert in Excel, um Kompatibiliät zu Microsoft Multiplan, einem der Excel-Vorgängerprodukte, zu bewahren. Excel verwendet, insbesondere in der Makroprogrammierung, beide Varianten, um so die Vorteile beider Adressierungsschemata ausnutzen zu können.

Sie können mit dem Befehl *OPTION Arbeitsbereich* zwischen den beiden Bezugsformaten wechseln. Wir werden uns im folgenden nur auf das standardmäßige A1-Format für Ihre Tabellen beziehen. Nur sehr wenige Excel-Anwender verwenden das Multiplan-Adressierungsformat, in dem Ihre Formel in einem Tabellenarbeitsblatt statt »=A1+10-B5« das Aussehen »=Z1S1+10-Z5S2« hätte.

Bei der Aufzeichnung mit dem Makrorekorder verwendet Excel das Z1S1-Bezugsformat. Dieses Format ist ein Textformat, so daß Excel, um die Zelle A1 des Arbeitsblattes auszuwählen, den Befehl =AUSWÄHLEN("Z1S1") in den Makro aufnimmt.

Warum kann Excel, obwohl wir davon ausgehen, daß das standardmäßige A1-Bezugsformat angewählt ist, Referenzen in der Z1S1-Formatierung verwenden? Ganz einfach: Excel benutzt diese Formate indirekt. Die Verweise im Z1S1-Bezugsformat liegen als Texte vor, die von der jeweiligen Funktion, wie z.B. AUSWÄHLEN, entsprechend umgesetzt werden. Wenn Sie also Z1S1-Bezüge verwenden, so können diese so nicht direkt in einer Formel stehen, sondern sie müssen mit entsprechenden Funktionen übersetzt werden.

Der Vorteil des Textformates ist leicht erklärt. Sie können z.B. mit den Textfunktionen solche Bezüge bearbeiten und neue Bezüge zusammensetzen. Wir möchten Ihnen hierzu ein Beispiel geben. Angenommen, Sie haben zwei benannte Zellen in Ihrem Makro. Die erste Zelle, benannt mit *Anfangszeile*, enthält den Wert fünf, die zweite Zelle mit dem Namen *Endzeile* hat den Wert neun. Wenn Sie jetzt mit dem Befehl AUSWÄHLEN aus Ihrem Makro heraus die

Zellen A4:A9 markieren wollten, so könnten Sie den folgenden Befehl dafür benutzen.

=AUSWÄHLEN("Z"&*Anfangszeile*&"S1:Z"&*Endzeile*&"S1")

Mit Hilfe des Textoperators »&« wurde hier der Bezug zusammengefügt, sodas die Formel gleichwertig ist zu

=AUSWÄHLEN("Z5S1:Z9S1")

Wir möchten nun weiter auf die oben angesprochenen Schwierigkeiten beim Verständnis der Addressierungsarten der Makroprogrammierung eingehen. Sie beruhen in der weiteren Unterscheidung der Bezugsarten. Es wird differenziert, ob in einem Bezug

- das Makroblatt ,

- das aktive Blatt oder

- ein benanntes Blatt

angesprochen wird. Zusätzlich muß noch unterschieden werden, ob Bezüge

- zu absoluten Adressen,

- relativ zur aktiven Zelle (der übliche relative Bezug)

- oder relativ zur Makroformel erfolgen sollen (neu).

Der folgenden Tabelle können Sie, ausgehend vom entsprechenden Arbeitsblatt, die verschiedenen Referenzen entnehmen.

Tabelle 13.1: Zellreferenzen

	Absolut	Relativ zur aktiven Zelle	Relativ zur Formelposition
Makroblatt	$A$1		A1
Aktives Blatt	!$A$1 "Z1S1"	"Z(#)S(#)"	!A1
Benanntes Blatt	Name!$A$1		

Die Stärke des Z1S1-Bezugsformats ist die relative Adressierung, wie Sie es der obigen Tabelle entnehmen können. Alle anderen Kombinationen, die in der Tabelle möglich wären, sollten Sie nach Möglichkeit in Ihren Makroapplikationen vermeiden, denn z.B.

eine relative Adressierung in eine benannte Tabelle hinein ist fehlerträchtig.

Zur besseren Erklärung möchten wir Ihnen einige Beispiele geben.

=AUSWÄHLEN("Z1S1")	wählt im aktiven Blatt die Zelle A1.
=AUSWÄHLEN(!A1)	hat die gleiche Funktion wie AUS-WÄHLEN("Z1S1").
=AUSWÄHLEN(A1)	selektiert die Zelle A1 im Makroblatt.
=!A1 + 5	addiert 5 zum Inhalt der Zelle A1 im aktiven Blatt. Das Ergebnis ist der Rückgabewert im Makroblatt.
="Z1S1" + 5	versucht, einen Text und eine Zahl zu addieren. Das geht nicht!
=FORMEL(!A2)	trägt den Wert der Zelle A2 der aktiven Tabelle in die aktuelle Zelle ein.
=FORMEL(A2)	übergibt den Rückgabewert der Zelle A2 des Makroblatts in die aktuelle Zelle.
=FORMEL(27;"Z4S4")	füllt die Zelle D4 der aktiven Tabelle mit dem Wert 27.
=AUSWÄHLEN(!Daten)	wählt den benannten Bereich »Daten« in der aktiven Tabelle aus.

Die Möglichkeiten der relativen Adressierung mit dem Z1S1-Bezugsformat sollen die nächsten Beispiele zeigen.

=AUSWÄHLEN("Z(2)S(-1)")	markiert die Zelle zwei Zeilen unter und eine Spalte links von der aktuellen Zelle im aktiven Blatt.
=AUSWÄHLEN("ZS:Z(1)S(1)")	selektiert einen Bereich, der von der aktuellen Zelle im aktiven Blatt eine Zeile nach unten und eine Spalte nach rechts geht. Wäre die aktuelle Zelle A1, so würde A1:B2 markiert werden.

=AUSWÄHLEN("ZS(-4)")   markiert die Zelle, die sich in der
                                gleichen Zeile, aber vier Spalten
                                weiter links als die aktuelle Zelle
                                befindet.

=AUSWÄHLEN(BEREICH.VERSCHIEBEN(AKTIVE.ZELLE();1;1))
                                hat die gleiche Wirkung wie AUS-
                                WÄHLEN("Z(1)S(1)").

=AUSWÄHLEN("Z1S1:ZS")   selektiert alle Zellen zwischen A1
                                und der aktiven Zelle.

Im Verlauf des Kapitels werden Sie noch weitere Konstrukte mit
den verschiedenen Bezugsformaten sehen können.

Formatierung von Makroblättern

Größere Makros mit vielen Verweisen und benannten Zellen wer-
den sehr schnell unübersichtlich. Mit Hilfe einer geeigneten
Formatierung und Kommentierung des Makroblatts können Sie
Ihre Makros so gestalten, daß Sie vielleicht auch in einem halben
Jahr noch wissen, welche Abläufe Sie heute programmiert haben.

Microsoft gibt einige Anleitungen zum Formatieren von Makrovorlagen, die auch in allen mitgelieferten Makros wiederzufinden sind.
Im nächsten Bild ist das von Microsoft gewählte dreispaltige
Design zu sehen. Wir haben das Format für unsere eigenen Programme übernommen und sind bis jetzt damit zufrieden.

	A	B	C
		Kalendermakro	
1	Namen	Kalender(k)	Kommentare
2		=ECHO(FALSCH)	Ausschalten der Bildschirmanzeige
3	ZelleLinksOben	=POSTEXT(AKTIVE.ZELLE();FALSCH)	Startzelle merken
4	DatumsText	=TEXT(HEUTE();"T.M.JJ")	Heutiges Datum als Text
5	StartDatum	=EINGABE("Startdatum";1;"Kalenderberec	Eingabe des Startdatums
6		=WENN(StartDatum=FALSCH;RÜCKSPRUNG	bei Abbruch Ende des Makros
7	EndeDatum	=EINGABE("Enddatum";1;"Kalenderberechn	Eingabe des Enddatums
8		=WENN(EndeDatum=FALSCH;RÜCKSPRUNG(	bei Abbruch Ende des Makros
9		=FÜR("Zähler";0;EndeDatum-StartDatum;	Schleife über alle Tage
10	Datum	=StartDatum+Zähler	aktuellen Datumswert berechnen
11		=FORMEL(Datum)	in Tabelle eintragen
12		=FORMAT.ZAHLENFORMAT("T.M.JJ")	und formatieren
13		=AUSWÄHLEN("ZS(1)")	Eine Spalte nach rechts
14	Tag	=WOCHENTAG(Datum)	Wochentag des Datumswerts

Bild 13.11: Makro-Formatierung

In der mittleren Spalte sind die Makrobefehle plaziert. In der ersten
Zeile der mittleren Spalte steht der Name des Makros, so wie Sie es
schon von der Makroaufzeichnung her kennen. In der Spalte rechts

daneben sind Kommentare für die einzelnen Makrobefehle und -abläufe eingetragen. Die linke Spalte enthält die Bezeichnungen der über *FORMEL Name festlegen* für die Zellen der mittleren Spalte definierten Namen. Hierbei ist wichtig, daß nicht die Zellen der linken Spalte den Namen tragen, sondern die Zellen mit den entsprechenden Makrobefehlen in der mittleren Spalte. Die linke Spalte beinhaltet also nur Hilfstexte.

Dokumentieren Sie Ihre Makros ausführlich. Sollte Ihnen die eine vorgesehene Spalte vom Platz her nicht reichen, so nutzen Sie mehrere. Beschreiben Sie bei längeren Makros die grundlegenden Strukturen und markieren Sie besondere Elemente. Je besser Ihre Dokumentation ist, desto einfacher ist es für andere, die sich mit Ihrem Programm vertraut machen müssen, die Logik Ihres Makros zu verstehen. Aus unserer Erfahrung in Seminaren und in der Benutzerbetreuung sind uns viele Fälle bekannt, wo gute Makroprogramme nicht mehr verwendet wurden, da nach dem Weggang des Mitarbeiters keiner mehr die von ihm geschriebenen Abläufe verstand. Eine gute Dokumentation der Makros hätte hier die Investition gesichert.

Programmierlogik

Der folgende Abschnitt soll Befehle für die Steuerung Ihrer Makros beschreiben.

Bedingungen

Die Möglichkeiten der bedingten Abfragen mit WENN sind Ihnen schon aus früheren Kapiteln dieses Buches bekannt. Die in einer normalen Tabelle anwendbare Form des WENN-Befehls, dessen allgemeine Form

```
=WENN(Bedingung;Wenn_wahr;Wenn_falsch)
```

lautet, wird in der Makroprogrammierung um zwei weitere Varianten erweitert.

Beide Varianten erlauben es, daß mehrere Befehle in den »Wenn_wahr«- oder »Wenn_falsch«-Zweig aufgenommen werden können. Die allgemeine Form lautet

```
=WENN(Bedingung)
          Block_wenn_wahr
=SONST()
          Block_wenn_falsch
=ENDE.WENN()
```

Da der »Block_wenn_falsch« optional ist, kann die WENN-Bedingung auf die folgende Form gekürzt werden:

```
=WENN(Bedingung)
            Block_wenn_wahr
=ENDE.WENN()
```

Die zweite Variante der WENN-Funktion führt mehrfache Bedingungsüberprüfungen durch.

```
=WENN(Bedingung_1)
            Block_Bedingung_1
=SONST.WENN(Bedingung_2)
            Block_Bedingung_2
=SONST.WENN(Bedingung_3)
...
=SONST()
            Block_wenn_falsch
=ENDE.WENN()
```

Schleifen

Um den Ablauf und die Reihenfolge der Makrobefehle in Ihrem Makro zu steuern, können Sie z.B. mit Schleifen sich wiederholende Vorgänge programmieren. Die allgemeine Form lautet

```
=FÜR(Zähler;Anfang;Ende;Schrittweite)
....
=WEITER()
```

Alle Makrobefehle zwischen FÜR und WEITER werden sooft wiederholt, bis der Zähler in der definierten Schrittweite von Anfang bis Ende gezählt hat. Wenn keine Schrittweite angegeben ist, so arbeitet Excel mit der Schrittweite eins.

Als Beispiel möchten wir in eine Tabelle von einem Makro die Zahlen von eins bis zehn nebeneinander eintragen lassen.

Eins_bis_zehn
```
=FÜR("Zähler";1;10)
=      FORMEL(Zähler)
=      AUSWÄHLEN("ZS(1)")
=WEITER()
=RÜCKSPRUNG()
```

Die Variable »Zähler« wird im Makroblatt wie ein Name behandelt. Wir haben das Innere der Schleife zur besseren Übersicht eingerückt. Sie können zwischen das Gleichheitszeichen und den Beginn des Befehls beliebig viele Leerzeichen setzen.

Eine andere Form der FÜR-Schleife bezieht sich auf einen Bereich.

=FÜR.ZELLE(Bezug;Bezugsbereich;Überspringen)

weist den als »Bezug« angegebenen Namen nacheinander allen Zellen im Bezugsbereich zu, wobei der Parameter »Überspringen« angibt, ob leere Zellen übersprungen werden sollen. Unser Beispiel formatiert alle Zellen des selektierten Bereichs.

Bereich_formatieren
```
=AUSWÄHLEN("Z1S1:Z5S3")
=FÜR.ZELLE("Selekt.Zelle")
=     WENN(Selekt.Zelle<0)
=           AUSWÄHLEN(Selekt.Zelle)
=           FORMAT.ZAHLENFORMAT("(Rot)Standard")
=     ENDE.WENN()
=WEITER()
=RÜCKSPRUNG()
```

Der Name »Selekt.Zelle« verweist auf die jeweilige Zelle pro Schleifendurchlauf. Alle Zellen mit negativem Inhalt erhalten das neue Zahlenformat, d.h. sie werden rot dargestellt.

Eine weitere Form der Schleife ist die SOLANGE-Schleife.

```
=SOLANGE(Bedingung)
...
=WEITER()
```

Sie läuft solange, wie die Bedingung falsch ist. Der folgende Ausschnitt aus einem Programm würde ab der aktiven Zelle nach unten alle Zellen formatieren, bis die SOLANGE-Funktion abbricht. Als Abbruchbedingung ist die erste leere Zelle vorgegeben.

```
=SOLANGE(NICHT(ISTLEER(AKTIVE.ZELLE())))
=     FORMAT.SCHRIFTART(;;WAHR)
=     AUSWÄHLEN("Z(1)S")
=WEITER()
```

Sprünge

Mit Hilfe von Sprungbefehlen können Sie den Programmablauf an einer anderen Stelle fortsetzen lassen. Mit

=GOTO(Bezug)

wird das Programm ab der unter Bezug angegebenen Stelle fortgesetzt. Der Befehl

=GOTO(AF234)

würde das Progamm ab der Stelle AF234 fortsetzen. Zu viele
Sprungbefehle verursachen den berüchtigten »Spaghetti«-Code,
d.h. Sprünge im Programm sind nur noch sehr schwer nachzuvoll-
ziehen.

Unterprogramme

Um größere Makroprogramme zu strukturieren, empfiehlt sich der
Einsatz von Unterprogrammen. Die Verwendung von Unterprogrammen ist z.B. sinnvoll, wenn bestimmte Abläufe mehrfach
und an verschiedenen Stellen im Makro abgearbeitet werden sollen. Ein Unterprogramm ist eigentlich nicht mehr als ein weiterer
Makro, der über seinen Namen von einem anderen Makro aufgerufen wird. Der letzte Befehl in einem Makro lautet normalerweise
RÜCKSPRUNG(). Damit gibt der aufgerufene Makro die Kontrolle
zurück an den Aufrufer. Auch hierzu im folgenden ein kleines
Beispiel.

Hauptprogramm
```
=FÜR("Zähler";1;100)
=      Unterprogramm()
=WEITER()
=RÜCKSPRUNG()
```

Unterprogramm
```
=FORMEL("Test")
=AUSWÄHLEN("Z(1)S")
=RÜCKSPRUNG()
```

Das Programm würde das Wort »Test« einhundertmal untereinander in Ihre Tabelle einsetzen.

Unterprogrammaufrufen können Parameter mitgegeben werden.
Das folgende Programm soll dieses illustrieren.

Hauptprogramm
```
=Unterprogramm_1()
=RÜCKSPRUNG()
```

Unterprogramm_1()
```
=FÜR("Zähler";1;100)
=Unterprogramm_2(Zähler)
=AUSWÄHLEN("Z(1)S")
=WEITER()
=RÜCKSPRUNG()
```

Unterprogramm_2()
```
=ARGUMENT("Übergabewert")
=FORMEL(Übergabewert)
=RÜCKSPRUNG()
```

Das Programm trägt die Zahlen von 1 bis 100 untereinander in Ihre Tabelle ein. Die Parameter, die Sie an ein Unterprogramm übergeben möchten, werden, wie bei Funktionen üblich, in Klammern und durch Semikolons getrennt, angegeben. Im Unterprogramm selbst werden die Parameter mit Hilfe des Befehls ARGUMENT(Name; Typ) festgelegt. Der Name beschreibt den Parameter, während die optionale Angabe des Typs die Art des Wertes beschreibt. Wird kein Typ angegeben, so bestimmt Excel den Typ selbst. Die folgende Tabelle zeigt eine Liste der möglichen Datentypen.

Tabelle 13.2: Datentypen

Datentyp	Art des Wertes
1	Zahl
2	Text
4	Wahrheitswert
8	Bezug
16	Fehlerwert
64	Array

Kalender-Makro

Viele Excel-Anwender nutzen das Programm auch zur Terminkontrolle und -überwachung. Hierzu wird in der Regel ein Kalender benötigt. Wir haben hier einen Makro programmiert, der zwei Spalten Ihrer Tabelle in der oben gezeigten Form füllt. In der Kalendervorlage wurden alle Wochenenden grau unterlegt. Der Makro erzeugt eine solche Vorlage, wobei Sie hier Anfangs- und Enddatum vorgeben können.

In Bild 13.12 ist das Endergebnis, der Kalender, zu sehen.

Tabelle2

	A	B	C	D
1	27.2.92	Donnerstag		
2	28.2.92	Freitag		
3	29.2.92	Samstag		
4	1.3.92	Sonntag		
5	2.3.92	Montag		
6	3.3.92	Dienstag		
7	4.3.92	Mittwoch		
8	5.3.92	Donnerstag		
9	6.3.92	Freitag		
10	7.3.92	Samstag		
11	8.3.92	Sonntag		
12	9.3.92	Montag		

Bild 13.12: Kalender

Das nächste Bild zeigt die Makrobefehle.

	A	B	C
1	Namen	**Kalender(k)**	*Kommentare*
2		=ECHO(FALSCH)	*Ausschalten der Bildschirmanzeige*
3	*ZelleLinksOben*	=POSTEXT(AKTIVE.ZELLE();FALSCH)	*Startzelle merken*
4	*DatumsText*	=TEXT(HEUTE();"T.M.JJ")	*Heutiges Datum als Text*
5	*StartDatum*	=EINGABE("Startdatum";1;"Kalenderberechnung";DatumsText)	*Eingabe des Startdatums*
6		=WENN(StartDatum=FALSCH;RÜCKSPRUNG())	*bei Abbruch Ende des Makros*
7	*EndeDatum*	=EINGABE("Enddatum";1;"Kalenderberechnung";DatumsText)	*Eingabe des Enddatum*
8		=WENN(EndeDatum=FALSCH;RÜCKSPRUNG())	*bei Abbruch Ende des Makros*
9		=FÜR("Zähler";0;EndeDatum-StartDatum;1)	*Schleife über alle Tage*
10	*Datum*	= StartDatum+Zähler	*Datumswert berechnen*
11		= FORMEL(Datum)	*In Tabelle eintragen*
12		= FORMAT.ZAHLENFORMAT("T.M.JJ")	*und formatieren*
13		= AUSWÄHLEN("ZS(1)")	*Eine Spalte nach rechts*
14	*Tag*	= WOCHENTAG(Datum)	*Wochentag des Datumswertes*
15		= FORMEL(Datum)	*In Tabelle eintragen*
16		= FORMAT.ZAHLENFORMAT("TTTT")	*und formatieren*
17		= AUSWÄHLEN("ZS(-1):ZS")	*Beide Spalten markieren*
18		= WENN(Tag=7)	*Wenn Samstag (->7)*
19		= RAHMENART(1)	
20		= MUSTER(18;0;0)	
21		= ENDE.WENN()	*Ende Samstag*
22		= WENN(Tag=1)	*Wenn Sonntag (->1)*
23		= RAHMENART(2)	
24		= MUSTER(17;0;0)	
25		= ENDE.WENN()	*Ende Sonntag*
26		= AUSWÄHLEN("Z(1)S")	*Eine Zeile nach unten*
27		=WEITER()	*nächster FÜR-Schleifendurchlauf*
28		=AUSWÄHLEN(TEXTPOS(ZelleLinksOben))	*Zu Anfangszelle springen*
29		=RÜCKSPRUNG()	*Ende des Makros*

Bild 13.13: Kalender-Makro

Im obigen Makro und in der folgenden Erklärung der einzelnen Makrobefehle werden Sie einige neue, noch nicht beschriebene Funktionen finden.

B2   Der Befehl ECHO(FALSCH) verhindert, daß Zwischenergebnisse am Bildschirm angezeigt werden. Erst nach Beendigung des Makros wird der Bildschirm aufgefrischt.

B3   Die Position der aktiven Zelle beim Start des Makros wird unter dem Namen »ZelleLinksOben« gespeichert, um am Ende des Makros zu dieser Zelle zurückkehren zu können.

B4   Speichert das heutige Datum in Textform in die Variable »DatumsText«. Das Datum soll als Vorgabewert für die folgenden Eingabedialogfelder verwendet werden.

B5   Der Makrobefehl EINGABE öffnet ein Dialogfeld am Bildschirm, in das Sie das Startdatum eingeben können. Das Datum wird unter dem Namen »StartDatum« abgelegt. Die allgemeine Form der Funktion lautet EINGABE(Hinweis; Typ; Überschrift; Vorgabe; x_Position; y_Position; Hilfe_Bezug).

B6   Wenn Sie das Eingabedialogfeld mit der Esc-Taste abbrechen, so ist der Rückgabewert des Dialogfelds FALSCH. Ist dieses der Fall, wird das Makro mit einem RÜCKSPRUNG() beendet.

B7   Eingabe des Enddatums.

B8   Bei Abbruch des Dialogfeldes wird der Makro beendet.

B9   Start einer Schleife, die von 0 bis zur Differenz von Enddatum und Startdatum läuft. Gezählt werden die Tage mit der Variablen »Zähler«.

B10   Das Startdatum und die Anzahl der Schleifendurchläufe in »Zähler« ergeben das neue Datum, das unter dem Namen »Datum« abgelegt wird. Da Excel intern für Datumswerte mit seriellen Zahlen rechnet, ist die Addition in B10 zulässig und ergibt ein korrektes Ergebnis.

B11	Das neue Datum wird als serielle Zahl in die Tabelle eingetragen und mit dem nächsten Befehl
B12	als Datum formatiert.
B13	In der gleichen Zeile wird der Cursor eine Spalte nach rechts bewegt.
B14	Die Funktion WOCHENTAG ermittelt den Wochentag.
B15	Hier wird das Datum in die Tabelle eingetragen,
B16	und als Wochentag formatiert
B17	markiert beide Spalten der Zeile.
B18-B21	wird abgearbeitet, wenn der Wochentag gleich 7, d.h. ein Samstag, ist.
B22-B25	sind die Befehle für Sonntag.
B26	setzt den Cursor eine Zeile tiefer.
B27	springt zurück zur Zelle B9 mit der FÜR-Schleife.
B28	setzt den Cursor zurück auf die Position vor dem Start des Makros.
B29	Ist die FÜR-Schleife abgearbeitet, so wird mit dem Befehl RÜCKSPRUNG() der Makro beendet.

Der Startpunkt eines Makros muß besonders gekennzeichnet werden. In unserem Fall ist dies die Zelle B1. Wählen Sie dazu *FORMEL Name festlegen* an. Sie erhalten dann das folgende Dialogfeld.

Bild 13.14: Dialogfeld zu FORMEL Name festlegen

Um diesen Namen als Makrostartpunkt zu deklarieren, muß die Option »Befehl« selektiert werden. Die Abkürzungstaste, in unserem Fall Option+⌘+k, kann frei gewählt werden.

Eine ausführlichere Erklärung verdienen noch die Befehle in den Zellen B3 und B28. Dazu möchten wir Ihnen zuerst einen Trick zeigen, wie Sie die Zuweisungen zu definierten Namen überprüfen können. Wir haben weiter oben bei der Besprechung der Rückgabewerte von Makrofunktionen schon darauf hingewiesen. Schalten Sie dazu in Ihrem Makroblatt mit Hilfe des Befehls OPTION *Bildschirmanzeige* durch Ausschalten des Punkts »Formeln« oder durch die Tastenkombination ⌘+# auf die Darstellung der Werte um.

In Zelle B3 ist der dem Namen »ZelleLinksOben« zugewiesene Wert »Tabelle1!Z1S1«, wenn Ihre Tabelle den Namen »Tabelle1« hätte und Ihr Cursor beim Start des Makros auf der Zelle A1 positioniert wäre. Die Funktion POSTEXT wandelt hier die Adresse der aktiven Zelle in einen Text um, der das Z1S1-Bezugsformat aufweist. Die Z1S1-Darstellung wird gewählt, da der zweite Parameter bei POSTEXT der Wahrheitswert FALSCH ist. Bei WAHR würde POSTEXT den Text im A1-Bezugsformat zurückliefern.

Der Befehl TEXTPOS in Zelle B28 wandelt den Text, der in der Variablen »ZelleLinksOben« gespeichert ist, in einen Bezug um. Mit AUSWÄHLEN wird dieser Bezug zur aktiven Zelle gemacht. Damit steht Ihr Cursor nach Ablauf des Kalender-Makros wieder am Ausgangspunkt.

Erweiterung des Kalender-Makros

Eine sinnvolle Erweiterung des Makros wäre das Eintragen von Feiertagen in den Kalender. Wir möchten Ihnen eine einfache Lösung aufzeigen. Sie kann nach Belieben verbessert und verfeinert werden.

	D	E	F
1		Feiertage	
2		32418	Tag der deutschen Einheit
3		32464	Buß- und Bettag
4		32500	Heiligabend
5		32501	1. Weihnachtstag
6		32502	2. Weihnachtstag
7		32507	Silvester
8		32508	Neujahr
9			
10			

Bild 13.15: Feiertagstabelle

Die Feiertage wurden mit Datum und Beschreibung in eine Tabelle im Makroblatt aufgenommen. Die Darstellung der Tage erfolgt als serielle Zahl, da im Makroblatt die Formeln angezeigt werden. Der Wert 32500 z.B. steht für den 24.12.1992. Die Eingabe der Tage kann im Format »24.12.92« erfolgen, nur in der Anzeige erscheint die serielle Zahl.

In Bild 13.16 ist der erweiterte Makro dargestellt. Die Zeilen 26 bis 31 wurden eingeschoben.

	A	B	C
1	Namen	Kalender(k)	Kommentare
2		=ECHO(FALSCH)	Ausschalten der Bildschirmanzeige
3	ZelleLinksOben	=POSTEXT(AKTIVE.ZELLE();FALSCH)	Startzelle merken
4	DatumsText	=TEXT(HEUTE();"T.M.JJ")	Heutiges Datum als Text
5	StartDatum	=EINGABE("Startdatum";1;"Kalenderberechnung";DatumsText)	Eingabe des Startdatums
6		=WENN(StartDatum=FALSCH;RÜCKSPRUNG())	bei Abbruch Ende des Makros
7	EndeDatum	=EINGABE("Enddatum";1;"Kalenderberechnung";DatumsText)	Eingabe des Enddatum
8		=WENN(EndeDatum=FALSCH;RÜCKSPRUNG())	bei Abbruch Ende des Makros
9		=FÜR("Zähler";0;EndeDatum-StartDatum;1)	Schleife über alle Tage
10	Datum	= StartDatum+Zähler	Datumswert berechnen
11		= FORMEL(Datum)	In Tabelle eintragen
12		= FORMAT.ZAHLENFORMAT("T.M.JJ")	und formatieren
13		= AUSWÄHLEN("ZS(1)")	Eine Spalte nach rechts
14	Tag	= WOCHENTAG(Datum)	Wochentag des Datumswertes
15		= FORMEL(Datum)	In Tabelle eintragen
16		= FORMAT.ZAHLENFORMAT("TTTT")	und formatieren
17		= AUSWÄHLEN("ZS(-1):ZS")	Beide Spalten markieren
18		= WENN(Tag=7)	Wenn Samstag (->7)
19		= RAHMENART(1)	
20		= MUSTER(18;0;0)	
21		= ENDE.WENN()	Ende Samstag
22		= WENN(Tag=1)	Wenn Sonntag (->1)
23		= RAHMENART(2)	
24		= MUSTER(17;0;0)	
25		= ENDE.WENN()	Ende Sonntag
26		= WENN(NICHT(ISTNV(VERGLEICH(Datum;E2:E17;0))))	Feiertag?
27		= AUSWÄHLEN("ZS(2)")	
28		= FORMEL(VERWEIS(Datum;E2:F17))	Feiertagstext
29		= AUSWÄHLEN("ZS:ZS(-2)")	
30		= MUSTER(17;0;0)	
31		= ENDE.WENN()	Ende Feiertag
32		= AUSWÄHLEN("Z(1)S")	Eine Zeile nach unten
33		=WEITER()	nächster FÜR-Schleifendurchlauf
34		=AUSWÄHLEN(TEXTPOS(ZelleLinksOben))	Zu Anfangszelle springen
35		=RÜCKSPRUNG()	Ende des Makros

Bild 13.16: Erweiterter Kalender-Makro

Im folgenden eine kurze Beschreibung der eingefügten Befehle:

B26   Die WENN-Abfrage in Zelle B26 ist wie folgt aufgebaut: Die unter »Datum« abgelegte serielle Zahl wird mit der Feiertagstabelle in E2:E17 verglichen. Wenn »Datum« kein Feiertag ist, so liefert die VERGLEICH-Funktion den Fehlerwert #NV zurück. Die Funktion ISTNV ist dann wahr, wenn VERGLEICH den Wert #NV ergibt. Da die Befehle innerhalb des WENN-Blocks nur ausgeführt werden sollen, wenn »Datum« ein Feiertag ist, wird die ISTNV-Funktion von einer NICHT-Funktion eingeschlossen.

B27	Der Befehl wählt die Zelle zum Eintrag der Feiertagsbezeichnung aus.
B28	Die Feiertagsbezeichnung wird aus der Tabelle herausgesucht und in das Arbeitsblatt eingetragen.
B29-B30	Die Befehle formatieren die Bezeichnung.
B31	Das ist das Ende des WENN-Blocks.

Mögliche Ergänzungen des Kalender-Makros könnten das Eintragen von Urlaubs- oder Dienstzeiten bis hin zur Projektverfolgung sein.

Formatierungs-Makro

Im folgenden möchten wir Ihnen einen Makro vorstellen, der Sie bei der Formatierung von Makros in Makroarbeitsblättern unterstützt. Der Aufruf des Makros bereitet Ihr Makroarbeitsblatt für die Programmierung eines neuen Makros vor.

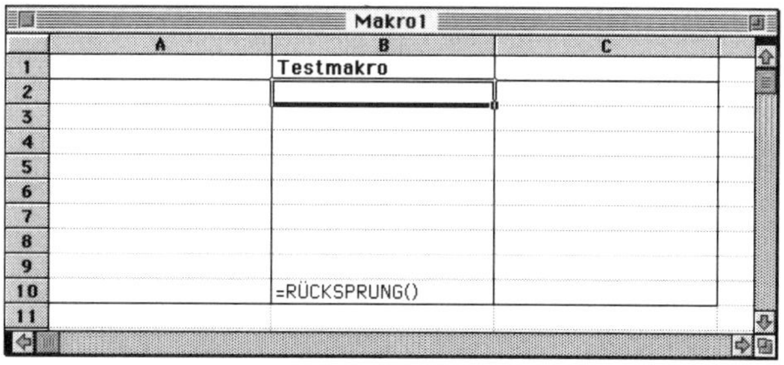

Bild 13.17: Vorbereitetes Makroarbeitsblatt

	A	B	C
1		Makro (m)	Makro-Vorgaben
2		=WENN(DATEI.ZUORDNEN(3)<>3)	Makrovorlage?
3		= WARNUNG("Kein Makroarbeitsblatt";3;)	
4		= RÜCKSPRUNG()	
5		=ENDE.WENN()	
6		=AUSWÄHLEN("ZS:ZS(2)")	Oberen Rahmen
7		=RAHMENART(1;0;0;0;0;;0)	markieren
8		=AUSWÄHLEN("ZS(1)")	Mittlere Zelle auswählen
9	MakroName	=EINGABE("Name des Makros:";2;"Makro";)	Eingabe-Dialogbox
10		=WENN(MakroName=FALSCH;RÜCKSPRUNG())	Bei Abbruch Rücksprung()
11		=FORMEL(MakroName)	Übertragen in Makroblatt
12		=RAHMENART(1;0;0;0;0;;0)+FORMAT.SCHRIFTART(;;WAHR)	Formatieren
13	Taste	=TEIL(MakroName;1;1)	
14	Abk_Taste	=EINGABE("Strg+Taste";2;"Abkürzungstaste";Taste)	Eingabe-Dialogbox
15		=WENN(Abk_Taste=FALSCH;WERT.FESTLEGEN(Abk_Taste;Taste))	Wenn keine Angabe, dann TAST
16		=NAMEN.FESTLEGEN(MakroName;AKTIVE.ZELLE();2;Abk_Taste;;14)	Namen festlegen
17		=AUSWÄHLEN("Z(1)S(-1):Z(9)S(1)")	Restliche Formatierung
18		=RAHMENART(1;0;0;0;0;;0)	
19		=AUSWÄHLEN("ZS:Z(8)S")	
20		=RAHMENART(1;1;0;;;;0;0)+FORMAT.SCHRIFTART(;;;WAHR)	
21		=AUSWÄHLEN("ZS(2):Z(8)S(2)")	
22		=RAHMENART(1;0;1;;;;0;;0)+FORMAT.SCHRIFTART(;;;WAHR)	
23		=AUSWÄHLEN("Z(8)S(-1)")	
24		=FORMEL("=RÜCKSPRUNG()")	Rücksprung-Befehl einsetzen
25		=AUSWÄHLEN("Z(-8)S")	
26		=RÜCKSPRUNG()	Ende des Makros

Bild 13.18: Formatierungsmakro

Im folgenden eine Beschreibung der einzelnen Makrobefehle des in Bild 13.17 gezeigten Makros:

B2   Die Makrofunktion DATEI.ZUORDNEN liefert Informationen über die aktuelle Tabelle. Wenn diese Funktion mit dem Parameter »3« aufgerufen wird, ist das Ergebnis der Funktion der Typ des Arbeitsblatts, d.h. ob es ein Kalkulations-, Diagramm- oder Makroblatt ist. Wenn das aktive Arbeitsblatt ein Makroblatt ist, so gibt die Funktion den Wert »3« zurück.

B3-B5   Der Makro wird mit einer Warnungsmeldung abgebrochen, wenn die aktive Tabelle kein Makroblatt ist.

B6-B8   Die Formatierung des Rahmens für die erste Zeile des Zielmakroblatts.

B9   Der Makrobefehl ruft das im folgenden Bild dargestellte Dialogfeld auf den Schirm.

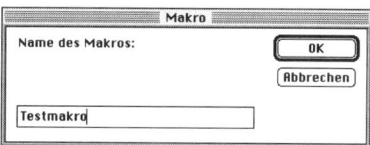

Bild 13.19: Eingabedialogfeld »Name des Makros«

B10   Der Makrolauf wird abgebrochen, wenn im Eingabe-
           dialogfeld die Schaltfläche »Abbrechen« betätigt wird.

B11   Der im Dialogfeld eingegebene und unter dem Namen
           »MakroName« abgelegte Name des Makros wird im
           Zielblatt eingetragen.

B12   Der Makroname wird formatiert. In dieser Zelle wer-
           den zwei Makrobefehle nacheinander ausgeführt. Sie
           sind mit einem Pluszeichen aneinandergehängt.

B13   Der erste Buchstabe des Makronamens wird der
           Variablen »Taste« zugewiesen. Der Buchstabe soll als
           Vorschlag für die Makroabkürzungstaste verwendet
           werden.

B14   In diesem Eingabedialogfeld wird die Abkürzungs-
           taste bestimmt.

Bild 13.20: Eingabedialogfeld »Abkürzungstaste«

B15   Wird das Eingabedialogfeld abgebrochen, so wird der
           erste Buchstabe des Makronamens als Abkürzungs-
           taste verwendet.

B16   In dieser Zelle wird für die aktive Zelle der Makroname
           und die Abkürzungstaste festgelegt.

B17-B23   Die Befehle formatieren den unteren Teil des Makros
           im Zielblatt.

B24   Der RÜCKSPRUNG-Befehl wird eingetragen.

Benutzerdefinierte Dialogfelder

Um den beschriebenen Formatierungs-Makro zu verbessern, möchten wir ein benutzerdefiniertes Dialogfeld entwickeln, so wie es beispielhaft das nächste Bild zeigt.

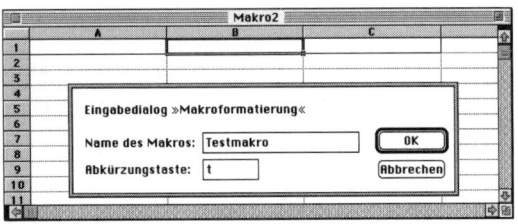

Bild 13.21: Benutzerdefiniertes Dialogfeld

Der Dialog-Editor

Dialog-Editor

Ein benutzerdefiniertes Dialogfeld wird am einfachsten mit dem Dialog-Editor erstellt. Der Dialog-Editor ist ein Hilfsprogramm, das zum Lieferumfang von Excel gehört.

Mit dem Dialog-Editor können Sie interaktiv Ihre Dialogfelder am Bildschirm designen. Mit Hilfe der Maus positionieren Sie Ihre Texte und Felder. In Bild 13.22 ist das Dialogfeld aus Bild 13.21 im Dialog-Editor abgebildet.

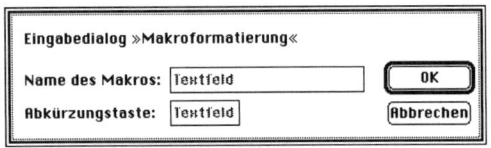

Bild 13.22: Der Dialog-Editor

Über den Menüpunkt *ELEMENTE* können Sie neue Felder in Ihrem Dialogfeld festlegen. Ein Doppelklick auf ein Dialogelement zeigt Ihnen ein Bearbeitungsdialogfenster zu diesem Element.

Das von Ihnen erstellte Dialogfeld wird über die Zwischenablage in Excel übertragen. Im Dialog-Editor werden mit dem Befehl *BEAR-BEITEN Dialogfeld auswählen* alle Bestandteile des Feldes in die Zwischenablage übernommen.

In Excel fügen Sie das Dialogfeld an eine freie Stelle im Makroarbeitsblatt mit *BEARBEITEN Einfügen* ein. Wir haben dazu den Bereich F2 bis L9 gewählt. In Excel hat das aus dem Dialog-Editor übernommene Dialogfeld die im nächsten Bild dargestellte Form angenommen. Wir haben zusätzlich erklärende Texte in Zeile 1 und Spalte E ergänzt.

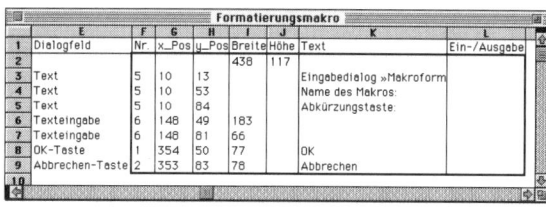

	E	F	G	H	I	J	K	L
					Formatierungsmakro			
1	Dialogfeld	Nr.	x_Pos	y_Pos	Breite	Höhe	Text	Ein-/Ausgabe
2					438	117		
3	Text	5	10	13			Eingabedialog »Makroform	
4	Text	5	10	53			Name des Makros:	
5	Text	5	10	84			Abkürzungstaste:	
6	Texteingabe	6	148	49	183			
7	Texteingabe	6	148	81	66			
8	OK-Taste	1	354	50	77		OK	
9	Abbrechen-Taste	2	353	83	78		Abbrechen	
10								

Bild 13:23: Dialogfeld-Definition

Der Bereich innerhalb des dickeren Rahmens ist die eigentliche Dialogfelddefinition. Jedes Feld unseres benutzerdefinierten Dialogfelds ist in den Zeilen von Spalte F bis L codiert.

- Die beiden Zellen I2 und J2 geben die Breite und Höhe des Dialogfelds an.

- Die Zeilen 3 bis 9 beschreiben die Felder im benutzerdefinierten Dialogfeld.

- Spalte F enthält die Elementnummer. Sie legen die Art des Feldes fest, d.h. eine »5« definiert ein Textfeld, eine »6« ein Texteingabefeld usw.

- In den Spalten G bis J werden die Position und die Größe der Elemente innerhalb des Dialogfensters festgelegt.

- Spalte K enthält den Feldtext.

- Ein- oder Ausgabewerte von Eingabefeldern und Listen enthält Spalte L.

Im Anhang D finden Sie eine vollständige Auflistung aller möglichen Elemente für benutzerdefinierte Dialogfelder.

Der Aufruf von benutzerdefinierten Dialogfeldern

Der Befehl, der ein Dialogfeld am Bildschirm anzeigt, lautet in seiner allgemeinen Form

=DIALOGFELD(Bezug).

Der Parameter »Bezug« gibt den Zellbereich innerhalb des Makroblatts an, in dem das Dialogfeld definiert wurde. In unserem Beispiel aus Bild 13.24 wäre das F2:L9.

Im nächsten Bild wird das geänderte Makroprogramm dargestellt. Beachten Sie die Weiterverarbeitung der Ergebniswerte aus L5 und L9 des Dialogfelds in den Zellen B11 und B13.

Durch die Festlegung von Namen für die Dialogfelddefinition und für die Zellen der Ergebniswerte können Sie den Makro lesbarer gestalten. Wir haben an dieser Stelle darauf verzichtet, um den Zusammenhang zwischen Dialogfeldbefehl und -definition besser herauszustellen.

	A	B	C
1		Makro (m)	Makro-Vorgaben
2		=WENN(DATEI.ZUORDNEN(3)<>3)	Makrovorlage?
3		= WARNUNG("Kein Makroarbeitsblatt";3;)	
4		= RÜCKSPRUNG()	
5		=ENDE.WENN()	
6		=AUSWÄHLEN("ZS:ZS(2)")	Oberen Rahmen
7		=RAHMENART(1;0;0;0;;0)	markieren
8		=AUSWÄHLEN("ZS(1)")	Mittlere Zelle auswählen
9	Dlg	=DIALOGFELD(F2:L9)	Eingabe-Dialogbox
10		=WENN(Dlg=FALSCH;RÜCKSPRUNG())	Bei Abbruch Rücksprung()
11		=FORMEL(L6)	Übertragen in Makroblatt
12		=RAHMENART(1;0;0;0;;0)+FORMAT.SCHRIFTART(;;WAHR)	Formatieren
13		=NAMEN.FESTLEGEN(L6;AKTIVE.ZELLE();2;L7;;14)	Namen festlegen
14		=AUSWÄHLEN("Z(1)S(-1):Z(9)S(1)")	Restliche Formatierung
15		=RAHMENART(1;0;0;0;;0)	
16		=AUSWÄHLEN("ZS:Z(8)S")	
17		=RAHMENART(1;1;0;;;0;0)+FORMAT.SCHRIFTART(;;;WAHR)	
18		=AUSWÄHLEN("ZS(2):Z(8)S(2)")	
19		=RAHMENART(1;0;1;;;;0;;0)+FORMAT.SCHRIFTART(;;;WAHR)	
20		=AUSWÄHLEN("Z(8)S(-1)")	
21		=FORMEL("=RÜCKSPRUNG()")	Rücksprung-Befehl einsetzen
22		=AUSWÄHLEN("Z(-8)S")	
23		=RÜCKSPRUNG()	Ende des Makros

Bild 13.24: Verändertes Formatierungs-Makro

Benutzerdefinierte Menü- und Symbolleisten

Für Ihre Makros können Sie eigene Menüs und Symbolleisten erstellen. Wir möchten uns im Rahmen dieses Buches auf benutzerdefinierte Menüleisten beschränken und Symbolleisten und ihre Möglichkeiten nur am Rande erwähnen.

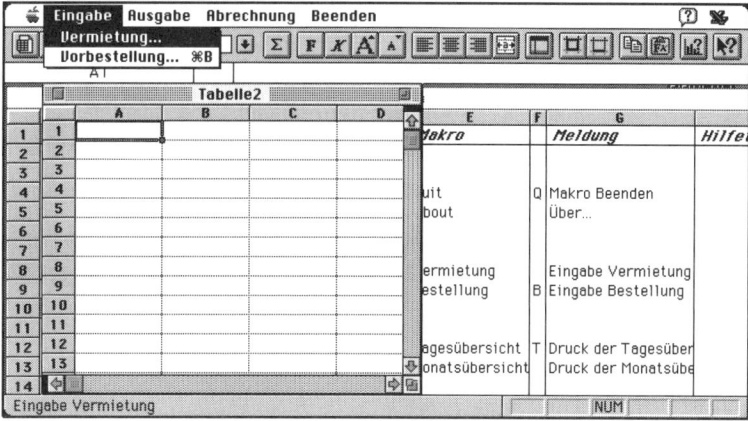

Bild 13.25: Benutzerdefiniertes Menü

Im nächsten Bild sind auf der linken Seite des abgebildeten Makro-blatts die zum Anzeigen der in Bild 13.26 dargestellten Menüleiste notwendigen Befehle zu sehen. Auf der rechten Seite ist ein Aus-schnitt der Menüdefinition dargestellt.

	A	B	C	D	E	F	G
		Kanu-Makro					
1		Kanu (k)		Befehlsname	Makro		Meldung
2	Num	=MENÜLEISTE.EINFÜGEN()					
3		=MENÜ.EINFÜGEN(Num;D7:H9)		Beenden			
4		=MENÜ.EINFÜGEN(Num;D11:H13)		Quit	Quit	Q	Makro Beenden
5		=MENÜ.EINFÜGEN(Num;D15:H18)		Über...	About		Über...
6		=MENÜ.EINFÜGEN(Num;D3:H5)					
7		=MENÜLEISTE.ZEIGEN(Num)		Eingabe			
8		=RÜCKSPRUNG()		Vermietung...	Vermietung		Eingabe Vermietung
9				Vorbestellung...	Bestellung	B	Eingabe Bestellung
10		Quit					
11		=MENÜLEISTE.ZEIGEN()		Ausgabe			
12		=MENÜLEISTE.LÖSCHEN(Num)		Tagesübersicht	Tagesübersicht	T	Druck der Tagesüber
13		=RÜCKSPRUNG()		Monatsübersicht	Monatsübersicht		Druck der Monatsübe
14							
15		Vermietung		Abrechnung			
16		=Dialogfeld1(Dialog1)		Tagesabrechnung	nicht_fertig		Tagesabrechnung
17		=RÜCKSPRUNG()		Monatsabrechnung	nicht_fertig		Monatsabrechnung
18				Reparaturen	nicht_fertig		Reparaturen

Bild 13.26: Menüdefinition

Auf die Excel-Menüleisten wird über Nummern zugegriffen. Die Nummern von eins bis sechs sind für die Excel-eigenen Menü-leisten reserviert.

Der Befehl

=MENÜLEISTE.EINFÜGEN()

erstellt eine neue Menüleiste. Der Rückgabewert der Funktion ist die Nummer der neuen Menüleiste. Im obigen Beispiel wird diese Nummer unter dem Namen »Num« abgelegt. Mit

=MENÜ.EINFÜGEN(MenüleisteNum;Menübezug;Position)

werden Menüpunkte in die Menüleiste eingehängt, wobei mit dem optionalen Parameter »Position« die Einfügestelle bestimmt werden kann. Der »Menübezug« ist der Zellbereich, in dem die Menüdefinition abgelegt ist.

Eine Menüdefinition besteht aus mindestens zwei Zeilen und fünf Spalten. In der ersten Zeile der ersten Spalte steht die Bezeichnung des Menüpunkts, der Menüname, so wie er in der Menüleiste erscheint. In unserem Beispiel steht in Bild 13.26 in Zelle D7 das Wort »Eingabe«.

Die folgenden Zeilen der Menüdefinition bestimmen die einzelnen Menüpunkte eines Menünamens. Die Definition setzt sich aus den folgenden fünf Spalten zusammen:

Tabelle 13.3: Menüdefinition

Spalte	Beschreibung
1	Name des Befehls, der im Menü erscheinen soll
2	Name des Befehlsmakros
3	Abkürzungstaste (z.B. in Bild 13.25 kann der Menüpunkt »Vorbestellungen« mit der Tastenkombination ⌘+B angewählt werden, weil in der dritten Spalte neben dem entsprechenden Eintrag ein »B« steht)
4	Meldung in der Statuszeile und in der aktiven Hilfe unter System 7 (Vergleichen Sie die Meldung in der Statuszeile in Bild 13.25 mit dem Zellinhalt von G8 in der Menüdefinition)
5	Benutzerdefinierte Hilfethemen

In Spalte zwei werden die Namen der bei einer Auswahl des entsprechenden Menüpunkts aufzurufenden Makros festgehalten.

Mit dem Befehl

=MENÜLEISTE.ZEIGEN(MenüleisteNum)

wird die entsprechende Menüleiste angezeigt. Wird dieser Befehl ohne Parameter aufgerufen, wird die Excel-Standardmenüleiste auf den Bildschirm geholt.

Die Befehle

=MENÜ.LÖSCHEN(MenüleisteNum;Menü)

und

=MENÜLEISTE.LÖSCHEN(MenüleisteNum)

dienen zum Löschen von Menüpunkten und Menüleisten.

Symbolleisten

Das Erstellen von benutzerdefinierten Symbolleisten entspricht dem für Menüleisten. Mit

=SYMBOLLEISTE.EINFÜGEN(Name;Symbol_Bezug)

und

=SYMBOL.EINFÜGEN(SymLeisteNum;Sichtbar;Anker_Pos;x;y;Breite)

legen Sie eine neue Symbolleiste und deren Symbole fest. Symbol-definitionen sind sieben Spalten breit. Die siebte Spalte wird für den Hilfetext der aktiven Hilfe unter System 7 verwendet. Die Spalten enthalten die Symbolnummer, den zugewiesenen Makro, die Posi-tion der Symbolfläche, Symbol aktiviert oder nicht aktiviert, das Symbolbild und das Hilfethema.

Mit dem Befehl

=SYMBOLLEISTE.ZEIGEN(...)

wird eine Symbolleiste angezeigt. Bitte schlagen Sie die genauen Parameter der Funktionen im Anhang C »Makrofunktionen« nach.

Makro-Funktionen

Mit Hilfe von Makrobefehlen können Sie eigene Funktionen erstel-len. Diese selbstdefinierten Funktionen können in Ihren Arbeits-blättern wie die eingebauten Excel-Funktionen verwendet werden. Auch hierzu wieder ein kurzes Beispiel.

Angenommen, Sie haben eine Excel-Anwendung zur Angebots-
erstellung entwickelt. In Ihren Angeboten möchten Sie auch die
Preise inklusive Mehrwertsteuer ausweisen. Natürlich ist es kein
Problem, 15% Ihrer Nettopreise zu berechnen. Einfacher und
aussagekräftiger wäre eine Formel in der folgenden Form:

```
=Mwst(Netto)
```

Eine solche Funktion kennt Excel allerdings nicht. Mit wenigen
Handgriffen können Sie jedoch eine solche Funktion definieren.
Wechseln Sie dazu von Ihrem Arbeitsblatt in eine Makrovorlage.
Für ein entsprechendes Makro müssen die folgenden Makrobefehle
in die Makrovorlage eingetippt werden:

Mwst
```
=ARGUMENT("Netto")
=RÜCKSPRUNG(Netto*0,15)
```

Im ersten Feld steht der Name unserer Funktion. Der Befehl
ARGUMENT("Netto") teilt Excel mit, daß unsere Funktion **Mwst**
einen Parameter besitzt, der intern unter dem Namen »Netto«
gespeichert wird. Der RÜCKSPRUNG-Befehl ist der letzte Befehl in
einer Makrofolge. Hier gibt er das Rechenergebnis »Netto * 0,15«
zurück.

Der letzte Schritt zur Aktivierung des Makros ist die Zuweisung
des Funktionsnamens. Rufen Sie dazu wieder das Dialogfeld *Namen
festlegen* auf. Benennen Sie Ihren Funktionsmakro mit dem Namen
»Mwst« und selektieren Sie in der Gruppe am unteren Rand des
Dialogfensters den Eintrag »Funktion«. Dieser Eintrag teilt Excel
mit, daß dieser Name sich auf eine Makrofunktion bezieht. Ab
sofort kann die neue Funktion in Ihren Kalkulationen verwendet
werden. Sie müssen vor der Verwendung Ihrer Funktion die entsprechende Makrovorlage geladen haben.

Ihre Funktion kann auch über die Auswahlliste in *Funktion einfügen*
im Menü *FORMEL* in Ihr Arbeitsblatt übernommen werden. Sie
werden »Mwst« am Ende der Liste finden. Sollten Sie »Argumente
einfügen« im Dialogfeld angeklickt haben, so werden Sie nach dem
Argument »Netto« gefragt.

Der nächste Funktionsmakro berechnet die Rabattprozente aufgrund einer vorgegebenen Rabattstaffel.

Rabatt

```
=ARGUMENT("Rabattstaffel";1)
=WENN(ISTNV(Rabattstaffel);RÜCKSPRUNG(1))
      RabattProzent=1
=WENN(Rabattstaffel=1)
      RabattProzent=0,7
=SONST.WENN(Rabattstaffel=2)
      RabattProzent= 0,8
=SONST.WENN(Rabattstaffel >=3)
      RabattProzent=0,9
=ENDE.WENN()
=RÜCKSPRUNG(RabattProzent)
```

Neuberechnung von Funktionsmakros

Bei der Neuberechnung von Arbeitsblättern versucht Excel nach
Möglichkeit, unnötige Arbeit zu sparen. Um eine Arbeitsblattneu-
kalkulation effektiv und zeitsparend durchzuführen, werden nur
die Zellen in die Berechnung einbezogen, die sich geändert haben.
Bei der Neueingabe eines Wertes in Ihr Blatt werden nur die direkt
oder indirekt abhängigen Zellen neu berechnet. Das Verfahren ist
unabhängig davon, ob Sie die Neuberechnung von Excel automatisch durchführen lassen oder sie per Hand, z.B. mit der F9-Taste,
auslösen.

Bild 13.27 zeigt auf der rechten Seite einen kleinen Funktionsmakro.
Er multipliziert das übergebene Argument mit 1000 und gibt dieses
Ergebnis zurück. In der Tabelle links im Bild wird diese Funktion
in den Zellen A3 bis C3 eingesetzt.

Verändern Sie im linken Blatt den Wert in Zelle A2, so wird die Zelle
A3 neu berechnet, wie es zu erwarten war.

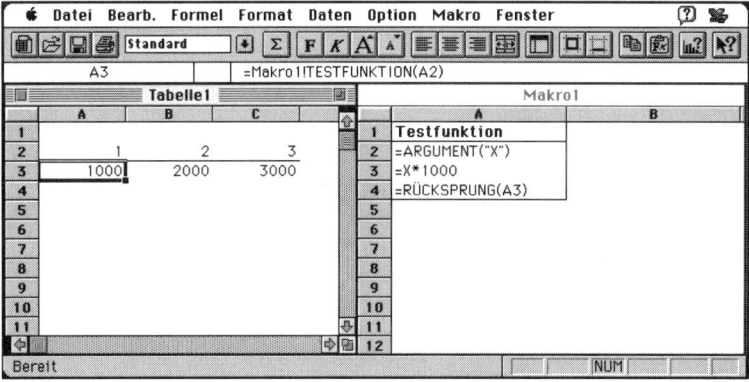

Bild 13.27: Funktionsmakro

Was aber passiert, wenn Sie den Funktionsmakro im rechten Blatt ändern? Wenn Sie im Makroblatt in Zelle A3 die Zahl 1000 durch 100 ersetzen, beeinflußt dies das linke Blatt nicht. Excel weiß nichts von der Veränderung und sieht keinen Grund zu einer Neukalkulation.

Wenn Sie anschließend in der linken Tabelle die Zelle A2 mit einem neuen Wert, z.B. »5«, überschreiben, so wird die davon abhängige Formel in Zelle A3 neu berechnet. Hier erscheint als Ergebnis »500«. Die Zellen B3 und C3 zeigen aber weiterhin, unbeeindruckt von der Veränderung des Makros, die alten Werte. Um auch sie auf den neuesten Stand zu bringen, müßten Sie entweder die Werte in B2 und C2 ändern oder die Zellen B3 und C3 nacheinander selektieren und in die Bearbeitungszeile holen und sie mit der Eingabetaste bestätigen. Bei den hier vorliegenden drei Aufrufen der Funktion ist ein Vorgehen nach dieser Methode möglich, aber Sie möchten diesen Vorgang wahrscheinlich bei 5000 Formeln nur ungern durchführen.

Es gibt dankenswerter Weise andere Wege, Excel zu überlisten und zu einer Neukalkulation aller Zellen zu veranlassen. In Ihrem Arbeitsblatt führen Sie dazu einen der beiden folgenden Schritte durch:

*   Fügen Sie unterhalb Ihrer Tabelle eine neue Zeile in Ihr Arbeitsblatt ein.

*   Tauschen Sie mit der Funktion *FORMEL Ersetzen* alle Gleichheitszeichen durch Gleichheitszeichen aus.

Sie können auch bei der Programmierung Ihres Funktionsmakros vorgeben, daß dieser Makro immer, d.h. bei jeder Änderung des Arbeitsblatts, neu berechnet werden soll. Fügen Sie dazu den Befehl

   =IMMER.BERECHNEN()

direkt hinter den ARGUMENT-Befehlen in Ihren Funktionsmakro ein.

Fehlersuche in Makroabläufen

Auch dem besten Programmierer unterlaufen von Zeit zu Zeit Fehler. Wenn also Excel sich weigert, das zu tun, was Sie möchten, so könnte es sein, daß sich ein Fehler in Ihr Makro eingeschlichen hat.

Sollte Excel beim Ablauf Ihres Makros auf einen Programmfehler stoßen, so wird ein entsprechendes Dialogfeld gezeigt.

Bild 13.28: Dialogfeld zu Makrofehler

- Mit Hilfe der Taste »Stop« brechen Sie Ihren Makro ab.

- Die Schaltfläche »Schritt« ermöglicht Ihnen die schrittweise Abarbeitung Ihres Makros. Dazu wird das im Bild 13.30 dargestellte Dialogfeld am Bildschirm angezeigt.

- Mit »Weiter« wird der Ablauf des Makros fortgesetzt.

- Das Betätigen der Schaltfläche »Gehe zu« setzt den Cursor auf die Zelle mit dem Makrofehler.

Bei Auswahl des Schaltfläche »Schritt« erhalten Sie das folgende Bild:

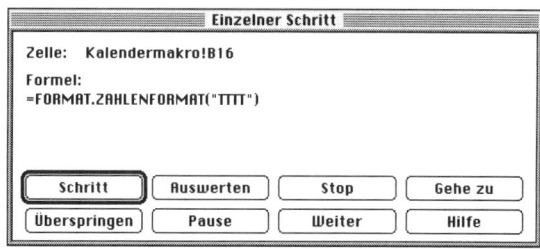

Bild 13.29: Dialogfeld zu Einzelner Schritt

- Mit »Schritt« führen Sie den nächsten Makrobefehl in Ihrem Makro aus.

- Die Schaltfläche »Überspringen« führt den angezeigten Befehl nicht aus, sondern verzweigt zum darauffolgenden Makrobefehl.

- Mit »Auswerten« zeigt Ihnen Excel die Ergebnisse bei der Auswertung des Makrobefehls. Insbesondere bei verschachtelten Befehlen ist diese Option sehr hilfreich.

- »Pause« unterbricht die Ausführung Ihres Makros.

Die nächsten vier Tasten sind Ihnen schon bekannt.

Die Einzelschrittverarbeitung können Sie im Laufe der Makro-
verarbeitung auch gezielt einschalten. Nehmen Sie dazu den Befehl
=EINZELSCHRITT() an der entsprechenden Stelle in Ihr Makro
auf. Durch diesen Befehl wird das oben beschriebene Dialogfenster
für einzelne Schritte aufgerufen. Nach Fertigstellung Ihres Makros
sollten Sie diesen Befehl wieder entfernen, denn sonst wird Ihr
Makro bei jedem Ablauf in einzelnen Schritten ausgeführt.

Sollten Sie mehrere Einzelschrittbefehle in Ihrem Makro unter-
gebracht haben, so ist es mühsam, sie wieder zu entfernen. Und
eventuell später wieder einzufügen, da leider doch noch ein unbe-
kannter Fehler im Makro war. Eine elegantere Methode ist daher
das Einbinden des Einzelschrittbefehls in eine WENN-Abfrage.
Am Anfang Ihres Makros definieren Sie eine Variable z.B. namens
»Schrittweise«.

```
Schrittweise=WAHR
```

Im Programm können Sie dann um Ihren Einzelschrittbefehl herum
eine WENN-Abfrage in der folgenden Form legen:

```
=WENN(Schrittweise;EINZELSCHRITT())
```

Setzen Sie den Wert der Variablen »Schrittweise« auf WAHR, so
wird die Funktion EINZELSCHRITT() aktiviert. Ist »Schrittweise«
FALSCH, so wird der Einzelschrittbefehl nicht aufgerufen.

Einer der Gründe für die Leistungsfähigkeit von Excel ist die leichte Erweiterbarkeit. Excel verfügt über Schnittstellen, Programme in der Excel-Makrosprache und in anderen Programmiersprachen nahtlos einzubinden.

Mit Excel 4.0 werden eine ganze Reihe von Hilfsfunktionen und Programmen geliefert, die im Excel-Makroformat programmiert sind. Im vorliegenden Kapitel sollen diese Erweiterungen kurz besprochen werden. Im Laufe des Buch haben Sie schon Bekanntschaft mit der einen oder anderen Excel-Ergänzung gemacht.

Die meisten Erweiterungsfunktionen werden bei der Installation von Excel mit eingerichtet und installiert. Sollten Sie in Ihrem Excel die im weiteren beschriebenen Erweiterungen nicht aufrufen können, so müßten Sie mit Hilfe einer benutzerdefinierten Installation die entsprechenden Teile nachinstallieren. Lesen Sie dazu mehr im Anhang A: »Installation«.

Add-in-Makros werden im Finder wie im Bild links dargestellt. Makroabläufe, die in einer solchen Datei vorliegen, werden von Excel so integriert, daß der Benutzer nicht merkt, daß hier keine originären Excel-Funktionen aufgerufen werden.

Add-in-Makros können wie normale Arbeitsblätter oder Makroblätter über *DATEI Öffnen* geladen werden. Um die Funktionen von Add-in-Makros bei jedem Aufruf von Excel präsent zu haben, können Sie die Makros mit dem Add-in-Manager verwalten.

Der Add-in-Manager

Auch der Add-in-Manager selbst ist ein Add-in-Makro. Wenn er bei der Installation mit eingerichtet wurde, finden Sie im Menü *OPTION* automatisch den Punkt *Add-in-Manager*. Ansonsten müssen Sie ihn über *DATEI Öffnen* laden. Der Aufruf des Befehl zeigt das im folgenden Bild dargestellte Fenster.

Bild 14.1: Dialogfeld »Add-in-Manager«

In der Liste links im Dialogfenster finden Sie die Add-ins, die bei einer vollständigen Excel-Installation in Ihr Excel integriert werden.

- Der *Ansichten-Manager* zur Verwaltung von verschiedenen Sichten auf Ihre Tabelle, der ist im Menü *FENSTER* zu finden ist.

- In *DATEI* ist der *Bericht-Manager* eingebaut. Er greift auf Ansichten und Szenarien zu, um Druckberichte zu definieren.

- Der *Szenario-Manager* verwaltet verschiedene Varianten z.B. für Was-wäre-wenn?-Rechnungen. Sie finden dieses Add-in im Menü *FORMEL*.

- Ebenso in *FORMEL* ist der Add-in-Makro *Solver* zur Lösung komplexer Fragestellungen integriert.

- Der Befehl *DATEN Kreuztabelle* zur Auswertung Ihrer Excel-Datenbanken greift auf die beiden Add-ins »Kreuztabellen-assistent« und »Kreuztabellenfunktionen« zu.

- Für die Erstellung von Präsentationen können Sie den Add-in »Diaschau« benutzen. In *DATEI Neu* finden Sie eine entsprechende Mustervorlage für Dias.

Möchten Sie neue Add-in-Makros hinzuzufügen, wählen Sie im obigen Dialogfenster die Schaltfläche »Hinzufügen« aus. Sie erhalten dann ein Dialogfeld, das dem Dialogfenster zu *DATEI Öffnen* entspricht.

Im Dialogfenster werden normalerweise die Add-in-Dateien des Ordners »Makrobibliothek« angezeigt, der bei der Excel-Einrichtung unterhalb des Excel-Ordners angelegt wird.

Unterhalb des Ordners »Makrobibliothek« finden Sie weitere Ordner mit Add-ins.

In den Add-in-Manager aufgenommene Makros stehen bei jedem
weiteren Neustart von Excel wieder zur Verfügung.

Verfügbare Add-in-Makros

Neben den oben beschriebenen Add-ins, die bei der Installation in
Excel aufgenommen wurden, werden von Microsoft noch weitere
Makros ausgeliefert. Im folgenden möchten wir Ihnen eine kurze
Beschreibung der einzelnen Makros geben.

Die meisten dieser Makros werden bei einer vollständigen
Installation mitkopiert. Sie werden durch ihren Aufruf aktiviert.

Add-in-Manager

ist die Add-in-Makrodatei des oben beschriebenen Add-in-
Managers.

Ansichten-Manager

wurde schon im Abschnitt »Der Add-in-Manager« erwähnt. Eine
detaillierte Beschreibung finden Sie im Kapitel »Arbeiten mit mehreren Arbeitsblättern«.

Automatisch Speichern

fügt eine Routine ein, die Ihre Arbeitsblätter in vorgegebenen
Zeitintervallen automatisch abspeichert. Über *OPTION Automatisch speichern* können Sie das folgende Dialogfenster aufrufen.

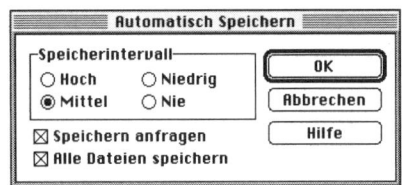

Bild 14.2: Dialogfeld zu OPTION Automatisch speichern

Bericht-Manager

implementiert den im Kapitel »Drucken« beschriebenen Bericht-
Manager.

Dateifunktionen

fügt sechs neue Funktionen ein. Es sind die Funktionen DATEI.ÖFFNEN, DATEI.SPEICHERN.UNTER, DATEI.TEST, VERZEICHNIS.ERSTELLEN, VERZEICHNIS.LÖSCHEN und VERZEICHNISSE.

Datei Im-/Export

setzt im Menü *DATEN* zwei neue Befehle ein. *Erweitere Analyse* ergänzt die Analysefunktion aus dem gleichen Menü um die Möglichkeit der Angabe von Trennzeichen.

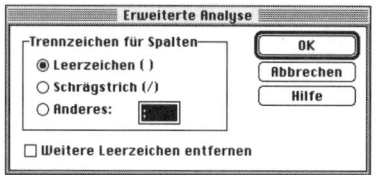

Bild 14.3 Dialogfeld zu DATEN Erweiterte Analyse

Der zweite Befehl lautet *Exportieren*. Hiermit können Sie eine Zellauswahl als Textdatei exportieren.

Bild 14.4: Dialogfeld zu DATEN Exportieren

Datei-Information

fügt den Befehl *BEARBEITEN Datei Info* ein. Damit ordnen Sie Ihrem Arbeitsblatt beschreibende Informationen und Kommentare zu.

Der Aufruf des Befehls führt zu folgendem Dialogfenster:

```
╔═══════════════════════ Datei-Information ═══════════════════════╗
║                                                                   ║
║  Dateiname:    Tabelle4                        ┌─────────────┐   ║
║  Erstellt am:  25.10.92                        │     OK      │   ║
║  Ordner:       (nicht gespeichert)             └─────────────┘   ║
║      12 x 1S verwendet; bearbeitet             ┌─────────────┐   ║
║      Tabelle                                   │  Abbrechen  │   ║
║                                                └─────────────┘   ║
║  Titel:      ┌──────────────────────────┐     ┌─────────────┐   ║
║              └──────────────────────────┘     │    Hilfe    │   ║
║  Version:    ┌─────┐                           └─────────────┘   ║
║              │ 1.0 │                                             ║
║              └─────┘                                             ║
║  Thema:      ┌──────────────────────────┐                       ║
║              └──────────────────────────┘                       ║
║  Autor:      ┌──────────────────────────┐                       ║
║              └──────────────────────────┘                       ║
║  Kommentar:  ┌──────────────────────────┐                       ║
║              │                          │                       ║
║              └──────────────────────────┘                       ║
╚═══════════════════════════════════════════════════════════════╝
```

Bild 14.5: Dialogfeld zu BEARBEITEN Datei Info

Diaschau-Add-in

ist der zu Diaschauen gehörende Makro. Diaschauen werden im Kapitel »Präsentationen« behandelt.

Farbpaletten

macht Ihre Tabellen bunt. Über den Befehl *OPTION Benutzerdefinierte Farbpaletten* können Sie die Farbpaletten Ihrer Arbeitsblätter verändern.

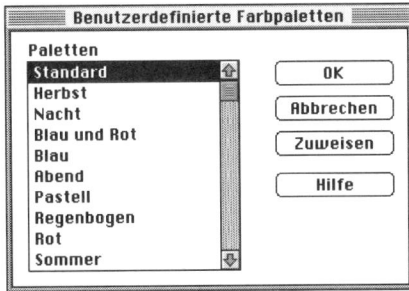

Bild 14.6: Dialogfeld zu OPTION Benutzerdefinierte Farbpaletten

Kreuztabelle und Kreuztabelle-Add-in

sind die zur Funktion *OPTION Kreuztabelle* gehörenden Makros. Lesen Sie dazu mehr im Kapitel »Datenbank«.

Makro-Debugger

implementiert den Befehl *Debug* im Menü *MAKRO*. Mit einem Debugger können Sie Makro-Fehlern leichter auf die Spur kommen

Namen ändern

implementiert *FORMEL Name ändern*. Mit dieser Funktion können Sie in Ihrem Arbeitsblatt festgelegte Namen ändern und austauschen.

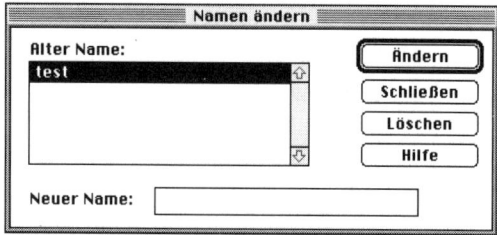

Bild 14.7: Dialogfeld zu FORMEL Name ändern

Solver und Solver-Bericht

sind die Add-in-Makros des Solvers. Lesen Sie dazu die detaillierte Beschreibung im Kapitel »Excel für Fortgeschrittene«.

Systemcheck

zeigt Ihnen Hard- und Softwareinformationen zu Ihrem Computer.

Bild 14.8: Dialogfeld »Microsoft Excel Systemcheck«

Szenario-Manager

fügt den im Kapitel »Arbeiten mit mehreren Arbeitslättern« beschriebenen Befehl *FORMEL Szenario-Manager* ein.

Tabellenanalyse

bietet Ihnen verschiedene Möglichkeiten, Ihre Arbeitsblätter auf
Fehler zu untersuchen, z.B.:

- Zellen, die Fehlerwerte enthalten,

- Bezüge auf Leerzellen,

- Bezüge auf Zellen mit Text,

- Zirkelbezüge,

- fragwürdige oder nicht verwendete Tabellennamen.

Der Add-in-Makro fügt im Menü *FORMEL* den Befehl *Tabellenanalyse* ein. Der Aufruf des Befehls aktiviert den folgenden Schirm.
Wählen Sie dort den gewünschten Bericht an.

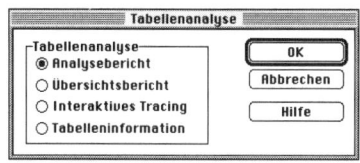

Bild 14.9: Dialogfeld »Tabellenanalyse«

Tabellenvergleich

erweitert Excel um die Möglichkeit des Tabellenvergleichs. Die über *FORMEL Tabellenvergleich* aufrufbare Funktion erlaubt Ihnen, mehrere Tabellen miteinander zu vergleichen. Als Ergebnis erhalten Sie einen Vergleichsbericht. Die Funktion ist nützlich, wenn Sie z.B. verschiedene Versionen eines Arbeitsblatts haben und die Unterschiede zwischen den einzelnen Blättern wissen möchten.

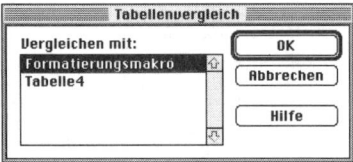

Bild 14.10: Dialogfeld zu FORMEL Tabellenvergleich

Textbausteine

baut eine Textbausteinverwaltung in Ihre Excel-Tabellenkalkulation ein. Über den neu hinzugekommenen Befehl *BEARBEITEN Textbausteine* können Sie häufig verwendete Texte als Bausteine definieren, die Sie bei Bedarf einfügen können.

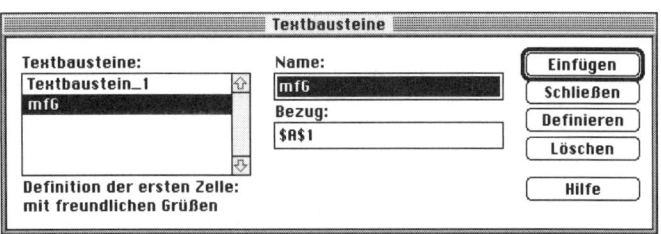

Bild 14.11: Dialogfeld zu BEARBEITEN Textbausteine

Was-Wäre-Wenn

fügt den Befehl *Was-wäre-wenn* in das Menü *FORMEL* ein. Sie können mit diesem Befehl Ihre Was-wäre-wenn-Abfragen vereinfachen und automatisieren.

Die Was-wäre-wenn-Funktion legt eine Datentabelle an, in die für die veränderlichen Zellen Ihrer Ausgangstabelle Werte aufgenommen werden können.

Mit Hilfe der Tastenkombination ⌘+Option+Umschalt+T können
Sie in Ihrem Ausgangsblatt die verschiedenen Werte für die veränderlichen Zellen durchspielen.

Wechsel und Wechseln zu

definieren neue Symbole in von Ihnen festzulegenden Symbolleisten zum Starten anderer Microsoft-Applikationen. Der Aufruf
der Funktion wird über das Laden von »Wechseln« mit *DATEI
Öffnen* vorgenommen.

»Wechseln« ruft den Makro »Wechseln zu« auf.

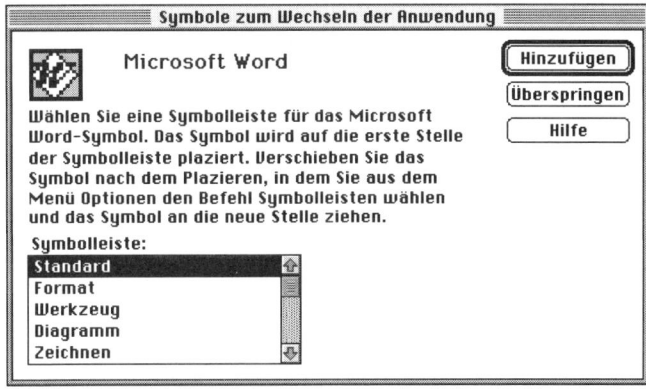

Bild 14.12: Dialogfeld »Symbole zum Wechseln der Anwendung«

Mit der Taste »Hinzufügen« wird das Symbol zum Aufrufen von
Word in die unten links ausgewählte Symbolleiste aufgenommen.
Mit »Überspringen« gehen Sie weiter zu Dialogfenstern für Microsoft
Powerpoint und Microsoft Project. Wir haben die Makro-Symbol-
leiste als Zielleiste gewählt.

Bild 14.13.: Makrosymbolleiste mit Word-Symbol

Zusätzliche Funktionen

beinhaltet die Funktionen BASIS, GRAD, BOGENMASS, QUADRATSUMME, ZUFALLSBEREICH und VERGLEICH2.

Zusätzlicher Startdatei-Ordner

dient zur Angabe eines zusätzlichen Startordners. Arbeitsblätter in diesem Verzeichnis werden beim Start von Excel automatisch geöffnet.

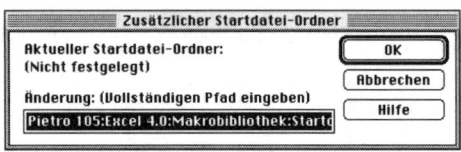

Bild 14.14: Dialogfeld »Zusätzlicher Startdatei-Ordner«

Kapitel 15
Programmkooperation

Die meisten Anwender benutzen mehr als ein Softwarepaket für ihre Arbeit mit dem Macintosh. Wahrscheinlich werden auch die meisten Leser dieses Buches neben Excel noch weitere Produkte im Einsatz haben, z.B. eine Textverarbeitung und/oder eine Datenbank. Excel kann mit einer Vielzahl von Programmen Tabellen, Daten und Grafiken austauschen. Wir werden Ihnen in diesem Kapitel fünf Verfahren vorstellen:

- Datenaustausch über die Zwischenablage,

- Verknüpfen mit »Herausgeben und Abonnieren«,

- Verknüpfen per »**D**ynamic **D**ata **E**xchange« (DDE),

- Verknüpfen mit **O**bjekt **L**inking and **E**mbedding (OLE) und der

- Austausch über Fremdformate.

Alle Verfahren bieten besondere Möglichkeiten bzw. unterliegen Einschränkungen. In vielen Fällen können Daten zwischen zwei Programmen auf mehr als eine Weise übertragen werden. Wir möchten versuchen, Ihnen anhand verschiedener Beispiele die Auswahl der Austauschmethode zu erleichtern.

Datenaustausch über die Zwischenablage

Fast alle Macintosh-Programme sind in der Lage, die Zwischenablage zu nutzen. Apple hat in der Programmierschnittstelle neben vielem anderen auch Routinen für den Datenaustausch zwischen Applikationen definiert.

Mac-Programme können Daten also in der Zwischenablage - englisch Clipboard - ablegen, von wo andere Applikationen sie wieder holen können. Dank einheitlicher Programmierrichtlinien von Apple verwenden alle Programme dafür die gleichen Befehle und Tastenkombinationen. Der weitaus größte Teil der Softwarehersteller hält sich an die Vorgaben, die Apple hier definiert hat. Dies ist der

Grund, warum Macintosh-Anwendungen in ähnlicher Weise zu bedienen sind.

Auch Excel wurde im wesentlichen nach den Apple-Vorgaben geschrieben. Das Verfahren, um Daten von Excel in der Zwischenablage abzulegen, wurde im Kapitel »Arbeitserleichterungen« behandelt. Sie müssen dazu die folgenden Schritte durchführen:

- markieren der entsprechenden Zellen oder der Grafik,

- übertragen in die Zwischenablage mit *Kopieren* im Menü *BEARBEITEN* oder mit der Tastenkombination ⌘+C.

Excel selbst oder andere Programme können die abgelegte Information mit *BEARBEITEN Einfügen* oder ⌘+V aus der Zwischenablage abrufen.

Excel-Daten in der Zwischenablage

Zur Illustration verwenden wir eine Tabelle, die schon im Kapitel »Datenbank« bearbeitet wurde. Bild 15.1 zeigt den markierten Tabellenbereich.

	A	B	C	D
	Aktienkurse			
1				
2				
3	Firma	Kurs	Vorwoche	Differenz
4	AEG	197,00	201,00	-4,00
5	Asko	926,00	958,00	-32,00
6	BASF	202,00	196,00	6,00
7	BMW	366,50	368,00	-1,50
8	Boss	568,00	581,00	-13,00

Bild 15.1: Markierter Datenbereich

Wenn Sie die im obigen Bild markierten Excel-Zellen in die Zwischenablage kopiert haben und sich diese mit Hilfe des Befehls *FENSTER Zwischenablage einblenden* anzeigen lassen, so erhalten Sie folgendes Fenster auf Ihrem Bildschirm.

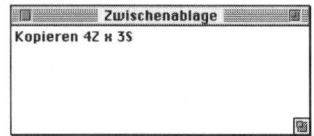

Bild 15.2: Inhalt der Zwischenablage

In unserem Fall wurde ein Block mit vier Zeilen und drei Spalten kopiert. Diese Zellen hat Excel in einer Reihe von Formaten abgelegt.

Wenn Sie aus dem Apfel-Menü das Programm »Album« anwählen und mit *BEARBEITEN Einfügen* die Daten aus dem Clipboard einsetzen, so erscheint ein dem unteren Bild ähnliches Fenster auf dem Schirm.

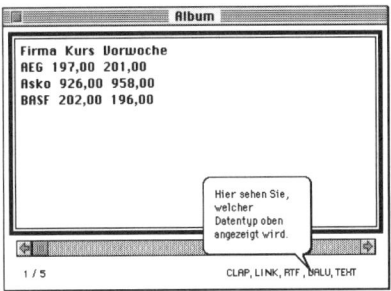

Bild 15.3: Formatanzeige in »Album«

Sie sehen, daß hier die Daten der Zwischenablage als unformatierte Textzeilen interpretiert werden.

Im unteren rechten Teil des Albumfensters sind die Formate verzeichnet, in denen der Inhalt vorliegt. In unserem Beispiel wird der Inhalt als »TEXT« interpretiert, d. h. als unformatierte Textzeilen, die durch Absatzschaltungen voneinander getrennt sind. Innerhalb einer Zeile werden zwei Zellen durch ein zwischengeschaltetes Tabulatorzeichen auseinandergehalten. Weitere Formate, die von Excel unterstützt werden sind:

- »VALU«, das von Apple definierte Format für Zahlenwerte,

- »RTF«, Rich Text Format, ein von Microsoft, dem Hersteller von Excel, definiertes Format für formatierte Texte,

- »LINK«, ein von Excel benötigtes Format zur Verknüpfung, englisch Link, von Tabellendaten,

- das Format »PICT«, von dem englischen Wort Picture = Bild, zum Import und Export von Bilddaten von und zu anderen Macintosh-Programmen,

- »BIF4«, das Microsoft Excel 4 Dateiformat. Frühere Excel-Versionen unterstützen »BIF3« das Dateiformat von Excel 3.0 bzw. »BIFF« für die Versionen 2.2 und früher.

- »NATV« (native), »OLNK« (OwnerLink), »OJKL« (ObjektLink), »LINK« und »PICT«, zur Darstellung und Verknüpfung von eingebetteten Objekten bzw. zur Verbindung mit DDE.

- »WK1«, das Format des Tabellenkalkulationsprogramms Lotus 1-2-3 und

- »CSV«, Comma Separated Values, durch Komma getrennte Werte.

Beim Datenimport wird Ihre Applikation also in der Zwischenablage nach bekannten und verarbeitbaren Formaten suchen. Sollten mehrere Formate möglich sein, so wird sich Ihr Programm selbsttätig für ein Format entscheiden, sofern Sie als Benutzer dies nicht auswählen können.

Bei der Aufnahme von Excel-Grafiken in die Zwischenablage gibt es zwei Varianten, die aus der unterschiedlichen Behandlung von Grafiken innerhalb von Excel resultieren: als eigenständige Datei oder als in die Tabelle integrierte Grafik.

Wenn Sie in Excel das Menü zur Bearbeitung von Grafiken am Bildschirm haben, so können Sie über die Befehlsfolge *DIAGRAMM Diagramm auswählen* und *BEARBEITEN Kopieren* die Grafik in das Clipboard übernehmen. Bild 15.4 zeigt die Formate der Grafik, wenn diese aus der Zwischenablage in das von Apple jedem Macintosh beigelegte Zusatzprogramm »Album« übertragen wurde.

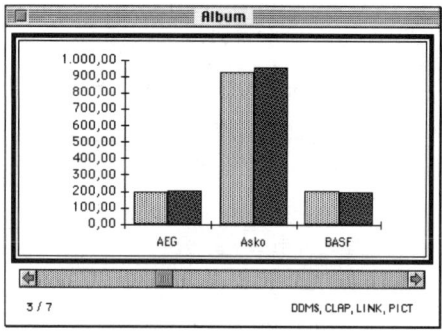

Bild 15.4: Clipboard-Formate einer eigenständigen Grafik

Hier ist der Inhalt neben dem Macintosh-eigenen Bildformat »PICT« auch noch in dem Verknüpfungsformat von Excel, »LINK«, vorhanden.

Die Formate »DDMS« und »CLAP« werden leider von Microsoft nicht dokumentiert.

Wenn Sie Grafiken, die auf Ihrer Tabellenoberfläche eingebettet sind, anklicken und in die Zwischenablage übernehmen, so werden diese Grafiken als Objekte behandelt. Das nächste Bild zeigt die Objektformate.

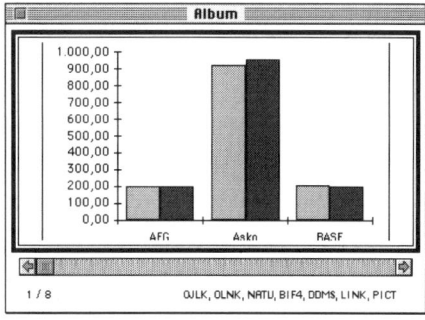

Bild 15.5: Clipboard-Formate einer eingebetteten Grafik

In diesem Bild ist neben den Formaten zur OLE- und DDE-Verknüpfung auch das Excel-Dateiformat »BIF4« zum Ablegen verwendet worden.

Beispiele

Für zwei Softwareprodukte soll in diesem Abschnitt eine Datenübertragung über die Zwischenablage demonstriert werden.

Word

In diesem Beispiel soll der Export einer Tabelle demonstriert werden. Dazu wurden die ersten drei Zeilen der Markierung von Bild 15.1 mit *BEARBEITEN Kopieren* in die Zwischenablage plaziert.

Aus der Zwischenablage werden die Daten in Word in Form einer Tabelle eingefügt. Word übernimmt die Formatierungen aus Excel. Auch Schriftarten und -größen werden richtig übertragen. Durch

das Einfügen in das Word-Tabellenformat können Sie die Daten
auch als Tabelle in der Textverarbeitung weiterverarbeiten.

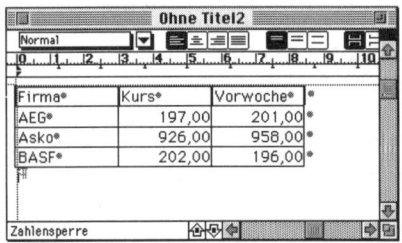

Bild 15.6: Tabelle in Word eingefügt

Photoshop

Grafikprogramme können zur Nachbearbeitung von unter Excel
erstellten Grafiken eingesetzt werden. In unserem Beispiel haben
wir die Grafik von Bild 15.5 aus Excel in die Zwischenablage kopiert
und in Photoshop eingesetzt. Nun können Sie die einzelnen Bestandteile des Aktiencharts getrennt nachbearbeiten.

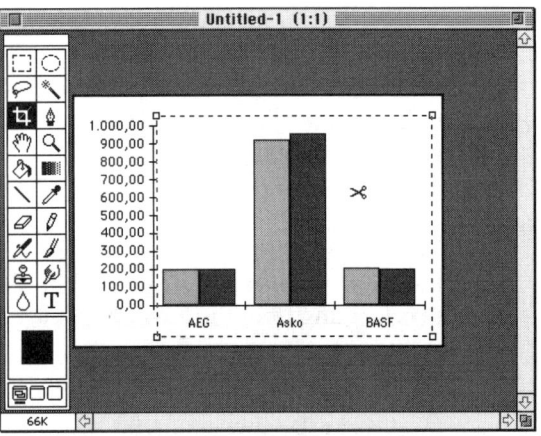

Bild 15.7: Excel-Grafik in Photoshop importiert

Verknüpfen mit »Herausgeben und Abonnieren«

Der oben beschriebene Datenaustausch über die Zwischenablage ist immer ein einmaliger Vorgang. Für jeden Datenaustausch müssen wieder die entsprechenden Befehle gegeben werden.

Mit »Herausgeben und Abonnieren« können Sie den Datenaustausch automatisieren.

Beispiel

Wir möchten Ihnen das Prinzip dieses Datenaustauschs wieder anhand eines Beispiels demonstrieren.

Die oben schon über die Zwischenablage übertragene Grafik möchten wir diesmal über »Herausgeben und Abonnieren« in Word einfügen. Nachdem wir die entsprechende Excel-Grafik geladen haben, markieren wir sie mit *DIAGRAMM Diagramm auswählen.*

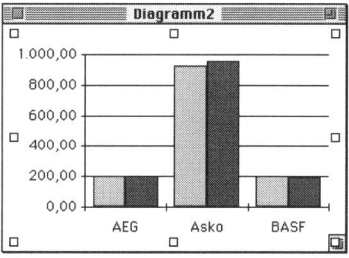

Bild 15.8: Zu verlegende Excel-Grafik

Diese Grafik soll nun verlegt werden. Dazu wählen wir als ersten Schritt *Neuer Verleger* im Menü *BEARBEITEN* aus. Das folgende Bild zeigt das zugehörige Dialogfeld.

Auf der linken Seite des Dialogfeldes wird zur Kontrolle eine verkleinerte Ansicht der Grafik dargestellt. Der mittlere Teil dient ähnlich wie in dem Dialogfeld zu *DATEI Speichern unter* zur Bestimmung des Ordners und des Namens des Verlegers, wobei Excel hier einen sinnvollen Vorschlag macht. Mit »Neuer Ordner« erstellen Sie im Dialogfeld einen neuen Ordner, in dem Sie den Verleger abspeichern können.

Bild 15.9: Dialogfeld zu BEARBEITEN Neuer Verleger

Klicken auf »Herausgeben« bewirkt das Abspeichern des Verlegers, auf den dann andere Programme mittels »Abonnieren« zugreifen können.

Die Schaltfläche »Optionen« bringt das folgende Dialogfeld auf den Schirm. Sie können hier wählen, ob Sie die Grafik in der Bildschirm- oder Druckdarstellung verlegen möchten.

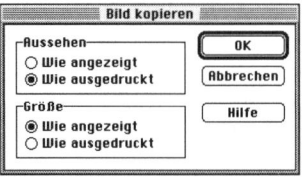

Bild 15.10: Dialogfeld Neuer Verleger / Optionen

Nachdem wir nun als »Herausgeber« einer Grafik tätig waren, geht es an den zweiten Teil der Prozedur.

Wir haben als Daten empfangendes Programm wiederum Word gestartet und den Befehl *BEARBEITEN Abonnieren* angewählt. Im dazugehörigen Dialogfeld haben wir schon den korrekten Ordner und den gewünschten Verleger ausgewählt. Auch hier wird im linken Teil des Dialogfeldes die grafische Darstellung des ausge- wählten Verlegers gezeigt. Sogar bei Tabellen funktioniert die Bilddarstellung, da Sie bei jedem Verleger mitgespeichert wird. Dies ist, wie Sie sich leicht vorstellen können, bei einer Vielzahl von gespeicherten Verlegern eine enorme Arbeitserleichterung.

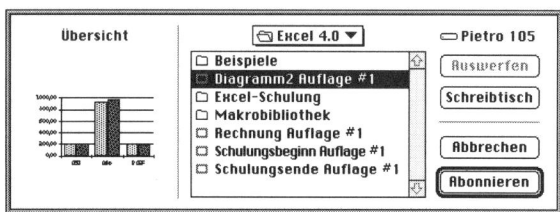

Bild 15.11: BEARBEITEN Abonnieren

Wenn Sie nun »Abonnieren« betätigen, so wird der gespeicherte Verleger in Word eingefügt.

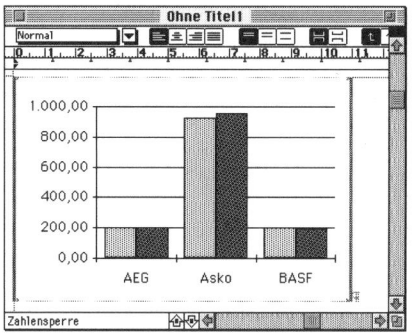

Bild 15.12: Excel-Grafik von Word abonniert

Ein grauer Rahmen ist das von Apple definierte Zeichen dafür, daß es sich bei dieser Grafik um einen Abonnenten handelt. Die meisten Programme bieten die Möglichkeit, diesen Rahmen zur besseren Seitenansicht auszuschalten.

Leider gehört Microsoft zu den wenigen Firmen, die sich nicht immer den von Apple eingeführten Konventionen zur Bedienerführung in Macintosh-Programmen verpflichtet fühlen und lieber ihren eigenen Benutzerstandard kreieren. So werden in Excel Abonnenten nicht grau eingerahmt und sind nur als Abonnenten erkennbar, wenn man die entsprechende Formel in der Bearbeitungszeile entdeckt.

Bei markiertem Abonnenten können Sie den Befehl *BEARBEITEN Abonnentenoptionen* anwählen. Sie öffnen damit das folgende Dialogfeld mit Optionen zu diesem Abonnement.

Bild 15.13: Dialogfeld zu Abonnieren Optionen

In dem oberen Pop-Up Menü erscheint der Name und der Ordner des Verlegers. In dem Gruppenfeld »Auflagen beziehen« können Sie wählen, ob Sie automatisch die zuletzt gespeicherte Version des Verlegers beziehen möchten oder dies lieber eigenhändig besorgen wollen, was Sie durch die Schaltfläche »Jetzt beziehen« tun können.

Zwei weitere Schaltflächen an der rechten Seite eröffnen Ihnen die Möglichkeit, den Verleger samt Programm zu öffnen, z.B. um noch einige Änderungen vorzunehmen, beziehungsweise erlauben es Ihnen, das Abonnement zu kündigen und einzelne Teile des ehemaligen Abonnenten weiter zu bearbeiten.

Verknüpfen mit »Dynamic Data Exchange (DDE)«

Der »Dynamic Data Exchange (DDE)« oder »Dynamischer Datenaustausch (DDA)« gestattet Ihnen, eine dauerhafte Datenaustauschverbindung zwischen zwei Applikationen zu definieren. Auch mit DDE können Sie den Datenaustausch automatisieren.

Eine Datenübertragung mit DDE setzt die Installation von System 7 voraus, da diese Datenübertragung auf den Inter-Application-Communication (IAC)-Routinen von System 7 basiert.

Eine DDE-Verbindung wird Kanal genannt. In Excel wird DDE auch als Fernabfrage bezeichnet.

DDE-Datenübertragung

Die Funktionalität des dynamischen Datenaustausches läßt sich am einfachsten mit einem Beispiel erklären. Als Grundlage benutzen wir einen fiktiven Quartalsbericht. Nehmen wir den Fall, die Endwerte dieser Statistik müßten für die Geschäftsleitung aufbereitet und mit Erklärungen versehen werden. Natürlich lassen sich entsprechende Texte in Excel erfassen, aber mit einer Text-verarbeitung wie Word hat man hier mehr Möglichkeiten. Die entsprechenden Daten von Excel zu Word könnte man über die Zwischenablage transferieren. Ändern sich aber die Werte in Excel, so muß der Vorgang der Datenübernahme wiederholt werden, um die aktuellen Zahlen in der Textverarbeitung zu haben.

Mit Hilfe eines DDE-Kanals können Sie eine dauerhafte Verbin-dung zwischen einer Excel-Tabelle und einem Word-Text schaffen. Die Daten werden jetzt dynamisch ausgetauscht, d.h. jede Ände-rung der Zahlen im Arbeitsblatt wird sofort im Text dargestellt.

Dies ist ein Unterschied zu »Herausgeben und «Abonnieren«, bei dem die Aktualisierung erst nach dem Aktualisieren der Auflage durch Abspeichern erfolgt.

Im Gegensatz zur Datenaustausch von »Herausgeben und Abon-nieren« müssen bei DDE-Verknüpfungen alle Applikationen geöff-net sein, die Daten austauschen wollen. In unserem Fall müssen also sowohl Excel als auch Word gestartet worden sein.

Der im nächsten Bild dargestellte Bericht enthält eine Tabelle, aus der der Bereich A1 bis C5 in ein Word-Dokument per DDE-Kanal zu übertragen ist.

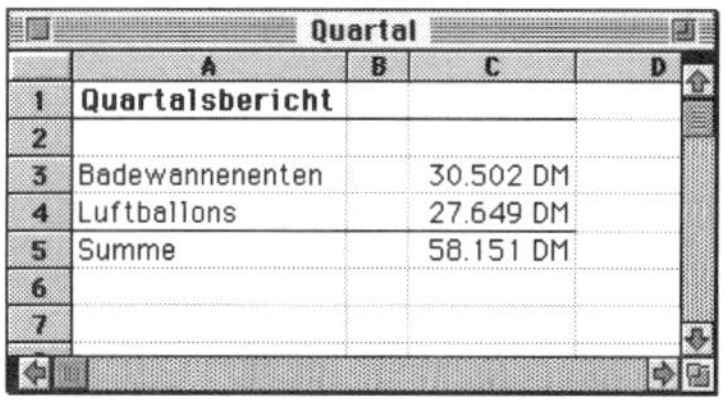

Bild 15.14: Tabelle

Die DDE-Verknüpfung von Text und Tabelle wird mit einer Befehlsfolge durchgeführt, die Sie schon aus dem Kapitel »Arbeiten mit mehreren Arbeitsblättern« kennen. Markieren Sie dazu im Excel den entsprechenden Bereich, in unserem Fall A1:C5 und wählen Sie den Befehl *BEARBEITEN Kopieren* an. Ein DDE-Kanal kann nur zusammenhängende Zellen übertragen, eine Mehrfach-auswahl ist nicht möglich.

Wählen Sie jetzt Word an. Im Menü *BEARBEITEN* können Sie den Befehl *Inhalte einfügen* selektieren. Sie erhalten dann das im näch-sten Bild dargestellte Dialogfeld.

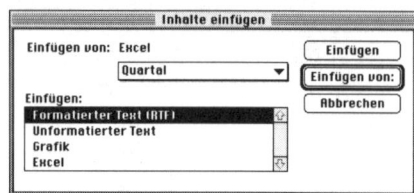

Bild 15.15: Dialogfeld BEARBEITEN Inhalte einfügen

Wir möchten hier eine Verknüpfung einfügen, was mit der Schaltfläche »Einfügen von:« bewerkstelligt wird. Word bietet uns vier
verschiedene Datenformate an. Für unser Beispiel wählen Sie dort
»Formatierter Text« an.

Bild 15.16: Bericht

Bei einer Verknüpfung der Daten wird jede Änderung in der Excel-
Tabelle sofort an Word weitergegeben. Da die Daten dann bei jeder
Änderung der verbundenen Zellen in Excel transferiert werden,
kann es auch bei leistungsstarker Hardware zu Pausen kommen, in
denen die Daten transportiert werden.

Beim Laden eines Textes mit Verknüpfungsfunktionen werden Sie
von Word gefragt, ob die entsprechenden Verbindungen aufgebaut
werden sollen. Dazu wird das im folgenden Bild dargestellte
Fenster angezeigt.

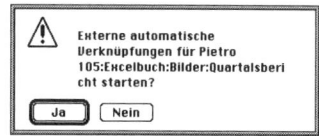

Bild 15.17: Abfrage der Verknüpfungsaktualisierung

Excel als Datenempfänger

Excel kann nicht nur Absender, sondern auch Empfänger von Daten sein. Als Beispiel möchten wir hier die Übertragung von Word-Texten zu Excel zeigen. Die Vorgehensweise ist die gleiche wie beim Transfer von Excel zu Word. Markieren Sie den entsprechenden Textabschnitt in Word und übernehmen Sie ihn mit *BEARBEITEN Kopieren* in die Zwischenablage. In Excel wählen Sie die Befehlsfolge *BEARBEITEN Inhalte einfügen* an. Das Dialogfeld paßt sich dem einzufügenden Inhalt an.

Bild 1518 Dialogfeld BEARBEITEN Inhalte einfügen

Wenn Sie die Option »Text« anwählen und das Dialogfeld mit »Verknüpfen« bestätigen, wird das Word-Objekt eingefügt. Im nächsten Bild können Sie das eingefügte Objekt sehen. Das Fenster im Hintergrund enthält den Ursprungstext des Word-Dokuments. In der Excel-Bearbeitungszeile finden Sie den entsprechenden Verweis, der als Matrixformel vorliegt.

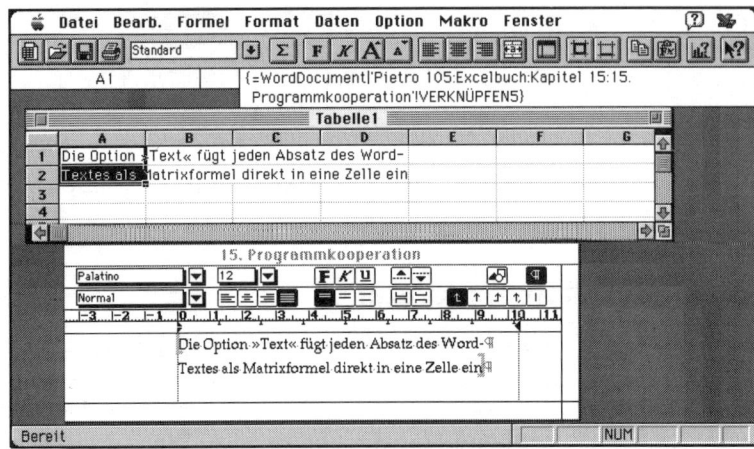

Bild 15.19 DDE-Verknüpfung mit Word

DDE-Verknüpfungen werden in Excel als Matrixformel in die Tabelle eingetragen. In der Bearbeitungszeile im obigen Bild finden Sie einen Verweis auf das entsprechende Word-Dokument.

={WordDocument | 'Pietro 105:Excelbuch:Kapitel 15: 15.Programmkooperation'!VERKNÜPFEN5}

Die Behandlung von DDE-Verbindungen kann in Excel in zwei verschiedenen Dialogfenstern eingestellt werden. Das erste Fenster erreichen Sie über den Befehl *OPTION Berechnen*. Zwei Eintragungen dort beziehen sich auf DDE-Verbindungen. Wenn der Punkt »Fernbezüge aktualisieren« eingeschaltet ist, werden Daten über DDE-Kanäle ausgetauscht.

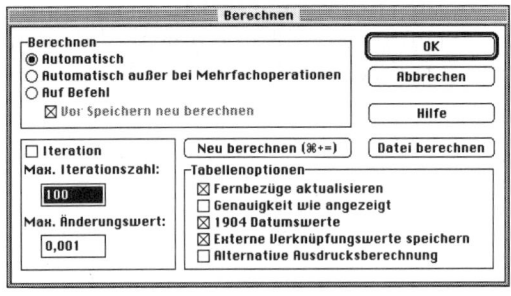

Bild 15.20: Dialogfeld zu OPTION Berechnen

Bei der Speicherung von Arbeitsblättern mit Verknüpfungen werden von Excel sowohl die Daten der Verbindung wie auch die geladenen Verknüpfungswerte gespeichert. Bei einer großen Zahl von verknüpften Werten kann es schnell zu Speicherplatzproblemen kommen. Wenn Sie die Option »Externe Verknüpfungswerte speichern« ausschalten, so werden in die Datei auf der Platte oder der Diskette nur die Verknüpfungsformeln abgelegt.

Das zweite Einstellungsfenster finden Sie in *OPTION Arbeitsbereich*.

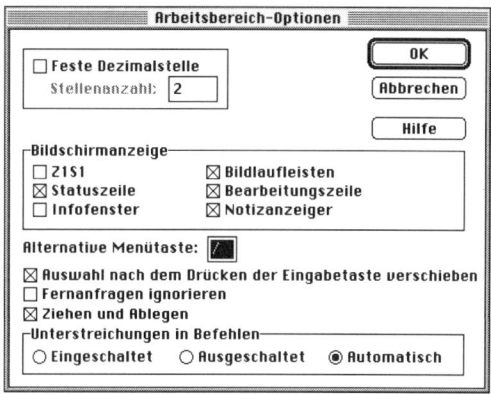

Bild 15.21: Dialogfeld zu OPTION Arbeitsbereich

Wenn Sie den Punkt »Fernabfragen ignorieren« einschalten, so wird Excel auf DDE-Anfragen anderer Applikationen nicht reagieren.

OLE-Verknüpfungen

Verknüpfungen mit »Object Linking and Embedding« (OLE) ergänzen die Möglichkeiten des Dynamischen Datenaustausches. Hierbei werden nicht nur Daten zwischen Applikationen ausgetauscht, sondern Objekte wie z.B. Tabellen, Grafiken oder Texte.

Die Möglichkeiten von OLE lassen sich an einem Beispiel einfach erklären. Dazu verwenden wir eine in früheren Kapiteln schon eingesetzte Tabelle in Excel, die Sie im nächsten Bild sehen können. Wir haben hier übrigens eine auffallende Formatierung benutzt, um zu demonstrieren, daß bei OLE Formatierungen korrekt übertragen werden.

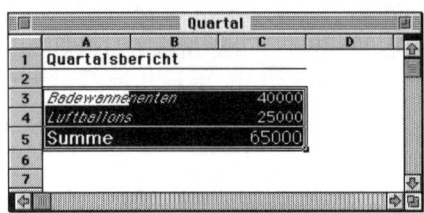

Bild 15.22: Excel-Ausgangstabelle

Die Daten werden mit *BEARBEITEN Kopieren* in die Zwischenablage übernommen. Anschließend wird Word gestartet bzw.
aktiviert, wenn Sie es schon geladen haben sollten.

In Word wählen Sie den Befehl *BEARBEITEN Inhalte einfügen* aus.
Sie erhalten das in Bild 15.15 dargestellte Dialogfeld. Sie haben
dieses Dialogfenster schon im vorherigen Abschnitt des Kapitels
kennengelernt.

Selektieren Sie in diesem Dialogfenster den Punkt »Excel«. Betätigen Sie danach das Tastenfeld »Einfügen«. Die markierten und in
die Zwischenablage kopierten Daten werden jetzt an der gewählten
Stelle in Word eingefügt, so wie es das Bild 15.23 zeigt.

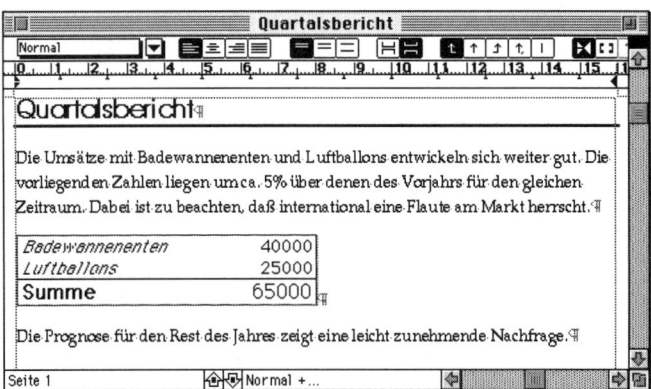

Bild 15.23: Tabellen-Objekt in Word

Klicken Sie in Word die Tabelle mit einem Doppelklick an, so wird
Excel aktiviert und zeigt die entsprechenden Daten an.

Bild 15.24: Tabellen-Objekt in Excel

In Excel ist das Fenster der Tabelle mit »Tabelle in Quartalsbericht« betitelt. Auch Excel weiß also, woher dieses Objekt stammt.

Im Hintergrund sehen Sie die Ausgangstabelle »Quartal«, die nun nicht mehr in den Aktualisierungsprozeß einbezogen ist.

Sie können die Tabelle in Excel in der gewohnten Weise bearbeiten. Allerdings wurden die Excel-Menüpunkte in *DATEI* und *FEN-STER* verändert. In *FENSTER* wurde Befehl *Neues Fenster* deaktiviert, so daß Sie für eine Objekt-Tabelle kein weiteres Fenster öffnen können. Die Veränderungen im Menü *DATEI* zeigt das obige Bild.

Vor- und Nachteile von OLE

Object-Linking-and-Embedding bietet die folgenden Vorteile:

- Sie benötigen keine zusätzlichen Informationen über ein Objekt, d.h. Sie müssen nicht wissen, wo dieses Objekt herstammt und wie die Verknüpfungen mit Excel aussehen.

- Es wird ohne Ihr Zutun die richtige Applikation zum Erstellen und Bearbeiten des Objekts gestartet.

- Ein eingebettetes Objekt wird vollständig in Ihrer Excel-Tabelle abgelegt. Sie benötigen keine weiteren Dateien. Bei einer DDE-Verknüpfung z.B. müssen Sie zwei Dateien und die entsprechende Verbindung pflegen.

Leider hat OLE auch Nachteile:

- Excel-Tabellen mit eingebetteten Objekten können sehr groß werden, denn das gesamte Objekt mit aller Information wird mit Ihrer Tabelle gespeichert.

- OLE benötigt viel Ressourcen und Speicher Ihres Computers. Für eingebettete Objekte sollten Sie über ein leistungsstarkes System verfügen.

- Zum Bearbeiten eines OLE-Objekts müssen Sie über die entsprechende Applikation verfügen. Bekommen Sie z.B. eine Excel-Tabelle mit eingebetteten Objekten per Diskette von einem anderen Computersystem, so können Sie nur die Objekte ändern, für die Sie auf Ihrem System über die geeigneten Programme verfügen.

- Jedes OLE-Objekt in einer Tabelle muß einzeln aktualisiert werden. Bei DDE-Verknüpfungen können Sie mit einem Befehl alle Verbindungen gleichzeitig aktualisieren lassen.

Abschließend kann gesagt werden, daß OLE ein großer Schritt in Richtung Anwenderfreundlichkeit ist. Der Anwender kann mit Hilfe von eingebetteten Objekten ohne großes Wissen schnell komplexe Dokumente und Tabellen erstellen.

Austausch über Fremdformate

In den bisherigen Abschnitten in diesem Kapitel haben wir den Austausch von Daten aus laufenden Macintosh-Programmen besprochen. Aber in vielen Fällen stehen nur Daten in Form von Dateien zur Verfügung, z.B. nach einem Datentransfer von einem MS-DOS PC oder einem Großrechner.

Der Austausch von Dateien zwischen verschiedenen Programmen gehört zu den großen Abenteuern, die man mit einem Computer erleben kann. Jeder Import von Dateien in einem Fremdformat kann wieder ein Erlebnis sein. Denn auch wenn der Hersteller der jeweiligen Software angibt, sein Produkt könne das fremde Dateiformat einlesen und umwandeln, so erlebt man in der Praxis oft sein blaues Wunder.

Die Gründe hierfür sind einfach. Nicht jede in einem Dateiformat enthaltene Information läßt sich ohne weiteres für ein anderes Programm umsetzen. Sehr oft sind die Dateien verschiedener Versionen eines Programms nicht identisch. Geht der Transfer zudem noch über verschiedene Rechnerwelten und Betriebssysteme hinweg, kommen weitere Schwierigkeiten, wie Zeichensätze und länderspezifische Einstellungen, hinzu.

Dem Anwender bleibt oft nur das Experiment oder man verständigt sich auf das einfachst mögliche Format, auch auf die Gefahr hin, daß Formatierungen und Teile der Daten verloren gehen.

Die Im- und Exportfilter von Excel sind nach den Erfahrungen der Autoren sehr robust. Aber vielleicht macht der ein oder andere Leser dieses Buches andere Erfahrungen, denn wir konnten nicht alle Variationen ausprobieren.

Import

Excel versucht beim Laden von Fremddateien das entsprechende Datenformat zu erkennen. Ist die Erkennung erfolgreich, so benutzt Excel automatisch den richtigen »Filter« zum Einlesen. Der entsprechende Filter formt die Daten in das Excel-Tabellenformat um.

Bei unter MS-DOS erstellten Dateien lassen sich die einzelnen Fremdformate häufig an den Endungen der Dateinamen erkennen. So ist z.B. eine Datei mit dem Namen »ADRESS.DBF« anhand der letzten drei Buchstaben »DBF« als Datendatei des Datenbankprogramms »dBase« einzuordnen. Aber Excel entscheidet nicht anhand der Endung einer Datei, die ja auf einem Macintosh in der Regel gar nicht existiert, über den richtigen Filter, sondern durch die Auswertung von deren Inhalt.

Fremddateien werden wie Excel-Dateien auch mit dem Befehl *DATEI Öffnen* geladen. Alle Dateien, deren Format Excel nicht erkennen kann, werden als Textdateien geladen. Sollten in diesen Dateien nicht-darstellbare Zeichen enthalten sein, so werden sie von Excel herausgenommen. Weitere Anmerkungen zu Textdateien entnehmen Sie bitte dem Abschnitt »Hinweise zu Im- und Export« am Ende des Kapitels.

Datenformate

Die folgenden aufgeführten Datenformate werden von Excel direkt erkannt und umgewandelt.

Die Formate **WKS**, **WK1**, **WK3** beziehen sich auf Tabellenkalkulationsdateien des Programms Lotus 1-2-3 in den verschiedenen Versionen, bzw. Lotus Symphony. 1-2-3-Daten und -Grafiken werden von Excel im Normalfall problemlos importiert. Schwierigkeiten können aber bei der Umwandlung von in diesen Dateien enthaltenen Makros auftreten. Die Resultate einer Konvertierung müssen meißtens nachgearbeitet werden, denn nicht alle Makrokonstrukte von Lotus sind ohne weiteres in Excel nachbildbar.

Dateien des Programmes Multiplan, welches auch aus dem Hause Microsoft stammt, können mit Hilfe des **Sylk**-Formates eingelesen werden. Sylk-Dateien haben die Endung »SLK«.

DBF-Dateien des Datenbankprogramms dBase-Version II, III oder IV werden von Excel importiert. Die Daten werden im Arbeitsblatt in einem Datenbankbereich abgelegt.

Tabellenkalkulationsdaten im Data-Interchange-Format **DIF** sind mit Excel problemlos einlesbar. Solche Daten können z.B. aus Programmen wie Open Access von SPI kommen.

In den Formaten **Text** und **CsV** (Comma seperated Values) liegen die Daten zeilenweise abgespeichert vor, wobei die einzelnen Spalten durch ein spezielles Zeichen getrennt sind. Im Fall Text ist dieses Zeichen ein Tabulator, bei CsV-Dateien ist es ein Komma, wie der Name des Formates schon angibt. Im deutschen Sprachraum ist das Trennzeichen allerdings ein Semikolon, da das Komma als Dezimalkomma anderweitig im Einsatz ist. Beachten Sie also beim Import von Text- und CsV-Dateien die Herkunft der Dateien. Je nach Betriebssystem können die Daten in verschiedenen Zeichensätzen vorliegen. Sonderzeichen und Umlaute werden dann nicht richtig eingelesen. In den Hinweisen am Ende des Kapitels finden Sie hierzu weitere Informationen. Die Übertragung in einem dieser beiden Formate kann man als die einfachst mögliche ansehen. Es werden hierbei keine Informationen über Formatierung oder Rechenvorschriften weitergegeben.

Sollten Textdateien in einfacher Zeilenform vorliegen, d.h. ohne die Trennung der Zelleninhalte durch ein Tabulatorzeichen, so verfügt Excel über eine Analysefunktion, um solche Zeilen nach einer Vorgabe auf Zellen zu verteilen. Sehen Sie dazu die Beschreibung des Add-in-Makros »Datei Im-/Export«.

Export

Excel kann seine Arbeitsblätter in verschiedenen Formaten speichern. Um ein Fremdformat zu bestimmen, wählen Sie im Dialogfenster zu *DATEI Speichern unter* die Schaltfläche »Optionen« an.

In dem erscheinenden Dialogfenster haben Sie in der mit
»Dateiformat« benannten Auswahlliste die Möglichkeit, eines der
folgenden Formate anzuwählen.

Exportformate

Die Speicherung in den Excel-Formaten **Standard** und **Mustervorlage** und die Sicherungsoptionen für Makrovorlagen wurden schon
an anderer Stelle in diesem Buch behandelt.

Einige heute verfügbare Softwarepakete können Excel-Dateien
direkt verarbeiten. Leider ist diese Importmöglichkeit zur Zeit noch
meißtens auf Daten im Excel-Format der Version 2.2 oder 3.0
beschränkt. Speichern Sie also ihre Dateien im Format **Excel 2.2**,
bzw. **3.0** wenn Sie Excel-Dateien mit anderen Applikationen
weiterverarbeiten wollen.

Die Formate **Text**, **CsV**, **DIF** und **Sylk** sind im Abschnitt »Import«
beschrieben worden. Lesen Sie dazu auch die Hinweise am Ende
des Kapitels.

Excel kann in den Formaten der Lotus-Produkte 1-2-3 und Symphony
exportiern. Die Dateien erhalten die entsprechenden Endungen
WKS, **WK1**, **WK3**.

Excel bietet Ihnen die Möglichkeit, Daten in den Formaten des
Datenbankprogramms dBase von Borland in den Versionen 2, 3
oder 4 zu schreiben. Für diesen Export müssen Sie die entsprechenden Daten als Datenbankbereich benannt haben. Wählen Sie dann
DBF 2, **DBF 3** oder **DBF 4** im Dialogfenster »Optionen«.

Datenaustausch mit MS-DOS Dateien

Um Dateien zwischen verschiedenen Rechnerwelten auszutauschen gibt es mehrere Möglichkeiten. Sie können sich die Dateien
über Telekommunikation besorgen (z.B. Mailboxen oder BTX) und
es besteht, falls sich Ihr Macintosh in einem heterogenen Netzwerk
befindet, ebenfalls die Möglichkeit, Fremddateien über das Netz
auf den eigenen Macintosh zu laden.

Die bei privaten Macintosh-Besitzern sicherlich am häufigsten
verwendete Methode ist der Austausch über 3,5 Zoll-Disketten.

Hierzu sind alle Macintosh-Computer in der Lage, die über ein
FDHD- (Floppy Disk High Density) Diskettenlaufwerk verfügen.
Im Lieferungsumfang dieser Mac´s ist das Programm »Dateien
konvertieren« enthalten, mit dem sich der Datentransfer
bewerkstelligen läßt.

Nach Aufruf des Programms und Einschieben einer MS-DOS
Diskette sieht Ihr Bildschirm etwa wie im folgenden Bild aus.

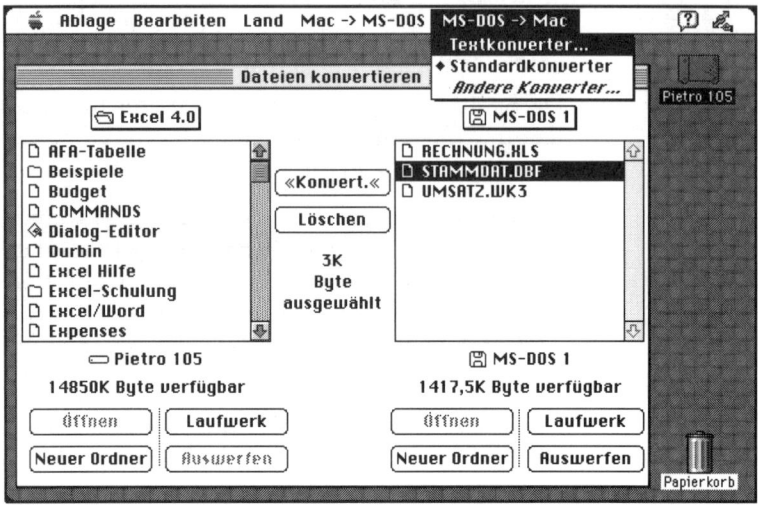

Bild 15.25: Dateien konvertieren

In unserem Beispiel soll eine Excel-, eine Lotus 1-2-3 Tabelle und
eine dBase-Datei von der DOS-Diskette »MS-DOS 1« in den Ordner
»Excel 4.0« auf der internen Festplatte des Macintosh übertragen
werden. Mit der Schaltfläche »Konvert.« könnten wir die
Konvertierung einer markierten Datei auslösen, doch wir wollen
vorher noch die korrekte Übertragungseinstellung vornehmen.
Wählen Sie dazu den Befehl *Textkonverter* aus dem Menü *MS-DOS
-> Mac* aus.

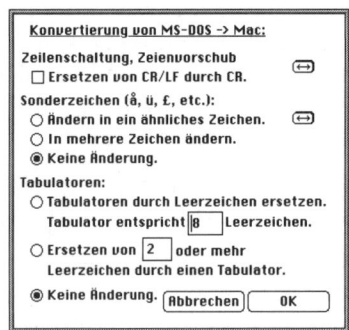

Bild 15.26: Dialogfeld zu MS-DOS -> Mac Textkonverter

Wenn Sie alle Optionen zur Dateimanipulation ausgeschaltet haben, also »Zeilenschaltung, Zeilenvorschub« und »Sonderzeichen«, bestätigen Sie mit »OK« und die Konvertierung kann beginnen.

Diese Einstellung ist nötig, weil zwischen der Windows- und der Macintosh-Version von Excel eine Dateikompatibilität besteht. Veränderungen der Datei, die bei Texten verschiedener Textverarbeitungsprogramme manchmal vorgenommen werden müssen, würden hier nur stören.

Weitergehende Informationen zu »Dateien konvertieren« finden Sie in der Dokumentation zu den Hilfsprogrammen Ihres Macintosh.

Weiterhin gibt es für den Macintosh Zusatzprogramme wie Insignias AccessPC, Daynas Dos Mounter oder das von Apple vertriebene PC-Exchange mit denen der Datenaustausch zwischen Macintosh und Fremdrechnern noch einfacher wird. In beiden Programmen müssen Sie einmal eine Zuordnung von Endungen (wie z.B. ».XLS«) zu Macintosh-Programmen einstellen und schon verhält sich Ihre DOS-Diskette wie eine Macintosh-Diskette. Voraussetzung ist aber auch hier ein FDHD-Laufwerk, von Apple auch »Superdrive« genannt.

Hinweise zu Im- und Export

Zeichensätze

Ein Zeichensatz ist die Codierung von Alphabet, Ziffern und Sonderzeichen in Form von Zahlen. Jeder kleine und große Buchstabe, jede Ziffer und jedes Sonderzeichen besitzt eine ihm eindeutig zugeordnete Verschlüsselung, mit der der Computer intern arbeitet.

Der normale Zeichensatz auf dem PC mit dem Betriebssystem DOS oder OS/2 ist der sogenannte erweiterte ASCII-Zeichensatz. Er besteht aus 256 Zeichen. Jedes Zeichen des Zeichensatzes benötigt genau ein Byte bzw. acht Bit zur Abspeicherung im PC. Man kann grob sagen, daß die ersten 128 Zeichen der erweiterteten ASCII-Satzes Alphabet, Ziffern und Sonderzeichen, wie Punkt und Komma, enthalten. Bei der ursprünglichen Definition von ASCII waren die Zeichen 128-255 nicht zugeordnet.

Die zweite Hälfte wurde erst von IBM speziell für den Personal Computer definiert. Hier sind länderspezifische Zeichen, wie z.B. »Ä« und »Ü«, und grafische Sonderzeichen zu finden. Der erweiterte

ASCII-Zeichensatz wird auch mit »PC-8«, also 8 Bit PC-Zeichensatz, beschrieben.

Microsoft hat für die grafische Benutzeroberfläche Windows eine neue, verbesserte Zeichensatzcodierung, den ANSI-Zeichensatz, benutzt. Die ANSI-Verschlüsselung weicht von der ASCII-PC-8-Codierung in einigen Punkten ab und hat inbesondere eine verbesserte Unterstützung länderspezifischer Zeichen und Sortierfolgen.

Die Firma Apple hat für ihre Macintosh-Rechnerserie eine weitere Variation des ASCII-Zeichensatzes verwendet. Der Macintosh kennt z.B. andere Sonderzeichen als die PC-Zeichensätze.

Beim Export in Text- und CsV-Formaten bietet Ihnen Excel bei den Formaten entsprechende Filter für DOS bzw. OS/2, Windows und Macintosh.

Für das Laden von Text- und CsV-Dateien müssen Sie wissen, welchen Zeichensatz die Datei verwendet, die Sie in Excel importieren möchten. Haben Sie sich mit der Befehlsfolge *DATEI Öffnen* das Dialogfenster zum Laden von Dateien auf den Bildschirm geholt, so können Sie mit der Schaltfläche »Text« weitere Einstellungen vornehmen.

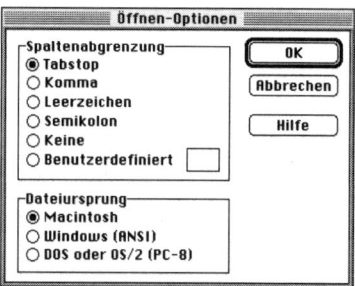

Bild 15.29: Dialogfeld DATEI Öffnen / Text

In der Gruppe »Dateiursprung« erhalten Sie die Möglichkeit, die Dateiherkunft und damit auch den Zeichensatz festzulegen.

Mit den Auswahlpunkten unter »Spaltenabgrenzung« können Sie das in der Datei verwendete Trennzeichen festlegen, welches die einzelnen Spalten, d.h. die Zellen in einer Zeile, voneinander abgrenzt.

Anhang A
Installation

Legen Sie zur Installation von Excel 4.0 die Installationsdiskette (Diskette 1) in das Diskettenlaufwerk Ihres Macintoshs ein und öffnen Sie sie per Doppelklick auf das Laufwerkssymbol.

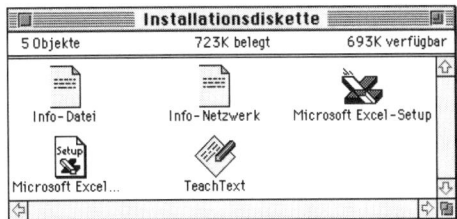

Bild A.1: Inhalt der Installationsdiskette

Starten Sie anschließend das Installationsprogramm »Microsoft Excel Setup« ebenfalls mit einem Doppelklick.

Nach der Abfrage Ihres Namens und Ihrer Firma meldet sich das Installationsprogramm mit dem folgenden Fenster auf Ihrem Bildschirm.

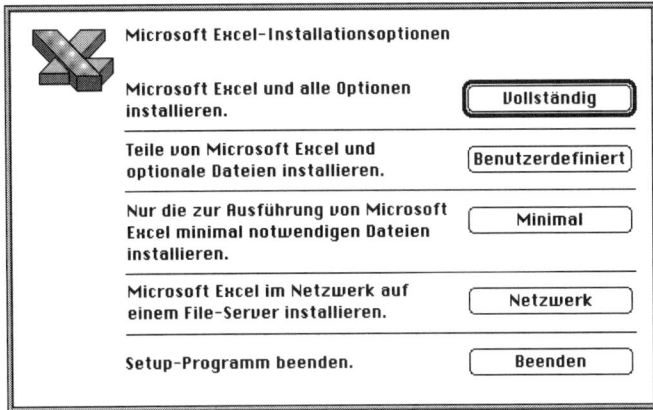

Bild A.2: Installations-Dialogfeld

Vollständige Installation

Bei der vollstandigen Istallation wird Excel mit allen Optionen und Zusatzprogrammen komplett auf Ihrer Festplatte eingerichtet. Hierzu brauchen Sie ca. 6,5 MByte freie Kapazität auf Ihrer Festplatte.

Wenn Sie wissen, daß Sie nicht alle Teile von Excel benötigen, so können Sie mit der benutzerdefinierten Installation entsprechend auswählen.

Minimalinstallation

Sollten Sie Probleme mit dem Plattenplatz haben, z.B. auf einem alten Macintosh SE oder auf einem Powerbook, so können Sie den Platzbedarf von Excel auf etwa 5 MByte herunterdrücken. Sollten Sie noch weniger Platz haben, so können Sie auch mit der benutzerdefinierten Installation unter Verzicht auf die Makrobibliothek und die Hilfefunktion den Speicherbedarf auf 2 MByte beschränken.

Netzwerkinstallation

Bei der Einrichtung auf einem Netzwerk werden alle Bestandteile von Excel in einem Server-Ordner installiert. Die einzelnen Netzwerkbenutzer greifen dann alle auf diese Excel-Version zu.

Benutzerspezifische Daten und Einstellungen werden in den Bereichen oder auf den Platten der einzelnen Anwender gehalten, so daß trotz nur einer Programmversion jeder Anwender sein »eigenes« Excel zu haben scheint.

Benutzerdefinierte Installation

Mit dieser Installation werden nur die von Ihnen gewählten Programmteile und Dateien auf die Festplatte kopiert.

Sollten Sie Excel nicht vollständig installieren, so können Sie mit dieser Option auch später noch fehlende Teile hinzufügen.

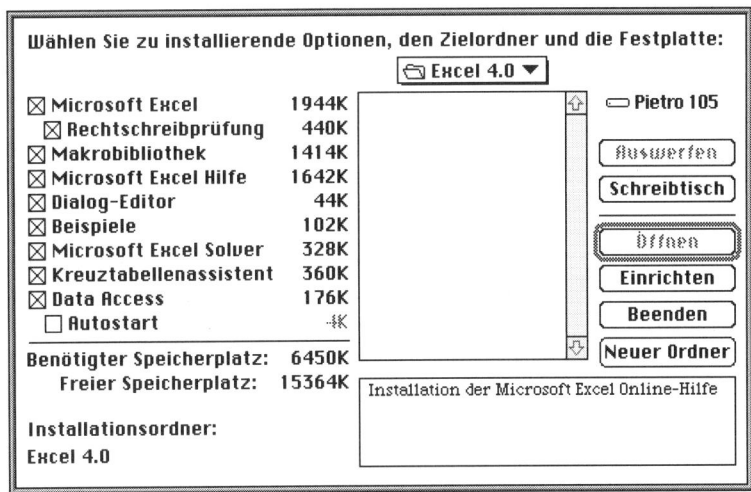

Bild A.3: Dialogfeld Benutzdefinierte Installation

Wir haben hier schon mit der Schaltfläche »Neuer Ordner« einen Ordner mit dem Namen »Excel 4.0« auf unserer Festplatte »Pietro 105« erzeugt, in dem Excel installiert werden soll. Sie können diesen Ordner aber auch im Finder durch den gewohnten Befehl *ABLAGE Neuer Ordner* erzeugen, bevor Sie das Installationsprogramm starten.

Das Installationsprogramm gibt Ihnen hier die Möglichkeit, Zusätze zu Excel nach Bedarf zusammenzustellen, um z.B. Speicherplatz auf Ihrer Festplatte zu sparen. Alle Zusätze lassen sich später auch noch dazuinstallieren.

- Die erste Option betrifft »Microsoft Excel« selbst. Schalten Sie diesen Punkt bei einer Nachinstallation von einem oder mehreren der folgenden Excel-Teile aus.

- Die »Makrobibliothek« besteht aus einer Reihe von Makros, wie z.B. die in Kapitel 14 besprochenen Add-in-Makros, die Ihnen die Arbeit mit Excel erleichtern können.

- Mit »Microsoft Excel Hilfe« installieren Sie die Hilfefunktion.

- Der »Dialog-Editor« unterstützt Sie in der Makro-Programmierung mit eigenen Dialogfeldern.

- »Beispiele« enthält Beispiel-Dateien, die für den Excel-Neuling eine Hilfestellung sein können.

- Der »Microsoft Excel-Solver« ist ein Hilfsprogramm zur Lösung komplexer »Was-muß-sein-damit?«-Analysen.

- Der »Kreuztabellenassistent« ist ein Hilfsprogramm zur Lösung komplexer Datenbankabfragen. Seine Anwendung wird im Kapitel »Datenbank« besprochen.

- Das Datenbankprogramm »Data Access« ist ein sogenannter Add-in-Makro, der Sie bei der Kooperation zwischen Excel und SQL-Datenbanken unterstützt, die sich z.B. auf Netzwerk-Servern oder Großrechnern befinden. Durch die Zusatzoption »Autostart« signalisieren Sie, daß der Makro zusätzlich in den Ordner mit Namen »Excel Startdatei-Ordner (4)« kopiert wird, der alle Dateien enthält, die automatisch bei einem Start von Excel geladen werden. Dieser Ordner befindet sich in einem Unterordner Ihres Systemordners namens »Preferences«.

Wenn Sie Ihre Auswahl getroffen haben, bestätigen Sie mit der Taste »Installation«. Die weitere Einrichtung von Excel verläuft automatisch. Sie werden mit einem Dialogfeld über den Fortgang der Installation unterrichtet.

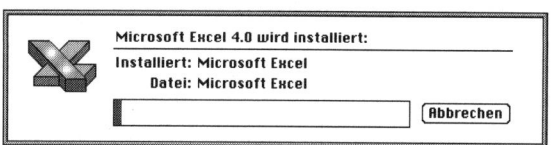

Bild A.4: Installationsdialogfeld

Sie haben die Möglichkeit die Installation abzubrechen und werden ansonsten nur zum Wechseln der Disketten aufgefordert.

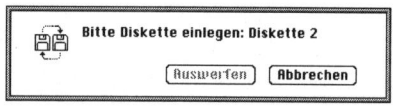

Bild A.5: Aufforderung zum Einlegen der Diskette 2

Anhang B
Tabellenfunktionen

In diesem Teil wird Ihnen ein vollständiges Verzeichnis aller Tabellenfunktionen von Excel beschrieben.

ABS(Zahl)
gibt den absoluten Wert der Zahl zurück, d.h. die Zahl ohne Vorzeichen.

ADRESSE(Zeile;Spalte;Abs;A1;Tabellenname)
liefert als Ergebnis einen Textbezug zu einer einzelnen Zelle in einer Tabelle.

ANZAHL(Wert1;Wert2;...)
zählt die Werte, Nullen, Wahrheitswerte, Datumsangaben oder Zahlen in Textform.

ANZAHL2(Wert1;Wert2;...)
zählt die Anzahl der Werte in der Argumentenliste, die keine leeren Werte sind.

ARCCOS(Zahl)
gibt als Ergebnis den Arkuskosinus von Zahl aus.

ARCCOSHYP(Zahl)
liefert als Ergebnis den umgekehrten hyperbolischen Kosinus der Zahl.

ARCSIN(Zahl)
liefert als Ergebnis den Arkussinus der Zahl.

ARCSINHYP(Zahl)
liefert als Ergebnis den umgekehrten hyperbolischen Sinus der Zahl.

ARCTAN(Zahl)
liefert als Ergebnis den Arkustangens der Zahl.

ARCTAN2(x_Koordinate;y_Koordinate)
liefert als Ergebnis den Arkustangens des Punktes mit der angegebenen x- und y-Koordinate.

ARCTANHYP(Zahl)
liefert als Ergebnis den umgekehrten hyperbolischen Tangens der Zahl.

BASIS(Zahl;Neue_Basis;Genauigkeit)
ergibt eine Zahl zu einer anderen Basis als 10.

BEREICH.VERSCHIEBEN(Bezug;Zeilen;Spalten;Höhe;Breite)
bestimmt als Ergebnis den Bezug eines um einen gegebenen Bezug verschobenen Bereichs.

BEREICHE(Bezug)
liefert als Ergebnis die Anzahl der im Bezug enthaltenen Bereiche.

BOGENMASS(Winkel_in_Grad)
wandelt den angegebenen Winkel in Bogenmass um. Diese Funktion steht nur zur Verfügung, wenn der Add-In-Makro »Zusätzliche Funktionen« installiert ist.

BW(Zins;Zzr;Rmz;Zw;F)
liefert als Ergebnis den Barwert einer Investition bei vorgegebenen Werten für Jahreszins (Zins), Zahlungszeiträumen (Zzr), Ratenmonatszahlungen (Rmz), zukünftigem Wert (Zw) und Fälligkeit (F).

CODE(Text)
liefert als Ergebnis den ASCII-Code des ersten Zeichens im Text.

COS(Zahl)
berechnet den Kosinus des angegebenen Winkels.

COSHYP(Zahl)
berechnet den Hyperbelkosinus des angegebenen Winkels.

DATUM(Jahr;Monat;Tag)
wandelt das angegebene Datum in die entsprechende serielle Zahl um.

DATWERT(Datumstext)
wandelt das Argument »Datumstext« in die entsprechende serielle Zahl um.

DBANZAHL(Datenbank;Datenbankfeld;Suchkriterien)
liefert als Ergebnis die Anzahl der Datenbankfelder, die Zahlen enthalten und den eingegebenen Suchkriterien entsprechen.

DBANZAHL2(Datenbank;Datenbankfeld;Suchkriterien)
zählt die nichtleeren Zellen in einer ausgewählten Datenbank, die den Suchkriterien entsprechen.

DBAUSZUG(Datenbank;Datenbankfeld;Suchkriterien)
ermittelt aus einer Datenbank einen einzelnen Datensatz, der mit den Suchkriterien übereinstimmt.

DBMAX(Datenbank;Datenbankfeld;Suchkriterien)
liefert als Ergebnis den größten Wert aus den Datensätzen, die mit den Suchkriterien übereinstimmen.

DBMIN(Datenbank;Datenbankfeld;Suchkriterien)
liefert als Ergebnis den kleinsten Wert aus den Datensätzen, die mit den Suchkriterien übereinstimmen.

DBMITTELWERT(Datenbank;Datenbankfeld;Suchkriterien)
liefert als Ergebnis den Mittelwert der Datensätze, die mit den Suchkriterien übereinstimmen.

DBPRODUKT(Datenbank;Datenbankfeld;Suchkriterien)
multipliziert die Werte in einem bestimmten Feld von Datensätzen, die mit den Suchkriterien übereinstimmen.

DBSTDABW(Datenbank;Datenbankfeld;Suchkriterien)
schätzt die Standardabweichung aus einer Stichprobe auf Basis der ausgewählten Datenbankinhalte.

DBSTDABWN(Datenbank;Datenbankfeld;Suchkriterien)
berechnet die Standardabweichung einer Grundgesamtheit auf Basis der ausgewählten Datenbankinhalte.

DBSUMME(Datenbank;Datenbankfeld;Suchkriterien)
addiert Zahlen in einer Datenbank, die mit den Suchkriterien übereinstimmen.

DBVARIANZ(Datenbank,Datenbankfeld;Suchkriterien)
schätzt die Varianz aus einer Stichprobe auf Basis der ausgewählten Datenbankinhalte.

DBVARIANZEN(Datenbank;Datenbankfeld;Suchkriterien)
berechnet die Varianz einer vollständigen Grundgesamtheit auf
Basis der ausgewählten Datenbankinhalte.

DIA(Kosten;Rest;Dauer;Zr)
liefert als Ergebnis den Wert der digitalen Abschreibung für ein
Anlageobjekt in einem bestimmten Zeitraum.

DM(Zahl;Dezimalstellen)
wandelt eine Zahl in Text (DM-Format) um und rundet auf die
angegebene Anzahl von Dezimalstellen auf bzw. ab.

ERSETZEN(Alter_Text;Beginn;Anzahl_Zeichen;Neuer_Text)
ersetzt Zeichen in einem Text ab der angegebenen Position durch
Neuer_Text.

EXP(Zahl)
liefert die Potenz der angegebenen Zahl zur Basis e.

FAKULTÄT(Zahl)
berechnet die Fakultät der angegebenen Zahl.

FALSCH()
liefert als Ergebnis den Wahrheitswert FALSCH.

FEST(Zahl;Dezimalstellen)
rundet eine Zahl mit der angegebenen Anzahl von Dezimalstellen
auf bzw. ab und gibt sie als Text aus.

FINDEN(Suchtext;Text;Beginn)
sucht innerhalb des Textes nach dem Suchtext (Groß-/Kleinschrei-
bung wird unterschieden).

GANZZAHL(Zahl)
rundet eine Zahl auf die nächste ganze Zahl ab.

GDA(Kosten;Rest;Dauer;Zeitraum;Faktor)
liefert als Ergebnis den Abschreibungswert eines Anlageobjektes
nach der geometrisch degressiven Abschreibung. Diese Funktion
ist nur bedingt auf das deutsche Steuerrecht anwendbar.

GDA2(Kosten;Rest;Dauer;Periode;Monate)
liefert als Ergebnis den Abschreibungswert eines Anlageobjektes
nach der geometrisch degressiven Abschreibung.

GLÄTTEN(Text)
löscht überflüssige Leerzeichen aus dem Text.

GRAD(Winkel_in_Radiant)
konvertiert Winkelangaben in Radiant in Grad. Diese Funktion sthet nur zur Verfügung, wenn der Add-In-Makro »Zusätzliche Funktionen« installiert ist.

GROSS(Text)
wandelt den Text in Großbuchstaben um.

GROSS2(Text)
wandelt den Text in Text mit großen Anfangsbuchstaben um.

HÄUFIGKEIT(Daten;Gruppe)
ergibt die Häufigkeitsverteilung für ein Array.

HEUTE()
gibt das heutige Datum als serielle Zahl zurück.

IDENTISCH(Text1;Text2)
prüft, ob zwei Zeichenketten identisch sind. Gibt dann WAHR aus, wenn sie gleich sind, ansonsten FALSCH. Hierbei wird Groß- bzw. Kleinschreibung unterschieden.

IKV(Werte;Schätzwert)
die Funktion »Interne Kapitalverzinsung« liefert als Ergebnis den internen Zinsfuß einer Investition ohne Berücksichtigung von Finanzierungskosten und Reinvestitionsgewinnen.

INDEX(Bezug;Zeile;Spalte;Bereich)
liefert den Index, am Schnittpunkt der angegebenen Zeile mit der angegebenen Spalte.

INDEX(Array;Zeile;Spalte)
liefert den Index, am Schnittpunkt der angegebenen Zeile mit der angegebenen Spalte im angegebenen Array.

INDIREKT(Bezug;A1)
liefert als Ergebnis einen Bezug, der durch einen Textwert angezeigt ist.

INFO(Infotyp)
liefert als Ergebnis Informationen über die gegenwärtige Arbeitsumgebung.

ISTBEZUG(Wert)
liefert als Ergebnis WAHR, wenn der Wert sich auf einen Bezug bezieht.

ISTFEHL(Wert)
liefert als Ergebnis WAHR, wenn der Wert ein beliebiger Fehlerwert außer #NV ist.

ISTFEHLER(Wert)
liefert als Ergebnis WAHR, wenn der Wert ein beliebiger Fehlerwert ist.

ISTKTEXT(Wert)
liefert als Ergebnis WAHR, wenn der Wert kein Text ist.

ISTLEER(Wert)
liefert als Ergebnis WAHR, wenn der Wert auf ein leeres Feld verweist.

ISTLOG(Wert)
liefert als Ergebnis WAHR, wenn der Wert auf einen Wahrheitswert verweist.

ISTNV(Wert)
liefert als Ergebnis WAHR, wenn der Wert der Fehlerwert #NV ist.

ISTTEXT(Wert)
liefert als Ergebnis WAHR, wenn der Wert Text ist.

ISTZAHL(Wert)
liefert als Ergebnis WAHR, wenn der Wert eine Zahl ist.

JAHR(Serielle_Zahl)
wandelt eine serielle Zahl in die entsprechende Jahresangabe um.

JETZT()
wandelt das Tagesdatum und die aktuelle Zeit in die entsprechende serielle Zahl um.

KAPZ(Zins;Zr;Zzr;Bw;Zw;F)
liefert als Ergebnis den Betrag der Zahlung auf das Kapital für eine
Investition in einem gegebenen Zeitraum bei vorgebenenen Werten
für den Jahreszins (Zins), einen Zahlungsraum (Zr), Zahlungszeiträume (Zzr), Barwert (Bw), zukünftigen Wert (Zw) und die
Fälligkeit (F).

KLEIN(Text)
wandelt den Text in Kleinbuchstaben um.

KREUZTABELLE(Etikett;Ausdruck)
legt die Zeilen und Spaltenköpfe einer Kreuztabelle fest.

KREUZTABELLE(Etikett;"Spalten:";Spalten_Array)
definiert die Spalten einer Kreuztabelle.

KREUZTABELLE(Etikett;"Zeilen:";Zeilen_Array)
ist die Festlegung der Zeilen einer Kreuztabelle.

**KREUZTABELLE(Etikett;"Zusammenfassung:";Werte_Array;
Gliederung;MultipleWerte;Autom_Verdichtet)**
legt die Zusammenfassung einer Kreuztabelle fest.

KÜRZEN(Zahl;Stellenanzahl)
liefert den ganzzahligen Teil einer Zahl. Ist für Stellenanzahl nichts
angegeben, wird Null benutzt.

LÄNGE(Text)
liefert als Ergebnis die Anzahl der Zeichen von »Text«.

LIA(Kosten;Rest;Dauer)
liefert als Ergebnis den Wert der linearen Abschreibung für ein
Anlageprojekt.

LINKS(Text;Anzahl_Zeichen)
entnimmt dem Text die am weitesten links stehenden Zeichen.

LN(Zahl)
berechnet den natürlichen Logarithmus von Zahl.

LOG(Zahl;Basis)
liefert als Ergebnis den Logarithmus von »Zahl« zu einer angegebenen beliebigen Basis.

LOG10(Zahl)
liefert als Ergebnis den Zehnerlogarithmus von »Zahl«.

MAX(Zahl1;Zahl2;...)
liefert als Ergebnis den größten Wert in der Argumentenliste.

MDET(Array)
berechnet die Determinante des angegebenen Arrays.

MEDIAN(Zahl1;Zahl2;...)
liefert als Ergebnis den Median der Zahlen, d.h. die mittlerste eines
Zahlensatzes. Liegt ein Zahlensatz mit einer geraden Anzahl von
Zahlen vor, so wird der Mittelwert dieser beiden Zahlen berechnet

MIN(Zahl1;Zahl2;...)
liefert als Ergebnis den kleinsten Wert in der Argumentenliste.

MINUTE(Serielle_Zahl)
wandelt die serielle Zahl in die entsprechende Minutenangabe um.

MINV(Array)
berechnet die Inverse des Arrays.

MITTELWERT(Zahl1;Zahl2)
berechnet den Mittelwert aller Argumente.

MMULT(Arrayl;Array2)
liefert als Ergebnis das Produkt zweier Matrizen.

MONAT(Serielle_Zahl)
wandelt die serielle Zahl in den entsprechenden Monat um.

MTRANS(Array)
berechnet das transponierte Array.

N(Wert)
liefert als Ergebnis den numerischen Wert der Zelle.

NBW(Zins;Wert1;Wert2)
liefert als Ergebnis den Nettobarwert der Werte, basierend auf
Cash-flows, die nicht konstant sein müssen.

NICHT(Wahrheitswert)
liefert als Ergebnis den Wahrheitswert WAHR, wenn der Wahrheitswert FALSCH ist und umgekehrt.

NV(Wert)
liefert als Ergebnis den Fehlerwert #NV.

ODER(Wahrheitswert1;Wahrheitswert2;...)
liefert als Ergebnis den Wahrheitswert WAHR, wenn eines oder mehrere Argumente WAHR sind; liefert FALSCH, wenn alle Argumente FALSCH sind.

PI()
die Konstante pi=3,14159 wird mit einer Genauigkeit von 15 Stellen ausgegeben.

PRODUKT(Zahl1;Zahl2;...)
multipliziert die Argumente, solange es sich dabei nicht um Fehlerwerte oder Text handelt.

QIKV(Werte;Investitionssatz;Reinvestitionssatz)
liefert als Ergebnis den qualifizierten internen Kapitalverzinsungssatz der Werte.

RADIANT(Winkel)
konvertiert Winkelangaben in Grad in Radiant. Diese Funktion steht nur zur Verfügung, wenn der Add-In-Makro »Zusätzliche Funktionen« installiert ist.

RANG(Zahl;Bezug;Reihenfolge)
ergibt den Rang einer Zahl in einer Liste von Werten.

RECHTS(Text;Anzahl_Zeichen)
entnimmt dem Text die am weitesten rechts stehenden Zeichen.

REST(Zahl;Divisor)
gibt den Rest an, der bei der Division der Zahl durch den Divisor übrig bleibt.

RGP(Bekannte_y_Werte;Bekannte_x_Werte;Konstante;Stats)
liefert als Ergebnis die Parameter der Geraden unter Benutzung der Methode der kleinsten Quadrate.

RKP(Bekannte_y_Werte;Bekannte_x_Werte;Konstante;Stats)
liefert als Ergebnis die Parameter einer Exponentialkurve.

RMZ(Zins;Zzr;Bw;Zw;F)
liefert als Ergebnis den Betrag der Ratenmonatszahlungen für eine
Investition bei vorgegebene Werten für den Jahreszins (Zins),
Zahlungszeiträume (Zzr), Barwert (Bw), zukünfigen Wert (Zw)
und Fälligkeit (F).

RUNDEN(Zahl;Anzahl_Stellen)
rundet die Zahl auf die durch »Anzahl_Stellen« angegebene
Stellenzahl auf oder ab, wenn »Anzahl_Stellen« größer oder gleich
Null ist. Ist »Anzahl_Stellen« kleiner Null, wird die Zahl links vom
Komma auf die angegebene Zahl von Zehnerstellen gerundet.

SÄUBERN(Text)
löscht alle Steuerzeichen aus dem Text.

SEKUNDE(Serielle_Zahl)
wandelt die serielle Zahl in die entsprechende Sekunde um.

SIN(Winkel)
berechnet den Sinus des angegebenen Winkels.

SINHYP(Winkel)
liefert als Ergebnis den hyperbolischen Sinus des Winkels.

SPALTE(Bezug)
liefert als Ergebnis die Spaltennummer des angegebenen Bezugs.

SPALTEN(Array)
liefert als Ergebnis die Anzahl der Spaltennummem in einem Array.

STABW(Zahl1;Zahl2;...)
ermittelt durch Schätzung die Standardabweichung auf Basis einer
Stichprobe.

STABWN(Zahl1;Zahl2;...)
liefert als Ergebnis die Standardabweichung auf Basis einer vollständigen Grundgesamtheit.

STUNDE(Serielle_Zahl)
wandelt die serielle Zahl in die entsprechende Stundenangabe um.

SUCHEN(Suchtext;Text;Beginn)
sucht innerhalb des Textes nach dem Suchtext (Groß-/Kleinschreibung wird nicht unterschieden).

SUMME(Zahl1,Zahl2;...)
addiert die Argumente in der Argumentliste.

SUMMENPRODUKT(Array1;Array2 ;...)
multipliziert korrespondierende Elemente in den gegebenen Matrizen und liefert als Ergebnis die Summe dieser Produkte.

SVERWEIS(Suchkriterium;Mehrfachoperationsarray; Spaltenindex)
sucht in der ersten Spalte des Arrays und bewegt sich durch die Zeilen, um den Wert der Zelle wiederzugeben, die um die mit Spaltenindex angegebene Anzahl von Spalten neben dem Suchkriterium steht.

T(Wert)
wandelt die Argumente in Text um.

TAG(Serielle_Zahl)
wandelt die serielle Zahl in den entsprechenden Tag um.

TAGE360(Anfangsdatum;Enddatum)
berechnet die Anzahl der Tage zwischen zwei Datumsangaben, basierend auf einem Jahr mit 360 Tagen.

TAN(Zahl)
berechnet den Tangens des angegebenen Winkels.

TANHYP(Zahl)
liefert als Ergebnis den hyperbolischen Tangens des Winkels.

TEIL(Text;Beginn;Anzahl_Zeichen)
entnimmt dem Text eine bestimmte Anzahl von Zeichen ab der angegebenen Textstelle.

TEXT(Wert;Textformat)
formatiert eine Zahl mit dem angegebenen Zahlenformat und wandelt sie in einen Text um.

TREND(Bekannte_y_Werte;Bekannte_x_Werte; Neue_x_Werte;Konstante)
paßt den bekannten Werten eine Gerade an und berechnet daraus Neue_x_Werte.

TYP(Wert)
liefert als Ergebnis eine Zahl, die den Datentyp des Wertes anzeigt.

UND(Wahrheitswert1;Wahrheitswert2;...)
liefert als Ergebnis WAHR, wenn jedes Argument WAHR ist.

VARIANZ(Zahl1;Zahl2;...)
ermittelt durch Schätzung die Varianz der Grundgesamtheit aus einer Stichprobe.

VARIANZEN(Zahl1;Zahl2;...)
liefert als Ergebnis die Varianz einer vollständigen Grundgesamtheit.

VARIATION(Bekannte_y_Werte;Bekannte_x_Werte; Neue_x_Werte;Konstante)
paßt den bekannten Werten eine Exponentialkurve an und berechnet daraus Neue_x_Werte.

VDB(Kosten;Rest;Dauer;Zeitraum_Anfang;Zeitraum_Ende; Faktor;Nicht_wechseln)
liefert als Ergebnis die Abschreibung eines Anlageprojekts für eine bestimmte Zeitperiode oder einen Teil einer Zeitperiode nach der geometrisch degressiven Abschreibung.

VERGLEICH(Suchkriterium;Sucharray;Vergleichstyp)
sucht nach Werten in einem Bezug oder Array entsprechend dem Suchkriterium.

VERGLEICH2(Suchkriterium;Sucharray;Vergleichstyp)
sucht nach Werten in einem Bezug oder Array entsprechend dem Suchkriterium. Die Funktion ist optimiert für umfangreiche sortierte Arrays. Diese Funktion steht nur zur Verfügung, wenn der Add-In-Makro »Zusätzliche Funktionen« geladen ist.

VERWEIS(Suchkriterium;Suchvektor;Ergebnisvektor)
liefert als Ergebnis den dem Suchkriterium entsprechenden Wert aus einer Mehrfachoperation.

VERWEIS(Suchkriterium;Array)
liefert als Ergebnis einen dem Suchkriterium entsprechenden Wert in einem Array.

VORZEICHEN(Zahl)
gibt das Vorzeichen von Zahl an. Die Funktion ist 1 bei Zahlen größer Null, 0 bei Zahlen gleich Null und -1 bei Zahlen kleiner Null.

WAHL(Index;Wert1;Wert2;...)
wählt einen Wert aus einer Liste mit Werten.

WAHR
liefert als Ergebnis den Wahrheitswert WAHR.

WECHSELN(Text;Alter_Text;Neuer_Text;Häufigkeit)
wechselt den alten Text im Text gegen den neuen Text aus.

WENN(Wahrheitsprüfung;Dann_Wert;Sonst_Wert)
liefert in Abhängigkeit der Wahrheitsprüfung einen Wert.

WERT(Text)
wandelt das Textargument in eine Zahl um.

WIEDERHOLEN(Text;Multiplikator)
wiederholt den Text so oft, wie mit dem Multiplikator angegeben wird.

WOCHENTAG(Serielle_Zahl)
wandelt eine serielle Zahl in den entsprechenden Wochentag um.

WURZEL(Zahl)
berechnet die Quadratwurzel von Zahl. Ist die Zahl negativ wird der Fehlerwert #ZAHL! ausgegeben.

WVERWEIS(Suchkriterium;Mehrfachoperationsarray; Zeilenindex)
betrachtet die erste Zeile eines Arrays und bewegt sich zeilenweise nach unten, um den Wert der Zelle wiederzugeben, die um die mit Zeilenindex angegebene Anzahl von Zeilen unter dem Suchkriterium steht.

ZEICHEN(Zahl)
liefert als Ergebnis das durch die Codezahl bestimmte Zeichen.

ZEILE(Bezug)
liefert als Ergebnis die Zeilennummer im Bezug.

ZEILEN(Array)
liefert als Ergebnis die Anzahl der Zeilen in einem Array.

ZEIT(Stunde;Minute;Sekunde)
wandelt die Zeitangabe in die entsprechende serielle Zahl um.

ZEITWERT(Zeit)
wandelt eine Zeit in Textform in die entsprechende serielle Zahl um.

ZELLE(Infotyp;Bezug)
liefert als Ergebnis Informationen über Formatierung, Position oder Inhalt einer Zelle.

ZINS(Zzr;Rmz;Bw;Zw;F;Schätzwert)
liefert als Ergebnis den Zinssatz einer Investition bei vorgegebenen Werten für die Zahlungszeiträume (Zzr), Ratenmonatszahlungen (Rmz), Barwert (Bw), zukünftigen Wert (Zw), Fälligkeit (F) und einem Schätzwert für den Jahreszinssatz.

ZINSZ(Zins;Zr;Zzr;Bw;Zw;F)
liefert als Ergebnis die Zinszahlung einer Investition bei vorgegebenen Werten für den Jahreszins (Zins), den Zeitraum (Zr), für den die Zinszahlung berechnet werden soll, Zahlungszeiträume (Zzr), Barwert (Bw), zukünftigen Wert (Zw) und Fälligkeit (F).

ZUFALLSZAHL()
berechnet eine Zufallszahl zwischen 0 und 1.

ZW(Zins;Zzr;Rmz;Bw;F)
liefert als Ergebnis den zukünftigen Wert einer Investition bei vorgegebenen Werten für den Jahreszins (Zins), die Zahlungszeiträume (Zzr), Ratenmonatszahlungen (Rmz), Barwert (Bw) und Fälligkeit (F).

ZZR(Zins;Rmz;Bw;Zw;F)
liefert als Ergebnis die Anzahl der Zahlungen einer Investition bei vorgegebenen Werten für den Jahreszins (Zins), Ratenmonatszahlungen (Rmz), Barwert (Bw), zukünftigen Wert (Zw) und Fälligkeit (F).

Anhang C
Makrofunktionen

In diesem Teil werden nur Makrofunktionen aufgeführt. Alle Tabellenfunktionen des vorherigen Anhangs, die in Makros ebenso wie in Tabellen benutzt werden können, wurden nicht noch einmal beschrieben.

A1.Z1S1(Wahrheitswert)
entspricht dem Befehl *OPTIONEN Arbeitsbereich* »Z1S1«. Ist der Wahrheitswert WAHR wird die A1-Schreibweise benutzt, bei FALSCH die Schreibweise Z1S1.

ABBRECHEN()
unterbricht eine FÜR-WEITER oder eine SOLANGE-WEITER-Schleife.

ABBRECHEN.KOPIEREN()
löscht den Laufrahmen nach einem Kopiervorgang.

ABBRECHEN.TASTE(Aktivieren;Makrobezug)
ändert den Status der Esc-Taste.

ABFRAGEN(Kanalnummer;Objekt)
erfragt Daten aus anderen Windows-Anwendungen über DDE-Verknüpfungen.

ABONNIEREN(Dateitext;Format)
setzt den Inhalt der Auflage in die aktive Datei der aktuellen Auswahl. Diese Funktion steht nur in Excel für den Apple Macintosh mit Systemsoftware Version 7.0 zur Verfügung.

ABSPOS(Bezug_Text;Bezug)
übergibt den Bezug der Felder, die sich an der Position »Bezug_Text« befinden, ausgehend von der Position »Bezug«.

ACHSEN(Haupt_Rubrik;Haupt_Größe;
Überlagerung_Rubrik;Überlagerung_Größe)
ACHSEN?(Haupt_Rubrik;Haupt_Größe;
Überlagerung_Rubrik;Überlagerung_Größe)
hat die gleiche Funktion wie der Befehl *Achsen* in *DIAGRAMM* für
2D-Diagramme. Mit ACHSEN? erscheint das entsprechende Dialogfenster und der Benutzer kann seine gewünschte Einstellung
wählen.

ACHSEN(Haupt_Rubrik;Haupt_Reihen;Haupt_Größen)
ACHSEN?(Haupt_Rubrik;Haupt_Reihen;Haupt_Größen)
hat die gleiche Funktion wie der Befehl *Achsen* in *DIAGRAMM* für
3D-Diagramme. Mit ACHSEN? erscheint das entsprechende Dialogfenster und der Benutzer kann seine gewünschte Einstellung
wählen.

AKTIVE.ZELLE()
liefert den Bezug zu der aktiven Zelle in einer Auswahl als externen
Bezug.

AKTIVE.ZELLE.ZEIGEN()
führt einen Bildlauf zur aktiven Zelle durch.

AKTIVIEREN(Fenster_Text;Unterfenster_Nummer)
aktiviert ein Fenster.

AKTIVIEREN.WEITER()
AKTIVIEREN.VORHER()
schaltet zum nächsten/vorhergehenden Fenster.

AKTIVIEREN.WEITER(Arbeitsmappe)
AKTIVIEREN.VORHER(Arbeitsmappe)
schaltet zum nächsten/vorhergehenden Dokument einer Arbeitsmappe.

AKTUALISIERUNGSSTATUS(Verknüpfung;Status;
Verknüpfungsart)
legt die Art fest, wie eine Verknüpfung aktualisiert wird.

ALLES.SCHLIESSEN()
entspricht dem Befehl *DATEI Alles schließen*.

ANALYSE(Analysetext)
ANALYSE?(Analysetext)
entspricht dem Befehl *DATEN Analyse*. Bei Benutzung von ANALYSE?() wird das entsprechende Dialogfenster am Bildschirm angezeigt.

ANORDNEN(Anordnen_Num;Aktive_Datei;Sync_horiz;Sync_vert)
ANORDNEN?(Anordnen_Num;Aktive_Datei;Sync_horiz;Sync_vert)
entspricht dem Befehl *FENSTER Anordnen*.

ANSICHT.3D(Betrachtungshöhe;Perspektive;Drehung; Achse;Höhe%)
ANSICHT.3D?(Betrachtungshöhe;Perspektive;Drehung; Achse;Höhe%)
entspricht dem Befehl *FORMAT 3D-Ansicht*. Mit ANSICHT.3D? wird das entsprechende Dialogfenster zur Auswahl angezeigt.

ANSICHT.FESTLEGEN(Ansicht;Druck_Festlegungen;Zeile_Spalte)
entspricht der Taste »Hinzufügen« im Dialogfeld *FENSTER Ansichten*.

ANSICHT.LÖSCHEN(Ansicht)
entspricht der Taste »Löschen« im Dialogfeld *FENSTER Ansicht* .

ANSICHT.ZEIGEN(Ansicht)
ANSICHT.ZEIGEN?(Ansicht)
entspricht der Taste »Zeigen« im Dialogfeld *FENSTER Ansicht* .

ANSICHT.ZUORDNEN(Typ;Ansicht)
ergibt ein Array mit den definierten Ansichten der aktuellen Datei.

ANW.AKTIVIEREN(Titel;Warten_Wahrheitswert)
aktiviert eine unter Windows lauffähige Anwendung.

ANW.BEWEGEN(x_Zahl;y_Zahl)
ANW.BEWEGEN?(x_Zahl;y_Zahl)
entspricht dem Befehl *Verschieben* aus dem Systemmenü des Anwendungsfensters.

ANW.GRÖSSE(x_Zahl;y_Zahl)
ANW.GRÖSSE?(x_Zahl;y_Zahl)
entspricht dem Befehl *Größe ändern* aus dem Systemmenü des Anwendungsfensters.

ANW.SYMBOL()
verkleinert das Anwendungsfenster auf Symbolgröße.

ANW.TITEL(Text)
ändert den Titel im Anwendungsfenster.

ANW.VOLLBILD()
vergrößert das Anwendungsfenster zum Vollbild.

ANW.WIEDERHERSTELLEN()
stellt die Ausgangsgröße des Anwendungsfensters wieder her.

ARBEITSBEREICH(Fest;Dezimal;Z1S1;Bildlauf;Status;
Formel;Menütaste;Fern;Eingabe;Unterstreichung;
Symbole;Notizen;Tastaturschlüssel;Tastenfunktion;
Ziehen_Ablegen;Info_zeigen)
ARBEITSBEREICH?(Fest;Dezimal;Z1S1;Bildlauf;Status;
Formel;Menütaste;Fern;Eingabe;Unterstreichung;
Symbole;Notizen;Tastaturschlüssel;Tastenfunktion;
Ziehen_Ablegen;Info_zeigen)
entspricht dem Befehl *OPTIONEN Arbeitsbereich*. ARBEITS-
BEREICH?() öffnet das entsprechende Dialogfenster für Änderun-
gen.

ARBEITSBEREICH.SPEICHERN(Name)
ARBEITSBEREICH.SPEICHERN?(Name)
entspricht dem Befehl *ARBEITSMAPPE.SPEICHERN(...)*. Wurde
aus Kompatibilitätsgründen zu Excel 3.0 belassen.

ARBEITSBEREICH.ZUORDNEN(Typ)
liefert Informationen über den Arbeitsbereich.

ARBEITSGRUPPE(Namensarray)
entspricht dem Befehl *OPTIONEN Gruppe bearbeiten*.

ARBEITSGRUPPE.AUSFÜLLEN(Typ)
ARBEITSGRUPPE.AUSFÜLLEN?(Typ)
entspricht dem Befehl *BEARBEITEN Arbeitsgruppe ausfüllen*.
ARBEITSGRUPPE.AUSFÜLLEN? öffnet ein entsprechendes Dialogfenster.

ARBEITSMAPPE.AKTIVIEREN(Name;Neues_Fenster)
aktiviert die angegebene Arbeitsmappe.

ARBEITSMAPPE.AUSWÄHLEN(Namensarray;Aktiv)
markiert Dokumente der angegebenen Arbeitsmappe.

ARBEITSMAPPE.ERWEITERN(Name;Neues_Fenster)
ARBEITSMAPPE.ERWEITERN?(Name;Neues_Fenster)
fügt neue Dokumente in die angegebene Arbeitsmappe hinzu.

ARBEITSMAPPE.KOPIEREN(Namensarray;Arbeitsmappe;Position)
kopiert Dokumente zwischen Arbeitsmappen.

ARBEITSMAPPE.OPTIONEN(Tabelle;Einbinden;
Arbeitsmappe_Name)
verändert den Status von Dokumenten einer Arbeitsmappe.

ARBEITSMAPPE.SPEICHERN(Datei;Typ;
Kennwort_Schutz;Sicherung;
Schreibschutz_Kennwort;Schreibschutz_empfehlen)
ARBEITSMAPPE.SPEICHERN?(Datei;Typ;
Kennwort_Schutz; Sicherung;
Schreibschutz_Kennwort;Schreibschutz_empfehlen)
speichert eine Arbeitsmappe.

ARBEITSMAPPE.VERSCHIEBEN(Namensarray;Arbeitsmappe;Position)
verändert die Reihenfolge von Dokumenten einer Arbeitsmappe.

ARBEITSMAPPE.ZUORDNEN(Typ;Name)
liefert Informationen zu einer Arbeitsmappe.

ARGUMENT(Namenstext;Datentypnummer)
beschreibt die an ein Funktionsmakro zu übergebenden Argumente.

ARGUMENT(Name;Datentypzahl;Bezug)
beschreibt die an ein Funktionsmakro zu übergebenden Argumente und deren Zielbezug.

AUFLAGEN.OPTIONEN(Auflagentyp;Auflagenname;Bezug;
Option;Erscheinungsbild;Größe;Formate)
kann Optionen für Herausgeber und Abonennten auf dem Apple Macintosh bestimmen.

AUFRUFEN(Modul;Prozedur;Eingabetext;Argument1;...)
ruft eine interne Windows-Prozedur oder eine Funktion aus einer DLL-Bibliothek auf.

AUSBLENDEN()
entspricht *FENSTER Ausblenden.*

AUSF(Anwendung;Fenster)
startet eine andere Windows-Anwendung.

AUSFÜHREN(Kanalnummer;Ausführen_Text)
führt über die DDE-Verknüpfung »Kanalnummer« den Befehl
Ausführen_Text in einer anderen Windows-Anwendung aus.

AUSRICHTUNG(Horiz;Zeilenumbruch;Vert;Richtung)
AUSRICHTUNG?(Horiz;Zeilenumbruch;Vert;Richtung)
entspricht dem Befehl *FORMAT Ausrichtung* bzw. aktiviert das
entsprechende Dialogfenster.

AUSSCHNEIDEN(Von_Bezug;Zu_Bezug)
entspricht ohne die Parameter dem Befehl *BEARBEITEN Ausschneiden.* Bei Angabe der Parameter wird »Von_Bezug« zu
»Zu_Bezug« verschoben.

AUSWAHL()
liefert als Ergebnis einen ausgewählten Bezug als externen Bezug.

AUSWÄHLEN(Auswahl;Aktive_Zelle)
markiert die durch Auswahl angegebenen Zellen und macht
»Aktive_Zelle« zum aktiven Feld.

AUSWÄHLEN(Objektkenntext;Ersetzen)
wählt Objekte in einer Tabelle oder Makrovorlage aus.

AUSWÄHLEN(Element;Einzelpunkt)
wählt Diagrammelemente aus.

AUSWERTEN(Formel)
wertet die als Zeichkette angegebene Formel aus.

AUSZEICHNUNG(Fett;Kursiv)
AUSZEICHNUNG?(Fett;Kursiv)
ändert die Auszeichnung der Schriftart bzw. ruft das Dialogfenster
FORMAT Schriftart auf. Nur aus Kompatibilitätsgründen vorhanden.

AUTO.AUSFÜLLEN(Zielbezug;Nur_kopieren)
füllt einen Bereich automatisch aus.

AUTO.FORMATIEREN(Format;Zahlenformat;Schriftart; Ausrichtung;Rahmenart;Muster;Spaltenbreite)
AUTO.FORMATIEREN?(Format;Zahlenformat;Schriftart; Ausrichtung;Rahmenart;Muster;Spaltenbreite)
entspricht dem Befehl *FORMAT Autoformatieren*.

BEARBEITEN.LÖSCHEN(Verschieben_Zahl)
BEARBEITEN.LÖSCHEN?(Verschieben_Zahl)
entspricht dem Befehl *BEARBEITEN Löschen* bzw. aktiviert die entsprechende Dialogbox.

BEARBEITEN.WIEDERHOLEN()
entspricht dem Befehl *BEARBEITEN Wiederholen*.

BEENDEN()
entspricht dem Befehl *DATEI Beenden*.

BEFEHL.AKTIVIEREN(Kennummer;Menü;Befehl;Aktivieren)
aktiviert oder deaktiviert Befehle der Excel-Befehlsmenüs oder eigene Befehlsmenüs.

BEFEHL.EINFÜGEN(Kennummer;Menü;Befehlsbezug;Position)
fügt einen selbsterstellten Befehl zu einem Menü hinzu.

BEFEHL.LÖSCHEN(Kennummer;Menü;Befehl)
löscht einen Befehl aus einem benutzerdefinierten oder eingebauten Menü.

BEFEHL.UMBENENNEN(Kennummer;Menü;Befehl;Name)
ändert den Namen eines eingebauten oder benutzerdefinierten Befehls.

BEFEHL.WÄHLEN(Kennummer;Menü;Befehl;Wählen)
versieht einen Befehl mit Häkchen oder entfernt dieses.

BEI.BERECHNEN(Tabellentext;Makrotext)
führt einen Makro aus, sobald eine bestimmte Tabelle neu berechnet wird.

BEI.DATEN(Dateitext;Makrtext)
ruft den angegebenen Makro auf, wenn eine andere Anwendung Daten über DDE an eine bestimmte Datei schickt.

BEI.DOPPELKLICK(Dateitext;Makrotext)
führt dem Makro »Makro_Text« bei einem Doppelklick aus.

BEI.EINGABE(Dateitext;Makrotext)
führt dem Makro »Makro_Text« bei einer Eingabe in eine beliebige
Zelle aus.

BEI.FENSTER(Fenstertext;Makrotext)
führt den angegebenen Makro aus, wenn ein bestimmtes Fenster
aktiviert wird.

BEI.TASTE(Tastentext;Makrotext)
führt einen Makro bei Betätigung einer bestimmten Taste oder
Tastenkombination aus.

BEI.ZEIT(Zeit;Makrotext;Toleranz;Eingabe_Wahrheitswert)
führt einen Makro zu einem bestimmten Zeitpunkt aus.

BENUTZERDEFINIERT.SYMBOLLEISTE?(Kategorie)
entspricht dem Befehl *OPTIONEN Symbolleisten* und Aufruf der
Schaltfläche »Benutzerdefiniert«.

**BENUTZERDEFINIERT.RÜCKGÄNGIG(Makrotext;
Widerrufungstext)**
entspricht dem Befehl *BEARBEITEN Rückgängig* für benutzerdefinierte Befehle.

**BENUTZERDEFINIERT.WIEDERHOLEN(Makrotext;
Wiederholungstext;Aufzeichnungstext)**
erzeugt den Befehl *BEARBEITEN Wiederholen* für benutzerdefinierte Befehle.

**BERECHNEN(Typ;Iteration;Höchst;Änderungshöchstwert;
Aktualisieren;Genauigkeit;1904;Berechnen_speichern;
Werte_speichern;Alternativ_berechnen;Alternativ_Formel)
BERECHNEN?(Typ;Iteration;Höchst;Änderungshöchstwert;
Aktualisieren;Genauigkeit;1904;Berechnen_speichern;
Werte_speichern;Alternativ_berechnen;Alternativ_Formel)**
entspricht dem Befehl *OPTIONEN Berechnen* bzw. öffnet das ent-
sprechende Dialogfenster.

BEREICH.VERSCHIEBEN(Bezug;Zeilen;Spalten;Höhe;Breite)
ergibt einen Bezug in der Größe *Höhe* x *Breite*, der um *Zeilen* und
Spalten gegenüber einem anderen Bezug verschoben ist.

BEREICHE(Bezug)
liefert die Anzahl der Bereiche in einem Bezug.

BERICHT.DRUCKEN(Bericht;Anz_Kopien;
Dialogfeld_einblenden)
BERICHT.DRUCKEN?(Bericht;Anz_Kopien)
druckt einen Bericht.

BERICHT.FESTLEGEN(Bericht;Ansichten_Szenarios_Array;
Seiten)
legt einen Bericht fest.

BERICHT.INFO(Typ;Bericht)
liefert Informationen zu einem Bericht.

BERICHT.LÖSCHEN(Bericht)
löscht den angebenen Bericht.

BERICHT.ZUORDNEN(Typ;Bericht)
liefert Informationen zu einem Bericht.

BEWEGEN(x_Position;y_Position;Fenstertext)
BEWEGEN?(x_Position;y_Position;Fenstertext)
entspricht dem Befehl *Bewegen* aus dem Systemmenü und ist aus
Kompatiblilitätsgründen zu Excel 3.0 enthalten.

BILD.EINFÜGEN()
entspricht dem Befehl *BEARBEITEN Bild einfügen*.

BILD.KOPIEREN(Erscheinungsbild;Größe;Typ)
entspricht dem Befehl *BEARBEITEN Bild kopieren*.

BILDSCHIRMANZEIGE(Formel;Gitternetzlinien;Kopf;Null;
Farbe;Gliederung;Seitenumbruch;Objekte)
BILDSCHIRMANZEIGE?(Formel;Gitternetzlinien;Kopf;Null;
Farbe;Gliederung;Seitenumbruch;Objekte)
entspricht dem Befehl *OPTIONEN Bildschirmanzeige* bzw. öffnet die
entsprechende Dialogbox.

BILDSCHIRMANZEIGE(Zelle;Formel;Wert;Format;Schutz;
Namen;Vorrangige;Abhängige;Notiz)
entspricht dem Befehl *FENSTER Infofenster*.

BÜNDIG.ANORDNEN()
entspricht dem Befehl *FORMAT Ausrichtung.*

DATEI.BERECHNEN()
entspricht dem Befehl *OPTIONEN Datei berechnen.*

DATEI.LÖSCHEN(Datei)
DATEI.LÖSCHEN?(Datei)
entspricht dem Befehl *DATEI Löschen.*

DATEI.SCHLIESSEN(Speichern_Wahrheitswert)
entspricht dem Befehl *DATEI Schließen.*

DATEI.SCHÜTZEN(Inhalt;Fenster;Kennwort;Objekte)
DATEI.SCHÜTZEN?(Inhalt;Fenster;Kennwort;Objekte)
entspricht dem Befehl *OPTIONEN Datei schützen.*

DATEI.TEST(Pfadtext)
prüft die Existenz einer Datei oder eines Verzeichnisses.

DATEI.ZUORDNEN(Typ;Name)
liefert Information über eine Datei.

DATEIEN(Verzeichnistext)
liefert ein Textarray mit allen Dateinamen des angegebenen Verzeichnisses.

DATEN.EINGEBEN(Wahrheitswert)
aktiviert den Dateneingabemodus.

DATEN.LÖSCHEN()
DATEN.LÖSCHEN?()
entspricht dem Befehl *DATEN Löschen* bzw. aktiviert das entsprechende Dialogfenster.

DATEN.SUCHEN(Wahrheitswert)
entspricht dem Befehl *DATEN Suchen.*

DATEN.SUCHEN.WEITER()
DATEN.SUCHEN.VORHER()
entspricht dem Befehl *DATEN Suchen* und anschließend gedrückter
↑– oder ↓-Taste.

DATENBANK.FESTLEGEN()
entspricht dem Befehl *DATEN Datenbank festlegen.*

**DATENREIHE.BEARBEITEN(Datenreihe;Name_Bezug;
x_Bez;y_Bez;z_Bez;Darstellungsfolge)**
**DATENREIHE.BEARBEITEN?(Datenreihe;Name_Bezug;
x_Bez;y_Bez;z_Bez;Darstellungsfolge)**
entspricht dem Befehl *DIAGRAMM Datenreihen bearbeiten* oder
öffnet die dazugehörende Dialogbox.

**DATENREIHE.BERECHNEN(Zeile_Spalte;Typ;Datum;
Schrittweite;Endwert;Trend)**
**DATENREIHE.BERECHNEN?(Zeile_Spalte;Typ;Datum;
Schrittweite;Endwert;Trend)**
entspricht dem Befehl *DATEN Reihe berechnen* oder akiviert das
Dialogfenster.

DEF.ZUORDNEN(Definitionstext;Datei;Typ)
liefert als Ergebnis einen Namen, der mit der Definition übereinstimmt.

DGRÖSSE(Dateinum)
ergibt die Größe einer geöffneten Datei in Bytes.

DIA(Ansch_Wert;Restwert;Nutzungsdauer;Zr)
liefert den Wert der digitalen Abschreibung eines
Anlageobjekts über einen bestimmten Zeitraum.

**DIA.BEARBEITEN(Überg_Effekt;Überg_Geschwindigkeit;
Anzeige_Zeit;Tonfolgendatei;Ressource)**
**DIA.BEARBEITEN?(Überg_Effekt;Überg_Geschwindigkeit;
Anzeige_Zeit;Tonfolgendatei;Ressource)**
bearbeitet ein in einer Diaschau definiertes Dia.

**DIA.EINFÜGEN(Überg_Effekt;Überg_Geschwindigkeit;
Anzeige_Zeit;Tonfolgendatei;Ressource)**
**DIA.EINFÜGEN?(Überg_Effekt;Überg_Geschwindigkeit;
Anzeige_Zeit;Tonfolgendatei;Ressource)**
fügt ein neues Dia in eine Diaschau ein.

DIA.EINSTELLUNGEN(Überg_Effekt;Überg_Geschw;
AnzeigeZeit;Tonfolgendatei)
DIA.EINSTELLUNGEN(Überg_Effekt;Überg_Geschw;
AnzeigeZeit;Tonfolgendatei)
stellt die Standardwerte für Dia in einer Daischau ein.

DIA.ZEILE.AUSSCHNEIDEN()
entnimmt einer Diaschau eine Zeile.

DIA.ZEILE.EINFÜGEN()
fügt eine Diaschau eine Zeile hinzu.

DIA.ZEILE.KOPIEREN()
kopiert eine Zeile in einer Diaschau.

DIA.ZEILE.LÖSCHEN()
löscht eine Zeile einer Diaschau.

DIA.ZUORDNEN(Typ;Name;Dianummer)
liefert Informationen zu einem Dia einer Diaschau.

DIAGRAMM.ASSISTENT(Art;Bezug;Muster;Typ;Zeichnen;
Rubriken;Reihentitel;Legende;Titel;x_Titel;y_Titel;Z_Titel)
DIAGRAMM.ASSISTENT?(Art;Bezug;Muster;Typ;Zeichnen;
Rubriken;Reihentitel;Legende;Titel;x_Titel;y_Titel;Z_Titel)
entspricht dem Symbol »Diagramm-Assistent« auf der Symbol-
leiste.

DIAGRAMM.AUSWÄHLEN()
entspricht dem Befehl *DIAGRAMM Diagramm auswählen.*

DIAGRAMM.ELEMENT.ZUORDNEN(x_y_Index;
Punkt_Index;Element_Text)
liefert als Ergebnis die Position eines Diagrammelementes.

DIAGRAMM.KOPIEREN(Größe)
entspricht dem Befehl *BEARBEITEN Diagramm kopieren.*

DIAGRAMMFLÄCHE.AUSWÄHLEN()
entspricht dem Befehl *DIAGRAMM Diagrammfläche auswählen.*

DIALOGFELD(Dialogfeldbezug)
zeigt ein Anwenderdialogfeld an.

DIASCHAU(Anfangsdia;Wiederholen;Titel;Tasten;Optionen)
DIASCHAU?(Anfangsdia;Wiederholen;Titel;Tasten;Optionen)
zeigt eine Diaschau.

DLESEN(Dateinummer;Anzahl_Zeichen)
liest eine definierte Anzahl Zeichen aus einer Datei.

DLESEN.ZEILE(Dateinummer)
liest eine Zeile aus einer Datei.

DÖFFNEN(Dateitext;Zugriff_Num)
öffnet eine Datei mit der angegebenen Zugriffsart.

DOKUMENTE(Typ;Suchkriterium)
liefert die Namen aller offene Dateien in alphabetischer Reihenfolge.

DPOS(Dateinummer;Position)
legt die Schreib- oder Leseposition in einer Datei fest.

DRUCKBEREICH.FESTLEGEN()
entspricht dem Befehl *OPTIONEN Druckbereich festlegen.*

**DRUCKEN(Bereich;Von;Bis;Kopien;Entwurf;Seitenansicht;
Auszug;Farbe;Papiervorschub)**
**DRUCKEN?(Bereich;Von;Bis;Kopien;Entwurf;Seitenansicht;
Auszug;Farbe;Papiervorschub)**
entspricht dem Befehl *DATEI Drucken* bzw. aktiviert das Dialogfenster.

DRUCKEN.EINRICHTUNG(Drucker_Text)
DRUCKEN.EINRICHTUNG?(Drucker_Text)
entspricht dem Befehl *DATEI Seite einrichten* »Drucker einrichten«
oder öffnet das Dialogfenster zu diesem Befehl.

DRUCKTITEL.FESTLEGEN(Spaltentitel_Bezug;Zeilentitel_Bezug)
entspricht dem Befehl *OPTIONEN Drucktitel festlegen.*

DSCHLIESSEN(Dateinummer)
schließt die angegebene Datei.

DSCHREIBEN(Dateinummer;Text)
schreibt Text in eine Datei.

DSCHREIBEN.ZEILE(Dateinummer;Text)
schreibt eine Zeile in eine Textdatei.

DUPLIZIEREN()
verdoppelt das gewählte Objekt.

ECHO(Wahrheitswert)
aktiviert bzw. deaktiviert die Bildschirmaktualisierung.

EINBLENDEN(Fenstertext)
entspricht dem Befehl *FENSTER Einblenden*.

EINFÜGEN(Zu_Bezug)
entspricht dem Befehl *BEARBEITEN Einfügen*.

EINGABE(Hinweis;Typ;Überschrift;Vorgabe; x_Position;y_Position)
zeigt ein einfaches Dialogfenster an.

EINGABE.SPERREN(Wahrheitswert)
verhindert alle Tastatur- und Mauseingaben in Excel.

EINGABEFELD.WEITER()
EINGABEFELD.VORHER()
geht zum nächsten bzw. vorherigen nicht gesperrten Feld.

EINSCHRÄNKUNG.ZIFFERN(Nur_numerische_Zeichen)
schränkt die automatische Handschrifterkennung auf Ziffern und Interpunktation ein. Diese Funktion ist nur bei Verwendung von Microsoft Windows for Pen Computing ensetzbar.

EINGABE.SPERREN(Wahrheitswert)
sperrt alle Eingaben von Tastatur und Maus.

EINZELHEITEN.ZEIGEN(Zeile_Spalte;Zeile_Spalte_Nummer; Erweitern)
ermöglicht die untergeordneten Zellen einer Hauptspalte oder -zeile zu zeigen, ohne die ganze Gliederungsebene zu entfalten.

EINZELSCHRITT()
führt einen Makro schrittweise aus.

ENDE.AUSWÄHLEN(Richtungszahl)
wechselt das aktive Feld.

ENDE.WENN()
beendet einen durch den Makro WENN() geöffneten Funktionsblock.

ERGEBNIS(Typzahl)
gibt den Typ für den Ausgabewert eines Funktionsmakros an.

ERWEITERN.POLYGON(Array)
erweitert ein Polygon um die in »Array« angegebenen Eckpunkte.

FARBE.BEARBEITEN(Farbe;Rot;Grün;Blau)
FARBE.BEARBEITEN?(Farbe;Rot;Grün;Blau)
entspricht der Taste »Bearbeiten« in *OPTIONEN Farbpalette*; öffnet das dazugehörende Fenster.

FARBPALETTE(Dateitext)
FARBPALETTE?(Dateitext)
entspricht der Option »Farben kopieren von« in *OPTIONEN Farbpalette*.

FEHLER(Aktivieren;Makrobezug)
spezifiziert die Aktion, die nach dem Auftreten eines Makrofehlers ausgeführt werden soll.

FEHLER.TYP(Fehlerwert)
gibt den Typ des Fehlers zurück.

FENSTER(Typzahl;Suchkriterium)
liefert als Ergebnis die Namen aller Fenster, die sich auf dem Bildschirm befinden.

FENSTER.FIXIEREN(Wahrheitswert;Spalte;Zeile)
entspricht dem Befehl *FENSTER Fenster fixieren*.

FENSTER.GRÖSSE(Breite;Höhe;Fenstertext)
FENSTER.GRÖSSE?(Breite;Höhe;Fenstertext)
defininiert die Größe eines Fensters.

FENSTER.SYMBOL(Fenstertext)
stellt ein Fenster als Symbol verkleinert dar.

FENSTER.TITEL(Text)
verändert den Fenstertitel.

FENSTER.VERSCHIEBEN(x;y;Text)
FENSTER.VERSCHIEBEN?(x;y;Text)
verschiebt das aktuelle Fenster.

FENSTER.VOLLBILD(Fenstertext)
setzt die maximale Fenstergröße.

FENSTER.WIEDERHERSTELLEN(Fenstertext)
ändert ein Fenster in Symbol- oder Vollbilddarstellung auf seine
normale Größe.

FENSTER.ZUORDNEN(Typ;Fenstertext)
liefert als Ergebnis Informationen zu einem Fenster.

FORMAT.AUTO(Format;Zahlenformat;Schriftart;Ausrichtung;
Rahmenart;Muster;Spaltenbreite)
entspricht *FORMAT Autoformatieren*.

FORMAT.FIGUR(Eckpunkt;Einfügen;Bezug;x;y)
ändert ein markiertes Polygon.

FORMAT.GRÖSSE(x_Offset;y_Offset;Bezug)
FORMAT.GRÖSSE?(x_Offset;y_Offset;Bezug)
entspricht der Größenänderung von Tabellenobjekten mit der Maus
relativ zu einer Zelle oder einem Zellbereich.

FORMAT.GRÖSSE(Breite;Höhe)
FORMAT.GRÖSSE?(Breite;Höhe)
nimmt eine absolute Größenveränderung von Tabellenobjekten
und Diagrammelementen vor.

FORMAT.HAUPTDIAGRAMM(Typ;Ansicht;Überlappung;
Abstand;Verschieden;Bezugsl;Spannweite;Winkel;
Zwischenraum;Diagrammtiefe)
FORMAT.HAUPTDIAGRAMM?(Typ;Ansicht;Überlappung;
Abstand;Verschieden;Bezugsl;Spannweite;Winkel;
Zwischenraum;Diagrammtiefe)
entspricht dem Befehl *FORMAT Hauptdiagramm* in einem
Diagrammfenster bzw. zaubert das Dialogfenster auf den Bild-
schirm.

FORMAT.LEGENDE(Position)
FORMAT.LEGENDE?(Position)
entspricht dem Befehl *FORMAT Legende* in einem Dialogfenster.

FORMAT.LÖSCHEN(Formattext)
löscht ein benutzerdefiniertes Zahlenformat in *FORMAT Zahlenformat.*

**FORMAT.SCHRIFTART(Name;Größe;Fett;Kursiv;
Unterstreichen;Durchstreichen;Farbe;Kontur;Schatten)
FORMAT.SCHRIFTART?(Name;Größe;Fett;Kursiv;
Unterstreichen;Durchstreichen;Farbe;Kontur;Schatten)**
entspricht dem Befehl *FORMAT Schriftart* für Zellen oder öffnet
dieses Dialogfenster.

**FORMAT.SCHRIFTART(Name;Größe;Fett;Kursiv;
Unterstreichen;Durchstreichen;Farbe;
Kontur;Schatten;Objektkenntext;Anfang;Anzahl_Zeichen)
FORMAT.SCHRIFTART?(Name;Größe;Fett;Kursiv;
Unterstreichen; Durchstreichen;Farbe;
Kontur;Schatten;Objektkenntext;Anfang;Anzahl_Zeichen)**
entspricht dem Befehl *FORMAT Schriftart* für Textfelder und
Schaltflächen in Tabellen und Makrovorlagen.

**FORMAT.SCHRIFTART(Farbe;Hintergrund;Gilt_für;Name;
Größe;Fett;Kursiv;Unterstreichen;Durchstreichen;
Kontur;Schatten)
FORMAT.SCHRIFTART?(Farbe;Hintergrund;Gilt_für;Name;
Größe;Fett;Kursiv;Unterstreichen;Durchstreichen;
Kontur;Schatten)**
entspricht dem Befehl *FORMAT Schriftart* in Diagrammen ein-
schließlich nicht zugeordneter Textfelder oder öffnet das entspre-
chende Fenster.

**FORMAT.TEXT(x_Ausrichtung;y_Ausrichtung;Zentrierung;
Zugeordnet_Text;Zugeordnet_Grösse;Schlüssel_zeigen;
Wert_zeigen)
FORMAT.TEXT?(x_Ausrichtung;y_Ausrichtung;Zentrierung;
Zugeordnet_Text;Zugeordnet_Grösse;Schlüssel_zeigen;
Wert_zeigen)**
entspricht dem Befehl *FORMAT Text* bzw. aktiviert das entspre-
chende Dialogfeld.

**FORMAT.ÜBERLAGERUNG(Typ;Ansicht;Überlappung;
Abstand;Verschieden;Bezugsl;Spannweite;
Winkel;Reihenabstand;Reihen)
FORMAT.ÜBERLAGERUNG?(Typ;Ansicht;Überlappung;
Abstand;Verschieden;Bezugsl;Spannweite;
Winkel;Reihenabstand;Reihen)**
entspricht dem Befehl *FORMAT Überlagerung* bzw. ruft dieses
Dialogfenster auf.

**FORMAT.VERSCHIEBEN(x_Position;y_Position;Bezug)
FORMAT.VERSCHIEBEN?(x_Position;y_Position;Bezug)**
entspricht dem Verschieben eines Tabellenobjektes mit der Maus.

**FORMAT.VERSCHIEBEN(x_Position;y_Position)
FORMAT.VERSCHIEBEN?(x_Position;y_Position)**
entspricht dem Verschieben eines Diagrammelementes mit der
Maus.

**FORMAT.ZAHLENFORMAT(Formattext)
FORMAT.ZAHLENFORMAT?(Formattext)**
entspricht dem Befehl *FORMAT Zahlenformat* oder öffnet das Dialogfeld.

**FORMATVORLAGE.FESTLEGEN(Druckformat;Schriftart;
Ausrichtung;Rahmen;Muster;Schutz)
FORMATVORLAGE.FESTLEGEN?(Druckformat;Schriftart;
Ausrichtung;Rahmen;Muster;Schutz)**
entspricht der Taste »Festlegen« in *FORMAT Druckformat* oder
aktiviert das Dialogfenster.

**FORMATVORLAGE.FESTLEGEN(Druckformat;Merkmale;
Formattext)**
entspricht der Taste »Zahlenformat« im erweiterten Dialogfenster
zu *FORMAT Druckformat* »Festlegen«. Benutzt die Argumente der
Funktion FORMAT.ZAHLENFORMAT().

**FORMATVORLAGE.FESTLEGEN(Druckformat;Merkmale;
Name;Größe;Fett;Kursiv;Unterstreichen;
Durchstreichen;Farbe; Gliederung;Schatten)**
entspricht der Taste »Schriftart« im erweiterten Dialogfenster zu
FORMAT Druckformat »Festlegen«. Benutzt die Argumente der
Funktion FORMAT.SCHRIFTART().

FORMATVORLAGE.FESTLEGEN(Druckformat;Merkmale; Typzahl;Zeilenumbruch)
entspricht der Taste »Ausrichtung« im erweiterten Dialogfenster zu *FORMAT Druckformat* »Festlegen«. Benutzt die Argumente der Funktion AUSRICHTUNG().

FORMATVORLAGE.FESTLEGEN(Druckformat;Merkmale; Rand_links;Rand_rechts;Rand_oben;Rand_unten; Farbe_links;Farbe_rechts;Farbe_oben;Farbe_unten)
entspricht der Taste »Rahmen« im erweiterten Dialogfenster zu *FORMAT Druckformat* »Festlegen«. Benutzt die Argumente der Funktion RAHMENART().

FORMATVORLAGE.FESTLEGEN(Druckformat;Merkmale; FMuster;FVgrd;FHgrd)
entspricht der Taste »Muster« im erweiterten Dialogfenster zu *FORMAT Druckformat* »Festlegen«. Benutzt die Argumente der Funktion MUSTER().

FORMATVORLAGE.FESTLEGEN(Druckformat;Merkmale; Gesperrt;Formel_verbergen)
entspricht der Taste »Zellschutz« im erweiterten Dialogfenster zu *FORMAT Druckformat* »Festlegen«. Benutzt die Argumente der Funktion ZELLSCHUTZ().

FORMATVORLAGE.LÖSCHEN(Druckformat)
entspricht der Taste »Löschen« in *FORMAT Druckformat* »Festlegen«.

FORMATVORLAGE.ZUWEISEN(Druckformatname)
weist der aktuellen Auwahl eine Formatvorlage zu.

FORMATVORLAGEN.ZUSAMMENFÜHREN(Datei)
entspricht der Taste »Zusammenführen« in *FORMAT Druckormat* »Festlegen«.

FORMEL(Formel;Bezug)
fügt eine Formel, Zahlen, Text oder Bezüge in eine Zelle.

FORMEL.AUSFÜLLEN(Formel;Bezug)
fügt eine Formel in einen Bereich ein.

FORMEL.GEHEZU(Bezug;Ecke)
FORMEL.GEHEZU?(Bezug;Ecke)
entspricht dem Befehl *FORMEL Gehe zu* oder aktiviert dieses
Dialogfenster.

FORMEL.MFORMEL(Formel;Bezug)
fügt eine Matrixformel in eine Datei ein.

FORMEL.SUCHEN(Text;In_Zahl;Vergleiche_Zahl;
Nach_Zahl;Richtung;Genaue_Übereinstimmung)
FORMEL.SUCHEN?(Text;In_Zahl;Vergleiche_Zahl;
Nach_Zahl;Richtung;Genaue_Übereinstimmung)
entspricht dem Befehl *FORMEL Suchen*.

FORMEL.SUCHEN.UND.ERSETZEN(Suchtext;Ersatztext;
Vergleiche;Suche_nach;Aktuelle_Zelle;
Genaue_Übereinstimmung)
FORMEL.SUCHEN.UND.ERSETZEN?(Suchtext;Ersatztext;
Vergleiche;Suche_nach;Aktuelle_Zelle;
Genaue_Übereinstimmung)
entspricht dem Befehl *FORMEL Ersetzen*.

FORMEL.SUCHEN.WEITER()
FORMEL.SUCHEN.VORHER()
sucht das nächste bzw. vorhergehende Feld, das den Suchkriterien
entspricht.

FORMEL.UMWANDELN(Formel;von_A1;zu_A1;
zu_Abs;rel_zu_Bezug)
ändert Schreibweise einer Formel und deren Adressierung.

FORMEL.ZUORDNEN(Bezug)
liefert als Ergebnis den Inhalt des Feldes in der linken oberen Ecke
des angegebenen Bezugs.

FÜR(Zähler;Anfang;Ende;Schrittweite)
startet eine FÜR-WEITER-Schleife.

FÜR.ZELLE(Bezug;Bezugsbereich;Überspringen)
stellt den Beginn einer Schleife dar.

GEHEZU(Bezug)
springt zur oberen linken Ecke des angegebenen Bezugs.

GENAUIGKEIT(Wahrheitswert)
entspricht dem Optionsfeld »Genauigkeit wie angezeigt« in
OPTIONEN Berechnen.

**GITTERNETZLINIEN(Rubrik_Haupt;Rubrik_Hilfs;
Serien_Haupt;Serien_Hilfs;Größe_Haupt;Größe_Hilfs)**
**GITTERNETZLINIEN?(Rubrik_Haupt;Rubrik_Hilfs;
Serien_Haupt;Serien_Hilfs;Größe_Haupt;Größe_Hilfs)**
entspricht dem Befehl *DIAGRAMM Gitternetzlinien* im Diagramm-
fenster.

**GLIEDERUNG(Auto_Druckformate;Zeilen;Spalten;
Erstellen_Zuweisen)**
entspricht dem Befehl *FORMEL Gliederung.*

GLIEDERUNGSEBENEN.ZEIGEN(Zeilenebene;Spaltenebene)
blendet Gliederungsebenen ein bzw. aus.

GRUPPE.AUSFÜLLEN(Typ)
GRUPPE.AUSFÜLLEN?(Typ)
entspricht dem Befehl *Gruppe ausfüllen* aus dem Menü *BEARBEITEN.*

GRUPPIEREN()
entspricht dem Befehlt *FORMAT Gruppieren.*

GRUPPIERUNG.AUFHEBEN()
entspricht dem Befehl *FORMAT Gruppierung aufheben.*

**HAUPTDIAGRAMM(Art;Stapel;100;Verschieden;
Überlappung%;Gruppe;Winkel)**
**HAUPTDIAGRAMM?(Art;Stapel;100;Verschieden;
Überlappung%;Gruppe;Winkel)**
entspricht dem Befehl *FORMAT Hauptdiagramm* bzw. aktiviert
dieses Dialogfenster.

HAUPTDIAGRAMM.ART(Typ)
entspricht der Option »Hauptdiagrammart« des Befehls *Hauptdiagramm* aus *FORMAT.*

HERAUFSTUFEN(Zeile_Spalte)
HERAUFSTUFEN?(Zeile_Spalte)
entspricht einem Anklicken des Symbols für Heraufstufen.

HERUNTERSTUFEN(Zeile_Spalte)
HERUNTERSTUFEN?(Zeile_Spalte)
entspricht einem Anklicken des Symbols für Herunterstufen.

HILFE(Bezug)
aktiviert die Hilfefunktion und zeigt das durch das Argument »Bezug« festgelegte Stichwort einer benutzerdefinierten Hilfe an.

IMMER.BERECHNEN(Wahrheitswert)
kann zur Steuerung der Berechnungshäufigkeit bei benutzerdefinierter Makrofunktionen verwendet werden.

IN.DEN.HINTERGRUND()
entspricht dem Befehl *FORMAT In den Hintergrund.*

IN.DEN.VORDERGRUND()
entspricht dem Befehl *FORMAT In den Vordergrund.*

INFO.VERKNÜPFUNG.ZUORDNEN(Verknüpfungstext;
Typ;Verknüpfungsart;Bezug)
liefert Informationen über die in Verknüpfungstext genannte Verknüpfung.

INFO.ZEIGEN(Wahrheitswert)
entspricht dem Befehl *FENSTER Infofenster.*

INHALTE.AUSWÄHLEN(Typzahl;Wertetyp;Ebene)
INHALTE.AUSWÄHLEN?(Typzahl;Wertetyp;Ebene)
entspricht dem Befehl *FORMEL Inhalte auswählen.*

INHALTE.EINFÜGEN(Inhalt;Operation;Überspringen;
Transponieren)
INHALTE.EINFÜGEN?(Inhalt;Operation;Überspringen;
Transponieren)
entspricht dem Befehl *BEARBEITEN Inhalte einfügen,* um Bereiche aus Tabellen oder Makrovorlagen über die Windows-Zwischenablage in andere Tabellen oder Makrovorlagen zu übertragen.

INHALTE.EINFÜGEN(Zeile_Spalte;Reihe;Rubriken;Ersetzen)
INHALTE.EINFÜGEN?(Zeile_Spalte;Reihe;Rubriken;Ersetzen)
entspricht dem Befehl *BEARBEITEN Inhalte einfügen,* um so Bereiche aus Tabellen in Diagramme einzufügen.

INHALTE.EINFÜGEN(Inhalt)
INHALTE.EINFÜGEN?(Inhalt)
entspricht dem Befehl *BEARBEITEN Inhalte einfügen*, um Teile eines Diagramms in der Zwischenablage in ein anderes Diagramm einzufügen.

INHALTE.LÖSCHEN(Typ)
INHALTE.LÖSCHEN?(Typ)
entspricht dem Befehl *BEARBEITEN Inhalte löschen*.

KANAL.ÖFFNEN(Anwendung_Text;Thema)
öffnet einen DDE-Kanal zu einer anderen Windows-Anwendung.

KANAL.SCHLIESSEN(Kanalnummer)
schließt einen DDE-Kanal.

KONSOLIDIEREN(Ursprungsbezüge;Funktion;Oberste_Zeile;
Linke_Spalte;Verknüpfungen_erstellen)
KONSOLIDIEREN?(Ursprungsbezüge;Funktion;Oberste_Zeile;
Linke_Spalte;Verknüpfungen_erstellen)
entspricht dem Befehl *DATEN Konsolidieren*.

KOPIEREN(Von_Bezug;Zu_Bezug)
entspricht dem Befehl *BEARBEITEN Kopieren*.

KREGISTER(Registernummer)
entfernt eine Dynamic-Link-Library (DLL), die mit der Makrofunktion REGISTER() geladen wurde, aus dem Speicher.

KREUZTABELLE.ANLEGEN(Z_Array;S_Array;Werte_Array;
Gliederung;Namen;MultipleWerte;Autom_verdichten;
NeueTab)
KREUZTABELLE.ANLEGEN?()
ist gleichbedeutend mit der Schaltfläche »Neue Kreuztabelle erstellen« des Befehls *DATEN Kreuztabelle*.

KREUZTABELLE.NEUBERECHNEN(Neu_aufbauen)
berechnet die Kreuztabelle neu.

KREUZTABELLE.VERDICHTET()
entspricht dem Doppelklicken auf eine Zelle der Kreuztabelle.

KURZE.MENÜS(Wahrheitswert)
ist nur noch aus Kompatibilitätsgründen vorhanden.

LAYOUT(Kopf;Fuß;Links;Rechts;Oben;Unten;Kopfbereiche;
Gitter;Horizontal;Vertikal;Ausrichtung;Papiergröße;Teilung)
LAYOUT?(Kopf;Fuß;Links;Rechts;Oben;Unten;Kopfbereiche;
Gitter;Horizontal;Vertikal;Ausrichtung;Papiergröße;Teilung)
entspricht dem Befehl *DATEI Seite einrichten* für Tabellen und
Makrovorlagen.

LAYOUT(Kopf;Fuß;Links;Rechts;Oben;Unten;Größe;
Horizontal;Vertikal;Ausrichtung;Papiergröße;Teilung)
LAYOUT?(Kopf;Fuß;Links;Rechts;Oben;Unten;Größe;
Horizontal;Vertikal;Ausrichtung;Papiergröße;Teilung)
entspricht dem Befehl *DATEI Seite einrichten* für Diagramme.

LEERZELLEN(Verschieben_Zahl)
LEERZELLEN?(Verschieben_Zahl)
entspricht dem Befehl *BEARBEITEN Zellen einfügen* und verschiebt
dabei Zellen, um Platz für die neuen zu machen.

LEGENDE(Wahrheitswert)
entspricht dem Befehl *DIAGRAMM Legende einfügen.*

LETZTE.ZELLE.AUSWÄHLEN()
selektiert die Zelle, die in der letzten Zeile der Tabelle am weitesten
rechts steht.

LETZTER.FEHLER()
liefert den Zellbezug des letzten aufgetretenen Makrofehlers.

LINKS.AUSFÜLLEN()
entspricht   dem Befehl *BEARBEITEN Links ausfüllen*, der nach
Anwählen des Menüs *BEARBEITEN* bei gehaltener Umschalttaste
erscheint.

MAKRO.AUSFÜHREN(Bezug;Schrittweite)
MAKRO.AUSFÜHREN?(Bezug;Schrittweite)
entspricht dem Befehl *MAKRO Ausführen.*

MASKE()
entspricht dem Befehl *DATEN Maske.*

MEHRFACHOPERATIONEN(Zeilenbezug;Spaltenbezug)
MEHRFACHOPERATIONEN?(Zeilenbezug;Spaltenbezug)
entspricht dem Befehl *DATEN Mehrfachoperationen.*

MELDUNG(Wahrheitswert;Text)
zeigt oder löscht eine Meldung in der Statuszeile.

MENÜ.EINFÜGEN(Kennummer;Menübezug;Position)
fügt ein Menü in die Menüleiste ein.

MENÜ.LÖSCHEN(Kennummer;Menü)
löscht ein Menü aus der Menüleiste.

MENÜLEISTE.EINFÜGEN(Kennummer)
fügt eine leere Menüleiste ein.

MENÜLEISTE.LÖSCHEN(Kennummer)
löscht eine Anwendermenüleiste.

MENÜLEISTE.ZEIGEN(Kennummer)
zeigt eine Excel- oder Anwendermenüleiste an.

MENÜLEISTE.ZUORDNEN()
liefert die Nummer der aktiven Menüleiste.

MENÜLEISTE.ZUORDNEN(Kennummer;Menü;Befehl)
gibt den Namen eines festgelegten Befehls in einem Menü an.

MUSTER(FMuster;FVgrd;FHgrd)
MUSTER?(FMuster;FVgrd;FHgrd)
entspricht dem Befehl *FORMAT Muster* für Zellen.

MUSTER(SAut;SArt;SFarbe;SStark;PfBreit;PfLang;PfAusf)
MUSTER?(SAut;SArt;SFarbe;SStark;PfBreit;PfLang;PfAusf)
entspricht dem Befehl *FORMAT Muster* für Linien bzw. Pfeile in
Tabellen oder Diagrammen.

MUSTER(RAut;RArt;RFarbe;RStark;Schatten;FAut;FMuster;
FVgrd;FHgrd;Abgerundet)
MUSTER?(RAut;RArt;RFarbe;RStark;Schatten;FAut;FMuster;
FVgrd;FHgrd;Abgerundet)
entspricht dem Befehl *FORMAT Muster* für Textfelder, Ovale,
Bögen, Rechtecke bzw. Bilder.

**MUSTER(RAut;RArt;RFarbe;RStark;Schatten;FAut;FMuster;
FVgrd;FHgrd;Umkehr;Zuweisen)**
**MUSTER?(RAut;RArt;RFarbe;RStark;Schatten;FAut;FMuster;
FVgrd;FHgrd;Umkehr;Zuweisen)**
entspricht dem Befehl *FORMAT Muster* für Diagrammflächen,
Balken, Säulen, Kreisdiagrammsegmente und Beschriftungen.

MUSTER(SAut;SArt;SFarbe;SStark;THaupt;THilfs;TBeschrift)
MUSTER?(SAut;SArt;SFarbe;SStark;THaupt;THilfs;TBeschrift)
Entspricht dem Befehl *FORMAT Muster* für Diagrammachsen

MUSTER(SAut;SArt;SFarbe;SStark;Zuweisen)
MUSTER(SAut;SArt;SFarbe;SStark;Zuweisen)
entspricht dem Befehl *FORMAT Muster* für Diagramm-
Gitternetzlinien, Spannweitenlinien, Bezugslinien, Linien eines
Liniendiagramms und Bilddiagramme von Balken-, Säulen- und
3D-Säulendiagrammen.

**MUSTER(SAut;SArt;SFarbe;SStark;PAut;PAuszeich;
PVgrd;PHgrd;Zuweisen)**
**MUSTER?(SAut;SArt;SFarbe;SStark;PAut;PAuszeich;
PVgrd;PHgrd;Zuweisen)**
entspricht dem Befehl *FORMAT Muster* für Diagramm-Datenlinien.

MUSTER(Typ;Einheit;Zuweisen)
MUSTER?(Typ;Einheit;Zuweisen)
entspricht dem Befehl *FORMAT Muster* für Punktmarkierungen in
Bilddiagrammen.

MUSTER.3D.BALKEN(Typ)
MUSTER.3D.BALKEN?(Typ)
entspricht dem Befehl *MUSTER 3D-Balken.*

MUSTER.3D.FLÄCHEN(Typ)
MUSTER.3D.FLÄCHEN?(Typ)
entspricht dem Befehl *MUSTER 3D-Flächen.*

MUSTER.3D.KREIS(Typ)
MUSTER.3D.KREIS?(Typ)
entspricht dem Befehl *MUSTER* 3D-Kreis.

MUSTER.3D.LINIEN(Typ)
MUSTER.3D.LINIEN?(Typ)
entspricht dem Befehl *MUSTER 3D-Linien.*

MUSTER.3D.OBERFLÄCHE(Typ)
MUSTER.3D.OBERFLÄCHE?(Typ)
entspricht dem Befehl *MUSTER 3D-Oberfläche*.

MUSTER.3D.SÄULEN(Typ)
MUSTER.3D.SÄULEN?(Typ)
entspricht dem Befehl *MUSTER 3D-Säulen*.

MUSTER.BALKEN(Typ;Überlagerung_Löschen)
MUSTER.BALKEN?(Typ;Überlagerung_Löschen)
entspricht dem Befehl *MUSTER Balken*.

MUSTER.FLÄCHEN(Typ;Überlagerung_Löschen)
MUSTER.FLÄCHEN?(Typ;Überlagerung_Löschen)
entspricht dem Befehl *MUSTER Flächen*.

MUSTER.KREIS(Typ;Überlagerung_Löschen)
MUSTER.KREIS?(Typ;Überlagerung_Löschen)
entspricht dem Befehl *MUSTER Kreis*.

MUSTER.LINIEN(Typ;Überlagerung_Löschen)
MUSTER.LINIEN?(Typ;Überlagerung_Löschen)
entspricht dem Befehl *MUSTER Linien*.

MUSTER.NETZ(Typ;Überlagerung_Löschen)
MUSTER.NETZ?(Typ;Überlagerung_Löschen)
entspricht dem Befehl *MUSTER Netz*.

MUSTER.PUNKT(Typ;Überlagerung_Löschen)
MUSTER.PUNKT?(Typ;Überlagerung_Löschen)
entspricht dem Befehl *MUSTER Punkt*.

MUSTER.SÄULEN(Typ;Überlagerung_Löschen)
MUSTER.SÄULEN?(Typ;Überlagerung_Löschen)
entspricht dem Befehl *MUSTER Säulen*.

NACHRICHT.LESEN(Thema;Anmerkungen_anzeigen)
NACHRICHT.LESEN?(Thema;Anmerkungen_anzeigen)
entspricht dem Befehl *DATEI Nachricht lesen* für Microsoft Mail.

**NACHRICHT.SENDEN(Empfänger;Thema;
Empfang_bestätigen)
NACHRICHT.SENDEN?(Empfänger;Thema;
Empfang_bestätigen)**
entspricht dem Befehl *DATEI Nachricht senden* für Microsoft Mail.

NÄCHSTES.SZENARIO.ZEIGEN()
zeigt das nächste Szenario.

NAMEN(Datei;Typ;Suchkriterium)
liefert alle in einer Datei festgelegten Namen.

**NAMEN.ANWENDEN(Namensarray;Ignorieren;
Verwende_Zeile_Spalte;Spalte_weglassen;
Zeile_weglassen;Namen_Reihenfolge;Anhang)
NAMEN.ANWENDEN?(Namensarray;Ignorieren;
Verwende_Zeile_Spalte;Spalte_weglassen;
Zeile_weglassen;Namen_Reihenfolge;Anhang)**
entspricht dem Befehl *FORMEL Namen anwenden*.

NAMEN.AUFLISTEN()
entspricht dem Befehl *FORMEL Namen einfügen* und der Auswahl
der Taste »Liste einfügen«.

**NAMEN.FESTLEGEN(Name;Bezug_auf;Makrotyp;
Tastaturschlüssel; Ausblenden)
NAMEN.FESTLEGEN?(Name;Bezug_auf;Makrotyp;
Tastaturschlüssel; Ausblenden)**
entspricht dem Befehl *FORMEL Namen festlegen*.

NAMEN.LÖSCHEN(Name)
entspricht der Taste »Löschen« in *FORMEL Namen festlegen* .

**NAMEN.ÜBERNEHMEN(Oben;Links;Unten;Rechts)
NAMEN.ÜBERNEHMEN?(Oben;Links;Unten;Rechts)**
entspricht dem Befehl *FORMEL Namen übernehmen*.

NAMEN.ZUORDNEN(Name)
liefert als Ergebnis die Definition eines Namens.

NAMEN.ZUWEISEN(Name;Wert)
weist einem bestimmten Wert einen Namen zu.

NEU(Typ;xy_Reihen)
NEU?(Typ;xy_Reihen)
entspricht dem Befehl *DATEI Neu.*

NEUBERECHNEN()
entspricht den Befehlen *OPTIONEN Neu berechnen* und *DIAGRAMM Neu berechnen.*

NEUES.FENSTER()
entspricht dem Befehl *FENSTER Neues Fenster.*

NEUSTART(Ebene)
löscht Rücksprungadressen aus dem Stapelspeicher.

NOTIZ(Text;Zellbezug;Beginn;Anzahl_Zeichen)
NOTIZ?(Text;Zellbezug;Beginn;Anzahl_Zeichen)
erstellt eine Notiz oder ersetzt Text in einer Notiz.

NOTIZ.ZUORDNEN(Zellbezug;Beginn;Anzahl_Zeichen)
liefert als Ergebnis die Anzahl_Zeichen einer Notiz ab einer bestimmten Position.

OBEN.AUSFÜLLEN()
entspricht dem Befehl *BEARBEITEN Oben ausfüllen,* der nach Anwählen des Menüs *BEARBEITEN* bei gehaltener Umschalttaste erscheint.

OBJEKT.AUSBLENDEN(Objekt_Kenntext;Ausblenden)
blendet das angegebene Objekt ein oder aus.

OBJEKT.BEARBEITEN(Verb)
entspricht *BEARBEITEN Objekt bearbeiten.*

OBJEKT.EIGENSCHAFTEN(Pos_Num;Objekt_Drucken)
hat die gleiche Wirkung wie *Objekteigenschaften* im Menü *FORMAT.*

OBJEKT.EINFÜGEN(Kategorie)
OBJEKT.EINFÜGEN?(Kategorie)
fügt ein entsprechendes Objekt ein.

OBJEKT.ERSTELLEN(Objekt;Bezug_1;x_Offset1;y_Offset1;
Bezug_2;x_Offset2;y_Offset2)
zeichnet Linien, Rechtecke, Ellipsen, Winkel und Bilder in eine Tabelle oder Makrovorlage.

**OBJEKT.ERSTELLEN(Objekt;Bezug_1;x_Offset1;y_Offset1;
Bezug_2;x_Offset2;y_Offset2;Text;Ausfüllen)**
zeichnet Textfelder oder Schaltflächen in eine Tabelle oder
Makrovorlage.

**OBJEKT.ERSTELLEN(Objekt;Bezug_1;x_Offset1;y_Offset1;
Bezug_2;x_Offset2;y_Offset2;xy_Datenreihen;Ausfüllen)**
zeichnet eingeschlossene Diagramme in eine Tabelle oder
Makrovorlage.

OBJEKT.SCHÜTZEN(Gesperrt;Text_gesperrt)
entspricht dem Ein- und Ausschalten des Optionsfeldes »Gesperrt«
in *FORMAT Objekt schützen.*

OBJEKT.ZUORDNEN(Typ;Objektkenntext;Anfang;Zähler_Nr)
liefert Informationen über das bestimmte Objekt.

OBJEKT.ZUWEISEN(Makrobezug)
OBJEKT.ZUWEISEN?(Makrobezug)
entspricht dem Befehl *MAKRO Objekt zuweisen.*

OBJEKTPOSITION(Positionstyp)
ist uas Kompatibilitätsgründen zu Excel 3.0 enthalten.

**ÖFFNEN(Dateitext;Aktualisieren_Verkn;Schreibschutz;
Format;Kennwort;Schreibschutz_Kennwort;
Schreibschutz_ignorieren;Dateiherkunft)**
**ÖFFNEN?(Dateitext;Aktualisieren_Verkn;Schreibschutz;
Format; Kennwort;Schreibschutz_Kennwort;
Schreibschutz_ignorieren;Dateiherkunft)**
entspricht dem Befehl *DATEI Öffnen.*

**ORDNEN(Ordnen;Schlüssel1;Reihenfolge1;
Schlüssel2;Reihenfolge2; Schlüssel3;Reihenfolge3)**
**ORDNEN?(Ordnen;Schlüssel1;Reihenfolge1;
Schlüssel2;Reihenfolge2; Schlüssel3;Reihenfolge3)**
entspricht dem Befehl *DATEN Sortieren.*

PAUSE(Keine_Symbolleiste)
unterbricht einen Makroablauf.

PFEIL.EINFÜGEN()
entspricht dem Befehl *DIAGRAMM Pfeil einfügen.*

PFEIL.LÖSCHEN()
entspricht dem Befehl *DIAGRAMM Pfeil löschen.*

POSTEXT(Bezug;A1)
wandelt den genannten Bezug in einen Bezug in Textform um.

POSWERT(Bezug)
liefert den Wert der Zellen im genannten Bezug.

RAHMENART(Gesamt;Rand_links;Rand_rechts;
Rand_oben;Rand_unten;Schraffieren;Farbe_gesamt;
Farbe_links;Farbe_rechts;Farbe_oben;Farbe_unten)
RAHMENART?(Gesamt;Rand_links;Rand_rechts;
Rand_oben;Rand_unten;Schraffieren;Farbe_gesamt;
Farbe_links;Farbe_rechts;Farbe_oben;Farbe_unten)
entspricht dem Befehl *FORMAT Rahmenart.*

RECHTS.AUSFÜLLEN()
entspricht dem Befehl *BEARBEITEN Rechts ausfüllen.*

RECHTSCHREIBUNG(Benutzer_Wörterbuch;
Großschreibung_ignorieren;Vorschläge)
ist der Aufruf der Rechtschreibprüfung.

RECHTSCHREIBUNG.ÜBERPRÜFEN(Text;Benutzer_Wörterbuch;
Großschreibung_ignorieren)
überprüft den »Text«.

REGISTER(Modul;Prozedur;Eingabetext;Funktion;Argumente)
greift auf eine Prozedur der Windows-Bibliothek zu.

REGISTER.KENNUMMER(Modul;Prozedur;Datentyp)
liefert die Kennung des Moduls.

RELPOS(Bezug;Relativ_zu_Bezug)
liefert als Ergebnis einen relativen Bezug.

RÜCKSPRUNG()
bewirkt die Rückgabe der Steuerung an das aufrufende Programm.

SBILDLAUF(Bildlauf;Zeile_Wahrheitswert)
führt einen vertikalen Bildlauf durch.

SBILDLAUF.SEITEN(Fensteranzahl)
führt einen vertikalen Bildlauf um ganze Bildschirmseiten durch.

SBILDLAUF.ZEILEN(Zeilenanzahl)
führt einen vertikalen Bildlauf um eine bestimmte Anzahl Zeilen
durch.

SCHLIESSEN(Speichern_Wahrheitswert)
schließt das aktive Fenster.

**SCHRIFTART.ERSETZEN(Schriftart;Name;Größe;Fett;Kursiv;
Unterstreichen;Durchstreichen;Farbe;Kontur;Schatten)**
ersetzt Standardschriftarten älterer Excel-Versionen durch neue
Schriften.

SEITENANSICHT()
entspricht dem Befehl *DATEI Seitenansicht.*

SEITENWECHSEL.AUFHEBEN()
entspricht dem Befehl *OPTIONEN Seitenwechsel aufheben.*

SEITENWECHSEL.FESTLEGEN()
entspricht dem Befehl *OPTIONEN Seitenwechsel festlegen.*

SENDEN(Kanalnummer;Objekt;Datenbezug)
sendet Daten über DDE zu einer anderen Windows-Anwendung.

SIGNAL(Signalton)
erzeugt einen Signalton.

**SKALIERUNG(Schnittp;Rub_Beschrift;Rub_Teilstr;
Zwischen;Max;Umgekehrt)**
**SKALIERUNG?(Schnittp;Rub_Beschrift;Rub_Teilstr;
Zwischen;Max;Umgekehrt)**
entspricht dem Befehl *FORMAT Skalierung* für Rubriken- (x-) Ach-
sen in 2D-Diagrammen.

**SKALIERUNG(Min;Max;Haupt;Hilfs;Schnittp;
Logarith;Umgekehrt; Max)**
**SKALIERUNG?(Min;Max;Haupt;Hilfs;Schnittp;
Logarith;Umgekehrt;Max)**
entspricht dem Befehl *FORMAT Skalierung* für Größen- (y-) Achsen
in einem 2D-Diagramm.

SKALIERUNG(Rub_Beschrift;Rub_Teilstr;Umgekehrt; Zwischen)
SKALIERUNG?(Rub_Beschrift;Rub_Teilstr;Umgekehrt; Zwischen)
entspricht dem Befehl *FORMAT Skalierung* für Rubriken- (x-) Achsen für 3D-Diagramme .

SKALIERUNG(Reihen_Beschrift;Reihen_Teilstr;Umgekehrt)
SKALIERUNG?(Reihen_Beschrift;Reihen_Teilstr;Umgekehrt)
entspricht dem Befehl *FORMAT Skalierung* für Reihen- (y-) Achsen) in einem 3D-Diagramm.

SKALIERUNG(Min;Max;Haupt;Hilfs;Schnittp; Logarith;Umgekehrt;Min)
SKALIERUNG?(Min;Max;Haupt;Hilfs;Schnittp; Logarith;Umgekehrt;Min)
entspricht dem Befehl *FORMAT Skalierung* für Größen- (z-) Achsen in einem 3D-Diagramm.

SOLANGE(Wahrheitswert_Prüfung)
startet einen SOLANGE-WEITER Schleife.

SOLVER.ÄNDERN(Bezug;Bezeihung;Formel)
bietet die gleichen Möglichkeiten wie das Dialogfeld »Solver-Parameter« in *FORMEL Solver*.

SOLVER.ERGEBNIS(Lösung_verwenden;Berichtsarray)
SOLVER.ERGEBNIS?(Lösung_verwenden;Berichtsarray)
entspricht dem Dialogfeld »Beenden«, die beim Beenden eines Solver-Ablaufs eingeblendet wird.

SOLVER.HINZUFÜGEN(Bezug;Beziehung;Formel)
entspricht der Schaltfläche »Hinzufügen« im Dialogfeld »Solver-Parameter« in *FORMEL Solver*.

SOLVER.INFO(Typ;Dateiname)
ergibt Informationen und Einstellungen des Solvers.

SOLVER.LADEN(Modellbereich)
lädt einen Solver-Modellbereich.

SOLVER.LÖSCHEN(Bezug;Beziehung;Formel)
löscht eine vorhandene Solver-Nebenbedingung.

SOLVER.LÖSEN(Ergebnis;Zwischenergebnis)
löst das Solver-Problem.

SOLVER.OK(Zielzelle;Max_Min_Wert;Wert;
Veränderbare_Zellen)
SOLVER.OK?(Zielzelle;Max_Min_Wert;Wert;
Veränderbare_Zellen)
dient zur Angabe von grundlegenden Solver-Parametern,

SOLVER.OPTIONEN(Max_Zeit;IterationsSchritte;
Genauigkeit;Linear_voraussetzen;Iterationsergebnis_anzeigen;
Differenz;Suchen;Ganzzahltoleranz;Skalierung)
definiert Optionen für den Excel-Solver.

SOLVER.SPEICHERN(Modellbereich)
speichert einen entsprechenden Modellbereich.

SOLVER.ZURÜCKSETZEN()
löscht Markierungen und Nebenbedingungen und stellt den
Ausgangszustand wieder her.

SONST()
die SONST() folgenden Funktionen werden ausgeführt, wenn alle
vorhergehenden SONST.WENN()- und WENN()-Ausdrücke
FALSCH sind.

SONST.WENN(Wahrheitsprüfung)
leitet eine Formelgruppe ein, die ausgeführt wird, wenn vorhergehende WENN() oder SONST.WENN()-Ausdrücke FALSCH sind.

SPALTENBREITE(Breite;Bezug;Standardbreite;Typ)
SPALTENBREITE(Breite;Bezug;Standardbreite;Typ)
entspricht dem Befehl *FORMAT Spaltenbreite*.

SPEICHERN()
entspricht dem Befehl *DATEI Speichern*.

SPEICHERN.UNTER(Datei;Typzahl;Kennwort;Sicherung;
Schreibschutz_kennwort;Schreibschutz_empfehlen)
SPEICHERN.UNTER?(Datei;Typzahl;Kennwort;Sicherung;
Schreibschutz_kennwort;Schreibschutz_empfehlen)
entspricht dem Befehl *DATEI Speichern unter*.

**STANDARDSCHRIFT(Name;Größe;Fett;Kursiv;
Unterstreichen;Durchstreichen;Farbe;Kontur;Schatten)**
entspricht einer Änderung der Schriftart in *FORMAT Formatvorlage*
»Festlegen«.

STOP(Abbrechen)
hält die Ausführung des gesamten Makros an.

**SUCHEN.KOPIEREN(Keine_Doppel)
SUCHEN.KOPIEREN?(Keine_Doppel)**
entspricht dem Befehl *DATEN Suchen und kopieren.*

SUCHKRITERIEN.FESTLEGEN()
entspricht dem Befehl *DATEN Suchkriterien festlegen.*

SYMBOL.AKTIVIEREN(KennNummer;Position;Aktivieren)
aktiviert oder deaktiviert ein Symbol einer Symbolleiste.

SYMBOL.DRÜCKEN(KennNummer;Position;Gedrückt)
stellt ein Symbol gedrückt oder nicht gedrückt dar.

SYMBOL.EINFÜGEN(KennNummer;Position)
fügt ein neues Symbolbild aus der Zwischenablage in eine Symbolleiste ein.

**SYMBOL.HINZUFÜGEN(KennNummer;Position;
Symbol_Bezug)**
fügt ein neues Symbol einer Symbolleiste hinzu.

SYMBOL.KOPIEREN(KennNummer;Position)
kopiert ein Symbolbild in die Zwischenablage.

SYMBOL.LÖSCHEN(KennNummer;Position)
löscht ein Symbol aus einer Symbolleiste.

**SYMBOL.VERSCHIEBEN(KennNummer_Quellsymbol;
Position_Quellsymbol;KennNummer_Zielsymbol;
Position_Zielsymbol;Kopieren;Breite)**
verschiebt ein Symbol zwischen Symbolleisten.

SYMBOL.ZUORDNEN(Typ;KennNummer;Position)
liefert Informationen zu einem Symbol.

SYMBOL.ZURÜCKSETZEN(KennNummer;Position)
weist einem Symbol wieder das ursprüngliche Symbolbild zu.

SYMBOL.ZUWEISEN(KennNummer;Position;Makrobezug)
verknüpft ein Symbol mit einem Makro.

SYMBOLLEISTE.EINFÜGEN(Name;Symbol_Bezug)
definiert eine neue Symbolleiste.

SYMBOLLEISTE.LÖSCHEN(KennNummer)
entfernt eine Symbolleiste.

SYMBOLLEISTE.SPEICHERN(KennNummer;Dateitext)
legt eine Symbolleistendefinition unter dem angegebenen Dateinamen ab.

SYMBOLLEISTE.ZEIGEN(KennNummer;Sichtbar;
Verankerung_Position;x_Pos;y_Pos;Breite)
zeigt die Symbolleiste am Bildschirm.

SYMBOLLEISTE.ZUORDNEN(Typ;KennNummer)
gibt Informationen zur Symbolleiste zurück.

SYMBOLLEISTE.ZURÜCKSETZEN(KennNummer)
stellt den ursprünglichen Zustand der Symbolleiste wieder her.

SZENARIO.HINZUFÜGEN(Szenario;WerteArray)
fügt ein neues Szenario hinzu.

SZENARIO.INFO(Typ)
gibt Informationen zu den Szenarien aus.

SZENARIO.LÖSCHEN(Szenario)
entfernt ein Szenario.

SZENARIO.ÜBERSICHT(Bezug)
SZENARIO.ÜBERSICHT?(Bezug)
entspricht der Schaltfläche »Übersicht« im Dialogfeld »Szenario«.

SZENARIO.ZEIGEN(Szenario)
zeigt ein Szenario an.

SZENARIO.ZELLEN(Bezug)
SZENARIO.ZELLEN?()
legt die sich ändernden Zellen fest.

TASTENF.SENDEN(Taste_Text;Warten_Wahrheitswert)
sendet eine definierte Tastenfolge zu einer Anwendung.

TEILEN(Spalte;Zeile)
entspricht dem Befehl *Teilen* im Systemmenü.

TEXT.ZUORDNEN(Zuordnen_zu_Zahl;
Datenreihennummer; Datenpunktnummer)
TEXT.ZUORDNEN?(Zuordnen_zu_Zahl;
Datenreihennummer; Datenpunktnummer)
entspricht dem Befehl *DIAGRAMM Text zuordnen* in einem
Diagrammfenster.

TEXTFELD(Text;Objektkenntext;Anfang;Anzahl_Zeichen)
ändert Text eines Textfeldes.

TEXTPOS(Text;A1)
wandelt das Argument Text in einen Bezug um.

TON.ABSPIELEN(Bezug;Datei;Ressource)
spielt eine Tonfolge ab.

TONNOTIZ(Bezug;Töne_löschen)
nimmt eine Tonfolge in ein Arbeitsblatt auf.

ÜBERLAGERUNG(Art;Stapel;100;Verschieden;Überlappung;
Bezugsl;Spannweite;Überlappung%;Gruppe;
Winkel;Reihe;Automatisch)
ÜBERLAGERUNG?(Art;Stapel;100;Verschieden;Überlappung;
Bezugsl;Spannweite;Überlappung%;Gruppe;
Winkel;Reihe;Automatisch)
entspricht dem Befehl FORMAT.ÜBERLAGERUNG und ist aus
Kompatibilitätsgründen zu alten Excel-Versionen aufgenommen
worden.

ÜBERLAGERUNG.DIAGRAMM.ART(Typ)
ist aus Gründen der Kompatibilität mit älteren Excel-Versionen
noch verfügbar.

ÜBERLAGERUNG.EINFÜGEN()
entspricht dem Befehl *DIAGRAMM Überlagerung einfügen* in Diagrammfenstern.

ÜBERLAGERUNG.LÖSCHEN()
entspricht dem Befehl *DIAGRAMM Überlagerung löschen* in Diagrammfenstern.

UNTEN.AUSFÜLLEN()
entspricht den Befehlen *BEARBEITEN Unten Ausfüllen.*

URSPRUNG()
liefert als Ergebnis den Bezug des Feldes, das ein Funktionsmakro aufgerufen hat.

VERBUND(Typ)
VERBUND?(Typ)
entspricht dem Befehl *MUSTER Verbund* in einem Diagrammfenster.

VERKNÜPFEN.UND.EINFÜGEN()
entspricht dem Befehl *BEARBEITEN Verknüpfen und einfügen.*

VERKNÜPFTE.DATEIEN(Datei;Typ)
liefert die Namen aller Dateien, die mit der spezifizierten Datei verknüpft sind.

VERKNÜPFTE.DATEIEN.ÖFFNEN(Datei1;Datei2;...;
Schreibschutz; Verknüpfungstyp)
VERKNÜPFTE.DATEIEN.ÖFFNEN?(Datei1;Datei2;...;
Schreibschutz; Verknüpfungstyp)
entspricht dem Befehl *DATEI Verknüpfte Dateien öffnen.*

VERKNÜPFTES.BILD.EINFÜGEN()
entspricht dem Klicken auf das Kamera-Symbol.

VERKNÜPFUNG.AKTUALISIEREN(Verknüpfungstext;Typ)
entspricht der Taste »Aktualisieren« in *DATEI Verknüpfte Dateien öffnen.*

VERKNÜPFUNG.WECHSELN(Ant;Neu;Verknüpfungsart)
VERKNÜPFUNG.WECHSELN?(Ant;Neu;Verknüpfungsart)
entspricht der Taste »Wechseln« in *DATEI Verknüpfte Dateien öffnen.*

VERLEGER.NEU.ANLEGER(Dateitext;Erscheinungsbild; Größe;Formate)
VERLEGER.NEU.ANLEGER?(Dateitext;Erscheinungsbild; Größe;Formate)
entspricht dem Befehl *BEARBEITEN Neuer Verleger*, die nur auf dem Apple Macintosh mit Betriebssytem 7.0 zur Verfügung steht.

VERZEICHNIS(Pfadtext)
wechselt in ein anderes Verzeichnis.

VERZEICHNIS.ERSTELLEN(Pfad)
legt ein Verzeichnis oder einen Ordner an.

VERZEICHNIS.LÖSCHEN(Pfad)
entfernt ein leeres Verzeichnis oder einen leeren Ordner.

VERZEICHNISSE(Pfad_Text)
gibt ein Feld mit den Namen aller Verzeichnisse oder Ordner in dem angegebenen Verzeichnis oder Ordner an.

VOLLBILD(Wahrheitswert)
ändert die Größe des aktiven Fensters.

VORZUGSFORM()
entspricht dem Befehl *MUSTER Vorzugsform* in einem Diagrammfenster.

VORZUGSFORM.FESTLEGEN()
entspricht dem Befehl *MUSTER Vorzugsform festlegen*.

WARNUNG(Meldungstext;Typzahl)
zeigt ein Warnungsfenster an.

WARTEN(Serielle_Zahl)
unterbricht die Ausführung des Makros für eine definierte Zeitspanne.

WBILDLAUF(Position;Spalte_Wahrheitswert)
führt einen horizontalen Bildlauf durch.

WBILDLAUF.SEITEN(Anzahl_Fenster)
führt einen horizontalen Bildlauf um ganze Bildschirmseiten durch.

WBILDLAUF.SPALTEN(Anzahl_Spalten)
führt einen horizontalen Bildlauf um eine bestimmte Anzahl Spalten durch.

WEITER()
beendet eine FÜR-WEITER- oder SOLANGE-WEITER-Schleife.

WEITER.AUSFÜHREN(Typ)
ist gleichbedeutend mit *MAKRO Weiter ausführen*.

WENN(Wahrheitsprüfung)
wird zusammen mit SONST(), SONST.WENN() und ENDE() verwendet um festzulegen, welche Funktionen in einem Makro ausgeführt werden.

WERT.FESTLEGEN(Bezug;Wert)
ändert die Werte in den Bezügen in die angegebenen Werte.

WIDERRUFEN()
entspricht dem Befehl *BEARBEITEN Rückgängig*.

ZEILEN.DRUCKEN(Befehl;Datei;Anfügen)
ist ein Funktion, die der Windows-Version von Excel hinzugefügt wurde, um eine in Lotus 1-2-3 verwendete Druckmethode zur Verfügung zu stellen.

ZEILENHÖHE(Höhe;Breite;Standardhöhe;Typ)
ZEILENHÖHE?(Höhe;Breite;Standardhöhe;Typ)
entspricht dem Befehl *FORMAT Zeilenhöhe*.

ZELLE.ZUORDNEN(Typ;Bezug)
liefert Informationen über den Inhalt, die Position oder Formatierung der Zelle in der linken oberen Ecke des ersten Bereichs im angegebenen Bezug.

ZELLSCHUTZ(Gesperrt;Formel_verbergen)
ZELLSCHUTZ?(Gesperrt;Formel_verbergen)
entspricht dem Befehl *FORMAT Zellschutz*.

ZIELBEREICH.FESTLEGEN()
entspricht dem Befehl *DATEN Zielbereich festlegen*.

ZIELWERTSUCHE(Zielzelle;Zielwert;Variable_Zelle)
ZIELWERTSUCHE?(Zielzelle;Zielwert;Variable_Zelle)
entspricht dem Befehl *FORMEL Zielwertsuche.*

ZOOM(Vergrößerung)
ist von der Funktion mit *FENSTER Zoom* identisch.

ZWISCHENABLAGE.EINBLENDEN()
entspricht dem Befehl *FENSTER Zwischenablage einblenden.*

Anhang D
Elemente für benutzerdefinierte
Dialogfelder

Die folgende Auflistung beschreibt die in benutzerdefinierten Dialogfeldern möglichen Elemente. Die Beschreibung der Anwendung
finden Sie im Kapitel »Makros«.

Ein Dialogfeld mit einigen in einem benutzerdefinierten Dialogfeld
möglichen Elementen wird im nächsten Bild dargestellt.

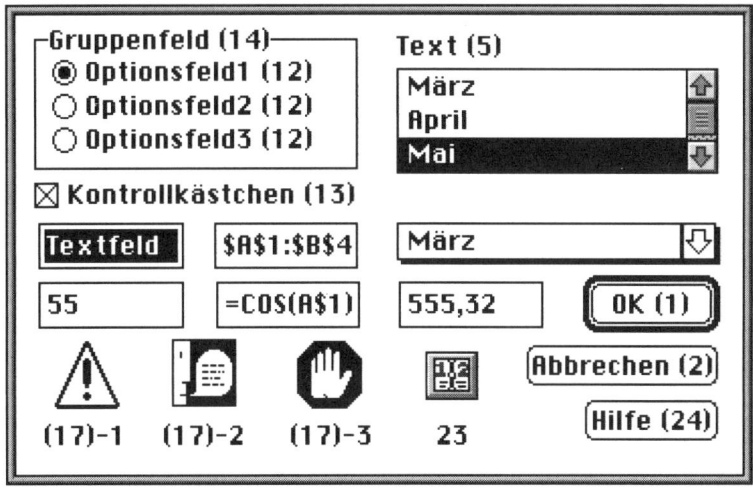

Bild D.1: Benutzerdefiniertes Dialogfeld

In obigem Bild ist die jeweilige Elementnummer, wenn möglich, im
Element dargestellt.

In einem Excel-Makroblatt haben die Dialogfeldelemente die
folgende Struktur:

Tabelle D.1: Dialogfeldlayout

Spalte	Inhalt
1	Elementnummer
2	X-Koordinate in Punkten der linken, oberen Ecke des Dialogfeldelements
3	Y-Koordinate in Punkten
4	Breite des Elements
5	Höhe des Elements
6	Mit dem Element verbundener Text
7	Start- oder Ergebniswert

Tabelle D.2: Elemente für benutzerdefinierte Dialogfelder

Nr.	Typ	Beschreibung
1	Schaltfläche »OK«	Die Schaltfläche ist als Standardschaltfläche vorgewählt. Das Betätigen dieser Schaltfläche beendet das Dialogfeld, wobei die Werte Dialogfeldelemente in der Ein-/Ausgabespalte aktualisiert werden. Der Text »OK« kann in der sechsten Spalte, der Textspalte, verändert werden.
2	Schaltfläche »Abbrechen«	schließt das Dialogfeld, wobei eingegebene Daten ignoriert werden.
3	Schaltfläche »OK«	Wie 1, die Schaltfläche ist nicht als Standardschaltfläche markiert.
4	Schaltfläche »Abbrechen«	Wie 2, aber als Standardschaltfläche vorgewählt.
5	Text	Text zum Beschriften von Elementen.

Nr. Typ	Beschreibung
6 Textfeld	zur Eingabe von Texten und Ziffern. In der Startwertspalte kann ein Vorgabewert festgelegt werden.
7 Ganzzahlenfeld	für ganze Zahlen von -32765 bis 32767.
8 Zahlenfeld	zur Eingabe von Dezimalzahlen und Datumswerten.
9 Formelfeld	zur Erfassung von Texten und Formeln.
10 Bezugsfeld	kann Text und Bezüge aufnehmen.
11 Optionen-Gruppenfeld	zur Gruppierung von Optionsfeldern.
12 Optionsfeld	in einer Gruppe von Optionsfeldern kann immer nur eine Option angewählt sein.
13 Kontrollkästchen	In der Textspalte steht der Name des Kästchen. Ist das Kästchen angewählt, ist der Wert der Ergebnisspalte WAHR, ansonsten FALSCH. Den Wert #NV stellt das Kästchen grau, also nicht anwählbar, dar.
14 Gruppenfeld	Ein Gruppenfeld beeinflußt nicht die Funktionaliät von Elementen eines Dialogfeldes. Es dient nur zur optischen Aufteilung des Dialogfelds durch Rahmen oder Linien.
15 Standard-Listenfeld	Ein Listenfeld erlaubt die Auswahl eines Eintrags aus einer Liste von Möglichkeiten. In der Textspalte steht der Bezug auf die Liste. Als Ergebnis wird ausgegeben, das wievielte Element der Liste ausgewählt wurde.

Nr. Typ	Beschreibung
16 Verknüpftes Listenfeld	Ein verknüpftes Listenfeld entspricht einem Standard-Listenfeld, ist aber mit einem Texteingabefeld verbunden. Das Eingabefeld (6) steht in der Dialogfelddefinition direkt vor dem Listenfeld.
17 Symbol	In der Textspalte steht die Nummer (1-3) des gewünschten Symbols.
21 Drop-down-Liste	Eine Drop-down-Liste entspricht eimem Listenfeld (15), wobei die Liste aber nur auf Anforderung aufgeklappt wird. Der Ergebniswert ist der Index des ausgewählten Eintrags der Liste.
22 Kombinationsfeld	Das Kombinationsfeld entspricht einer Drop-down-Liste, ist aber mit einem Texteingabefeld (6) verknüpft. Das Eingabefeld muß in der Definition direkt vor dem Kombinationsfeld stehen. Mit Hilfe des Eingabefelds kann der Benutzer die Liste erweitern.
23 Schaltfläche »Bild«	Eine »Bild«-Schaltfläche entspricht einer »OK«-Schaltfläche, wobei ein Bild anstelle des Textes in der Schaltfläche angezeigt wird. Der Name des Bildes wird in der Textspalte angegeben. Wenn Sie den Wert »223« verwenden, wird nur das Bild, ohne die Schaltflächenfunktion, angezeigt.
24 Schaltfläche »Hilfe«	Die Schaltfläche kann ein benutzerdcfiniertes Hilfethema aufrufen. Für die Definition von Hilfethemen benötigen Sie ein Zusatzprogramm von Microsoft.

Index

Symbole

E